GSAT 단기 합격을 위한

추가혜택

SAMSUNG 온라인 GSAT 대비 실전 연습!

GSAT 온라인 모의고사
4회분 무료 응시권

교재 수록 모의고사
온라인 응시 서비스 (교재 수록 1~3회)

* 본 서비스는 교재에 수록된 동일한 문제를 온라인 환경으로 풀이해 볼 수 있는 서비스입니다.

이용방법 해커스잡 사이트(ejob.Hackers.com) 접속 후 로그인 ▶ 사이트 메인 우측 상단 [나의정보] 클릭 ▶
[나의 쿠폰 - 쿠폰/수강권 등록]에 위 쿠폰번호 입력 ▶ [마이클래스 - 모의고사]에서 응시 가능

* 쿠폰 유효기간: 2026년 12월 31일까지(ID당 1회에 한해 등록 가능) * 쿠폰 등록 시점 직후부터 30일 이내 PC에서 응시 가능합니다.

본 교재 인강
2만원 할인쿠폰

EA6KD3857D78C000

이용방법 해커스잡 사이트(ejob.Hackers.com) 접속 후 로그인 ▶
사이트 메인 우측 상단 [나의정보] 클릭 ▶
[나의 쿠폰 - 쿠폰/수강권 등록]에 해당 쿠폰번호 입력 후 강의 결제 시 사용

* 쿠폰 유효기간: 2026년 12월 31일까지(ID당 1회에 한해 등록 가능)
* 본 교재 인강 외 이벤트 강의 및 프로모션 강의에는 적용 불가, 쿠폰 중복 할인 불가합니다.

모의 삼성 인성검사(PDF)
삼성 시사이슈(PDF)
GSAT 문제풀이 용지(PDF)

D9357356A3T6145A

이용방법 해커스잡 사이트(ejob.Hackers.com) 접속 후 로그인 ▶
사이트 메인 상단 [교재정보 - 교재 무료자료] 클릭 ▶
교재 확인 후 이용하길 원하는 무료자료의 [다운로드] 버튼 클릭 ▶
해당 쿠폰번호 입력 후 다운로드

* 쿠폰 유효기간: 2026년 12월 31일까지

FREE

무료 바로 채점 및 성적 분석 서비스

이용방법 해커스잡 사이트(ejob.Hackers.com) 접속 후 로그인 ▶
사이트 메인 상단 [교재정보 - 교재 채점 서비스] 클릭 ▶ 교재 확인 후 채점하기 버튼 클릭

* 사용 기간: 2026년 12월 31일까지(ID당 1회에 한해 등록 가능)

▲ 바로 이용

쿠폰 관련 문의 02-537-5000

삼성 합격의 모든 것, 해커스잡 ejob.Hackers.com

GSAT

최신 경향 & 합격 전략
한눈에 보기

GSAT 최신 출제 경향, 해커스가 공개합니다.

1. 기출 유형 반복 출제
2. 영역별 과락 존재
3. 영역별 세부 출제 경향

GSAT 최신 출제 경향 한눈에 보기

1. 기출 유형 반복 출제

매번 새로운 문제들로 출제되는 GSAT, 그러나 실제로 출제되는 문제 유형은 '정해져' 있습니다. GSAT에 출제되는 대부분의 유형에서 이전 시험과 동일한 유형의 문제들이 출제되었습니다. 따라서 시험에 나올 유형을 미리 파악하고, 준비 전략까지 익혀두는 것이 좋습니다.

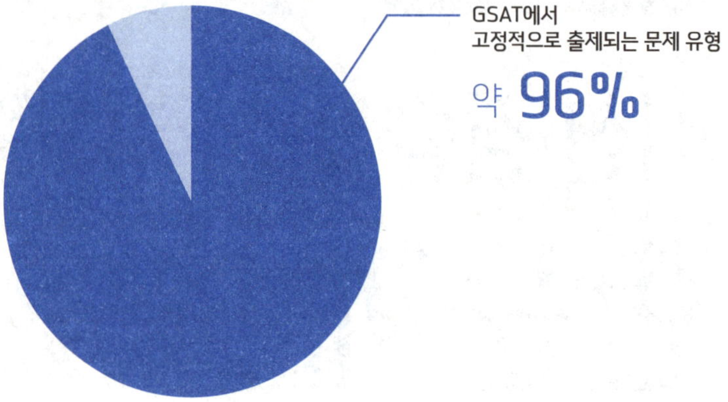

※ 2025년 상반기 GSAT 기준

해커스가 제안하는 〈GSAT 합격 전략〉

최신 GSAT 출제 경향을 파악하고, 반복적으로 출제되는 문제 유형의 풀이 전략을 익힌다.

〈해커스 GSAT 삼성직무적성검사 실전모의고사〉에서 제공하는 '기출유형공략'을 통해 영역별 최신 출제 경향과 출제 유형을 파악할 수 있습니다. 또한, 영역별 학습 전략을 통해 각 문제 유형의 풀이법을 학습할 수 있습니다.

2. 영역별 과락 존재

GSAT는 2개의 영역(수리, 추리)으로 구성되며, 영역별 과락이 존재합니다. 영역별로 일정 점수 이하를 받게 되면 과락으로 처리되어 직무적성검사에 불합격하게 됩니다. 따라서 특정 영역의 점수가 기준에 미달하여 불합격하는 일이 발생하지 않도록 모든 영역을 골고루 학습해야 합니다.

영역	문항 수	시간
수리	20문항	30분
추리	30문항	30분

※ 2025년 상반기 GSAT 기준

해커스가 제안하는 〈GSAT 합격 전략〉

영역별 취약 유형을 파악하고 집중 학습한다.

〈해커스 GSAT 삼성직무적성검사 실전모의고사〉에 수록된 '취약 유형 분석표'를 통해 자신이 취약한 유형을 파악하고, '기출유형공략'을 반복 학습하여 약점을 극복할 수 있습니다.

3. 영역별 세부 출제 경향

■ **수리** (난이도: 보통)

수리는 응용계산, 자료해석 유형의 문제가 출제되었으며, 응용계산 2문제, 자료해석 18문제가 출제되었습니다. 응용계산은 방정식의 활용, 확률, 경우의 수 등 일반적인 공식을 활용하여 식을 세운 후 풀이해야 하는 문제가 출제되어 난도는 쉬운 편이었으며, 거리·속력·시간, 소금물의 농도 관련 문제는 출제되지 않았습니다. 자료해석은 주석으로 공식이 제시된 자료와 그래프를 활용하여 비율, 비중, 증감률 등 계산이 필요한 문제가 비중 높게 출제되었고, 문제 풀이 시 답이 명확하게 도출되도록 수치가 깔끔하게 출제되었습니다. 전반적으로 계산한 값의 대소 비교를 요구하는 선택지가 많아 체감 난도가 약간 높은 편이었습니다.

작년 A 팀과 B 팀의 전체 직원 수는 1,500명이며, 올해 A 팀의 직원 수는 전년 대비 30% 증가했고, B 팀의 직원 수는 전년 대비 20% 감소했다. 올해 A 팀과 B 팀의 전체 직원 수가 전년 대비 120명 증가했을 때, 작년 B 팀의 직원 수는?

① 220명 ② 300명 ③ 330명 ④ 500명 ⑤ 660명

약점 보완 해설집 p.4

■ **추리** (난이도: 보통)

추리는 언어추리, 도형추리, 도식추리, 문단배열, 논리추론 유형의 문제가 출제되었으며, 언어추리 14문제, 도형추리 3문제, 도식추리 4문제, 문단배열 2문제, 논리추론 7문제가 출제되었습니다. 언어추리는 도출되는 경우의 수가 많고, 선택지가 조건문 형태로 제시되어 어려운 편이었습니다. 도형추리와 도식추리는 복잡하지 않은 규칙이 출제되어 쉬운 편이었으며, 문단배열과 논리추론 역시 답을 쉽게 추론할 수 있는 문제가 출제되어 매우 쉬운 편이었습니다.

A, B, C, D, E 5명은 가상현실 게임에서 탐정, 의사, 과학자, 탐험가, 언론인 중 각자 다른 역할을 맡았다. 이들 중 한 명만이 미션을 완료하였으며, 미션을 완료한 1명만 거짓을 말할 때, 과학자를 고르시오.

- A: B 또는 D가 의사야.
- B: C는 탐험가야.
- C: 언론인은 A 또는 D야.
- D: E는 미션을 완료했어.
- E: B는 탐정이거나, 미션을 완료한 사람은 D가 아니야.

① A　② B　③ C　④ D　⑤ E

약점 보완 해설집 p.14

해커스가 제안하는 〈GSAT 합격 전략〉

1) GSAT 실전모의고사를 통해 충분한 실전 연습을 한다.

〈해커스 GSAT 삼성직무적성검사 실전모의고사〉에서 제공하는 '실전모의고사'를 제한 시간에 맞춰 풀어 봄으로써 실전 감각을 익히고 취약한 유형을 파악할 수 있습니다.

2) 수리·추리 필수 이론 및 개념을 학습한다.

〈해커스 GSAT 삼성직무적성검사 실전모의고사〉의 '수리·추리 핵심 공략집'에 수록된 영역별 핵심개념정리를 통해 문제 풀이에 꼭 필요한 필수 이론 및 개념을 학습하고, 핵심 공략 Quiz로 복습할 수 있습니다.

해커스 GSAT

실전모의고사

삼성직무적성검사

해커스잡

GSAT 어떻게 준비해야 하나요?

많은 수험생들이 입사하고 싶어하는 삼성,
그만큼 많은 수험생들이 삼성 입사의 필수 관문인 GSAT를 어떻게 준비해야 할지 걱정합니다.

그러한 수험생들의 걱정과 막막함을 알기에 해커스는 수많은 고민을 거듭한 끝에
「해커스 GSAT 삼성직무적성검사 실전모의고사」 개정판을 출간하게 되었습니다.

「해커스 GSAT 삼성직무적성검사 실전모의고사」 개정판은

01 **최신 GSAT 출제 경향을 반영한 교재**로 **실전모의고사 총 10회분(교재 6회분+온라인 4회분)**을 통해 단기간에 실전 감각을 키우고 문제 풀이 시간을 줄이는 연습이 가능합니다.

02 **취약 유형 분석표**를 활용해 자신의 약점을 파악하고, **영역별 기출유형공략**을 학습함으로써 취약 유형을 극복할 수 있습니다.

03 **온라인 GSAT 응시 서비스(교재 수록 1~3회)**와 **GSAT 온라인 모의고사(4회분)**을 제공하여 실전처럼 연습이 가능하고, **수리·추리 핵심 공략집**을 제공하여 온라인 GSAT에 자주 출제되는 이론과 개념을 확실하게 학습할 수 있습니다.

「해커스 GSAT 삼성직무적성검사 실전모의고사」라면
GSAT를 확실히 준비할 수 있습니다.

해커스와 함께 GSAT의 관문을 넘어 반드시 합격하실 **"예비 삼성인"** 여러분께 이 책을 드립니다.

해커스 취업교육연구소

목차

GSAT에 합격하는 여섯 가지 필승 비법!

1 최신 GSAT 문제로 전략적으로 실전에 대비한다!

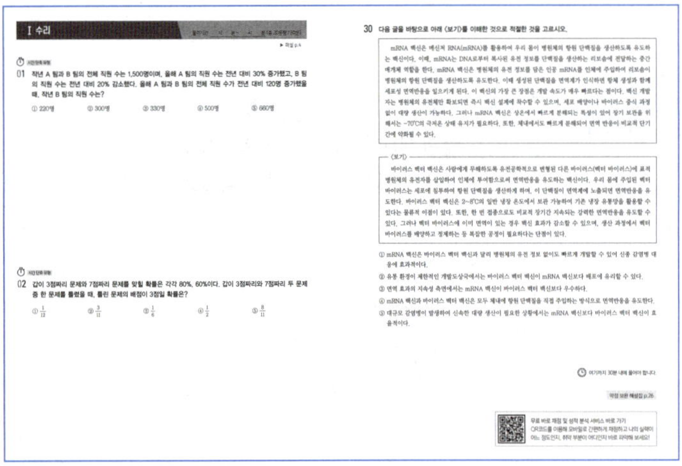

GSAT 실전모의고사(10회분)

실전모의고사 총 10회분(교재 6회분 + 온라인 4회분)으로 실전을 완벽히 대비할 수 있다. 특히 교재 수록 모의고사는 가장 최근 시험의 출제 경향이 반영된 GSAT 실전모의고사로 구성하여 실전에 완벽하게 대비할 수 있다. 또한, 해커스잡 사이트(ejob.Hackers.com)에서 제공하는 '무료 바로 채점 및 성적 분석 서비스'를 통해 응시 인원 대비 본인의 성적 위치를 확인할 수 있다.

3일 완성 학습 플랜

하루에 2회씩 실전모의고사를 풀고, '수리·추리 핵심 공략집'을 학습한다. 실전모의고사를 모두 풀고 난 후 해설을 통해 틀린 문제와 풀지 못한 문제를 다시 한번 꼼꼼히 확인하고, '수리·추리 핵심 공략집'으로 GSAT에 출제되는 이론 및 개념을 복습한다.

1일	2일	3일
기출유형공략 □ 수리 □ 추리 **실전모의고사** □ 1회 □ 1회 복습 □ 2회 □ 2회 복습	**실전모의고사** □ 3회 □ 3회 복습 □ 4회 □ 4회 복습 **수리·추리 핵심 공략집** □ 수리 □ 추리	**실전모의고사** □ 5회(고난도) □ 5회 복습 □ 6회(고난도) □ 6회 복습 **수리·추리 핵심 공략집** □ 수리 □ 추리

* 실전 연습을 더 하고 싶다면, 해커스잡 사이트(ejob.Hackers.com)에서 무료로 제공되는 GSAT 온라인 모의고사를 응시하여 실전 감각을 높일 수 있다.
* 영역별 이론 및 개념에 대한 지식이 부족하다면, <수리·추리 핵심 공략집>을 먼저 암기한 후 문제를 푸는 순서로 학습할 수 있다.
* 유형별 보충 학습이 필요하다면, <해커스 GSAT 삼성직무적성검사 통합 기본서 최신기출유형 + 실전모의고사>를 이용하여 더 많은 문제를 학습할 수 있다.
* 심화 학습을 원한다면, 해커스잡 사이트(ejob.Hackers.com)에서 유료로 제공되는 본 교재의 동영상강의를 수강하여 심화 학습을 할 수 있다.

3일 완성 맞춤형 학습 플랜

본 교재에서 제공하는 '3일 완성 학습 플랜'에 따라 학습하면 혼자서도 단기간에 전략적으로 GSAT를 대비할 수 있다.

2 철저한 유형 학습으로 문제 풀이 시간을 단축하고 고득점을 달성한다!

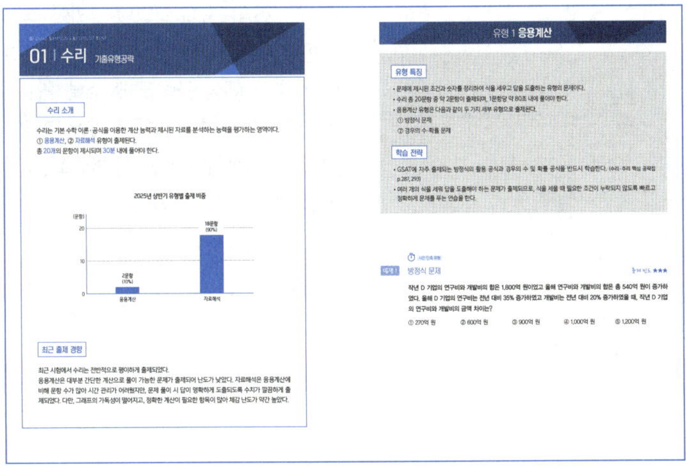

기출유형공략

GSAT 각 영역의 출제 유형과 최근 출제 경향, 유형별 학습 전략과 예제 등으로 구성되어 있어 GSAT 출제 유형을 완벽하게 익힐 수 있다. 또한, 실전모의고사를 풀기 전에 유형을 파악하거나 실전모의고사를 풀고 난 후 취약한 유형만 집중 학습하는 용도로도 활용할 수 있다.

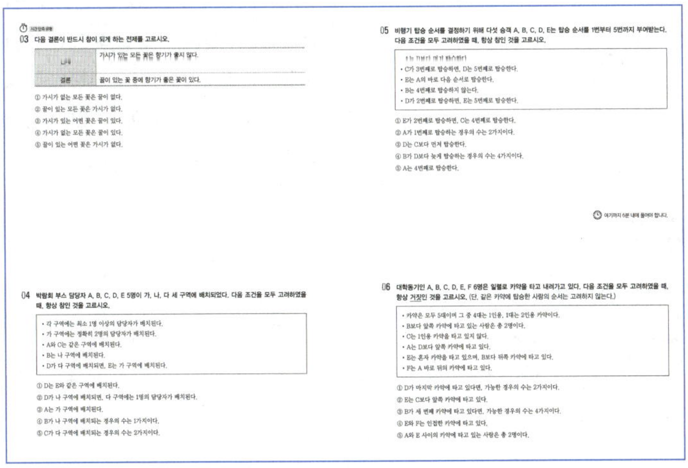

시간 단축 유형 · 시간 알림 표시

실전모의고사 1~2회에 표시된 '시간 단축 유형'과 '시간 알림'을 통해 체계적인 시간 관리 연습을 할 수 있다. 시간 단축 유형은 다른 유형보다 풀이 시간이 짧은 유형으로, 시간 단축 유형을 골라 먼저 푸는 연습을 통해 제한 시간 내에 많은 문제를 푸는 훈련을 할 수 있다. 또한, 문제 중간중간에 몇 분 내에 풀어야 하는지 표시되어 있어 제한 시간 내에 모든 문제를 푸는 연습을 할 수 있다.

3 빈출 이론과 개념은 수리·추리 핵심 공략집으로 철저히 학습한다!

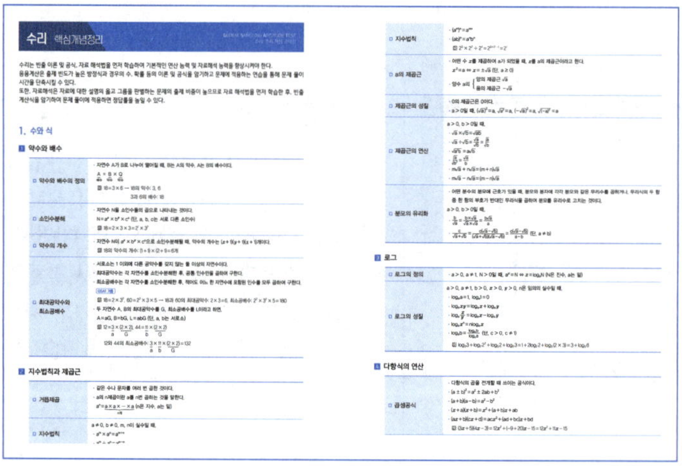

수리·추리 핵심 공략집

온라인 GSAT 출제 영역인 수리와 추리의 빈출 이론과 개념을 꼼꼼히 정리하여 '수리·추리 핵심 공략집'에 수록하였다. 영역별 빈출 이론을 통해 취약한 영역의 이론을 복습하거나 시험 직전에 최종 정리용으로 활용할 수 있다.

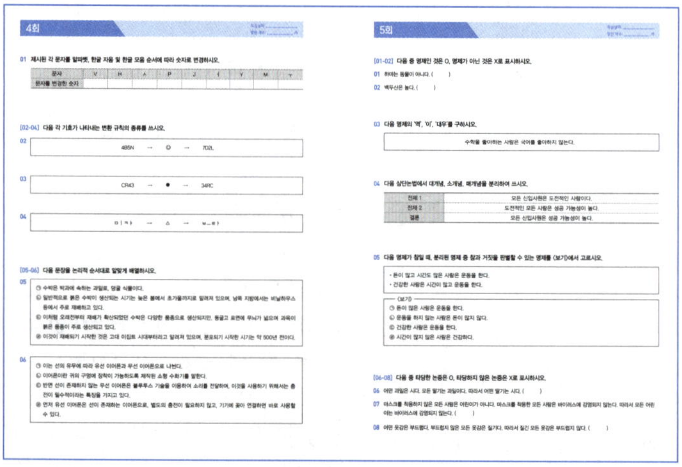

핵심 공략 Quiz

핵심개념을 학습한 후에는 '핵심 공략 Quiz'를 통해 학습한 내용을 다시 한번 점검해볼 수 있다. 독학이나 그룹 스터디 모두에 활용할 수 있어 체계적인 학습이 가능하다.

4 상세한 해설로 완벽하게 정리하고, 취약점은 반복 훈련으로 극복한다!

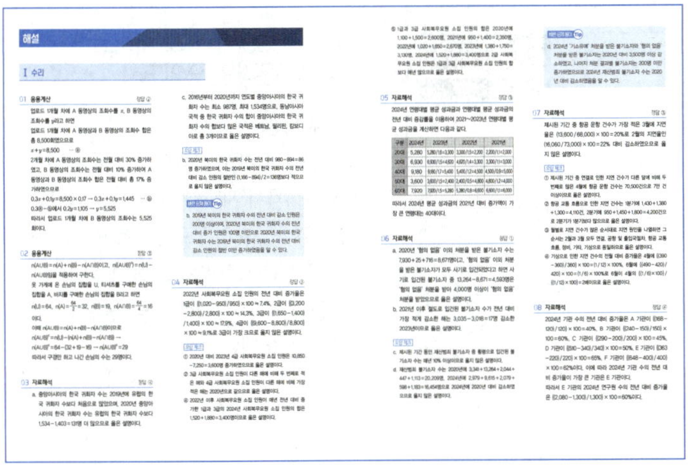

약점 보완 해설집

문제집과 해설집을 분리하여 보다 편리하게 학습할 수 있으며, 모든 문제에 대해 상세하고 이해하기 쉬운 해설을 수록하여 체계적으로 학습할 수 있다. 특히 '빠른 문제 풀이 Tip'을 통해 문제를 빠르게 푸는 방법까지 익힐 수 있다.

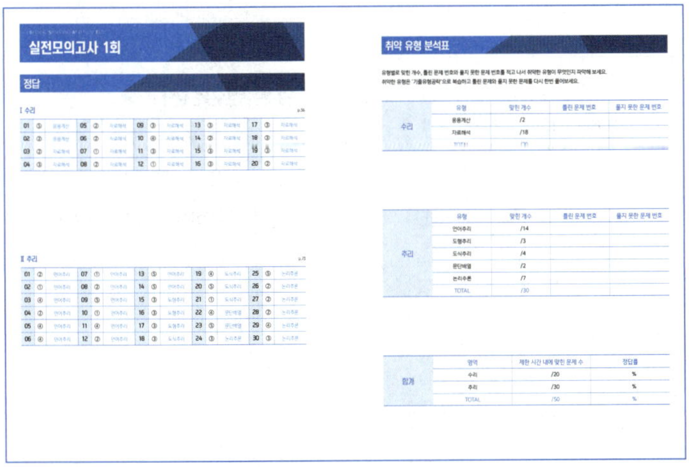

취약 유형 분석표

영역별로 자신이 취약한 유형을 파악하고, '기출유형공략'으로 복습한 후 틀린 문제나 풀지 못한 문제를 반복하여 풀면서 약점을 극복할 수 있다.

5 온라인 GSAT에 최적화된 자료를 활용하여 실전 감각을 높인다!

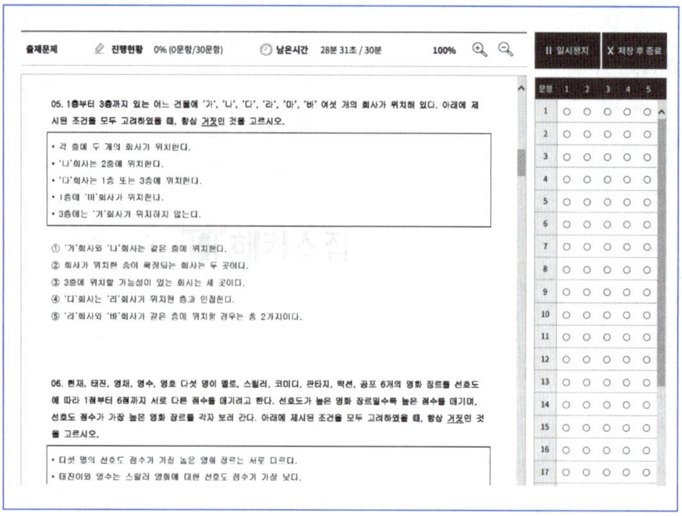

온라인 GSAT 응시 서비스 & GSAT 온라인 모의고사

교재 내에 수록된 실전모의고사 1~3회를 온라인상으로 풀어 볼 수 있는 '온라인 GSAT 응시 서비스'와 최근 시험과 동일한 유형 및 난이도로 구성된 'GSAT 온라인 모의고사(4회분)'를 풀어 봄으로써 온라인 환경에 완벽하게 적응하여 실전에 대비할 수 있다.

[1-72] 제시된 3개의 문장 중 자신의 성향과 가장 가까운 것과 가장 먼 것을 하나씩 선택하여 자신의 성향과 가장 가까운 것은 ①에, 가장 먼 것은 ②에 표기하시오.

1	A	가끔 모든 사람들과의 관계를 끊고 싶을 때가 있다.	①	②
	B	돈을 탕진하는 일이 있어도 하고 싶은 일은 해야 한다.	①	②
	C	나를 화나게 하는 사람에게 물건을 집어 던질 수 있다.	①	②
2	A	부모님께 화를 낸 적이 있다.	①	②
	B	평소에는 가족을 사랑하지만 가끔 가족이 미울 때가 있다.	①	②
	C	친구나 아는 사람이 슬퍼하면 같이 슬퍼진다.	①	②
3	A	집에서 멀리 떨어진 곳으로 떠나고 싶을 때가 있다.	①	②
	B	어떤 일을 피하려고 아픈 척한 적이 있다.	①	②
	C	별 이유 없이 감정이 상하고 화가 날 때가 종종 있다.	①	②
4	A	일을 빨리 끝내려고 조급해하는 편이다.	①	②
	B	환경보호에 관심이 많다.	①	②
	C	기분이 나쁘고 화가 날 때는 아무거나 던지고 싶은 충동이 생긴다.	①	②

모의 삼성 인성검사

해커스잡 사이트(ejob.Hackers.com)에서 제공하는 '모의 삼성 인성검사'로 면접전형에서 시행하는 인성검사까지 대비할 수 있다.

6 동영상강의와 온라인 자료를 이용하여 학습 효과를 극대화한다! (ejob.Hackers.com)

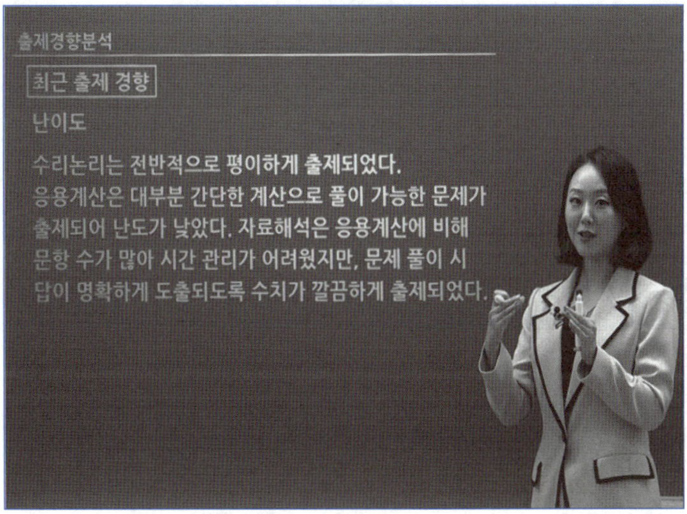

GSAT 인강

해커스잡 사이트(ejob.Hackers.com)에서 유료로 제공되는 본 교재 동영상강의를 통해 교재 학습 효과를 극대화할 수 있다.

최신 GSAT 무료자료·삼성채용 및 면접정보·합격가이드

해커스잡 사이트(ejob.Hackers.com)에서는 다양한 무료자료를 제공하여 보다 확실하게 GSAT 합격을 달성할 수 있도록 하였다. 또한, 삼성채용정보, 면접기출문제, 면접후기, 합격가이드를 통해 삼성 취업에 한 걸음 더 다가갈 수 있다.

학습 플랜

자신에게 맞는 일정의 학습 플랜을 선택하여 학습 플랜에 따라 매일 그날에 해당하는 학습 분량을 공부하고, 매일 학습 완료 여부를 □에 체크해보세요.

3일 완성 학습 플랜

하루에 2회씩 실전모의고사를 풀고, '수리·추리 핵심 공략집'을 학습한다. 실전모의고사를 모두 풀고 난 후 해설을 통해 틀린 문제와 풀지 못한 문제를 다시 한번 꼼꼼히 확인하고, '수리·추리 핵심 공략집'으로 GSAT에 출제되는 이론 및 개념을 복습한다.

1일	2일	3일
기출유형공략 □ 수리 □ 추리 **실전모의고사** □ 1회 □ 1회 복습 □ 2회 □ 2회 복습	**실전모의고사** □ 3회 □ 3회 복습 □ 4회 □ 4회 복습 **수리·추리 핵심 공략집** □ 수리 □ 추리	**실전모의고사** □ 5회(고난도) □ 5회 복습 □ 6회(고난도) □ 6회 복습 **수리·추리 핵심 공략집** □ 수리 □ 추리

* 실전 연습을 더 하고 싶다면, 해커스잡 사이트(ejob.Hackers.com)에서 무료로 제공되는 GSAT 온라인 모의고사를 응시하여 실전 감각을 높일 수 있다.
* 영역별 이론 및 개념에 대한 지식이 부족하다면, 〈수리·추리 핵심 공략집〉을 먼저 암기한 후 문제를 푸는 순서로 학습할 수 있다.
* 유형별 보충 학습이 필요하다면, 〈해커스 GSAT 삼성직무적성검사 통합 기본서 최신기출유형+실전모의고사〉를 이용하여 더 많은 문제를 학습할 수 있다.
* 심화 학습을 원한다면, 해커스잡 사이트(ejob.Hackers.com)에서 유료로 제공되는 본 교재의 동영상강의를 수강하여 심화 학습을 할 수 있다.

6일 완성 학습 플랜

하루에 1회씩 실전모의고사를 풀고, '수리·추리 핵심 공략집'을 학습한다. 실전모의고사를 풀고 난 당일 또는 다음 날에는 해설을 통해 틀린 문제와 풀지 못한 문제를 다시 한번 꼼꼼히 확인하고, '수리·추리 핵심 공략집'으로 GSAT에 출제되는 이론 및 개념을 복습한다.

1일	2일	3일	4일	5일	6일
기출유형공략 □ 수리 □ 추리 **실전모의고사** □ 1회 □ 1회 복습	**실전모의고사** □ 2회 □ 2회 복습 **수리·추리 핵심 공략집** □ 수리 □ 추리	**실전모의고사** □ 3회 □ 3회 복습	**실전모의고사** □ 4회 □ 4회 복습 **수리·추리 핵심 공략집** □ 수리 □ 추리	**실전모의고사** □ 5회(고난도) □ 5회 복습	**실전모의고사** □ 6회(고난도) □ 6회 복습 **수리·추리 핵심 공략집** □ 수리 □ 추리

* 실전 연습을 더 하고 싶다면, 해커스잡 사이트(ejob.Hackers.com)에서 무료로 제공되는 GSAT 온라인 모의고사를 응시하여 실전 감각을 높일 수 있다.
* 영역별 이론 및 개념에 대한 지식이 부족하다면, 〈수리·추리 핵심 공략집〉을 먼저 암기한 후 문제를 푸는 순서로 학습할 수 있다.
* 유형별 보충 학습이 필요하다면, 〈해커스 GSAT 삼성직무적성검사 통합 기본서 최신기출유형+실전모의고사〉를 이용하여 더 많은 문제를 학습할 수 있다.
* 심화 학습을 원한다면, 해커스잡 사이트(ejob.Hackers.com)에서 유료로 제공되는 본 교재의 동영상강의를 수강하여 심화 학습을 할 수 있다.

삼성그룹 알아보기

01 경영이념

인재와 기술을 바탕으로 최고의 제품과 서비스를 창출하여 인류사회에 공헌한다.

경영이념의 궁극적인 목표는 인류의 공동이익을 실현하여 인류사회에 공헌하는 것이다. 이러한 공헌을 실현하는 방안은 고객을 만족시키는 최고의 제품과 서비스를 제공하는 것이고, 이를 달성하기 위한 경영의 핵심요소가 바로 인재와 기술인 것이다. 즉, 경영이념은 삼성의 존재의 이유 및 사명이자 삼성이 추구하는 궁극적인 목표이다.

02 인재상

Passion 열정

We have an unyielding passion to be the best.
끊임없는 열정으로 미래에 도전하는 인재

Creativity 창의혁신

We pursue innovation through creative ideas for a better future.
창의와 혁신으로 세상을 변화시키는 인재

Integrity 인간미 · 도덕성

We act responsibly as a corporate citizen with honesty and fairness.
정직과 바른 행동으로 역할과 책임을 다하는 인재

03 삼성 계열사

전자

삼성전자	1969년에 설립되어 오늘날 전 세계 200개가 넘는 자회사를 거느린 글로벌 IT 기업으로, 사업 영역은 크게 CE 부문(영상 디스플레이/디지털 가전/건강 및 의료기기), IM 부문(이동 통신/네트워크), DS 부문(메모리/시스템 LSI/파운드리) 등으로 나뉨 • 비전: 인재와 기술을 바탕으로 최고의 제품과 서비스를 창출하여 인류사회에 공헌한다. • 핵심가치: 인재제일, 최고지향, 변화선도, 정도경영, 상생추구
삼성디스플레이	세계 최대의 디스플레이 생산업체로, 스마트폰, 노트북, 모니터, TV 등에 디스플레이 제품을 공급하고 있으며, 세계 최초로 플렉서블 OLED와 폴더블 디스플레이를 양산함 • 비전: 상상 속에서만 가능했던 디스플레이, 그 이상을 우리가 만듭니다. (DISPLAY BEYOND IMAGINATION) • 미션: 기술과 사람을 더욱 가치있게 연결하는 최고의 디스플레이를 만듭니다. • 핵심가치: 경계를 낮추자, 새로운 시도를 추구하자, 격이 다른 플레이를 하자
삼성SDI	친환경 초일류 소재·에너지 토탈 솔루션 기업으로, 사업 분야에는 크게 소형배터리, 자동차배터리, 에너지저장장치(ESS), 전자재료 등이 있음 • 비전: 초격차 기술력을 통해 지속가능한 친환경 미래 사회 구현 • 핵심가치: 초격차 기술경쟁력, 최고의 품질, 수익성 우위의 질적 성장
삼성전기	1973년에 설립되었으며 첨단 전자부품에서 기계부품까지 생산하는 글로벌 종합 전자부품 기업으로, 사업 부문은 크게 컴포넌트 사업부, 광학통신솔루션 사업부, 패키지솔루션 사업부 등으로 나뉨 • 비전: 나도 일하고 싶고, 누구나 함께 일하고 싶어하는 최고의 성장기업 • 미션: 최고의 컴포넌트와 독창적인 솔루션으로 모두에게 가치있는 경험을 제공한다. • 핵심가치: 모두존중, 정도중심, 성장 마인드, 하모니, 기술중시, 도전
삼성SDS	1985년에 설립된 IT 솔루션/서비스 기업으로, 클라우드 서비스와 디지털 물류 서비스 등을 제공함 • 비전: Data-driven Digital Transformation Leader
삼성코닝어드밴스드 글라스	2012년에 삼성디스플레이와 미국 코닝의 합작으로 설립된 무기 소재 전문 기업으로, OLED 기판유리를 생산함

중공업·건설

삼성중공업	1974년에 설립된 선박 및 해양플랜트 전문 기업으로, 사업 부문은 크게 조선 분야(LNG선, 부유식 재기화설비, 유조선, 쇄빙유조선, 컨테이너선, 초대형 에탄 운반선, 여객선)와 해양 분야(FLNG, FPSO, 부유식 해양구조물, 고정식 해양 플랫폼, 드릴십, 잭업리그, 해양개발선, 풍력발전기 설치선)로 나뉨 • 핵심가치: 인재제일, 최고지향, 변화선도, 정도경영, 상생추구
삼성E&A	1970년에 설립된 플랜트 엔지니어링 전문 기업으로, 사업 영역은 오일&가스 프로세싱, 정유, 석유화학, 산업, 환경, 바이오, 그린솔루션 등으로 나뉨 • 비전: Enabling a Sustainable FUTURE AHEAD(앞선 기술로 더 나은 미래를 구현하는 엔지니어링 회사) • 핵심가치: Creativity, Collaboration, Commitment
삼성물산(건설)	상사, 패션, 리조트 부문과 함께 삼성물산을 이루고 있는 건설 부문으로, 사업 영역은 크게 건축사업, 토목사업, 플랜트사업, 주택사업 등으로 나뉨 • 비전: Creating FutureScape

금융

삼성생명	국내 시장점유율 1위의 생명보험사로, 사업 영역은 크게 보험, 대출, 퇴직연금, 펀드, 신탁 등으로 나뉨 • 비전: 보험을 넘어, 고객의 미래를 지키는 인생금융파트너 • 핵심가치: 상생, 소통, 가치, 정도, 도전
삼성화재	국내 1위 손해보험회사로 화재, 해상, 자동차, 상해, 배상책임, 장기손해보험, 개인연금 등 다양한 보험상품과 종합 Risk Solution 서비스를 제공하고 있음 • 비전: Be the Future, Beyond Insurance
삼성카드	1983년에 설립되어 1988년에 삼성그룹으로 편입된 여신전문 금융회사로, 사업 영역은 크게 결제서비스, 금융서비스, 할부금융/리스, 생활편의서비스 등으로 나뉨 • 비전: 카드를 넘어 신뢰의 세상을 만든다.
삼성증권	대한민국 대표 종합 금융투자회사로, 증권중개 및 자산관리, 기업금융, 자금운용 등의 다양한 금융 서비스를 제공하고 있음 • 비전: Beyond the Best - 최고로 인정받는 금융회사 • 핵심가치: 고객중심, 변화선도, 전문성, 존중배려, 사회적 책임
삼성자산운용	국내 최대 규모의 자산운용사로, 증권투자신탁·금융·투자 자문, 콜거래 등의 사업을 영위하고 있음
삼성벤처투자	벤처기업 발굴 및 투자 전문 업체로, 신성장동력 발굴을 위한 미래 신기술 사업 투자 등의 사업을 영위하고 있음 • 핵심가치: 인재제일, 정도경영, 최고지향, 상생추구, 변화선도 • 경영원칙: 법과 윤리 준수, 환경·안전·건강중시, 깨끗한 조직문화 유지, 글로벌 기업시민으로서 사회적 책임 추구, 고객·주주·종업원 존중

서비스

삼성물산(상사)	삼성물산 상사 부문은 화학, 철강, 자원 등 산업소재 분야의 제품 트레이딩과 인프라, 신재생에너지, 발전 등을 중심으로 오거나이징 사업을 영위하고 있음 • 비전: 필수 산업재 트레이딩, 신재생 에너지 사업개발을 통해 사회에 기여
삼성물산(패션)	삼성물산 패션 부문은 대한민국 패션의 역사를 주도하며 남성복과 캐주얼을 중심으로 성공 경험을 축적하였으며, 액세서리, 아동복, 아웃도어 등 라인을 확장하고 여성복 브랜드와 SPA 브랜드로 포트폴리오를 다각화해 국내 1위 패션기업으로 자리매김함 • 비전: Global Lifestyle Innovator • 핵심가치: Creativity, Commitment, Openness, Respect, Collaboration
삼성물산(리조트)	삼성물산 리조트 부문은 에버랜드 리조트, 골프클럽, 조경 등의 사업을 영위하고 있음
호텔신라	1973년에 설립된 관광호텔 업체로, 사업 분야는 크게 TR 부문(면세 유통 사업)과 호텔&레저 부문(호텔사업, 생활레저사업)으로 나뉨 • 비전: Premium Lifestyle Leading Company
제일기획	광고대행, 행사기획, 광고제작 등을 수행하는 글로벌 마케팅 솔루션 회사로, Strategy, Creative, Media, Digital, Experiential 등 통합적인 광고 서비스를 제공하고 있음 • 비전: Business-Connected Agency
에스원	1977년에 설립된 국내 최초의 보안 전문 업체로, 주요 사업 분야는 시스템경비, 영상보안, 정보보안, 차량운행관리, 빌딩솔루션 등이 있음 • 비전: 글로벌 초일류기업
삼성글로벌리서치	삼성그룹이 운영하는 민간 경제연구소로, 국내외 경제·경영, 공공 정책, 마케팅, 기술 등 다양한 분야를 연구하고 경영 진단 등의 업무를 수행함 • 비전: Driving Change, Shaping the Future
삼성서울병원	삼성생명공익재단이 운영하는 의료법인으로, 삼성서울병원, 강북삼성병원, 삼성창원병원, 성균관의과대학 등이 있음 • 비전: 미래 의료의 중심 SMC
삼성바이오로직스	바이오의약품 생산전문 기업으로, 국내외 제약회사의 첨단 바이오의약품을 위탁 생산, 개발, 실험하는 사업을 영위하고 있음 • 비전: Driven. For Life.
삼성바이오에피스	바이오 제약 회사로, 바이오시밀러 의약품 연구개발 및 상업화를 통해 고품질 의약품에 대한 환자의 접근성을 높이는 데 주력하고 있음 • 비전: Passion for Health • 핵심가치: Accessible, Quality Assured, Active, Honest
삼성웰스토리	식음서비스 전문 기업으로, 사업 영역은 푸드서비스, 식자재 유통, 해외사업 등으로 나뉨 • 비전: 글로벌 식음 솔루션 리더 • 핵심가치: 프로다운 도전, 경계없는 연결, 함께하는 성장

〈출처: 삼성 채용 사이트 및 계열사별 사이트〉

삼성그룹 채용 알아보기

01 모집 시기

- 일반적으로 삼성 3급 신입공채(대졸 사원)는 연 2회(3월, 9월) 모집하나, 전형 절차별 일정은 계열사에 따라 다를 수 있으므로 각 계열사의 채용공고를 확인해야 한다.

02 지원 자격 및 우대 사항

- 지원 자격에 학점 제한이 없다.
- 모집전공은 직군에 따라 상이하므로 각 계열사 채용공고의 직군별 지원가능 전공계열을 확인해야 한다.
- OPIc이나 토익 스피킹 어학 성적을 보유해야 하며, 어학 성적 기준은 계열사 및 직군에 따라 상이하므로 각 계열사 채용공고에 명시된 지원가능 어학 성적 기준을 확인해야 한다.

삼성전자 지원직군별 지원가능 어학 최소등급 (2025년 상반기 공채 기준)

부문	직무	OPIc	토익 스피킹
DX 부문	회로개발/SW개발/기구개발/품질서비스/생산기술	IL	Level 5
	마케팅/해외영업	IH	Level 7
	국내영업마케팅/SCM물류/구매/환경안전/재무/인사	IM	Level 6
	제품 디자인/인터랙션 디자인/비주얼 커뮤니케이션 디자인	-	-
DS 부문	회로설계/신호및시스템설계/평가및분석/패키지개발/반도체공정설계/반도체공정기술/기구개발/SW개발/설비기술/인프라기술(건설/전기/Facility/Gas/Chemical)	IL	Level 5
	영업마케팅	IH	Level 7
	구매/생산관리/안전보건/경영지원(일반/재무)/인사	IM	Level 6

- 국가등록장애인 및 국가보훈대상자는 관련법 및 내부규정에 의거하여 평가 시 우대를 받는다.
- 다음 사항에 해당되는 경우, 내부규정에 의거하여 평가 시 우대를 받는다.

우대 기준 (2025년 상반기 공채 기준)

구분	우대 기준
중국어	필기: BCT 620점 이상, FLEX 중국어 620점 이상, 新 HSK 5級 195점 이상 회화: TSC Level 4 이상, OPIc 중국어 IM1 이상
공인한자능력	한국어문회 3급 이상, 한자교육진흥회 3급 이상, 한국외국어평가원 3급 이상, 대한검정회 2급 이상
기타	한국공학교육인증원이 인증한 공학교육 프로그램 이수자

03 채용전형 절차

지원서 접수 → 직무적합성 평가 → 직무적성검사 → 면접 → 건강검진

직무적합성 평가

- 지원서에 작성한 전공과목 이수내역과 직무 관련 활동경험, 에세이 등을 토대로 직무적합성평가를 진행하고, 이 결과에 따라 삼성직무적성검사(GSAT)의 응시 가능 여부가 결정된다.
- 직무적합성평가에서 직무와 무관한 스펙은 일체 반영되지 않으며, 특히 연구개발/기술/SW 직군은 전공 이수과목의 수와 난이도, 취득성적 등 전공 능력을 종합적으로 평가한다.

직무적성검사

- 삼성직무적성검사(GSAT)는 진취적이고 창의적인 인재를 선발할 수 있는 도구로서 총 2개의 영역(수리, 추리)으로 나누어 평가한다.
- SW 직군은 GSAT 대신 프로그램 코딩 실기 테스트인 SW 역량테스트를, 디자인 직군은 디자인 포트폴리오 심사를 시행한다.

면접

- 면접은 직무역량면접(30분), 창의성면접(30분), 임원면접(30분) 3가지로 구성된다. 단, 2025년 상반기에는 삼성전자 DX 부문만 창의성면접을 시행하였다.
- 면접 당일에 인성검사와 GSAT 약식 평가를 온라인으로 실시한다. GSAT 약식 평가는 수리 10문항, 추리 15문항으로 구성되며 시험 시간은 총 30분이다.
- 면접의 순서는 조에 따라 다르다.

직무역량면접	직군별 기본실무능력 및 활용 가능성을 중점 평가 * 직무역량면접의 경우, 계열사 및 직군에 따라 면접방식이 상이함
창의성면접	제시된 과제에 대한 해결방안 발표 및 질의응답을 통해 지원자의 독창적인 아이디어와 논리 전개과정을 평가
임원면접	개별질문을 통해 개인품성 및 조직적합성을 중점 평가

〈출처: 삼성전자 채용 사이트〉

※ 채용전형 및 평가내용은 계열사별 채용방침에 따라 변경될 수 있음

최신 GSAT 출제 유형 알아보기

1. 시험 구성

삼성직무적성검사는 단편적인 지식보다는 주어진 상황을 유연하게 대처하고 해결할 수 있는 종합적인 능력을 평가하는 검사이다.

영역	문항 수	시간	평가요소
수리	20문항	30분	수치계산, 자료해석력
추리	30문항	30분	분석적 사고력, 논리력

※ 2025년 상반기 GSAT 기준

2. 시험 특징

GSAT 온라인 시험 시행

GSAT는 2025년 상반기에도 온라인으로 진행되었다. 이에 따라 GSAT는 수리, 추리 2개 영역만 시행되었다. 또한, 면접 전형에서는 추가로 GSAT 약식 평가가 30분 동안 PC로 진행된다.

신유형 출제

2025년 상반기 GSAT에서는 신유형은 출제되지 않았으며, 수리 및 추리 영역 모두 이전 시험과 동일하게 출제되었다.

3. 시험 출제 유형

구분	문제 유형	유형 설명	문항 수	한 문항당 풀이 시간
수리 (총 20문항/30분)	응용계산	문제에 제시된 조건과 숫자를 정리하여 식을 세우고 답을 도출하는 유형의 문제	2문항	약 80초
	자료해석	제시된 자료에 있는 항목을 분석하거나 자료에 있는 항목을 이용하여 계산하는 유형의 문제	18문항	약 90초
추리 (총 30문항/30분)	언어추리	제시된 조건을 토대로 올바른 전제 또는 결론을 도출하거나 결론의 옳고 그름을 판단하는 유형의 문제	14문항	약 70초
	도형추리	제시된 도형의 변환 규칙을 파악하여 물음표에 해당하는 도형을 유추하는 유형의 문제	3문항	약 35초
	도식추리	제시된 암호 기호에 적용된 변환 규칙을 파악하여 물음표에 해당하는 문자나 숫자를 유추하는 유형의 문제	4문항	약 50초
	문단배열	제시된 문단을 논리적 흐름에 따라 배열하는 유형의 문제	2문항	약 45초
	논리추론	제시된 글을 바탕으로 추론한 내용의 진위를 판단하고, 논점에 관한 주장 및 근거를 파악하는 유형의 문제	7문항	약 60초

※ 2025년 상반기 GSAT 기준

GSAT 필승 공략법

01 GSAT 대비 학습 전략

최신 GSAT에 출제된 문제 유형 위주로 학습한다.

최근 3년간 GSAT의 출제 경향을 살펴보면 일부 유형은 새로운 형태로 출제되거나 삭제되는 등 변동되기도 했지만, 대부분은 기존에 출제된 유형이 고정적으로 출제되고 있다. 따라서 반복적으로 출제되는 문제 유형을 중점적으로 학습하고, 유형 변동에 대비하여 이전 시험에 출제된 적이 있는 유형도 폭넓게 학습하는 것이 좋다.

논리적 사고력을 기른다.

GSAT 평가 영역에서 언어논리, 시각적사고가 삭제됨에 따라 GSAT는 자료를 빠르게 분석한 후 계산을 요구하는 문제와 논리력과 추리력을 요구하는 문제의 비중이 커졌다. 따라서 평소에 다양한 자료와 문제를 접하며 내용을 분석적으로 이해하고 논리적으로 사고하는 연습을 하는 것이 좋다.

수리, 추리 영역의 모든 유형을 골고루 학습한다.

GSAT에는 과락이 존재하기 때문에 어느 한 영역이라도 합격 기준에 미치지 못하면 불합격할 수 있다. 또한, 매 시험 영역 및 유형별로 난도가 달라지므로 GSAT에 출제되는 수리, 추리 영역의 어떤 유형도 소홀히 하지 말고 빠짐없이 학습해야 한다.

시간 관리 연습을 한다.

GSAT는 문항 수 대비 풀이 시간이 짧은 편이기 때문에 실제 시험에서 모든 문제를 풀어내기 위해서는 평소에도 실전과 동일한 제한 시간을 두고 문제 푸는 연습을 해야 한다. 또한, 취약한 유형이 있다면 반복 학습을 통해 자신만의 풀이법을 터득하여 문제 풀이 시간을 단축할 수 있도록 해야 한다.

온라인 GSAT 응시 서비스와 GSAT 온라인 모의고사로 실전에 대비한다.

온라인 시험 특성상 단순히 문제를 풀이하는 것 외에도 여러 가지 변수가 발생할 수 있기 때문에 온라인으로 모의고사를 푸는 연습을 하여 보다 철저히 시험에 대비하는 것이 좋다.

02 학습 성향별 GSAT 대비 학습 전략

개별학습 혼자 공부해야 잘 된다!

1. 본 교재의 **학습 플랜**을 활용하여 매주, 매일 단위로 나만의 학습 플랜을 세운다.
2. 학습 플랜에 따라 **기출유형공략**을 익히고, **실전모의고사** 문제를 푼다.
3. 그날의 학습 분량을 마친 후, **수리·추리 핵심 공략집**의 수학공식, 명제이론 등을 암기한다.
4. 본 교재를 기본으로 학습하고 **해커스잡 사이트**(ejob.Hackers.com)에서 제공되는 **GSAT 온라인 모의고사**로 실전 연습을 한다.

스터디학습 여러 사람과 함께 공부하고 싶다!

1. 스터디 시작 전에 미리 공부할 분량을 정해 해당 부분을 각자 **예습**한다.
   그날 학습할 **수리·추리 핵심 공략집**의 수학공식, 명제이론 등을 미리 암기한다.
2. 예습해온 문제 중 틀렸거나 잘 모르는 문제는 스터디원들과 풀이 방법을 **논의**하여 완벽하게 이해한다.
3. 스터디가 끝난 후, 틀렸거나 잘 모르는 문제를 다시 풀어보고 **수리·추리 핵심 공략집**의 **핵심 공략**Quiz에서 틀렸던 부분을 **복습**한다.

인강학습 동영상강의를 들으며 체계적으로 공부하고 싶다!

1. **해커스잡 사이트**(ejob.Hackers.com)에서 본 교재 인강의 강의 정보를 확인하고 자신의 학습 계획을 세운다.
2. 강의를 듣기 전 미리 그날 배울 문제를 풀어보고 **수리·추리 핵심 공략집**의 수학공식, 명제이론 등을 암기한다.
3. 강의를 들은 후, 그날 배운 문제를 **복습**한다.

시험 당일 Tip

1. 시험 진행 순서

시간		단계
오전	오후	
~09:00	~14:00	응시환경 세팅 및 PC/휴대전화 설정 상태 확인
09:00~10:00	14:00~15:00	삼성직무적성검사 시험 준비
10:00~11:05	15:00~16:05	삼성직무적성검사 실시 * 수리(30분) 종료 후 약 5분 동안 응시환경 점검 진행 후 추리(30분) 진행
11:05~11:30	16:05~16:30	답안 제출 여부 및 문제풀이 용지 확인 후 시험종료

※ 2025년 상반기 GSAT 기준

2. 시험 특이사항

- 시험 전 온라인 예비소집을 진행한다. 이는 시험 당일과 동일한 환경에서 전체 프로세스를 안내받고 점검하기 위한 단계이다.
- 응시자는 PC 또는 노트북, 휴대전화 거치대, 휴대전화 충전기, 필기도구와 서류합격자에 한하여 삼성 사이트에서 제공하는 문제풀이 용지를 시험 전 미리 준비해야 한다.

3. 시험 응시 당일 유의사항

- 휴대전화 거치대, 문제풀이 용지, 주의사항 안내문을 미리 준비한다.
- 삼성 채용 사이트에 있는 응시자 매뉴얼을 확인한 후 PC 및 휴대전화 환경을 설정한다.
- 휴대전화 화면에 모니터, 응시자의 얼굴과 양손이 보이도록 휴대전화의 위치를 고정한다.
  * 책상 위에는 개인 PC, 필기구, 문제풀이 용지, 휴대전화 거치대 외에 다른 물건은 비치가 불가능함
- 안내된 시간에 맞춰 응시 프로그램(PC) 및 감독 프로그램(휴대전화)에 접속한다.
- PC 및 휴대전화를 충전기에 연결한 상태에서 시험에 응시한다.
- 응시 중 상황에 따라 감독관이 시험을 중단시킬 수 있으며, 이 경우 감독관의 안내를 따라야 한다. 또한, 응시 중 특이사항 발생 시 조용히 손을 들고 감독관의 지시가 있을 때까지 대기한다.
- 응시 이후 검사가 종료될 때까지 응시 장소를 벗어나는 것은 원칙적으로 불가능하며, 응시 중 타인의 출입, 문제 메모 등 부정행위가 발생할 경우 불이익을 받을 수 있다.
- 휴대전화 와이파이 접속 시 비행기 모드로 설정한다.
  * 휴대전화 알림 소리가 날 경우 퇴장 조치됨
- 모니터에 손을 대는 행위는 가능하다. (단, 스크린 터치 기능 노트북은 사용 불가능하다.)
- 시험이 종료되면 문제풀이 용지의 모든 면을 촬영하여 지정된 이메일 주소로 발송한다.
- 문제풀이 용지는 반드시 양면 출력하여 지참한다. (단면 인쇄 시 허용된 4장 이외에는 사용 불가능하다.)

4. 합격을 위한 Tip

- 별도의 시간 안내 방송은 없으며, 화면에 남은 시간이 제시된다.
- 화면 배율 조정이 가능하며, 스크롤 상하좌우 이동이 가능하다.
- 답안 체크란은 상단에 있으며, OMR 문제 번호 클릭 시 해당 문제로 이동한다.
- 한 페이지에 1~3문제가 제시되지만, 일부 자료해석 문제는 두 페이지에 제시된다.
- 영역별 제한 시간을 숙지하고 시간 내에 자신이 잘 풀 수 있는 문제를 먼저 풀고 나서 잘 모르는 문제를 푸는 방식으로 가능한 한 많은 문제를 빠르고 정확하게 푼다.
- 오답 감점제가 있으므로 모르는 문제나 시간이 부족해 풀지 못한 문제는 찍지 않는 것이 좋다.

GLOBAL
SAMSUNG
APTITUDE
TEST

PART 1

기출유형공략

01 | 수리 기출유형공략

수리 소개

수리는 기본 수학 이론·공식을 이용한 계산 능력과 제시된 자료를 분석하는 능력을 평가하는 영역이다.
① **응용계산**, ② **자료해석** 유형이 출제된다.
총 **20개**의 문항이 제시되며 **30분** 내에 풀어야 한다.

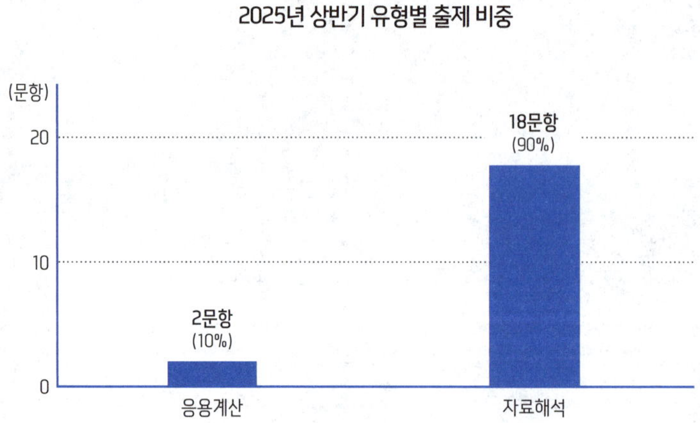

최근 출제 경향

최근 시험에서 수리는 전반적으로 평이하게 출제되었다.
응용계산은 대부분 간단한 계산으로 풀이 가능한 문제가 출제되어 난도가 낮았다. 자료해석은 응용계산에 비해 문항 수가 많아 시간 관리가 어려웠지만, 문제 풀이 시 답이 명확하게 도출되도록 수치가 깔끔하게 출제되었다. 다만, 그래프의 가독성이 떨어지고, 정확한 계산이 필요한 항목이 많아 체감 난도가 약간 높았다.

유형 1 **응용계산**

유형 특징

- 문제에 제시된 조건과 숫자를 정리하여 식을 세우고 답을 도출하는 유형의 문제이다.
- 수리 총 20문항 중 약 2문항이 출제되며, 1문항당 약 80초 내에 풀어야 한다.
- 응용계산 유형은 다음과 같이 두 가지 세부 유형으로 출제된다.
  ① 방정식 문제
  ② 경우의 수·확률 문제

학습 전략

- GSAT에 자주 출제되는 방정식의 활용 공식과 경우의 수 및 확률 공식을 반드시 학습한다. (수리·추리 핵심 공략집 p.287, 293)
- 여러 개의 식을 세워 답을 도출해야 하는 문제가 출제되므로, 식을 세울 때 필요한 조건이 누락되지 않도록 빠르고 정확하게 문제를 푸는 연습을 한다.

시간 단축 유형

예제 1 방정식 문제 출제 빈도 ★★★

작년 D 기업의 연구비와 개발비의 합은 1,800억 원이었고 올해 연구비와 개발비의 합은 총 540억 원이 증가하였다. 올해 D 기업의 연구비는 전년 대비 35% 증가하였고 개발비는 전년 대비 20% 증가하였을 때, 작년 D 기업의 연구비와 개발비의 금액 차이는?

① 270억 원 ② 600억 원 ③ 900억 원 ④ 1,000억 원 ⑤ 1,200억 원

|정답 및 해설| ②

작년 D 기업의 연구비를 x, 개발비를 y라고 하면

작년 연구비와 개발비의 합은 1,800억 원이었으므로

$x+y=1,800$ … ⓐ

올해 D 기업의 연구비는 전년 대비 35% 증가하였고, 개발비는 전년 대비 20% 증가하여 올해 D 기업의 연구비와 개발비의 합은 전년 대비 총 540억 원 증가하였으므로

$0.35x+0.2y=540$ … ⓑ

ⓐ를 ⓑ에 대입하면 $0.35x+0.2(1,800-x)=540 \rightarrow x=1,200$, $y=600$

따라서 작년 D 기업의 연구비와 개발비의 금액 차이는 1,200−600=600억 원이다.

빠른 문제 풀이 Tip

연구비 증가율 a%와 개발비 증가율 b%가 합쳐져 전체 증가율이 c%가 되었을 때, 연구비 : 개발비=$|c-b|:|c-a|$임을 적용하여 구한다.

올해 D 기업의 연구비 증가율 35%와 개발비 증가율 20%가 합쳐져 전체 증가율이 $\frac{540}{1,800}\times100=30$%가 되었으므로

연구비 : 개발비=|30−20| : |30−35|=10 : 5=2 : 1이다.

따라서 전년도 총액 1,800억 원을 2:1로 나누면 연구비는 1,200억 원, 개발비는 600억 원이므로 두 금액의 차이는 600억 원이다.

시간 단축 유형

예제 2 경우의 수·확률 문제

출제 빈도 ★★★

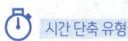

지역축제에서 입고 있는 티셔츠의 색이 빨간색인 사람과 파란색인 사람의 비가 7:5이고, 지역축제에 있는 전체 사람의 60%는 반팔 티셔츠를 입고 있다. 경품 추첨을 위해 전체 사람 중 한 명을 임의로 선택했을 때, 이 사람이 빨간색 반팔 티셔츠를 입고 있을 확률은 40%이다. 추첨된 사람이 긴팔 티셔츠를 입고 있을 때, 파란색 티셔츠일 확률은 얼마인가? (단, 모든 사람은 빨간색 또는 파란색 티셔츠를 입고 있고, 반팔 또는 긴팔 티셔츠를 입고 있다.)

① $\frac{5}{12}$ ② $\frac{13}{24}$ ③ $\frac{3}{5}$ ④ $\frac{13}{20}$ ⑤ $\frac{5}{7}$

|정답 및 해설| ②

사건 A가 일어났을 때 사건 B의 조건부확률 $P(B|A)=\frac{P(A\cap B)}{P(A)}$임을 적용하여 구한다.

추첨된 사람이 긴팔 티셔츠를 입고 있을 때, 파란색 티셔츠일 확률은 $\frac{\text{파란색 긴팔 티셔츠를 입고 있을 확률}}{\text{긴팔 티셔츠를 입고 있을 확률}}$이다.

지역축제 전체 사람 수를 x명이라 하면, 티셔츠의 색이 빨간색인 사람과 파란색인 사람의 비가 7:5이므로 빨간색 티셔츠를 입고 있는 사람 수는 $\frac{7}{12}x$명, 파란색 티셔츠를 입고 있는 사람 수는 $\frac{5}{12}x$명이다. 또한, 지역축제에 있는 전체 사람의 60%는 반팔 티셔츠를 입고 있으므로 반팔 티셔츠를 입고 있는 사람 수는 $0.6x$명이고, 긴팔 티셔츠를 입고 있는 사람 수는 $x-0.6x=0.4x$명으로 추첨된 사람이 긴팔 티셔츠를 입고 있을 확률은 $\frac{0.4x}{x}=0.4$이다. 한편, 전체 사람 중 한 명을 임의로 선택했을 때 빨간색 반팔 티셔츠를 입고 있을 확률이 40%이므로 빨간색 반팔 티셔츠를 입고 있는 사람 수는 $0.4x$명이다. 이에 따라 파란색 반팔 티셔츠를 입고 있는 사람 수는 $0.6x-0.4x=0.2x$명이며, 파란색 긴팔 티셔츠를 입고 있는 사람 수는 $\frac{5}{12}x-0.2x=\frac{13}{60}x$명으로 추첨된 사람이 파란색 긴팔 티셔츠를 입고 있을 확률은 $\frac{\frac{13}{60}x}{x}=\frac{13}{60}$이다.

따라서 추첨된 사람이 긴팔 티셔츠를 입고 있을 때, 티셔츠의 색이 파란색일 확률은 $\frac{\frac{13}{60}}{0.4}=\frac{13}{24}$이다.

빠른 문제 풀이 Tip

빨간색 티셔츠를 입은 사람 수를 70명, 파란색 티셔츠를 입은 사람 수를 50명으로 가정하여 사람 수를 파악한다.
전체 사람의 60%는 반팔 티셔츠를 입음 → 반팔 티셔츠를 입은 사람 수=(70+50)×0.6=72명
전체 사람 중 한 명을 임의로 선택한 사람이 빨간색 반팔 티셔츠를 입고 있을 확률 40% → 빨간색 반팔 티셔츠를 입은 사람 수=(70+50)×0.4=48명

전체 120명			
빨간색 70명		파란색 50명	
반팔 48명	긴팔 x명	반팔 y명	긴팔 z명

→ $x=70-48=22$명, $y=72-48=24$명, $z=50-24=26$명

따라서 추첨된 사람이 긴팔 티셔츠를 입고 있을 때, 파란색 티셔츠일 확률은 $\frac{\frac{z}{120}}{\frac{x+z}{120}}=\frac{26}{22+26}=\frac{13}{24}$이다.

기출유형공략 1회 2회 3회 4회 5회 6회

해커스 GSAT 삼성직무적성검사 실전모의고사

유형 2 **자료해석**

유형 특징

- 제시된 자료에 있는 항목을 분석하거나 자료에 있는 항목을 이용하여 계산하는 유형의 문제이다.
- 수리 총 20문항 중 약 18문항이 출제되며, 1문항당 약 90초 내에 풀어야 한다.
- 자료해석 유형은 다음과 같이 세 가지 세부 유형으로 출제된다.
  ① 자료의 내용과 일치/불일치하는 설명을 고르는 문제
  ② 자료의 특정한 값을 추론하는 문제
  ③ 제시된 자료를 다른 형태의 자료로 변환하는 문제

학습 전략

- 다양한 분야의 자료를 빠르고 정확하게 분석하기 위해 자료해석의 기본이 되는 자료 해석법을 반드시 학습한다. (수리·추리 핵심 공략집 p.296)
- 본 교재 해설의 '빠른 문제 풀이 Tip'을 적용하여 복잡한 계산 문제를 빠르게 푸는 연습을 한다.
- 자료의 내용과 일치/불일치하는 설명을 고르는 문제는 계산이 필요하지 않은 순위, 대소 비교, 증감 추이 등을 파악하는 설명부터 확인하여 풀이 시간을 단축한다.
- 자료의 특정한 값을 추론하는 문제와 같이 수치를 계산하는 문제는 실전에서 빠르고 정확하게 풀 수 있도록 기본적인 수열 공식을 반드시 암기한다. (수리·추리 핵심 공략집 p.286)
- 제시된 자료를 다른 형태의 자료로 변환하는 문제는 선택지에 제시된 그래프의 구성 항목을 먼저 파악한 후 자료에서 관련 있는 항목의 값을 찾아 비교하면서 문제를 빠르게 푸는 연습을 한다.

예제 1 자료의 내용과 일치/불일치하는 설명을 고르는 문제

출제 빈도 ★★★

다음은 2020년부터 2024년까지 연령대별 하루 평균 스마트폰 사용 시간에 대한 자료이다. 다음 중 자료에 대한 설명으로 옳지 않은 것을 고르시오. (단, 각 연령대별 인구는 매년 동일하다.)

[연령대별 하루 평균 스마트폰 사용 시간]

(단위: 분)

구분	2020년	2021년	2022년	2023년	2024년
10대 이하	180	175	170	165	160
20대	220	225	230	235	240
30대	200	205	210	215	220
40대	160	170	170	155	175
50대	120	125	130	135	140
60대 이상	90	95	100	105	110

① 제시된 기간 동안 매년 하루 평균 스마트폰 사용 시간은 30대보다 20대가 더 많다.
② 2024년 50대 하루 평균 스마트폰 사용 시간의 4년 전 대비 증가율은 15% 이상이다.
③ 제시된 기간 동안 40대 하루 평균 스마트폰 사용 시간의 평균은 165분 이상이다.
④ 2023년 제시된 연령대 중 하루 평균 스마트폰 사용 시간이 다른 연령대 대비 3번째로 적은 연령대는 하루 평균 스마트폰 사용 시간이 3년 전 대비 15분 감소하였다.
⑤ 제시된 기간 동안 매년 60대 이상 대비 30대의 하루 평균 스마트폰 사용 시간의 비율은 2.0 이상이다.

|정답 및 해설| ④

2023년 제시된 연령대 중 하루 평균 스마트폰 사용 시간이 다른 연령대 대비 3번째로 적은 40대는 하루 평균 스마트폰 사용 시간이 3년 전 대비 160－155＝5분 감소하였으므로 옳지 않은 설명이다.

① 2020년부터 2024년까지 매년 하루 평균 스마트폰 사용 시간은 30대보다 20대가 더 많으므로 옳은 설명이다.
② 2024년 50대 하루 평균 스마트폰 사용 시간의 4년 전 대비 증가율은 {(140－120)/120}×100 ≒ 16.7%이므로 옳은 설명이다.
③ 제시된 기간 동안 40대 하루 평균 스마트폰 사용 시간의 평균은 (160＋170＋170＋155＋175)/5＝166분이므로 옳은 설명이다.
⑤ 60대 이상 대비 30대의 하루 평균 스마트폰 사용 시간의 비율은 2020년에 200/90 ≒ 2.22, 2021년에 205/95 ≒ 2.16, 2022년에 210/100＝2.10, 2023년에 215/105 ≒ 2.05, 2024년에 220/110＝2.00이므로 옳은 설명이다.

빠른 문제 풀이 Tip

② 증가율 15%는 10%와 5%의 합임을 적용하여 구한다.
2020년 50대 하루 평균 스마트폰 사용 시간인 120분의 10%는 12분, 5%는 6분이므로 4년간 120분에서 15% 증가하였다면 2024년 50대 하루 평균 스마트폰 사용 시간은 120＋12＋6＝138분이 되어야 한다. 2024년 50대 하루 평균 스마트폰 사용 시간은 140분으로 138분보다 크므로 2020년 대비 증가율은 15% 이상임을 알 수 있다.

③ 기준값과의 편차 합＞0일 경우, 평균＞기준값임을 적용하여 구한다.
2020~2024년 40대의 하루 평균 스마트폰 사용 시간 평균의 기준값을 165분으로 두고 연도별 편차만 더해보면 －5＋5＋5－10＋10＝5＞0이므로 평균은 기준값인 165분보다 큼을 알 수 있다.

시간 단축 유형

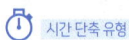

예제 2 자료의 특정한 값을 추론하는 문제

출제 빈도 ★★★

다음은 회사별 반도체 생산량을 나타낸 자료이다. 자료를 보고 a, b에 해당하는 값을 예측했을 때 가장 타당한 값을 고르시오.

[회사별 반도체 생산량]

(단위: 만 개)

구분	A 사	B 사	C 사
프로세서 생산량	20	40	50
메모리 칩 생산량	620	740	800

※ 메모리 칩 생산량 $=(a^2-a)\times\frac{\text{프로세서 생산량}}{2}+2b$ (단, $a>0$)

	a	b
①	4	250
②	4	340
③	4	420
④	5	250
⑤	5	420

|정답 및 해설| ①

메모리 칩 생산량 $= (a^2 - a) \times \frac{\text{프로세서 생산량}}{2} + 2b$임을 적용하여 구한다.

A 사의 프로세서 생산량은 20만 개, 메모리 칩 생산량은 620만 개이므로

$620 = (a^2 - a) \times \frac{20}{2} + 2b \rightarrow 10a^2 - 10a + 2b = 620$ …ⓐ

B 사의 프로세서 생산량은 40만 개, 메모리 칩 생산량은 740만 개이므로

$740 = (a^2 - a) \times \frac{40}{2} + 2b \rightarrow 20a^2 - 20a + 2b = 740$ …ⓑ

ⓑ－ⓐ에서 $10a^2 - 10a = 120 \rightarrow a^2 - a - 12 = 0 \rightarrow (a+3)(a-4) = 0 \rightarrow a > 0$이므로 $a = 4$

이를 ⓐ에 대입하여 풀면

$160 - 40 + 2b = 620 \rightarrow 2b = 500 \rightarrow b = 250$

따라서 a는 4, b는 250인 ①이 정답이다.

빠른 문제 풀이 Tip

제시된 선택지의 a 값을 공식에 대입하여 계산한다.

①, ②, ③ 선택지의 $a=4$를 대입하면 프로세서 생산량이 20만 개, 메모리 칩 생산량이 620만 개인 A 사의 경우

$620 = (4^2 - 4) \times \frac{20}{2} + 2b \rightarrow 620 = 120 + 2b \rightarrow b = 250$이므로 ②, ③ 선택지는 정답에서 소거된다.

다음으로 ④, ⑤ 선택지의 $a=5$를 대입하면 프로세서 생산량이 20만 개, 메모리 칩 생산량이 620만 개인 A 사의 경우

$620 = (5^2 - 5) \times \frac{20}{2} + 2b \rightarrow 620 = 200 + 2b \rightarrow b = 210$이므로 ④, ⑤ 선택지도 정답에서 소거된다.

따라서 ①이 정답임을 알 수 있다.

시간 단축 유형

예제 3 **제시된 자료를 다른 형태의 자료로 변환하는 문제**

출제 빈도 ★★★

다음은 A 국의 농·축산 사업 유형별 법인 수에 대한 자료이다. 이를 바탕으로 A 국의 농·축산 사업 유형별 법인 수 비중을 바르게 나타낸 것을 고르시오.

[사업 유형별 법인 수]

(단위: 개)

구분	작물재배업	축산업	농축산물가공업	농축산물유통업	기타사업
농·축산 법인 수	2,144	928	1,184	1,568	576

①

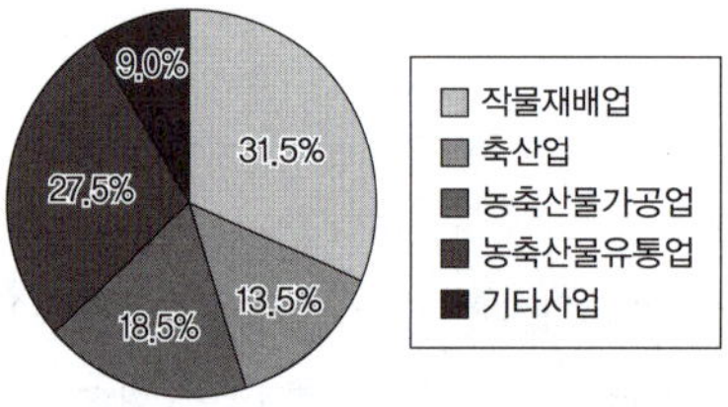

②

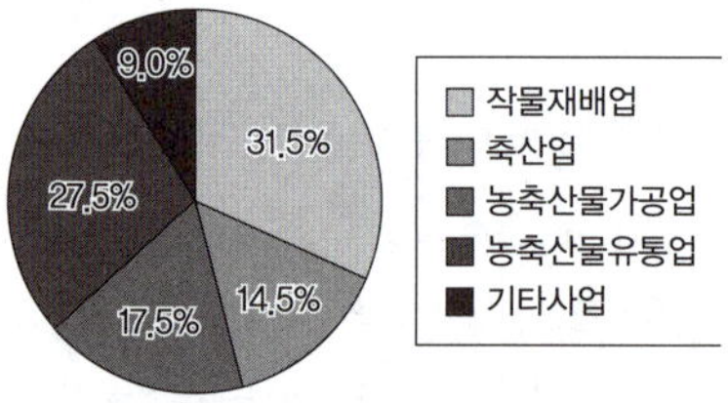

③

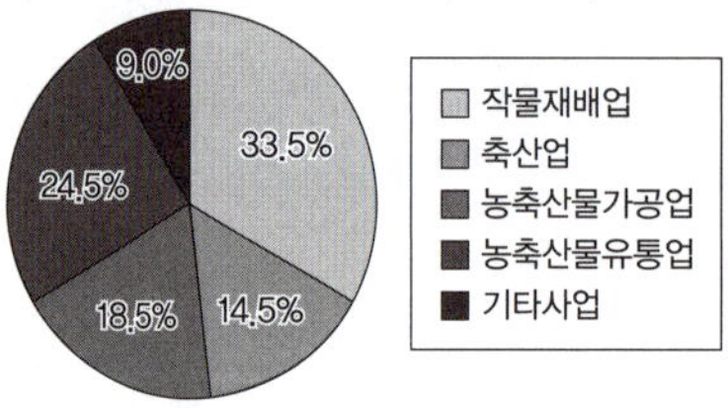

④

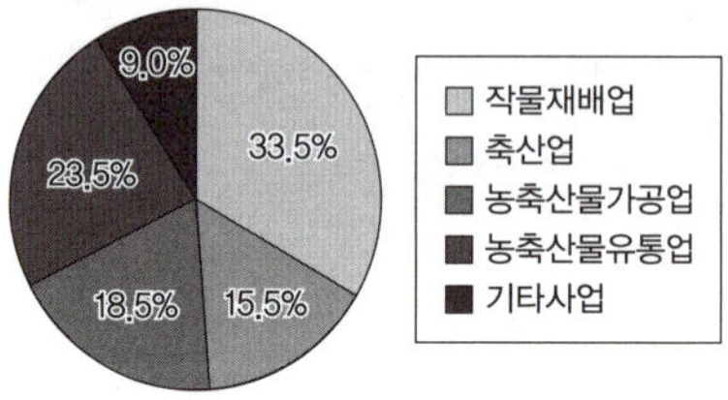

⑤

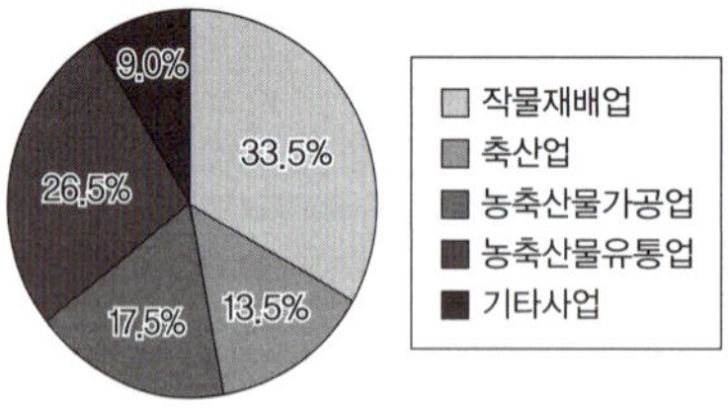

|정답 및 해설| ③

제시된 자료에 따라 A 국의 농·축산 사업 유형별 법인 수 비중을 계산하면 다음과 같다.

구분	법인 수	비중
작물재배업	2,144	(2,144/6,400)×100=33.5%
축산업	928	(928/6,400)×100=14.5%
농축산물가공업	1,184	(1,184/6,400)×100=18.5%
농축산물유통업	1,568	(1,568/6,400)×100=24.5%
기타사업	576	(576/6,400)×100=9.0%
합계	6,400	100.0%

따라서 A 국의 농·축산 사업 유형별 법인 수 비중이 일치하는 ③이 정답이다.

빠른 문제 풀이 Tip

모든 선택지에서 동일하게 9%로 제시된 기타사업 비중을 기준으로 비교한다.
농축산물유통업 법인 수는 1,568개로 기타사업 법인 수인 576개의 3배(576×3=1,728) 미만이므로 농축산물유통업 비중이 기타사업 법인 수의 비중인 9%의 3배(9×3=27%) 이상으로 제시된 ①, ②를 소거한다. 그다음, 농축산물가공업 법인 수는 1,184개로 기타사업 법인 수의 2배(576×2=1,152) 이상이므로 농축산물가공업 법인 수의 비중이 기타사업 비중의 법인 수의 2배(9×2=18%) 이하로 제시된 ⑤를 소거한다. 남은 ③, ④는 축산업 법인 수의 비중이 각각 14.5%와 15.5%이므로 15% 비중을 기준으로 비교한다. 기타사업 비중$\times\frac{5}{3}=9\times\frac{5}{3}=15$%임을 적용하면 전체 법인 수의 15%는 기타사업 법인 수$\times\frac{5}{3}=576\times\frac{5}{3}=960$이므로 축산업 법인 수인 928개는 전체 법인 수의 15% 이하이다.
따라서 정답은 ③임을 알 수 있다.

02 | 추리 기출유형공략

추리 소개

추리는 주어진 조건을 종합하여 논리적으로 사고하는 능력, 제시된 도형이나 암호 기호에 적용된 변환 규칙을 유추하는 능력, 문단을 올바르게 배열하는 능력을 평가하는 영역이다. ① **언어추리**, ② **도형추리**, ③ **도식추리**, ④ **문단배열**, ⑤ **논리추론** 유형이 출제된다.
총 **30개**의 문항이 제시되며 **30분** 내에 풀어야 한다.

2025년 상반기 유형별 출제 비중

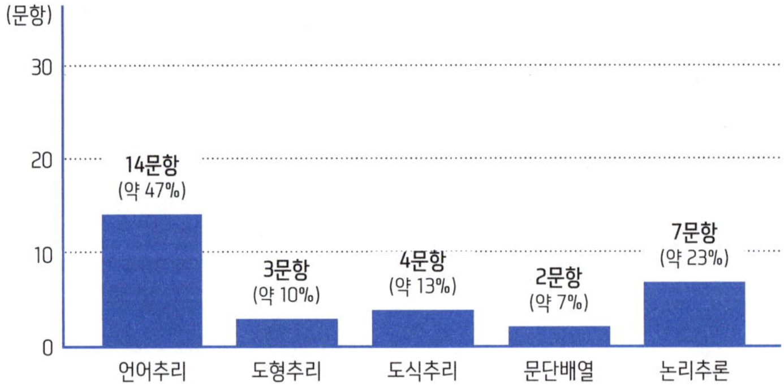

최근 출제 경향

최근 시험에서 추리는 전반적으로 평이하게 출제되었다.
명제추리는 전반적으로 난도가 낮았지만, 조건추리는 각 문제에서 도출되는 경우의 수가 많고 선택지가 조건문 형태로 제시되어 난도가 약간 높았다. 특히, 경우의 수를 모두 따져봐야 하는 선택지가 많아 체감 난도가 올라간 것으로 보인다. 도형추리와 도식추리는 복잡하지 않은 규칙이 출제되어 난도가 낮았다. 문단배열은 답을 쉽게 추론할 수 있는 문제가 출제되어 난도가 매우 낮았고, 논리추론은 반도체 등 전공 지식에 관한 지문 비중이 높았으나 지문의 길이가 짧고 정답을 명확하게 파악할 수 있도록 출제되어 문제의 난도는 매우 낮은 편이었다.

유형 1 언어추리

유형 특징

- 제시된 조건을 토대로 올바른 전제 또는 결론을 도출하거나 결론의 옳고 그름을 판단하는 유형의 문제이다.
- 추리 총 30문항 중 약 14문항이 출제되며, 1문항당 약 70초 내에 풀어야 한다.
- 언어추리 유형은 다음과 같이 두 가지 세부 유형으로 출제된다.
  ① 명제추리 문제
  ② 조건추리 문제

학습 전략

- 명제추리 문제는 명제와 삼단논법에 대한 기초적인 논리 이론을 반드시 학습한다. (수리·추리 핵심 공략집 p.302, 303)
- 조건추리 문제는 문장으로 주어진 조건을 단어나 표로 간단히 정리한 후, 제시된 조건을 토대로 결론의 옳고 그름을 바로 판단할 수 있는지 먼저 확인하여 풀이 시간을 단축한다. 또한, 고려해야 하는 조건이나 경우의 수를 빠짐없이 확인하여 빠르고 정확하게 문제를 푸는 연습을 한다.

시간 단축 유형

예제 1 명제추리 문제

출제 빈도 ★★★

다음 전제를 읽고 반드시 참인 결론을 고르시오.

전제	콘솔 프로그램을 개발하는 어떤 사람은 컴퓨터 조작에 능숙하다.
	게임을 하지 않는 모든 사람은 콘솔 프로그램을 개발하지 않는다.
결론	

① 게임을 하는 모든 사람은 컴퓨터 조작에 능숙하다.
② 게임을 하는 어떤 사람은 컴퓨터 조작에 능숙하지 않다.
③ 컴퓨터 조작에 능숙한 어떤 사람은 게임을 하지 않는다.
④ 게임을 하는 어떤 사람은 컴퓨터 조작에 능숙하다.
⑤ 컴퓨터 조작에 능숙한 모든 사람은 게임을 하지 않는다.

|정답 및 해설| ④

게임을 하지 않는 모든 사람이 콘솔 프로그램을 개발하지 않는다는 것은 콘솔 프로그램을 개발하는 모든 사람이 게임을 한다는 것이고, 콘솔 프로그램을 개발하는 어떤 사람은 컴퓨터 조작에 능숙하다고 하였으므로 게임을 하면서 컴퓨터 조작에 능숙한 사람이 반드시 존재하게 된다.

따라서 '게임을 하는 어떤 사람은 컴퓨터 조작에 능숙하다.'가 타당한 결론이다.

콘솔 프로그램을 개발하는 사람을 '콘', 컴퓨터 조작에 능숙한 사람을 '컴', 게임을 하는 사람을 '게'라고 하면

① 게임을 하는 사람 중에 컴퓨터 조작에 능숙하지 않은 사람이 있을 수도 있으므로 반드시 참인 결론은 아니다.

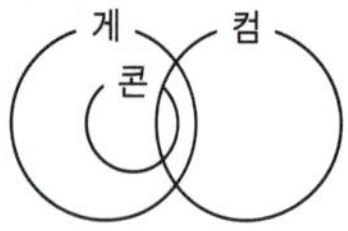

② 게임을 하는 모든 사람이 컴퓨터 조작에 능숙할 수도 있으므로 반드시 참인 결론은 아니다.

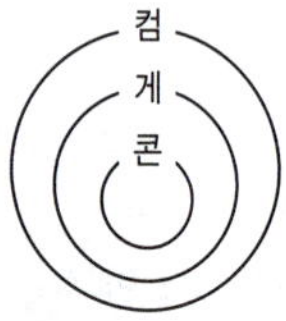

③, ⑤ 컴퓨터 조작에 능숙한 모든 사람이 게임을 할 수도 있으므로 반드시 참인 결론은 아니다.

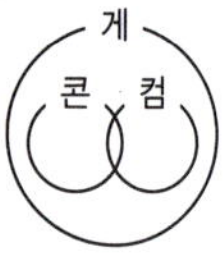

빠른 문제 풀이 Tip

콘솔 프로그램을 개발하는 사람을 A, 컴퓨터 조작에 능숙한 사람을 B, 게임을 하는 사람을 C, 부정형을 ~라고 하여 제시된 전제를 간략하게 정리하여 풀이한다.

- 전제 1: 어떤 A는 B이다.
- 전제 2: 모든 ~C는 ~A이다. → 대우: 모든 A는 C이다.

따라서 '어떤 C는 B이다.'가 반드시 참이 되는 명제임을 알 수 있다.

예제 2 조건추리 문제

출제 빈도 ★★★

갑, 을, 병, 정 4명은 데이터 센터의 알파, 베타, 감마, 델타 서버를 담당하여 유지보수를 진행한다. 다음 조건을 모두 고려하였을 때, 항상 거짓인 것을 고르시오.

- 각 관리자는 서로 다른 하나의 서버를 담당한다.
- 알파와 델타 서버는 야간 시간대에만, 베타와 감마 서버는 주간 시간대에만 유지보수가 가능하다.
- 갑과 을 중 한 명은 델타 서버를 담당한다.
- 정은 주간에만 근무할 수 있다.
- 병이 감마 서버를 담당하면, 을은 알파 서버를 담당한다.
- 갑이 야간에 근무하면, 병은 주간에 근무한다.

① 갑과 을은 서로 같은 시간대에 근무한다.
② 을과 정은 서로 다른 시간대에 근무한다.
③ 갑이 델타 서버를 담당하면, 병은 베타 서버를 담당한다.
④ 을이 델타 서버를 담당하는 경우의 수는 2가지이다.
⑤ 병과 정이 서로 같은 시간대에 근무하는 경우의 수는 3가지이다.

|정답 및 해설| ④

제시된 조건에 따르면 갑과 을 중 한 명은 델타 서버를 담당하므로 병과 정은 델타 서버를 담당하지 않고, 알파와 델타 서버는 야간 시간대에만, 베타와 감마 서버는 주간 시간대에만 유지보수가 가능하고, 정은 주간에만 근무할 수 있으므로 정은 베타 또는 감마 서버를 담당한다. 또한, 갑이 야간에 근무하면, 병은 주간에 근무하므로 갑이 알파 또는 델타 서버를 담당하면, 병은 베타 또는 감마 서버를 담당한다. 이때 병이 감마 서버를 담당하면, 을은 알파 서버를 담당하므로 병이 담당하는 서버에 따라 가능한 경우는 다음과 같다.

경우 1. 병이 감마 서버를 담당하는 경우

갑	을	병	정
델타 (야간)	알파 (야간)	감마 (주간)	베타 (주간)

경우 2. 병이 감마 서버를 담당하지 않는 경우

갑	을	병	정
베타 또는 감마 (주간)	델타 (야간)	알파 (야간)	베타 또는 감마 (주간)
알파 또는 델타 (야간)	알파 또는 델타 (야간)	베타 (주간)	감마 (주간)

따라서 을이 델타 서버를 담당하는 경우의 수는 3가지이므로 항상 거짓인 설명이다.

① 갑과 을은 서로 같은 시간대에 근무하거나 서로 다른 시간대에 근무하므로 항상 거짓인 설명은 아니다.

② 을과 정은 서로 다른 시간대에 근무하므로 항상 참인 설명이다.

③ 갑이 델타 서버를 담당하면, 병은 감마 또는 베타 서버를 담당하므로 항상 거짓인 설명은 아니다.

⑤ 병과 정이 서로 같은 시간대에 근무하는 경우의 수는 3가지이므로 항상 참인 설명이다.

빠른 문제 풀이 Tip

'① 분류 기준 확인 → ② 확정 조건 적용 → ③ 한정 조건 적용 → ④ 가정 조건 적용'의 순서로 조건을 적용하여 표로 정리한다.

① 네 서버가 주간(베타, 감마)과 야간(알파, 델타) 시간대로 분류된다.

② 4명 중 1명이라도 담당 서버가 확정되는 조건은 없다.

③ '갑과 을 중 한 명은 델타 서버를 담당한다.'와 '정은 주간에만 근무할 수 있다.'의 한정 조건에 따라 델타 서버 담당자는 갑 또는 을로, 정이 담당하는 서버는 베타 또는 감마 서버로 한정된다.

구분		갑	을	병	정
주간	베타				
	감마				
야간	알파				X
	델타			X	X

④ '병이 감마 서버를 담당하면, 을은 알파 서버를 담당한다.'와 '갑이 야간에 근무하면, 병은 주간에 근무한다.'의 가정 조건을 적용한다. 이때 '갑이 야간에 근무하면, 병은 주간에 근무한다.'는 '갑이 주간에 근무하면, 병은 주간 또는 야간에 근무한다.'는 의미이지만, 갑과 병이 모두 주간에 근무한다면 야간에 근무하는 사람이 을 1명뿐이므로 갑과 병은 서로 같은 시간대에 근무할 수 없다. 이에 따라 가능한 경우는 다음과 같다.

경우 1. 갑이 야간, 병이 주간에 근무하는 경우

구분		갑	을	병	정
주간	베타	X			
	감마	X			
야간	알파			X	X
	델타			X	X

→ 병이 감마 서버를 담당하면, 을은 알파 서버를 담당하므로 갑=델타, 을=알파, 병=감마, 정=베타

→ 병이 베타 서버를 담당하면, 갑=알파 또는 델타, 을=알파 또는 델타, 병=베타, 정=감마

경우 2. 갑이 주간, 병이 야간에 근무하는 경우

구분		갑	을	병	정
주간	베타			X	
	감마			X	
야간	알파	X			X
	델타	X		X	X

→ 갑=베타 또는 감마, 을=델타, 병=알파, 정=베타 또는 감마

따라서 을이 델타 서버를 담당하는 경우의 수는 3가지이므로 ④가 항상 거짓임을 알 수 있다.

유형 2 도형추리

유형 특징

- 제시된 도형의 변환 규칙을 파악하여 물음표에 해당하는 도형을 유추하는 유형의 문제이다.
- 추리 총 30문항 중 약 3문항이 출제되며, 1문항당 약 35초 내에 풀어야 한다.
- 도형추리 유형은 다음과 같이 한 가지 세부 유형으로 출제된다.
  ① 박스형 문제

학습 전략

- 기출 도형 변환 규칙을 반드시 학습한다. (수리·추리 핵심 공략집 p.305)
- 박스형 문제는 가장 먼저 규칙이 적용되는 방향을 파악해야 하므로 다양한 문제를 풀어보며 제시된 도형들 간의 규칙이 열과 열 사이에 적용되는지, 행과 행 사이에 적용되는지 정확히 파악하는 연습을 한다.

예 제시된 도형들 간의 규칙이 열과 열 사이에 적용되는지, 행과 행 사이에 적용되는지 확인해보자.

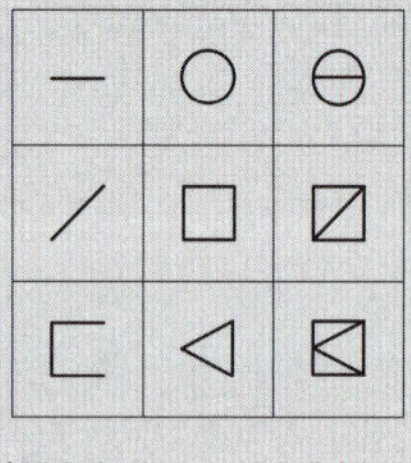

첫 번째 행의 두 번째, 세 번째 열에는 원이 포함되어 있고, 두 번째 행의 두 번째, 세 번째 열에는 사각형이 포함되어 있는 것을 통해 규칙이 적용된 방향을 파악할 수 있다.

①	②	①+②
③	④	③+④
⑤	⑥	⑤+⑥

〈규칙〉

따라서 위의 경우 규칙이 열과 열 사이에 적용되며, 첫 번째 열과 두 번째 열의 도형을 합치면 세 번째 열의 도형이 만들어지는 것을 알 수 있다.

시간 단축 유형

예제 1 박스형 문제

출제 빈도 ★★★

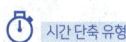

다음 도형에 적용된 규칙을 찾아 '?'에 해당하는 도형을 고르시오.

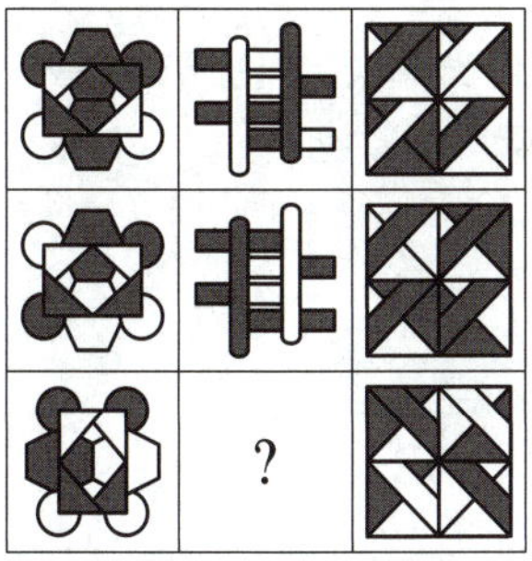

① 

② 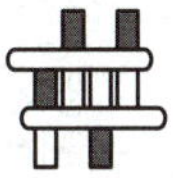

③ 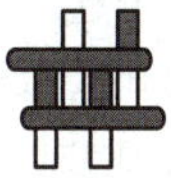

④ 

⑤ 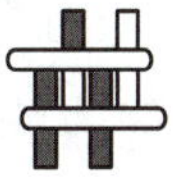

|정답 및 해설| ①

각 열에서 3행에 제시된 도형은 1행과 2행에 제시된 도형을 결합하면서 공통으로 색칠된 부분을 삭제한 후 시계 방향으로 90° 회전한 형태이다.

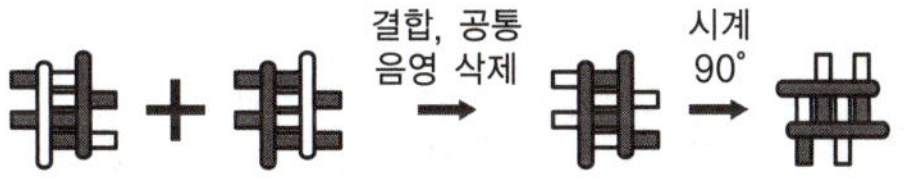

[1행 2열] [2행 2열] **[3행 2열]**

따라서 '?'에 해당하는 도형은 ①이다.

빠른 문제 풀이 Tip

다수의 규칙이 결합된 문제의 경우 역순으로 풀이하여 앞서 적용된 규칙을 파악한다.
먼저 각 열의 도형이 서로 다르므로 행과 행 사이의 규칙임을 파악하고, 3행 1열의 도형이 90° 회전되어 있으므로 3행의 도형은 2행의 도형이 90° 회전된 형태임을 추론할 수 있다. 이때 2행 3열의 도형을 반시계 방향으로 90° 회전시켜보면

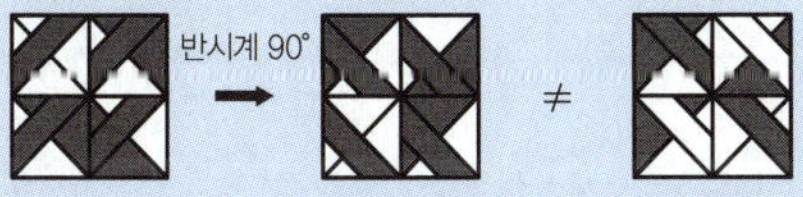

[2행 3열] [2행 3열(회전)] [3행 3열]

3행 3열의 도형과 모양이 다르므로 3행의 도형은 2행의 도형이 시계 방향으로 90° 회전된 형태임을 알 수 있다. 이후 1행과 2행의 음영을 살펴보면 1행과 2행을 결합하여 공통 음영을 삭제한 후 시계 방향으로 90° 회전된 것이 3행의 도형임을 알 수 있다.

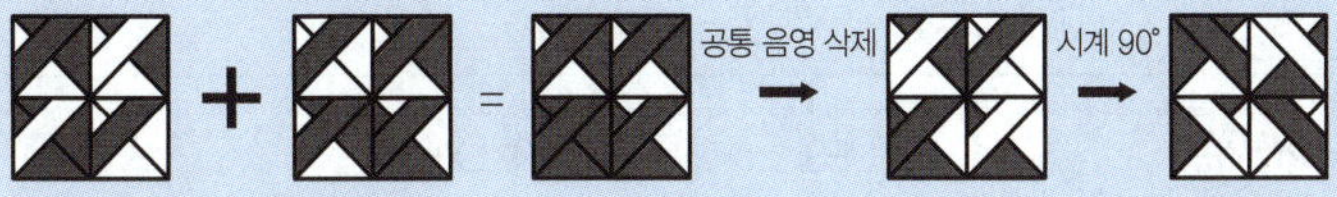

[1행 3열] [2행 3열] [3행 3열]

따라서 2열에 제시된 도형에 해당 규칙을 적용하면 정답은 ①임을 알 수 있다.

유형 3 **도식추리**

유형 특징

- 제시된 암호 기호에 적용된 변환 규칙을 파악하여 물음표에 해당하는 문자나 숫자를 유추하는 유형의 문제이다.
- 추리 총 30문항 중 약 4문항이 출제되며, 1문항당 약 50초 내에 풀어야 한다.
- 도식추리 유형은 다음과 같이 한 가지 세부 유형으로 출제된다.
  ① 암호 기호의 규칙을 적용했을 때 나오는 문자나 숫자를 고르는 문제

학습 전략

- 문제 풀이 시간을 단축할 수 있도록 문자 순서를 충분히 익힌다. (수리·추리 핵심 공략집 p.306)
- 기출 변환 규칙을 학습하고, 최대한 많은 문제를 풀어보면서 제시된 암호 기호에 적용된 변환 규칙을 빠르게 파악하는 연습을 한다. (수리·추리 핵심 공략집 p.306)

시간 단축 유형

예제 1 암호 기호의 규칙을 적용했을 때 나오는 문자나 숫자를 고르는 문제 출제 빈도 ★★★

[1-4] 다음 각 기호가 문자, 숫자의 배열을 바꾸는 규칙을 나타낸다고 할 때, 각 문제의 '?'에 해당하는 것을 고르시오.

		IPSA		ZPFQ				
		↓		↓				
8X4D	→	●	→	☆	→	■	→	95FZ
		↓		↓				
MWCN	→	△	→	PZFQ				
		↓						
		MUWF						

1.

UIES → ☆ → △ → ?

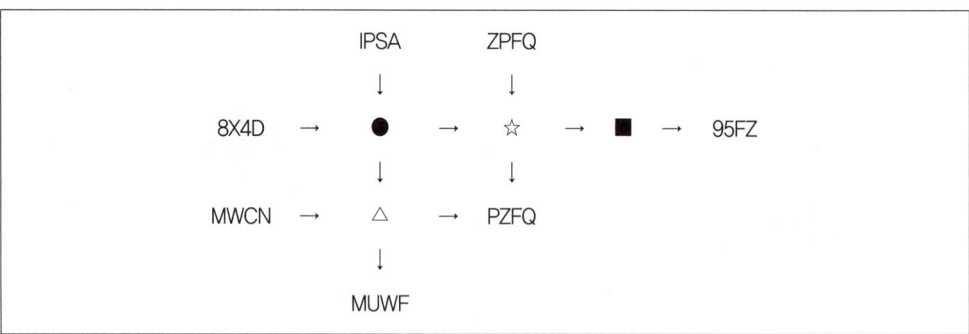

① FRBP ② JWFU ③ UESI ④ LXHV ⑤ LVHV

2.

BW5M → △ → ● → ■ → ?

① B9FR ② BF9R ③ B9RF ④ C9SF ⑤ C9FS

3.

? → ■ → ☆ → TZ13

① 3ZT1　② T13Z　③ T1Z3　④ 3Z1T　⑤ 3TZ1

4.

? → ■ → ● → △ → 2LD9

① GZ48　② KB80　③ 80KB　④ 48ZG　⑤ 48GZ

|정답 및 해설| 1. ④ 2. ③ 3. ① 4. ⑤

△: 문자와 숫자 순서에 따라 각 자리의 문자(숫자)를 다음 세 번째 순서에 오는 문자(숫자)로 변경한다.
ex. abcd → defg (a+3, b+3, c+3, d+3)

●: 문자와 숫자 순서에 따라 첫 번째, 세 번째 문자(숫자)를 바로 다음 순서에 오는 문자(숫자)로, 두 번째, 네 번째 문자(숫자)를 다음 두 번째 순서에 오는 문자(숫자)로 변경한다.
ex. abcd → bddf (a+1, b+2, c+1, d+2)

☆: 첫 번째, 두 번째 문자(숫자)를 서로 바꾼다.
ex. abcd → bacd

■: 첫 번째 문자(숫자)를 네 번째 자리로, 두 번째 문자(숫자)를 첫 번째 자리로, 세 번째 문자(숫자)를 두 번째 자리로, 네 번째 문자(숫자)를 세 번째 자리로 이동시킨다.
ex. abcd → bcda

1.
UIES → ☆ → IUES → △ → LXHV

2.
BW5M → △ → EZ8P → ● → FB9R → ■ → B9RF

빠른 문제 풀이 Tip

문자와 숫자를 순서에 따라 변경하는 규칙이 연달아 제시되는 경우 두 규칙을 더하여 한 단계로 간소화한다.
△ 규칙은 (+3, +3, +3, +3)의 규칙이고, ● 규칙은 (+1, +2, +1, +2)의 규칙이므로 △ 규칙과 ● 규칙을 더하면 (+4, +5, +4, +5)이다.
따라서 BW5M → △+● → FB9R → ■ → B9RF이다.

3.
3ZT1 → ■ → ZT13 → ☆ → TZ13

4.
48GZ → ■ → 8GZ4 → ● → 9IA6 → △ → 2LD9

유형 4 **문단배열**

유형 특징

- 4개의 문단 간의 순서를 파악하는 유형의 문제이다.
- 추리 총 30문항 중 약 2문항이 출제되며, 1문항당 약 45초 내에 풀어야 한다.
- 문단배열 유형은 다음과 같이 한 가지 세부 유형으로 출제된다.
  ① 제시된 문단을 논리적 흐름에 따라 배열하는 문제

학습 전략

- 선택지를 먼저 확인하여 첫 번째에 해당하는 문단을 정확하게 파악하여 빠르게 정답을 찾는다.
- 문단의 앞부분에 접속어나 지시어가 포함되어 있으면 바로 앞에 연결될 수 있는 문단을 역으로 추적하는 방식으로 문제를 푸는 연습을 한다.
- 지문의 소재가 시간의 흐름에 따라 변화하는 내용일 경우, 지문 속 내용의 시간 흐름을 파악하여 문단 간의 순서를 유추하여 문제를 푸는 연습을 한다.

시간 단축 유형

예제 1 제시된 문단을 논리적 흐름에 따라 배열하는 문제

출제 빈도 ★★☆

다음 문단을 논리적 순서대로 알맞게 배열한 것을 고르시오.

(A) 디즈니 스튜디오는 이 풀 애니메이션 기법으로 수많은 단편을 제작하며 노하우를 축적하고 업계 선두 주자로 자리 잡았다. 그러한 경험을 바탕으로 스튜디오는 장편 애니메이션인 〈백설 공주와 일곱 난쟁이〉 제작에 과감히 도전하게 되었다.

(B) 그 결과 1937년 말 개봉한 〈백설 공주와 일곱 난쟁이〉는 '애니메이션은 극장에서 통하지 않는다'는 편견을 깨고 전 세계에서 흥행 돌풍을 일으켰다. 더불어 이 작품은 세계 최초의 컬러 장편 애니메이션으로 기록되며 영화사의 한 획을 그었으며, 애니메이션이 어린이용이라는 기존 인식을 넘어 실사 영화와 어깨를 나란히 할 수 있음을 입증했다.

(C) 애니메이션은 사용되는 제작 기법에 따라 화면 효과가 크게 달라진다. 전통적인 풀 애니메이션은 1초에 24개의 그림을 연속으로 그려 넣어, 1초에 8~12개의 프레임만 사용하고 그림의 일부분만 움직이는 리미티드 애니메이션보다 훨씬 자연스럽고 유연한 움직임을 만든다.

(D) 그러나 장편을 완성하기 위해서는 짧은 코믹 장면만으로는 부족했으므로, 관객이 감정을 이입할 수 있는 서사와 캐릭터가 필수적이었다. 제작진은 난쟁이들에게 각기 다른 개성을 부여하고, 당시 고가 장비였던 멀티플레인 카메라를 도입해 입체감을 살렸다. 이러한 서사적·기술적 혁신으로 인해 영화는 실사 영화에 가까운 품질을 갖추게 되었다.

① (A) – (C) – (D) – (B)
② (A) – (D) – (C) – (B)
③ (C) – (A) – (B) – (D)
④ (C) – (A) – (D) – (B)
⑤ (C) – (B) – (A) – (D)

|정답 및 해설| ④

이 글은 애니메이션 제작 기법을 소개하면서 디즈니 스튜디오가 풀 애니메이션 기법을 통해 〈백설 공주와 일곱 난쟁이〉라는 장편을 제작하고 성공을 거둔 과정에 대해 설명하는 글이다.
따라서 '(C) 풀 애니메이션 기법 소개 → (A) 단편 제작 경험을 토대로 한 디즈니 스튜디오의 장편 도전 → (D) 서사적·기술적 혁신으로 완성도 향상 → (B) 흥행 성공과 문화적 영향' 순으로 연결되어야 한다.

빠른 문제 풀이 Tip

선택지를 먼저 확인한 후, 접속부사나 지시어를 통해 정답이 될 수 없는 선택지를 소거한다.
선택지에 제시된 첫 문단은 (A), (C)이다. 이때 (A)의 '이 풀 애니메이션 기법으로'라는 문구는 이미 앞에서 해당 기법이 소개되었음을 전제하므로 첫 문단으로 올 수 없어 ①, ② 선택지는 정답에서 소거된다.
③, ④, ⑤ 선택지는 각각 (B) 문단에 연결된 문단이 서로 다르므로, (B) 문단에 연결되는 문단만을 확인한다. (B) 문단은 '그 결과'라는 명시적 연결어로 앞선 노력의 성과와 문화적 영향을 정리하고 있으므로 (B) 문단은 글의 마지막 문단임을 알 수 있다.
따라서 '(C) → (A) → (D) → (B)' 순으로 연결되어야 한다.

유형 5 논리추론

유형 특징

- 제시된 글을 바탕으로 추론한 내용의 진위를 판단하고, 논점에 관한 주장 및 근거를 파악하는 유형의 문제이다.
- 추리 총 30문항 중 약 7문항이 출제되며, 1문항당 약 60초 내에 풀어야 한다.
- 논리추론 유형은 다음과 같이 두 가지 세부 유형으로 출제된다.
  ① 논리적 판단 문제
  ② 주장에 대한 반박 문제

학습 전략

- 논리적 판단 문제는 글이 전제와 결론으로 이루어져 있음을 유념하고, 글에 분명히 드러난 정보는 물론 숨은 전제까지 추론하는 연습을 한다.
- 논리적 판단 문제는 두 개의 글을 복합적으로 이해하고 추론하는 문제도 출제되므로 각 글이 말하고자 하는 바를 명확히 파악하고, 이와 대치되는 선택지를 소거하는 방법을 통해 문제 풀이 시간을 단축한다.
- 주장에 대한 반박 문제는 필자의 주장과 근거를 정리한 후 주장에 무조건 반대하는 진술이 아닌 근거의 허점에 대해 반박을 제기하는 진술을 찾는다. 이때 각 선택지가 필자의 주장에 대한 찬성 또는 반대 입장인지, 아니면 아무 관련 없는 진술인지를 먼저 표시한 후, 반대 진술에 해당하는 선택지만 서로 비교하여 문제 풀이 시간을 단축한다.

예제 1 논리적 판단 문제

출제 빈도 ★★★

다음 진술이 모두 참이라고 할 때 반드시 거짓일 수밖에 없는 것을 고르시오.

과학적이고 독창적인 체계를 가진 것으로 인정받는 한글의 가장 큰 특징은 시각적으로 음절을 인식할 수 있도록 초성과 중성, 종성으로 이어지는 각각의 음소를 한 음절로 모아쓴다는 점이다. 이러한 '모아쓰기'는 한글의 우수성을 보여주지만, 기계화 과정에서는 큰 걸림돌이 되었다. 영어와 같이 철자를 나열하는 언어 체계는 한 글자를 찍을 때마다 종이가 움직이면 되지만, 한글은 모아쓰는 과정에서 낱글자들의 모양을 조금씩 바꿔야 하기 때문에 몇 벌의 글쇠를 만들 것인지가 중요한 문제가 된다. 현재 표준 자판인 두벌식은 왼손에 자음, 오른손에 모음을 배치한 것으로 자판의 수가 적어 익히기 쉽지만, 초성과 종성을 같은 자판으로 치기 때문에 오타가 많이 발생하고 속도가 느리다는 단점이 있다. 이에 비해 세벌식은 초성, 중성, 종성의 자판이 각기 존재하는 것을 말하는데, 배우기 어려운 대신 속도가 빠르고 효율적이라는 평가를 받는다. 그래서 속기사들은 빠르고 정확하게 타자를 치기 위하여 아직까지도 세벌식의 속기 자판을 주로 사용한다. 최초의 한글 타자기는 1914년 무렵 재미 교포 이원익이 미국에서 쓰이던 로마자 타자기의 활자를 바꾸어 만든 것으로 알려져 있으며, 1960년대 들어 세벌식을 적용한 공병우 외에도 다섯벌식 타자기를 만든 김동훈, 네벌식 타자기를 만든 백성죽 등에 의해 다양한 타자기가 보급되었다. 하지만 서로 호환이 되지 않는 타자기의 공존은 비용 낭비와 업무 효율성 저하를 가져왔고, 한글 자판의 표준화는 해결해야 할 과제로 떠오르게 되었다. 이후 PC가 보급될 때도 비슷한 상황이 벌어지면서, 결국 1982년에 정부가 나서서 두벌식 자판을 표준으로 확정하기로 하였다.

① 세벌식 자판은 자음이 두 번 배열되어 두벌식 자판보다 키의 개수가 더 많다.
② 표준 자판 사용자들이 속기사가 되기 위해서는 별도의 훈련이 필요하다.
③ 두벌식 자판으로 타자를 칠 경우 오른손가락보다 왼손가락의 사용 빈도가 높을 것이다.
④ 한글은 모아쓰기를 하기 때문에 일렬로 나열하는 영어보다 음절 간의 경계가 명확히 드러난다.
⑤ 1980년대 초반 정부에서는 공병우식 타자기를 표준 자판으로 선정하였다.

|정답 및 해설| ⑤

1982년에 정부가 표준으로 선정한 자판은 공병우의 세벌식 자판이 아닌 두벌식 자판이므로 1980년대 초반에 정부가 공병우식 타자기를 표준 자판으로 선정하였다는 것은 옳지 않은 내용이다.

① 두벌식 자판은 초성과 종성을 같은 자판으로 친다고 하였으며 세벌식 자판은 초성, 중성, 종성의 자판이 각기 존재한다고 하였으므로 옳은 내용이다.

② 표준 자판은 두벌식 자판이지만, 속기사들이 사용하는 자판은 세벌식 자판이며 배우기도 어렵다고 하였으므로 옳은 내용이다.

③ 두벌식 자판은 왼손으로는 자음을, 오른손으로는 모음을 치도록 설계된 것으로, 초성과 종성을 모두 왼손으로 치게 되므로 옳은 내용이다.

④ 한글은 초성, 중성, 종성을 한 음절로 모아쓰기 때문에 시각적으로 음절을 인식할 수 있다고 하였으므로 옳은 내용이다.

빠른 문제 풀이 Tip

선택지에 있는 고유명사, 숫자와 같이 글에서 쉽게 찾을 수 있는 핵심어를 먼저 파악한 뒤 해당 핵심어를 글에서 확인하는 방법으로 풀이하면 정답을 빠르게 찾을 수 있다.

예제 2 주장에 대한 반박 문제

출제 빈도 ★★★

다음 주장에 대한 반박으로 가장 타당한 것을 고르시오.

> 비타민은 주 영양소는 아니지만 인간의 정상적인 발육과 생리 작용을 유지하는 데 없어서는 안 되는 유기 화합물이다. 비교적 소량이 필요하지만 부족할 경우 신체 이상이나 질병이 나타날 수 있는데, 체내에서 생성되지 않으므로 대부분의 비타민은 외부에서 공급받아야만 한다. 예컨대 비타민 A는 우유, 당근, 버터, 시금치 등을 섭취하면 얻을 수 있고 녹색 채소나 계란에서는 비타민 E, 아보카도, 파슬리 등을 섭취하면 비타민 K를 공급받을 수 있다. 오늘날에는 바쁜 일상, 다이어트 등으로 인해 규칙적인 식습관을 갖기 어려울 때 식품보다는 각종 영양제를 통해서 비타민 부족량을 채우려는 사람들이 많다. 하지만 이는 잘못된 행동이다. 비타민 보충제는 동물 실험 결과와 달리 임상 실험에서 긍정적 효과가 나타나지 않았고, 종합비타민제 역시 인간에게 도움이 된다는 명확한 임상적 근거가 부족한 상황이다. 오히려 규칙적인 식습관과 햇빛을 자주 쐬는 행동 등을 늘려나간다면 비타민 부족 문제는 쉽게 해결 가능하므로 보충제에 의존해서는 안 된다.

① 비타민은 우리 몸에서 중요한 역할을 한다는 점에서 꼭 이상 증세가 나타나지 않더라도 비타민 부족 현상이 나타나지 않도록 섭취하는 음식을 신경 써야 한다.
② 특정 음식만을 지속적으로 섭취할 경우 우리 몸에서 필요로 하는 비타민 양을 충족하지 못할 수 있으므로 다양한 음식을 골고루 먹는 습관을 길러야 한다.
③ 개인 생활 패턴에 따라 식습관 개선이 어려운 경우 건강 · 영양 상태에 대해 의사와 상의한 후 필요하다면 비타민 보충제를 통해서라도 비타민을 섭취해야 한다.
④ 비타민 부족으로 인한 신체 이상이 발생했다면 음식 섭취 및 햇빛을 쐬는 행동 등을 통해 쉽게 해결할 수 있다.
⑤ 심한 다이어트를 한 사람이라면 비타민 부족으로 인한 여러 문제 증상이 발현될 수 있으므로 음식을 통해 비타민 부족분을 채워야 한다.

|정답 및 해설| ③

제시된 글의 필자는 우리 몸의 필수 영양소인 비타민은 체내에서 합성되지 않아 음식이나 햇빛을 통해 부족분을 채워야 하며, 비타민 보충제의 경우 임상 실험상 효과가 있음이 구체적으로 확인되지 않았다는 점에서 보충제에 의존해서는 안 된다고 주장하고 있다.
따라서 개인 생활 패턴에 따라 식습관 개선이 어려운 경우 건강·영양 상태에 대해 의사와 상의한 후 필요하다면 비타민 보충제를 통해서라도 비타민을 섭취해야 한다는 반박이 타당하다.

빠른 문제 풀이 Tip

필자의 핵심 주장과 이를 뒷받침하는 근거를 찾은 뒤, 그 근거가 놓친 전제나 현실적 한계를 찾아 역사례를 제시하는 선택지를 고른다.
제시된 글의 필자는 비타민 보충제의 임상적 효과가 입증되지 않았으므로 의존해서는 안 된다고 주장하고 있으며, 식습관 및 햇빛으로 충분히 비타민의 보충이 가능함을 그 근거로 삼고 있다.
따라서 식습관 개선이 어려운 경우에는 전문가와의 상담 후 보충제를 통해서라도 비타민을 섭취해야 한다는 내용으로 보충제가 반드시 필요한 역사례를 제시한 ③이 필자의 주장에 대한 반박으로 가장 타당하다.

GLOBAL
SAMSUNG
APTITUDE
TEST

GLOBAL SAMSUNG APTITUDE TEST
해커스 **GSAT 삼성직무적성검사** 실전모의고사

PART 2

실전모의고사 1회

Ⅰ 수리

Ⅱ 추리

본 모의고사는 가장 최근에 시행된 온라인 GSAT 출제 경향에 맞춰 수리와 추리 두 영역으로 구성되어 있습니다. 교재에 수록된 문제풀이 용지와 해커스ONE 애플리케이션의 학습 타이머를 이용하여 실전처럼 모의고사를 풀어본 후, p.90에 있는 '무료 바로 채점 및 성적 분석 서비스' QR코드를 스캔하여 응시 인원 대비 본인의 성적 위치를 확인해 보세요.
추가로 '온라인 GSAT 응시 서비스'를 통해 실전모의고사 1회를 온라인 GSAT와 동일한 환경에서 풀어봄으로써 실전 연습을 할 수 있습니다.

풀이시간 ____시 ____분 ~ ____시 ____분 (총 20문항 / 30분)

▶ 해설 p.4

시간 단축 유형

01 작년 A 팀과 B 팀의 전체 직원 수는 1,500명이며, 올해 A 팀의 직원 수는 전년 대비 30% 증가했고, B 팀의 직원 수는 전년 대비 20% 감소했다. 올해 A 팀과 B 팀의 전체 직원 수가 전년 대비 120명 증가했을 때, 작년 B 팀의 직원 수는?

① 220명 ② 300명 ③ 330명 ④ 500명 ⑤ 660명

시간 단축 유형

02 갑이 3점짜리 문제와 7점짜리 문제를 맞힐 확률은 각각 80%, 60%이다. 갑이 3점짜리와 7점짜리 두 문제 중 한 문제를 틀렸을 때, 틀린 문제의 배점이 3점일 확률은?

① $\frac{1}{12}$ ② $\frac{3}{11}$ ③ $\frac{1}{6}$ ④ $\frac{1}{2}$ ⑤ $\frac{8}{11}$

03 **다음은 A 국의 연도별 전기차 충전소 설치 대수에 대한 자료이다. 다음 중 자료에 대한 설명으로 옳지 않은 것을 고르시오.**

[연도별 전기차 충전소 설치 대수]

(단위: 대)

구분	2021년	2022년	2023년	2024년
수도권	5,000	6,200	7,500	9,000
대도시	2,500	2,700	3,200	3,600
중소도시	1,200	1,400	1,700	1,900
농어촌	600	650	700	750

※ A 국은 수도권, 대도시, 중소도시, 농어촌으로 구분됨

① 2024년 전기차 충전소 설치 대수의 2년 전 대비 증가량이 가장 큰 구역은 수도권이다.

② 2023년 이후 대도시 전기차 충전소 설치 대수의 전년 대비 증가율은 매년 15% 이상이다.

③ 2024년 A 국의 전체 전기차 충전소 설치 대수 중 농어촌이 차지하는 비중은 5% 미만이다.

④ 2022년 이후 수도권 전기차 충전소 설치 대수의 전년 대비 증가율이 다른 연도 대비 가장 높은 해는 2022년이다.

⑤ 중소도시의 2024년 전기차 충전소 설치 대수는 2021년의 1.5배 이상이다.

04 **다음은 연도별 글로벌 반도체 시장 현황을 나타낸 자료이다. 다음 중 자료에 대한 설명으로 옳은 것을 모두 고르시오.**

[연도별 글로벌 반도체 시장 현황]

(단위: 십억 달러, 만 개)

구분	2020년	2021년	2022년	2023년	2024년
설비 투자액	95.2	152.8	190.5	146.7	176.3
연구개발비	68.4	74.8	85.6	92.3	103.5
팹(Fab) 수	316	325	337	342	353
웨이퍼 생산량	3,240	3,580	3,870	3,920	4,150

a. 제시된 기간 중 설비 투자액이 가장 많은 해는 2024년이다.
b. 2021년 이후 연구개발비의 전년 대비 증가율이 가장 큰 해는 2022년이다.
c. 팹(Fab) 1개당 웨이퍼 생산량은 2021년이 2024년보다 적다.
d. 2022년 설비 투자액과 연구개발비의 합은 2023년보다 38.1십억 달러 더 많다.

① a, b

② a, c

③ b, c

④ b, d

⑤ b, c, d

여기까지 6분 내에 풀어야 합니다.

05 다음은 X 국의 지역별 연구 개발비에 대한 자료이다. 2021년 이후 연구 개발비가 전년 대비 매년 증가한 지역 중 2024년 연구 개발비가 4년 전 대비 가장 적게 증가한 지역의 2024년 연구 개발비의 4년 전 대비 증가율은?

[지역별 연구 개발비]

(단위: 십억 원)

구분	2020년	2021년	2022년	2023년	2024년
A 지역	3,649	3,593	3,702	3,618	3,857
B 지역	417	439	428	409	402
C 지역	2,611	2,374	2,633	2,476	2,414
D 지역	5,458	5,612	5,563	5,666	5,844
E 지역	608	657	780	877	912
F 지역	550	566	610	623	627
G 지역	456	457	447	447	483
H 지역	281	269	284	303	311
I 지역	368	417	423	470	484
J 지역	267	265	278	280	300
K 지역	482	496	545	586	610
L 지역	466	484	486	530	529
M 지역	515	671	764	724	753
N 지역	301	306	274	272	320
O 지역	701	617	645	630	623
P 지역	940	972	1,283	1,535	1,837
Q 지역	114	141	124	129	149

① 13.2% ② 14.0% ③ 15.3% ④ 26.6% ⑤ 31.5%

06 다음은 L 국의 연도별 실업률에 대한 자료이다. 다음 중 자료에 대한 설명으로 옳은 것을 고르시오.

[연도별 실업률]

(단위: %)

구분	2019년	2020년	2021년	2022년	2023년	2024년
A 지역	3.5	3.4	3.6	3.8	3.9	3.7
B 지역	4.2	4.1	4.0	4.0	4.1	4.2
C 지역	3.8	3.7	3.9	4.0	4.2	4.3
D 지역	3.9	3.8	3.7	3.6	3.8	3.9
E 지역	4.0	3.9	4.1	4.2	4.3	4.1

※ 1) 실업률(%)=(실업자 수/경제활동인구)×100
2) L 국의 지역은 제시된 5곳뿐임

① 2024년 C 지역의 실업률은 2020년 대비 0.5%p 증가하였다.
② 제시된 모든 지역의 경제활동인구가 서로 동일하다면, 2022년 L 국의 평균 실업률은 3.92%이다.
③ 제시된 기간 동안 매년 A 지역은 실업률이 다른 지역 대비 가장 낮다.
④ 2020년 이후 실업률의 전년 대비 증감 추이가 E 지역과 동일한 지역은 2곳이다.
⑤ 2021년 B 지역의 실업자 수가 70.6천 명이라면 경제활동인구는 1,800천 명 이상이다.

07 다음은 M 국의 연도별 어린이보호구역 지정 현황에 대한 자료이다. 제시된 기간 중 전체 어린이보호구역 지정 수가 두 번째로 많은 해에 어린이보호구역 어린이집 수는 어린이보호구역 학원 수의 몇 배인가?

[연도별 어린이보호구역 지정 현황]

(단위: 개)

구분	2019년	2020년	2021년	2022년	2023년	2024년
전체	16,355	16,555	16,765	16,912	16,896	16,651
초등학교	6,083	6,127	6,146	6,191	6,229	6,261
유치원	7,171	7,259	7,315	7,330	7,184	2,798
특수학교	148	150	160	163	183	3,233
어린이집	2,917	2,981	3,108	3,181	3,220	4,190
학원	36	38	36	47	80	169

① 40.25배　② 40.75배　③ 41.25배　④ 41.75배　⑤ 42.75배

08 **다음은 S 시의 공연예술 장르별 활동 건수 및 공연 횟수를 나타낸 자료이다. 다음 중 자료에 대한 설명으로 옳지 <u>않은</u> 것을 고르시오.**

[공연예술 장르별 활동 건수 및 공연 횟수]

(단위: 건, 회)

구분		2020년	2021년	2022년	2023년	2024년
국악	활동 건수	410	650	700	660	640
	공연 횟수	650	860	950	800	1,020
양악	활동 건수	3,570	2,150	3,000	3,700	3,810
	공연 횟수	3,900	4,100	4,600	4,250	4,400
연극	활동 건수	1,620	2,900	1,400	1,900	2,100
	공연 횟수	63,500	53,200	60,200	51,000	58,000
무용	활동 건수	530	650	500	540	580
	공연 횟수	1,560	1,490	1,380	1,260	1,170

※ 공연예술 장르는 제시된 4가지뿐임

① 제시된 기간 동안 연도별 양악 활동 건수가 다른 해에 비해 가장 많은 해와 연도별 무용 공연 횟수가 다른 해에 비해 가장 적은 해는 서로 같다.

② 제시된 기간 동안 연도별 국악 활동 건수가 다른 해에 비해 가장 많은 해에 전체 공연예술 활동 건수에서 국악 활동 건수가 차지하는 비중은 15% 이상이다.

③ 2021년 이후 무용 공연 횟수의 전년 대비 감소량이 가장 큰 해는 2023년이다.

④ 2021년 연극 공연 횟수는 같은 해 국악 공연 횟수의 60배 이상이다.

⑤ 2024년 연극의 활동 건수 1건당 평균 공연 횟수는 전년 대비 증가하였다.

여기까지 12분 내에 풀어야 합니다.

09 **다음은 연도별 전기 전자부품 첨단세라믹산업별 총매출액에 대한 자료이다. 다음 중 자료에 대한 설명으로 옳지 않은 것을 고르시오.**

[전기 전자부품 첨단세라믹산업별 총매출액]

(단위: 억 원)

구분	2018년	2019년	2020년
합계	217,026	243,881	295,828
반도체	49,030	55,154	57,060
회로기판	25,675	32,149	33,420
콘덴서	37,421	35,950	40,268
저항기	1,629	1,220	1,434
세라믹센서	2,491	2,312	2,786
전지용 부품	84,376	101,767	144,771
자성부품	3,727	3,411	2,348
광학	12,677	11,918	13,741

[전기 전자부품 외 첨단세라믹산업별 총매출액]

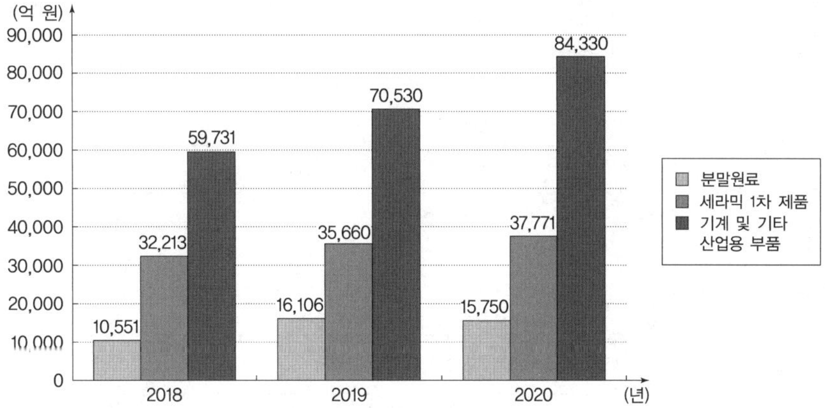

※ 출처: KOSIS(한국세라믹기술원, 첨단세라믹산업조사)

① 전기 전자부품 첨단세라믹산업 중 2020년 총매출액이 2018년 대비 감소한 항목은 2개이다.

② 2018년과 2020년 전기 전자부품 첨단세라믹산업 중 총매출액 하위 3개 항목은 서로 같다.

③ 2019년 전기 전자부품 외 첨단세라믹산업 중 총매출액의 전년 대비 증가율이 가장 큰 항목은 기계 및 기타 산업용 부품이다.

④ 제시된 기간 동안 반도체의 총매출액은 매년 세라믹 1차 제품의 총매출액보다 크다.

⑤ 2020년 전체 첨단세라믹산업의 총매출액은 42조 원 이상이다.

[10 - 11] 다음은 Z 중학교의 연도별 학생 수 및 과목별 기말고사 평균 성적에 대한 자료이다. 각 물음에 답하시오.

[연도별 학생 수]

(단위: 명)

구분	2021년	2022년	2023년	2024년
남학생	325	340	358	372
여학생	315	330	352	368

※ 각 연도별 1학기 학생 수와 2학기 학생 수는 같음

[과목별 기말고사 평균 성적]

(단위: 점)

구분		2023년		2024년	
		1학기	2학기	1학기	2학기
국어	남학생	80	85	83	81
	여학생	84	87	85	82
수학	남학생	75	80	82	79
	여학생	73	78	81	76
영어	남학생	72	74	76	78
	여학생	78	80	84	85
과학	남학생	68	73	77	75
	여학생	65	69	73	70
사회	남학생	67	70	72	72
	여학생	70	74	76	74
예체능	남학생	87	89	88	90
	여학생	90	92	93	94

※ Z 중학교의 모든 학생은 제시된 모든 과목의 기말고사를 빠짐없이 침

10 다음 중 자료에 대한 설명으로 옳지 않은 것을 고르시오.

① 제시된 기간 동안 전체 학생 수는 매년 꾸준히 증가하였다.

② 2023년 2학기 전체 학생의 과학 기말고사 평균 성적은 71점 이상이다.

③ 2024년 1학기 영어 기말고사 평균 성적은 여학생이 남학생 대비 10% 이상 높다.

④ 예체능을 제외한 과목 중 2024년 2학기 기말고사 평균 성적이 다른 과목 대비 가장 높은 과목은 남학생과 여학생 모두 영어이다.

⑤ 제시된 과목 중 2023년 1학기부터 2024년 2학기까지 매년 남학생의 기말고사 평균 성적이 여학생보다 높은 과목은 총 2가지이다.

11 다음 중 자료에 대한 설명으로 옳은 것을 모두 고르시오.

a. 2024년 여학생 수의 3년 전 대비 증가율은 15% 이상이다.
b. 2023년 2학기 과목별 남학생과 여학생의 기말고사 평균 성적 차이는 6개 과목 모두 5점 이하이다.
c. 전체 학생의 국어 기말고사 평균 성적은 2024년 2학기가 2023년 1학기보다 낮다.
d. 예체능을 제외한 과목의 2023년 1학기 여학생 기말고사 평균 점수는 74점이다.

① a, b ② a, c ③ a, c, d ④ b, c ⑤ c, d

[12 - 13] 다음은 2024년 11월 30인 미만 규모의 사업장 업종별 고용 현황에 대한 자료이다. 각 물음에 답하시오.

[30인 미만 규모의 사업장 업종별 고용 현황]

(단위: 천 명)

구분	상용근로자	임시근로자	기타 근로자	빈 일자리
A 업종	1,542	114	26	35
B 업종	636	389	25	7
C 업종	1,437	169	243	21
D 업종	663	363	11	15
E 업종	242	17	15	5
F 업종	328	9	10	2
G 업종	459	34	11	6
H 업종	272	68	45	4
I 업종	397	85	223	2

12 **다음 중 자료에 대한 설명으로 옳지 않은 것을 고르시오.**

① 제시된 업종 중 상용근로자 수가 임시근로자와 기타 근로자 수의 합보다 많은 업종은 총 8개이다.

② A 업종과 C 업종의 상용근로자 수의 합은 나머지 업종의 상용근로자 수의 합보다 작다.

③ 제시된 업종 중 임시근로자 수가 상용근로자 수의 25% 이상인 업종은 총 3개이다.

④ I 업종의 30인 미만 규모의 사업장 수는 20,000개 이상이다.

⑤ 제시된 업종 중 빈 일자리가 많은 상위 3개 업종은 임시근로자 수가 많은 상위 5개 업종에 속한다.

여기까지 18분 내에 풀어야 합니다.

13 **F 업종과 H 업종의 30인 미만 규모의 사업장 전체 고용자 수에서 상용근로자 수가 차지하는 비중은 약 얼마인가?** (단, 소수점 첫째 자리에서 반올림하여 계산한다.)

① 64% ② 71% ③ 82% ④ 88% ⑤ 95%

[14 - 15] 다음은 S 국의 산업용 로봇 시장 현황과 업종별 산업용 로봇 활용률을 나타낸 자료이다. 각 물음에 답하시오.

[산업용 로봇 시장 현황]

구분	2021년	2022년	2023년	2024년	2025년
시장 규모(조 원)	6.4	7.9	9.5	11.8	14.2
공급 로봇 수(만 개)	3.2	3.6	4.5	5.3	6.1
로봇 도입률(%)	20.0	22.5	29.0	36.0	41.5
산업용 로봇 도입 기업 수(개)	4,000	4,500	5,800	7,200	8,300

※ 로봇 도입률(%) = (산업용 로봇 도입 기업 수 / 전체 기업 수) × 100

[산업용 로봇 도입 기업 구성 비율]

(단위: %)

업종	2021년	2022년	2023년	2024년	2025년
전자 · 반도체	42.5	43.8	45.2	46.5	48.3
자동차	28.6	27.5	26.9	25.4	24.8
금속 · 기계	15.8	14.9	13.7	13.2	12.5
기타	13.1	13.8	14.2	14.9	14.4
합계	100.0	100.0	100.0	100.0	100.0

※ 산업용 로봇 도입 기업 구성 비율(%) = (업종별 산업용 로봇 도입 기업 수 / 산업용 로봇 도입 기업 수) × 100

14 다음 중 자료에 대한 설명으로 옳지 않은 것을 고르시오.

① 제시된 기간 동안 산업용 로봇 도입 기업 구성 비율은 매년 전자·반도체 업종이 기타 업종의 3배 이상이다.

② 2025년 S 국의 전체 기업 수는 2023년 대비 증가했다.

③ 2023년 자동차 업종의 산업용 로봇 도입 기업 구성 비율은 2021년 대비 1.7%p 감소했다.

④ 2024년 공급 로봇 수 대비 산업용 로봇 도입 기업 수의 비율은 2022년보다 높다.

⑤ 제시된 기간 동안 시장 규모는 꾸준히 증가한 반면, 자동차 업종의 산업용 로봇 도입 기업 구성 비율은 꾸준히 감소했다.

15 다음 중 자료에 대한 설명으로 옳은 것을 모두 고르시오.

a. 2022년 대비 2023년 산업용 로봇 도입 기업 수의 증가율은 같은 기간 시장 규모의 증가율보다 높다.
b. 2021년 금속·기계 업종의 산업용 로봇 도입 기업 수는 632개이다.
c. 제시된 기간 동안 산업용 로봇 시장 규모의 총합은 50조 원 이상이다.

① a ② b ③ a, b ④ b, c ⑤ a, b, c

[16-17] 다음은 B 국의 연도별 산림휴양시설 운영 시설 수 및 자연휴양림 이용자 수를 나타낸 자료이다. 각 물음에 답하시오.

[연도별 산림휴양시설 운영 시설 수]

(단위: 개소)

구분		2018년	2019년	2020년	2021년	2022년	2023년	2024년
전체	계	359	359	361	369	379	392	399
	중앙정부	41	41	42	43	43	44	46
	지방자치단체	295	295	296	303	313	324	329
	개인	23	23	23	23	23	24	24
자연휴양림	계	165	165	166	170	175	181	186
	중앙정부	41	41	42	43	43	44	46
	지방자치단체	101	101	101	104	109	113	116
	개인	23	23	23	23	23	24	24
산림욕장	계	194	194	195	199	204	211	213
	지방자치단체	194	194	195	199	204	211	213

[연도별 자연휴양림 이용자 수]

(단위: 천 명)

구분	2018년	2019년	2020년	2021년	2022년	2023년	2024년
계	15,629	15,240	16,713	15,331	15,989	10,430	14,007
중앙정부	3,840	4,241	4,353	4,571	4,657	3,061	3,644
지방자치단체	10,778	9,646	10,308	9,675	10,286	6,708	9,438
개인	1,011	1,353	2,052	1,085	1,046	661	925

※ 1) 산림휴양시설 운영 시설 수는 누적 개소를 의미함
2) 자연휴양림 이용자 수는 당해 연도 이용자 수를 의미함

16 다음 중 자료에 대한 설명으로 옳은 것을 고르시오.

① 2024년 개인이 운영하는 자연휴양림 시설 수는 전년 대비 1개소 증가하였다.

② 2021년 중앙정부가 운영하는 자연휴양림의 이용자 수는 전년 대비 250천 명 이상 증가하였다.

③ 제시된 기간 동안 지방자치단체가 운영하는 자연휴양림 이용자 수의 연평균은 9,500천 명 이상이다.

④ 2019년 이후 전체 산림욕장 운영 시설 수는 매년 전년 대비 증가하였다.

⑤ 2022년 전체 산림휴양시설 수에서 지방자치단체가 운영하는 산림휴양시설 수가 차지하는 비중은 85% 이상이다.

여기까지 24분 내에 풀어야 합니다.

17 제시된 기간 동안 전체 자연휴양림 이용자 수가 가장 많은 해에 전체 자연휴양림 운영 시설 수 1개소당 이용자 수는 약 몇 명인가? (단, 소수점 첫째 자리에서 반올림하여 계산한다.)

① 97천 명 ② 99천 명 ③ 101천 명 ④ 103천 명 ⑤ 105천 명

시간 단축 유형

18 **다음은 국가별 전기자동차 부품 생산량을 나타낸 자료이다. 자료를 보고 a, b에 해당하는 값을 예측했을 때 가장 타당한 값을 고르시오.**

[국가별 전기자동차 부품 생산량]

(단위: 만 개)

	A국	B국	C국	D국
배터리 셀	30,000	19,200	43,400	5,400
전기 모터	5,000	4,000	6,000	2,000

※ 배터리 셀 생산량 $= 2,000 + a \times \left(\frac{\text{전기 모터 생산량}}{100}\right)^2 - b \times \frac{\text{전기 모터 생산량}}{100}$

	a	b
①	11	90
②	11	100
③	13	90
④	13	100
⑤	13	110

시간 단축 유형

19 다음은 연도별 A 기계와 B 기계의 제품 생산량을 나타낸 자료이다. 이를 바탕으로 2017년 이후 A 기계와 B 기계 제품 생산량의 평균의 전년 대비 증감률을 바르게 나타낸 것을 고르시오.

[연도별 제품 생산량]

(단위: 개)

구분	2016년	2017년	2018년	2019년	2020년	2021년
A 기계	1,500	1,450	2,200	1,950	2,650	3,580
B 기계	2,500	1,750	1,800	2,050	2,750	2,900

①
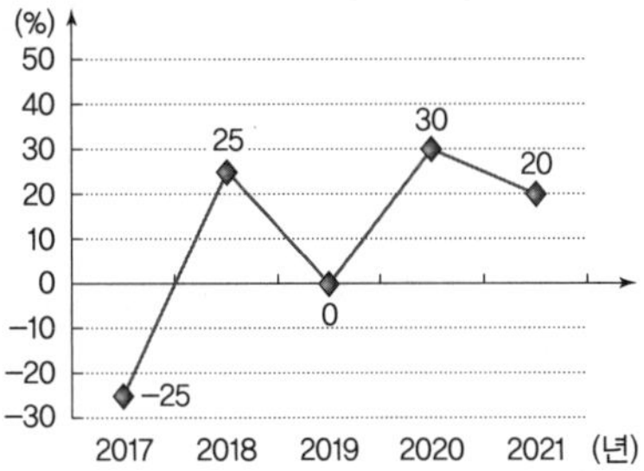

②
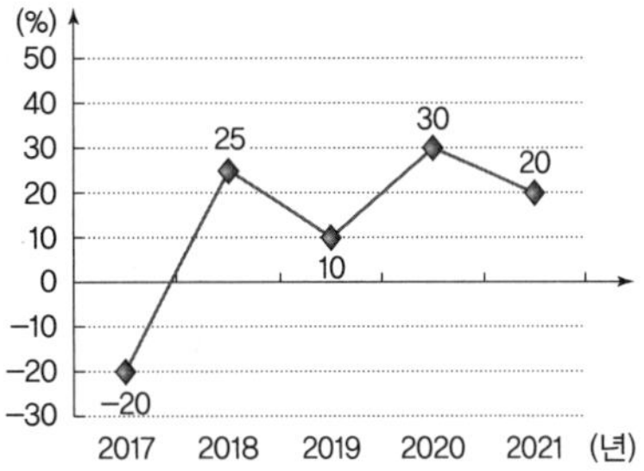

③
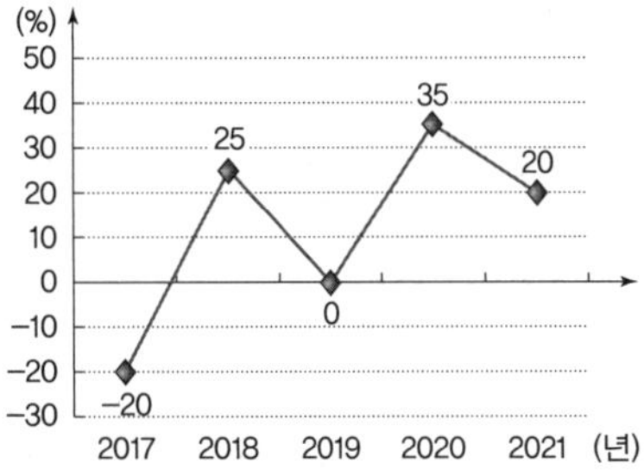

④
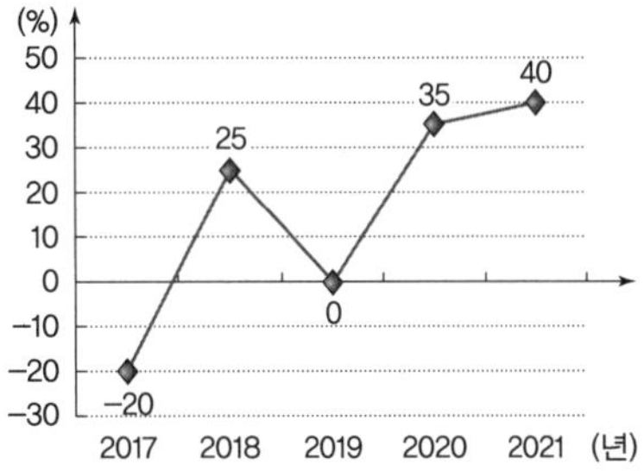

⑤
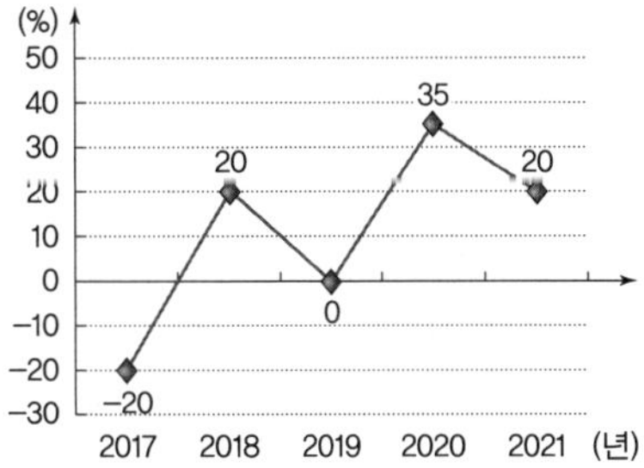

시간 단축 유형

20 **다음은 2025년 가 기업과 나 기업의 월별 투자자 수를 나타낸 자료이다. 가 기업과 나 기업의 월별 투자자 수는 일정한 규칙으로 변화할 때, 2025년 12월 가 기업과 나 기업의 투자자 수의 합은?**

[월별 투자자 수]

(단위: 명)

구분	1월	2월	3월	4월	5월
가 기업	145	160	190	235	295
나 기업	2,584	2,456	2,328	2,200	2,072

① 2,247명　② 2,311명　③ 2,365명　④ 2,403명　⑤ 2,429명

여기까지 30분 내에 풀어야 합니다.

약점 보완 해설집 p.4

풀이시간 ____시 ____분 ~ ____시 ____분 (총 30문항 / 30분)

▶ 해설 p.9

[01 - 02] 다음 전제를 읽고 반드시 참인 결론을 고르시오.

시간 단축 유형

01

전제	책을 많이 읽는 어떤 사람은 서점을 많이 간다.
	책을 많이 읽는 모든 사람은 발표를 잘한다.
결론	

① 서점을 많이 가는 어떤 사람은 발표를 잘하지 않는다.

② 발표를 잘하는 어떤 사람은 서점을 많이 간다.

③ 발표를 잘하는 어떤 사람은 서점을 많이 가지 않는다.

④ 발표를 잘하는 모든 사람은 서점을 많이 간다.

⑤ 서점을 많이 가는 모든 사람은 발표를 잘하지 않는다.

시간 단축 유형

02

전제	예능을 좋아하는 모든 사람은 탁구를 좋아한다.
	예능을 좋아하는 모든 사람은 인맥이 넓다.
결론	

① 인맥이 넓은 어떤 사람은 탁구를 좋아한다.

② 인맥이 넓은 모든 사람은 탁구를 좋아한다.

③ 탁구를 좋아하는 모든 사람은 인맥이 넓다.

④ 인맥이 넓은 어떤 사람은 탁구를 좋아하지 않는다.

⑤ 인맥이 넓은 모든 사람은 탁구를 좋아하지 않는다.

시간 단축 유형

03 다음 결론이 반드시 참이 되게 하는 전제를 고르시오.

전제	가시가 있는 모든 꽃은 향기가 좋지 않다.
결론	꿀이 있는 꽃 중에 향기가 좋은 꽃이 있다.

① 가시가 없는 모든 꽃은 꿀이 없다.

② 꿀이 있는 모든 꽃은 가시가 없다.

③ 가시가 있는 어떤 꽃은 꿀이 있다.

④ 가시가 없는 모든 꽃은 꿀이 있다.

⑤ 꿀이 있는 어떤 꽃은 가시가 없다.

04 박람회 부스 담당자 A, B, C, D, E 5명이 가, 나, 다 세 구역에 배치되었다. 다음 조건을 모두 고려하였을 때, 항상 참인 것을 고르시오.

- 각 구역에는 최소 1명 이상의 담당자가 배치된다.
- 가 구역에는 정확히 2명의 담당자가 배치된다.
- A와 C는 같은 구역에 배치된다.
- B는 나 구역에 배치된다.
- D가 다 구역에 배치되면, E는 가 구역에 배치된다.

① D는 E와 같은 구역에 배치된다.

② D가 나 구역에 배치되면, 다 구역에는 1명의 담당자가 배치된다.

③ A는 가 구역에 배치된다.

④ B가 나 구역에 배치되는 경우의 수는 1가지이다.

⑤ C가 다 구역에 배치되는 경우의 수는 2가지이다.

05 **비행기 탑승 순서를 결정하기 위해 다섯 승객 A, B, C, D, E는 탑승 순서를 1번부터 5번까지 부여받는다. 다음 조건을 모두 고려하였을 때, 항상 참인 것을 고르시오.**

- A는 B보다 먼저 탑승한다.
- C가 3번째로 탑승하면, D는 5번째로 탑승한다.
- E는 A의 바로 다음 순서로 탑승한다.
- B는 4번째로 탑승하지 않는다.
- D가 2번째로 탑승하면, E는 5번째로 탑승한다.

① E가 2번째로 탑승하면, C는 4번째로 탑승한다.

② A가 1번째로 탑승하는 경우의 수는 2가지이다.

③ D는 C보다 먼저 탑승한다.

④ B가 D보다 늦게 탑승하는 경우의 수는 4가지이다.

⑤ A는 4번째로 탑승한다.

여기까지 6분 내에 풀어야 합니다.

06 **대학동기인 A, B, C, D, E, F 6명은 일렬로 카약을 타고 내려가고 있다. 다음 조건을 모두 고려하였을 때, 항상 거짓인 것을 고르시오.** (단, 같은 카약에 탑승한 사람의 순서는 고려하지 않는다.)

- 카약은 모두 5대이며 그 중 4대는 1인용, 1대는 2인용 카약이다.
- B보다 앞쪽 카약에 타고 있는 사람은 총 2명이다.
- C는 1인용 카약을 타고 있지 않다.
- A는 D보다 앞쪽 카약에 타고 있다.
- E는 혼자 카약을 타고 있으며, B보다 뒤쪽 카약에 타고 있다.
- F는 A 바로 뒤의 카약에 타고 있다.

① D가 마지막 카약에 타고 있다면, 가능한 경우의 수는 2가지이다.

② E는 C보다 앞쪽 카약에 타고 있다.

③ B가 세 번째 카약에 타고 있다면, 가능한 경우의 수는 4가지이다.

④ E와 F는 인접한 카약에 타고 있다.

⑤ A와 E 사이의 카약에 타고 있는 사람은 총 2명이다.

07 **A, B, C, D, E 5명은 각각 빨간색 또는 파란색 볼펜으로 필기를 하고 있다. 빨간색 볼펜을 사용하는 사람은 거짓을 말하고, 파란색 볼펜을 사용하는 사람은 진실을 말하고 있다. 다음 조건을 모두 고려하였을 때, 항상 참인 것을 고르시오.**

- A: B는 빨간색 볼펜을 사용하지만 E는 파란색 볼펜을 사용하고 있어.
- B: 빨간색 볼펜을 사용하는 사람은 2명이야.
- C: 나는 파란색 볼펜을 사용하고 있어.
- D: A와 B는 모두 빨간색 볼펜을 사용하고 있어.
- E: 빨간색 볼펜을 사용하는 사람보다 파란색 볼펜을 사용하는 사람이 더 적어.

① 빨간색 볼펜을 사용하는 사람은 총 3명이다.

② A는 빨간색 볼펜을 사용하고 있다.

③ D는 파란색 볼펜을 사용하고 있다.

④ A와 C는 서로 같은 색의 볼펜을 사용하고 있다.

⑤ B와 E가 서로 다른 색의 볼펜을 사용하는 경우의 수는 2가지이다.

08 **식물학자 A, B, C, D, E 5명은 월요일부터 금요일까지 5일간 하루에 1명씩 씨앗 저장고에 방문했다. 다음 조건을 모두 고려하였을 때, 항상 거짓인 것을 고르시오.**

- A는 C보다 먼저 방문했고, D는 B보다 늦게 방문했다.
- 수요일에 방문한 사람은 E가 아니다.
- B와 E는 연속된 날에 방문하지 않았다.
- A와 C 사이에는 정확히 2명의 식물학자가 방문했다.

① A와 B는 연속한 날에 방문했다.

② B가 수요일에 방문했다면, 가능한 경우의 수는 3가지이다.

③ A가 화요일에 방문했다면, E는 B보다 먼저 방문했다.

④ E가 월요일에 방문한 경우가 존재한다.

⑤ B와 D가 연속된 날에 방문했다면, 가능한 경우의 수는 2가지이다.

09 **5층짜리 건물에 근무하는 영업부, 관리부, 기획부, 재무부, 인사부 5개 부서는 같은 층수의 다른 건물로 이사하려고 한다. 다음 조건을 모두 고려하였을 때, 항상 참인 것을 고르시오.**

- 이사 전과 이사 후 모두 건물의 각 층에는 1개 부서만 근무한다.
- 인사부는 1층에서 근무하다가 두 층 더 높은 층으로 이사한다.
- 이사 전 영업부와 재무부가 근무하는 층수는 3층 차이가 나며, 영업부가 재무부보다 높은 층에서 근무한다.
- 관리부는 한 층 더 낮은 층으로 이사한다.
- 한 부서를 제외한 각 부서는 이사 전과 이사 후에 근무하는 층수가 다르다.

① 이사 전 영업부는 5층에서 근무하지 않는다.

② 이사 후 기획부는 4층보다 높은 층에서 근무한다.

③ 이사 후 재무부는 인사부보다 낮은 층에서 근무한다.

④ 이사 전 기획부는 3층에서 근무한다.

⑤ 이사 후 관리부는 2층에서 근무한다.

10 **명우, 태호, 동현, 수빈, 지훈 5명은 한국 드라마 촬영을 위해 각자 다른 역할을 맡았다. 다음 조건을 모두 고려하였을 때, 항상 거짓인 것을 고르시오.**

- 드라마 역할은 주연배우, 조연배우, 감독, PD, 작가로 나뉜다.
- 촬영 현장에는 세트장, 스튜디오, 야외 세 장소가 있다.
- 각 장소에는 최소 1명 이상 배정된다.
- 동현이는 감독이며, 동현이와 같은 장소에 있는 사람은 없다.
- 태호와 지훈이는 서로 같은 장소에 있으며, 태호는 주연배우가 아니다.
- 수빈이는 작가이며, 세트장에 있지 않다.
- 스튜디오에는 주연배우만 있다.

① 야외에 있는 사람은 총 2명이다.

② 감독이 세트장에 있는 경우의 수는 2가지이다.

③ 지훈이는 수빈이와 서로 같은 장소에 있다.

④ 태호가 PD인 경우의 수는 1가지이다.

⑤ 명우가 스튜디오에 있다면 지훈은 조연이다.

여기까지 12분 내에 풀어야 합니다.

11 A, B, C, D, E, F, G 7개의 LED 전구가 3행 3열로 구분된 격자 모양 등에 들어있다. 다음 조건을 모두 고려하였을 때, 항상 거짓인 것을 고르시오.

- 격자 모양 등의 각 칸에는 한 개의 LED 전구만 들어갈 수 있다.
- 3열에 들어있는 LED 전구 중 2개의 LED 전구가 켜져 있다.
- 1열에 들어있는 3개의 LED 전구는 모두 꺼져 있다.
- B와 C는 1행에 들어있다.
- E와 G는 같은 열에 들어있으며, 둘 중 하나만 켜져 있다.
- A는 2행 2열에 들어있으며, 1행 2열에는 LED 전구가 들어있지 않다.
- A와 C는 켜져 있다.

[격자 모양 등]

	1열	2열	3열
1행			
2행			
3행			

① F와 같은 행에 들어있는 LED 전구는 F를 제외하고 총 2개이다.

② 3행에는 1개의 LED 전구가 켜져 있다.

③ 총 3개의 LED 전구가 켜져 있다.

④ D가 꺼져 있으면, F는 켜져 있다.

⑤ 2열에는 1개의 LED 전구가 들어있다.

12 1~6월까지 매달 A 사, B 사, C 사에서 교육을 두 번씩 진행할 예정이다. 다음 조건을 모두 고려하였을 때, 항상 거짓인 것을 고르시오.

- 교육은 매달 한 번만 진행된다.
- B 사는 두 번 연이어 교육을 진행하지 않는다.
- 3월에 교육을 진행하는 회사는 C 사이다.
- A 사는 두 달 연속으로 교육을 진행한다.

① C 사는 4월에 교육을 진행하지 않는다.

② A 사가 마지막으로 교육을 진행하면, 4월에 교육을 진행하는 회사는 C 사이다.

③ C 사가 두 달 연속으로 교육을 진행하면, A 사는 4월 이후에 교육을 진행한다.

④ 1월에 A 사가 교육을 진행하면, 5월에는 C 사가 교육을 진행한다.

⑤ 2월에 B 사가 교육을 진행하면, B 사는 5월 이후에 두 번째 교육을 진행한다.

13 A, B, C, D, E 5명은 가상현실 게임에서 탐정, 의사, 과학자, 탐험가, 언론인 중 각자 다른 역할을 맡았다. 이들 중 한 명만이 미션을 완료하였으며, 미션을 완료한 1명만 거짓을 말할 때, 과학자를 고르시오.

- A: B 또는 D가 의사야.
- B: C는 탐험가야.
- C: 언론인은 A 또는 D야.
- D: E는 미션을 완료했어.
- E: B는 탐정이거나, 미션을 완료한 사람은 D가 아니야.

① A ② B ③ C ④ D ⑤ E

14 A 사의 에어컨 리모컨에는 제습, 절전, 취침, 공기청정, 파워냉방, 예약 총 6개의 기능이 있으며 기능별로 1~6번에 하나씩 배치된다. 다음 조건을 모두 고려했을 때, 파워냉방이 배치될 수 있는 버튼의 번호를 모두 고르시오.

- 제습과 예약은 같은 행에 이웃하여 배치되지 않는다.
- 제습은 4번에 배치된다.
- 절전은 취침 바로 아래 행에 이웃하여 배치된다.
- 공기청정은 취침과 같은 행에 배치된다.

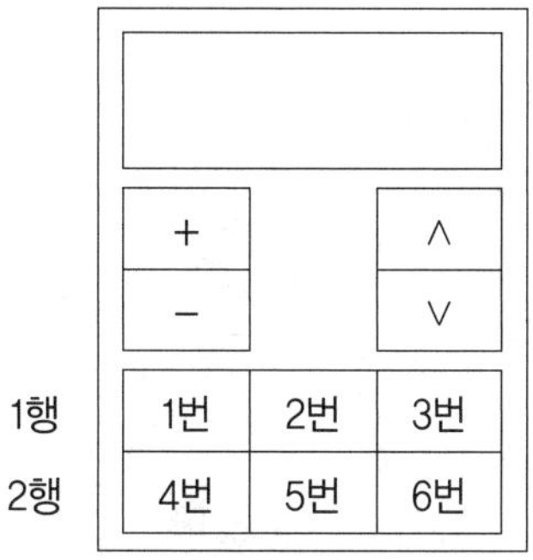

① 1, 5번 ② 5, 6번 ③ 1, 5, 6번 ④ 1, 2, 5, 6번 ⑤ 1, 3, 5, 6번

[15-17] 다음 도형에 적용된 규칙을 찾아 '?'에 해당하는 도형을 고르시오.

시간 단축 유형

15

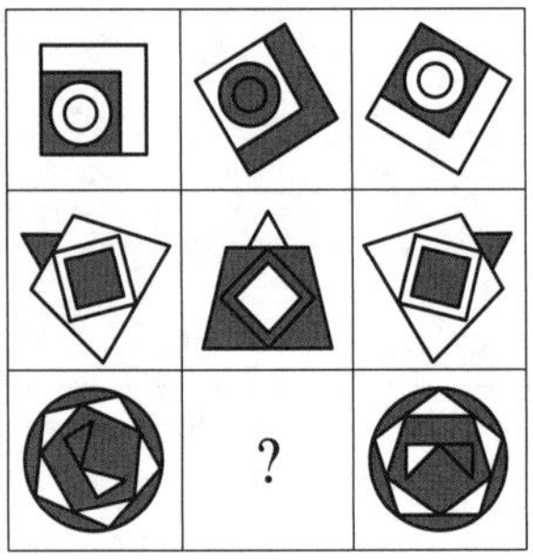

① 

② 

③ 

④ 

⑤ 

시간 단축 유형

16

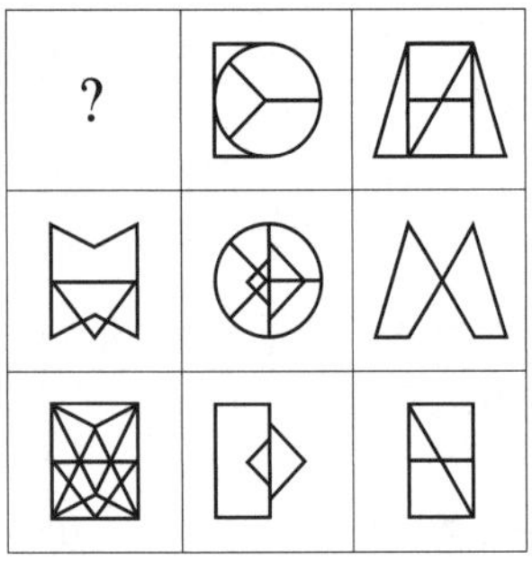

① 

② 

③ 

④ 

⑤ 

여기까지 18분 내에 풀어야 합니다.

시간 단축 유형

17

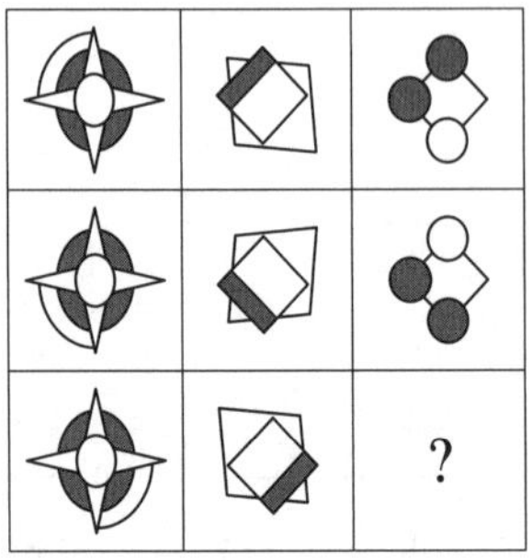

① 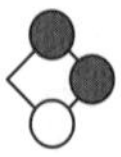

② 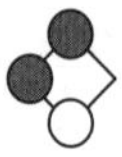

③ 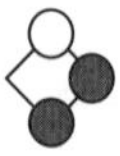

④ 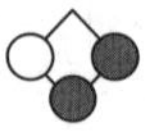

⑤ 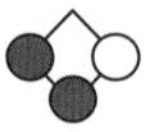

[18-21] 다음 각 기호가 문자, 숫자의 배열을 바꾸는 규칙을 나타낸다고 할 때, 각 문제의 '?'에 해당하는 것을 고르시오.

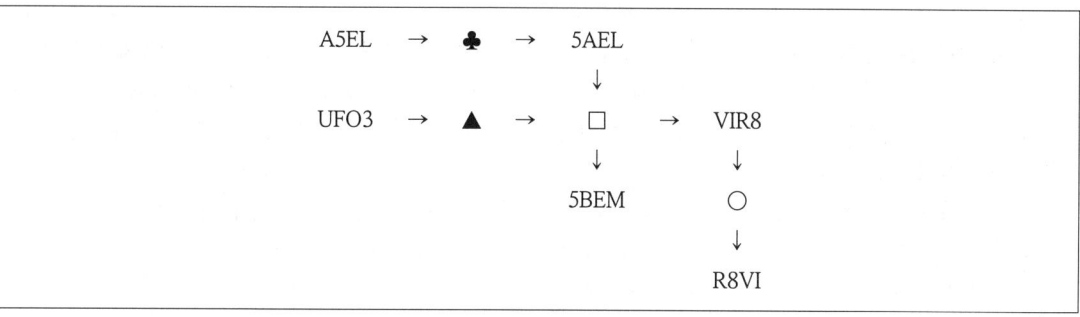

A5EL	→	♣	→	5AEL		
				↓		
UFO3	→	▲	→	□	→	VIR8
				↓		↓
				5BEM		○
						↓
						R8VI

시간 단축 유형

18

APIN → ○ → ▲ → ?

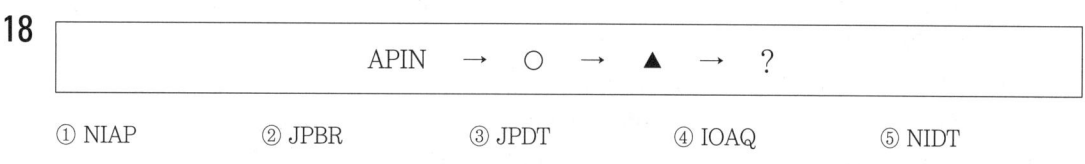

① NIAP ② JPBR ③ JPDT ④ IOAQ ⑤ NIDT

시간 단축 유형

19

GSA1 → □ → ▲ → ♣ → ?

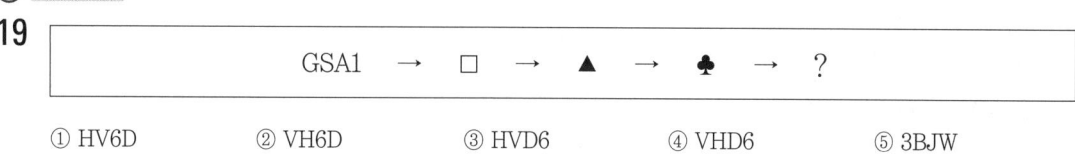

① HV6D ② VH6D ③ HVD6 ④ VHD6 ⑤ 3BJW

시간 단축 유형

20

? → ♣ → ○ → 3127

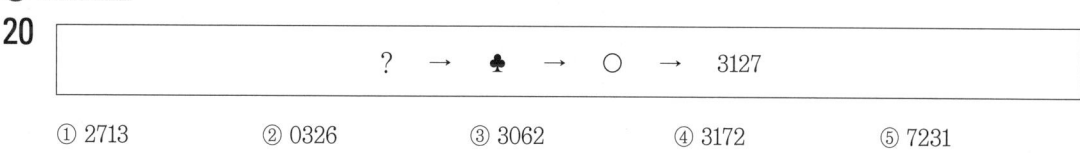

① 2713 ② 0326 ③ 3062 ④ 3172 ⑤ 7231

시간 단축 유형

21

? → ▲ → ○ → □ → PLAN

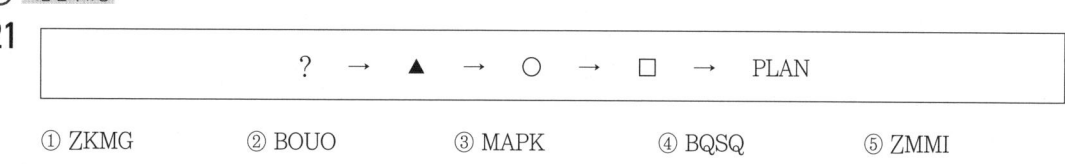

① ZKMG ② BOUO ③ MAPK ④ BQSQ ⑤ ZMMI

시간 단축 유형

22 다음 문단을 논리적 순서대로 알맞게 배열한 것을 고르시오.

(A) 보이콧은 범위에 따라 두 유형으로 나뉜다. 1차 보이콧은 시민단체·소비자 등이 문제 기업의 제품 구매를 중단하는 직접 불매운동이고, 2차 보이콧은 해당 기업과 거래 관계에 있는 유통사·광고주 등 제3자에게도 압력을 가해 관계 단절을 요구하는 간접적인 방식이다. 오늘날에는 두 방식을 병행해 파급력을 극대화하는 사례가 늘고 있다.

(B) 그러나 보이콧이 단순히 기업에 대한 보복성 징벌의 수단이 되어서는 안 된다. 궁극적으로는 진정성 있는 사과와 대책 마련을 통해 기업의 사회적 책임을 고양하고, 국가 차원에서 기업의 횡포를 방지하는 제도적 장치를 마련하는 방향으로 나아가야 할 것이다.

(C) 예를 들어 2020년 '#StopHateForProfit'은 페이스북의 혐오·차별 게시물 방치를 규탄하며 플랫폼 책임 강화를 요구한 시민단체 주도 캠페인으로, 이용자 탈퇴와 광고주 광고 중단을 동시에 촉구했다. 한 달 새 코카콜라·스타벅스 등 1,000여 개 기업이 광고를 끊고 수백만 명이 탈퇴 인증을 올리자, 페이스북은 외부 감사기구 도입과 증오발언 규정 강화를 약속했다.

(D) 보이콧(Boycott)은 사회·정치·경제적 이유로 특정 개인이나 조직과 거래를 끊는 집단행동을 뜻한다. 이 용어는 19세기 아일랜드의 지주 대리인 찰스 보이콧이 농민을 착취하다 주민들의 거래 거부로 영국으로 쫓겨난 사건에서 비롯됐다. 이후 그의 이름은 부당행위에 맞서는 불매·거래 중단을 가리키는 일반명사가 되었다.

① (A) – (C) – (B) – (D)

② (A) – (C) – (D) – (B)

③ (D) – (A) – (B) – (C)

④ (D) – (A) – (C) – (B)

⑤ (D) – (C) – (B) – (A)

시간 단축 유형

23 **다음 문단을 논리적 순서대로 알맞게 배열한 것을 고르시오.**

(A) 이어 코페르니쿠스는 평생의 관측과 계산을 정리해 1543년『천구의 회전에 관하여』를 출판했다. 그는 우주의 중심을 지구에서 태양으로 옮기고, 모든 행성이 일정한 속도로 태양을 공전한다고 주장해 1500년 동안 굳건했던 지구 중심 패러다임에 근본적인 의문을 제기했다.

(B) 갈릴레이는 망원경으로 금성이 달처럼 차고 이지러지는 모습을 확인해 천동설을 흔들었고, 케플러는 방대한 관측 자료를 분석해 행성 궤도가 원이 아니라 타원임을 밝혀 지동설을 보완했다. 끝으로 뉴턴이 만유인력 법칙을 제시하면서 태양 중심 체계는 수학적·물리적 완결성을 갖추어 결국 지동설이 천동설을 대신하게 되었다.

(C) 그러나 관측 정밀도가 높아질수록 프톨레마이오스식 궤도 계산과 실제 행성 위치 사이의 오차가 크게 드러났다. 폴란드 출신 천문학자 코페르니쿠스는 "지구가 자전하며 태양을 공전한다"는 단순한 가정을 세웠고, 이를 통해 복잡한 주전원을 쓰지 않고도 역행 현상을 훨씬 자연스럽게 설명할 수 있음을 깨달았다.

(D) 고대 그리스 이후 사람들은 둥근 천구의 한가운데 지구가 놓여 있다고 믿었다. 알렉산드리아의 천문학자 프톨레마이오스는 이러한 천동설을 체계화하면서, 행성이 뒤로 움직이는 듯 보이는 역행 현상을 설명하기 위해 작은 원(주전원)이 큰 원(이심원)을 따라 도는 정교한 수학 모형을 고안했다.

① (B) – (A) – (C) – (D)
② (B) – (C) – (A) – (D)
③ (D) – (A) – (B) – (C)
④ (D) – (A) – (C) – (B)
⑤ (D) – (C) – (A) – (B)

24 **다음 진술이 모두 참이라고 할 때 반드시 거짓일 수밖에 없는 것을 고르시오.**

일반적으로 신체의 발육이나 기능에 장애가 있어 보통 아이들과는 다른 모습으로 태어난 아이를 일컬어 기형아라고 한다. 기형의 종류는 다양하지만, 그중에서도 빈도가 가장 높은 것은 무뇌증이다. 뇌 없음증이라고도 불리는 무뇌증은 중추신경기형 중 가장 정도가 심한 증상으로, 신경계 발생 이상 때문에 신경관에서 대뇌가 존재하는 부위가 제대로 닫히지 못함에 따라 뇌가 없이 태어나는 질환을 말한다. 뇌가 없다고 해도 태아마다 상태는 소뇌까지 모두 없는 경우, 상당량의 대뇌반구를 가지는 경우 등 다양하게 나타난다. 다만, 무뇌증으로 진단하기 위해서는 두개골 결손이 반드시 포함되어야 한다. 태아 시절에는 무뇌여도 잘 자라기 때문에 과거에는 만삭 시기까지 태아가 자라 산모가 정상적으로 출산하는 경우가 많았다. 하지만 현재는 초음파 검사 및 산모 혈액을 통한 기형아 검사를 통해 미리 진단 가능하여 만삭에 확진되는 경우는 거의 없다. 확진은 초음파로 이루어지는데, 보통 임신 12주 차에 100% 확진이 가능하다. 무뇌증이라도 뇌간은 존재하므로 대부분 출산 즉시 사망하지는 않고 몇 시간 혹은 며칠간 생존하게 된다. 발생 원인은 명확하지 않으나 임신 기간 중의 엽산 결핍 혹은 식물 유래 발생 저해제 물질에 노출되는 등 환경적 요인이나 신경관 형성에 관여하는 유전자 이상과 같이 유전적 요인으로 인해 생긴다고 본다. 그렇지만 임신 전부터 임신 초기까지 엽산을 보충할 경우 신경관 결손증 발생 확률을 낮춘다는 연구 결과가 발표된 바 있어 임산부에게는 엽산 섭취가 권장된다.

① 무뇌증으로 진단된 태아의 경우 출산되더라도 대개 몇 시간이나 며칠간 살 수 있다.
② 임산부가 엽산을 제대로 챙겨 먹지 않으면 태아에게 신경관 결손증이 발생할 가능성이 높다.
③ 무뇌증의 증상은 매우 다양하므로 두개골이 결손된 경우가 아니더라도 무뇌증으로 진단될 수 있다.
④ 기형아 중 무뇌아의 발생 빈도가 가장 높은 것으로 알려져 있다.
⑤ 임신 12주 차가 된 산모라면 초음파 검사를 통해 태아의 무뇌증 발생 여부를 확인할 수 있다.

여기까지 24분 내에 풀어야 합니다.

25 다음 내용을 바탕으로 추론할 수 있는 것을 고르시오.

대체 불가능한 토큰이라는 뜻의 NFT(Non-Fungible Token)는 의미 그대로 블록체인에서 토큰을 다른 토큰으로 대체할 수 없어 희소성을 갖는 가상의 자산을 말한다. 예컨대 1만 원짜리 지폐를 갖고 있다면 1만 원과 교환 가능한 가치의 물건을 구매할 수 있을 것이다. 하지만 NFT는 각각의 토큰이 모두 다를뿐더러 가치 역시 모두 달라 가격이 저마다 다르게 매겨지고, 별도의 고유한 인식 값을 담고 있어 서로 교환할 수 없다는 특징을 갖는다. 따라서 NFT는 자산 소유권을 명확히 해 게임, 예술품, 부동산과 같은 기존 자산을 디지털 토큰화하는 수단으로 여겨진다. 일단 블록체인을 기반으로 하기 때문에 소유권은 물론 판매 이력 관련 정보도 모두 블록체인에 저장된다. 이로 인해 최초 발행자와 소유권자 등을 언제든지 확인할 수 있으며, 고유의 인식 값을 지니고 있어 복제·위조나 교환 역시 불가능하다. 암호화폐 시장이 활성화되고 코인 거래량도 증가하는 만큼 NFT의 성장은 암호화폐 산업의 파이 확장에 긍정적인 영향을 미칠 것으로 전망된다. 실제로 전 세계의 NFT 자산 규모는 2018년 4,096만 달러에서 2020년 3억 3,803만 달러를 돌파하였고, 고가에 낙찰되는 NFT도 증가하면서 시장의 관심 역시 증대되고 있다. 물론 비판의 여지가 전혀 없는 것은 아니다. 가상의 자산에 가치를 부여한다는 점에서 실제로 존재하지 않는 것을 사고팔 수 있는지에 대한 논쟁 또한 불거지고 있다.

① NFT는 가상의 자산이라는 점에서 복제나 위조가 쉽다는 문제점이 있다.

② NFT 역시 일반 화폐와 마찬가지로 동일한 가치의 물건을 사는 데 활용할 수 있다.

③ 암호화폐의 거래량 감소가 NFT에서 기인한다는 점에서 NFT는 암호화폐 산업을 위축시킬 가능성이 높다.

④ NFT에 대한 소유권자는 블록체인에 저장되지 않아 명확히 확인하기 어렵다.

⑤ 2020년 전 세계의 NFT 자산 규모는 2018년과 비교하면 8배 이상이다.

26 다음 내용을 바탕으로 추론할 수 있는 것을 고르시오.

> 사물인터넷은 사물에 센서와 프로세서를 장착하여 정보를 수집하고, 이를 제어 및 관리할 수 있도록 인터넷으로 연결하는 시스템이다. 사물인터넷의 핵심은 데이터를 현실 세계의 객체들에 연결하여 일상생활의 효율성을 극대화하는 데 있으며 현재 다양한 분야에서 사용되고 있다. 예를 들어, 가정에서의 자동화 시스템은 온도, 조명, 보안 시스템을 원격으로 조정할 수 있도록 하여 사용자 맞춤형 서비스를 제공한다. 산업 분야에서는 기계의 상태를 모니터링하고 고장을 예측하는 데 사용되고 있으며, 의료 분야에서는 환자의 건강 상태를 실시간으로 체크하고 이를 전문가에게 전송하여 빠른 대응이 가능하도록 하고 있다. 그러나 사물인터넷의 발전과 활용에 따라 개인정보 보호 문제가 중요한 사안으로 떠오르고 있다. 기기 측면에서는 보안 프로그램 업데이트가 부족하거나 제조사 측면에서의 보안 취약점이 존재할 경우 해킹에 노출될 수 있으며, 네트워크 측면에서는 데이터 전송 과정에서 암호화가 해지될 경우 이용자가 식별 혹은 추적당할 위험이 존재한다. 미래에는 사물인터넷 기술이 더욱 발전하여 스마트 시티와 같은 사회를 구성하는 핵심 요소로 자리잡을 것으로 예측되는 만큼 보안 체계의 구축이 함께 논의되어야 할 것이다.

① 사물인터넷은 오프라인 환경에서도 인터넷 연결 없이 모든 기능을 완벽하게 수행할 수 있다.
② 사물인터넷의 발전으로 인한 편리함과 개인정보 유출 위험성은 밀접하게 연결되어 있다.
③ 사물인터넷의 사용자 맞춤형 서비스는 가정에서의 온도 조절 시스템에서만 이용되고 있다.
④ 사물인터넷은 환자의 건강 상태를 부정확하게 측정할 가능성이 있어 의료 분야에서 사용될 수 없다.
⑤ 사물인터넷은 보안 프로그램 업데이트를 진행하지 않을 경우 네트워크 측면에서 문제가 발생할 수 있다.

27 다음 내용을 바탕으로 추론할 수 있는 것을 고르시오.

> 디스플레이 주사율은 화면이 1초에 몇 번의 이미지를 새로고침 할 수 있을지를 의미하며, 단위는 헤르츠(Hz)가 사용된다. 60Hz의 주사율을 가진 모니터는 1초에 화면을 60단계로 나눠서 보여줄 수 있음을 의미하며, 144Hz나 240Hz로 높아질수록 더 부드러운 화면 전환이 가능하여 눈의 피로도를 낮춰준다. 높은 주사율은 주로 TV보다는 온라인 게임과 같이 많은 이미지를 불러오는 경우에 유용하며, 사용자의 만족도가 더 향상된다. 그러나 고주사율 화면은 많은 전력을 소비하여 무조건적으로 좋다고 보기는 어렵다. 더하여 GPU(그래픽 처리 장치)의 성능이 주사율 속도에 맞춰 동작해야 효과를 볼 수 있다. 만약 그래픽 카드가 화면을 제대로 따라가지 못하면, 화면 찢어짐이나 프레임 드랍 같은 문제가 발생할 수 있다. 이를 해결하기 위해 등장한 기술이 바로 가변주사율이다. 가변주사율은 디스플레이가 GPU의 프레임 출력을 실시간으로 추적하여 주사율을 동기화한다. 이 기술은 탄력적인 주사율의 적용으로 화질을 선명하게 유지하면서 소비 전력을 최적화한다는 효율성을 가진다.

① 240Hz의 주사율을 가진 디스플레이는 144Hz의 주사율을 가진 디스플레이보다 전력 소모가 적어 효율적인 사용이 가능하다.

② 60Hz의 주사율을 가진 디스플레이는 144Hz의 주사율을 가진 디스플레이보다 온라인 게임에 적합하지 않다.

③ 고정된 주사율을 가진 디스플레이의 경우 화면 찢어짐이나 프레임 드랍 현상 없이 화면을 제대로 표시할 수 있다.

④ 가변주사율을 활용한 디스플레이는 소비 전력을 절약하는 대신 화질이 낮다는 단점을 가진다.

⑤ 고주사율 디스플레이는 GPU의 성능과 관계없이 항상 더 좋은 화질을 제공하며 눈의 피로도를 줄여준다는 장점을 갖는다.

28 **다음 주장에 대한 반박으로 가장 타당한 것을 고르시오.**

> 긱 워커(Gig Worker)란 일회성으로 일하는 사람으로, 각종 서비스 업체에서 단기 계약에 따라 근로하고 있는 1인 근로자들을 의미한다. 최근 국내 기업의 긱 워커 모집 및 활용 사례를 알아보기 위해 301곳의 기업을 대상으로 설문조사가 진행되었다. 해당 조사에서는 '긱 워커를 모집해 본 경험이 있는가'라는 질문에 대해 31.6%가 '모집 경험이 있다'라고 답하였으며, 4.3%가 '모집 경험이 있으며 현재도 계속해서 모집 중이다'라고 답하였다. 또한, '긱 워커를 모집해 보면서 무엇이 가장 만족스러웠는가'라는 질문에 대한 답으로 '근무 연장 여부를 결정하는 것에 대한 부담이 적었다'가 49.4%로 가장 높았다. 이로 미루어 보아 긱 워커 고용을 통해 기업 기준에 미치지 못하며, 성실성이 부족하고 숙련도가 낮은 사람들을 가려낼 수 있어 프로젝트의 효율을 높일 수 있다는 것을 알 수 있다. 따라서 기업은 긱 워커를 통해 기업이 세운 기준 이상의 근로자들을 많이 고용할 수 있게 되고, 이로 인해 프로젝트 효율을 더욱 높일 수 있을 것이다.

① 고숙련된 긱 워커들과 기존의 근로자들을 비교하는 태도는 지양해야 한다.

② 짧은 근로 기간 동안에 근로자의 직무 태도를 온전히 평가할 수는 없다.

③ 빠르게 변화하는 시대에 발맞추어 새로운 근로자 유형을 만드는 일은 중요하다.

④ 국내 기업들은 자사의 발전을 위해서 긱 워커의 고용률을 높여야 한다.

⑤ 본인의 일에 대한 책임감과 성실성을 가진 긱 워커에게는 그에 상응한 임금을 주어야 한다.

29 **다음 글을 바탕으로 아래 〈보기〉를 이해한 것으로 적절하지 않은 것을 고르시오.**

클라우드 AI 추론은 인공지능 모델을 원격 서버에서 실행하는 방식으로, 사용자의 장치에서 수집된 데이터를 인터넷을 통해 클라우드로 전송한 후 처리하는 기술이다. 이 방식은 대용량 모델을 운영할 수 있는 고성능 서버를 활용하므로 정교한 AI 모델을 구동할 수 있고, 중앙 집중식 처리를 통해 모든 사용자에게 일관된 경험을 제공할 수 있다는 장점이 있다. 또한 사용자 장치의 컴퓨팅 능력에 제약 받지 않아 범용성이 높으며, 서버 자원을 확장하기만 하면 다수의 사용자에게 서비스를 제공할 수 있어 확장성도 뛰어나다. 그러나 데이터를 클라우드로 보내고 결과를 받는 과정에서 발생하는 지연 시간은 실시간 응답이 중요한 애플리케이션에서는 큰 약점으로 작용한다. 또한 모든 데이터가 중앙 서버로 전송되므로 개인정보 유출 위험이 항상 존재하며, 인터넷 연결이 불안정하거나 단절된 환경에서는 서비스 이용이 불가능하다. 더욱이 지속적인 서버 운영에 필요한 전력 소모가 상당해 대규모 데이터센터의 에너지 효율성 문제가 환경적 부담으로 작용한다.

〈보기〉

엣지 AI 추론은 인공지능 모델을 사용자의 기기나 로컬 네트워크에서 직접 실행하는 기술이다. 스마트폰, IoT 장치, 자율주행차 등 데이터가 생성되는 환경에서 AI 처리를 수행하므로 데이터 전송 없이 즉각적인 분석과 대응이 가능하다. 이러한 엣지 컴퓨팅 방식은 인터넷 연결 없이도 작동할 수 있어 안정적인 서비스가 가능하고, 센서에서 수집된 데이터가 외부로 전송되지 않아 개인정보 보호 측면에서 유리하다. 또한 대규모 서버 인프라가 필요 없어 전체 시스템의 전력 소모를 줄일 수 있다는 환경적 이점도 있다. 그러나 엣지 디바이스의 제한된 컴퓨팅 파워와 메모리로 인해 구동할 수 있는 AI 모델의 크기와 복잡성에 한계가 있으며, 각 장치마다 개별적으로 모델을 배포하고 업데이트해야 하므로 관리가 까다롭다는 단점이 있다.

① 클라우드 AI 추론은 엣지 AI 추론에 비해 네트워크 지연 시간이 길어 실시간 응답이 중요한 상황에서는 불리하다.

② 엣지 AI 추론은 데이터를 외부로 전송하지 않아 클라우드 AI 추론보다 개인정보 보호 측면에서 우수하다.

③ 클라우드 AI 추론과 달리 엣지 AI 추론은 장치마다 제공되는 대응 결과가 다를 수 있다.

④ 클라우드 AI 추론과 엣지 AI 추론 모두 인터넷이 없는 환경에서도 단순한 응답은 가능하다.

⑤ 클라우드 AI 추론은 고성능 서버를 활용하므로 엣지 AI 추론보다 더 복잡하고 정교한 AI 모델을 구동할 수 있다.

30 **다음 글을 바탕으로 아래 〈보기〉를 이해한 내용으로 적절한 것을 고르시오.**

비행 중인 항공기나 드론이 두려워하는 것 중 하나는 아마도 난기류(Turbulence)일 것이다. 난기류는 공기의 흐름이 불규칙한 현상으로, 대체로 지상으로부터 1km 이내에 발생한다. 갑작스러운 지형 변화에 의한 마찰, 지표면의 가열 불균형, 전선 등으로 발생하며, 때때로 비행기 날개 뒷부분의 공기 소용돌이가 난기류를 발생시키기도 한다. 한편 난기류와 함께 비행체에 악영향을 미치는 것으로는 윈드시어(Wind shear)가 있다. 윈드시어는 비교적 짧은 거리에 걸쳐 갑작스럽게 바람의 방향이나 세기가 바뀌는 현상이다. 윈드시어의 발생 원인은 다양하지만, 주로 강한 바람이 불규칙한 지형지물에 부딪혀 강한 상승기류나 하강기류가 발생하면서 바람의 풍향과 풍속에 변화가 생겨 발생한다. 그 때문에 윈드시어는 어느 고도에서도 발생할 수 있으며, 수직이나 수평 방향 어디에서나 나타날 수 있다. 난기류와 윈드시어는 비행체의 양력을 잃게 하여 자칫 추락 사고로 이어지게 만들 수 있으므로 비행체를 조종하는 사람에게 각별한 주의가 필요하다.

〈보기〉

상승기류는 위쪽으로 향하는 공기의 운동으로, 상승이 계속되면 구름입자가 성장해 비나 눈이 내리게 된다. 반대로 하강기류는 상층에서 아래쪽으로 향하는 공기의 운동으로, 주로 고기압 지역에서 많이 나타나는 현상이다. 하강기류에서는 공기의 열이 차단되고 온도가 올라가 구름이 없고 날씨가 맑아진다.

① 인공적으로 발생한 난기류는 자연적으로 발생한 난기류보다 비행체에 더 부정적인 영향을 미친다.
② 상승기류가 발생하면 주변 지역의 기상 조건이 악화될 가능성이 커진다.
③ 날씨가 맑다고 해도 갑자기 강한 하강기류로 인해 드론 추락 사고가 발생할 수 있다.
④ 난기류는 대체로 지상에서 500m 이내의 지점에서 발생하는 편이다.
⑤ 난기류 발생 조건을 미리 파악한다면 비행체 추락 위험을 피할 수 있다.

여기까지 30분 내에 풀어야 합니다.

약점 보완 해설집 p.9

GLOBAL
SAMSUNG
APTITUDE
TEST

취업강의 1위, 해커스잡

ejob.Hackers.com

PART 2

실전모의고사 2회

Ⅰ 수리

Ⅱ 추리

본 모의고사는 가장 최근에 시행된 온라인 GSAT 출제 경향에 맞춰 수리와 추리 두 영역으로 구성되어 있습니다. 교재에 수록된 문제풀이 용지와 해커스ONE 애플리케이션의 학습 타이머를 이용하여 실전처럼 모의고사를 풀어본 후, p.127에 있는 '무료 바로 채점 및 성적 분석 서비스' QR코드를 스캔하여 응시 인원 대비 본인의 성적 위치를 확인해 보세요.
추가로 '온라인 GSAT 응시 서비스'를 통해 실전모의고사 2회를 온라인 GSAT와 동일한 환경에서 풀어봄으로써 실전 연습을 할 수 있습니다.

▶ 해설 p.20

시간 단축 유형

01 2023년 S 기업의 폴더블형 스마트폰 판매량은 600십만 대였다. 2024년 S 기업의 바형 스마트폰 판매량은 전년 대비 25% 증가하였고, 폴더블형 스마트폰 판매량은 전년 대비 20% 감소하여 2024년 S 기업의 바형과 폴더블형 스마트폰 판매량의 총합은 전년 대비 10% 증가하였을 때, 2024년 S 기업의 바형 스마트폰 판매량은?

① 1,500십만 대 ② 1,550십만 대 ③ 1,600십만 대 ④ 1,650십만 대 ⑤ 1,700십만 대

시간 단축 유형

02 남자 A, B, C 3명과 여자 D, E, F 3명이 있다. 6명이 건강검진을 받기 위해 한 줄로 섰을 때, 여자끼리는 서로 인접하지 않을 확률은?

① $\frac{1}{30}$ ② $\frac{1}{15}$ ③ $\frac{2}{15}$ ④ $\frac{1}{5}$ ⑤ $\frac{1}{3}$

시간 단축 유형

03 다음은 2019년부터 2024년까지 A 국의 부문별 에너지 소비량에 대한 자료이다. 다음 중 자료에 대한 설명으로 옳은 것을 모두 고르시오.

[부문별 에너지 소비량]

(단위: 만 TOE)

구분	2019년	2020년	2021년	2022년	2023년	2024년
가정	400	420	450	460	480	500
산업	800	820	850	870	890	900
교통	500	450	430	580	590	600
상업	450	460	490	470	520	530
농업	200	210	220	230	240	250

a. 2019년 대비 2024년 에너지 소비량의 증가량이 100만 TOE 이상인 부문은 총 3가지이다.
b. 2020년부터 2022년까지 에너지 소비량의 평균이 480만 TOE 이상인 부문은 산업과 상업이다.
c. 2021년 에너지 소비량이 두 번째로 많은 부문의 2020년 에너지 소비량은 450만 TOE 이상이다.
d. 제시된 기간 동안 꾸준히 에너지 소비량이 감소한 부문은 없다.

① a, b
② a, c
③ b, d
④ a, c, d
⑤ b, c, d

04 다음은 S 헬스장의 상반기 신규 가입자 수 현황에 대한 자료이다. 다음 중 자료에 대한 설명으로 옳지 않은 것을 고르시오.

[가입경로별 신규 가입자 수]

(단위: 명)

구분	지인 추천	SNS	전단지	기타	합계
남자	395	560	405	90	1,450
여자	255	660	260	175	1,350

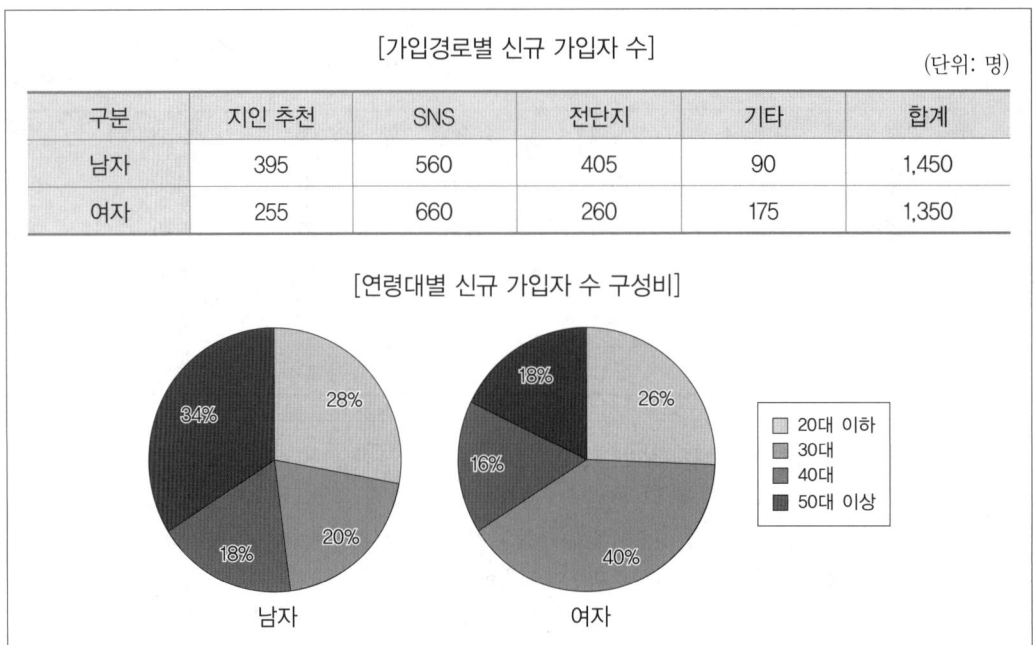

[연령대별 신규 가입자 수 구성비]

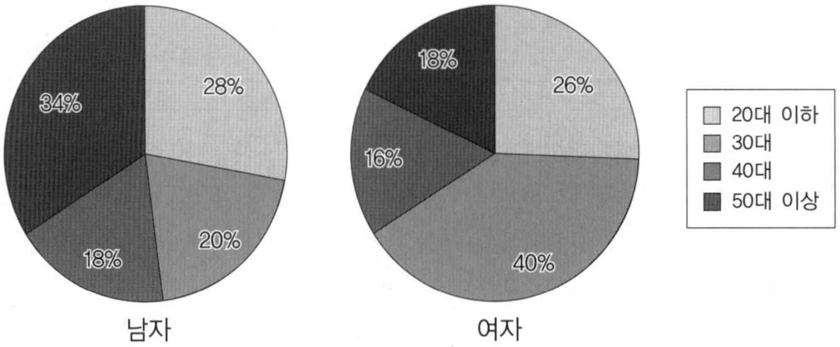

① 성별로 신규 가입자 수가 많은 순서대로 가입경로를 나열하면 그 순서는 남자와 여자가 서로 동일하다.

② 30대 신규 가입자 수는 남자가 여자보다 350명 더 적다.

③ 상반기 전체 신규 가입자 수에서 SNS를 통한 신규 가입자 수가 차지하는 비중은 45% 미만이다.

④ 40대 신규 가입자 수 대비 20대 이하 신규 가입자 수의 비율은 여자가 남자보다 크다.

⑤ 지인 추천을 통한 신규 남자 가입자 수는 전단지를 통한 신규 여자 가입자 수의 1.5배 이상이다.

여기까지 6분 내에 풀어야 합니다.

05 다음은 Z 국의 연도별 해상 화물 실적에 대한 자료이다. 다음 중 자료에 대한 설명으로 옳지 않은 것을 고르시오.

[연도별 해상 화물 실적]

(단위: 만 건, 천 톤)

구분		2020년	2021년	2022년	2023년	2024년
수출	화물 건수	450	420	383	346	460
	화물 중량	29,400	29,000	27,500	25,000	26,800
수입	화물 건수	655	1,270	2,550	4,090	5,100
	화물 중량	69,230	70,400	71,500	74,200	65,790

① 2021년 이후 연도별 화물 중량의 전년 대비 증감 추이는 수출과 수입이 서로 정반대이다.

② 수출 화물 건수의 전년 대비 감소율은 2023년이 2022년보다 더 크다.

③ 2024년 수입 화물 중량은 4년 전 대비 3,440천 톤 감소하였다.

④ 2020년 수출 화물 건수와 수입 화물 건수의 합계에서 수출 화물 건수가 차지하는 비중은 40% 이상이다.

⑤ 2021년 이후 수입 화물 건수의 전년 대비 증가율이 처음으로 100% 이상인 해에 수출 화물 중량 대비 수입 화물 중량의 비율은 2.5 미만이다.

06 다음은 국적별 결혼이민자 수에 대한 자료이다. 다음 중 자료에 대한 설명으로 옳지 않은 것을 고르시오.

[국적별 여성 결혼이민자 수]

(단위: 명)

구분	2018년	2019년	2020년
베트남	40,278	41,430	40,863
중국	31,625	32,161	31,981
일본	12,507	12,949	13,351
필리핀	11,417	11,567	11,500
타이완	4,315	5,031	5,818
캄보디아	4,279	4,272	4,172
우즈베키스탄	2,311	2,547	2,461
몽골	2,291	2,334	2,306

[연도별 결혼이민자 여성 대비 남성 비중]

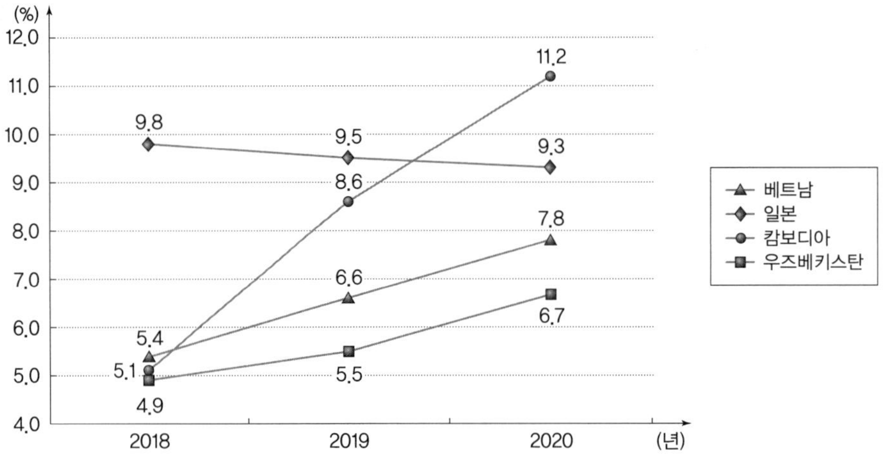

※ 출처: KOSIS(법무부, 출입국자및체류외국인통계)

① 제시된 국적 중 2020년 여성 결혼이민자 수의 2년 전 대비 증가 인원이 가장 많은 국적은 타이완이다.

② 2020년 베트남 국적의 결혼이민자 수는 2년 전 대비 증가하였다.

③ 2019년 중국과 일본 국적의 여성 결혼이민자 수의 합은 같은 해 베트남과 타이완 국적의 여성 결혼이민자 수의 합보다 작다.

④ 2020년 캄보디아 국적의 남성 결혼이민자 수는 일본 국적의 남성 결혼이민자 수보다 적다.

⑤ 제시된 모든 국적의 2019년 여성 결혼이민자 수는 모두 전년 대비 증가하였다.

07 다음은 전 직원이 5,800명인 S 사에 재직 중인 직원의 연령대별 비율 및 근무 만족도 평가 비율에 대한 자료이다. S 사에 재직 중인 20대 직원 중 근무 만족도가 보통인 직원 수는?

[연령대별 직원 비율]

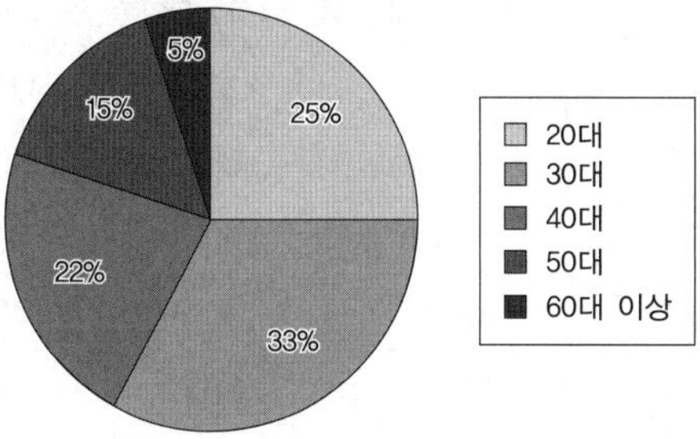

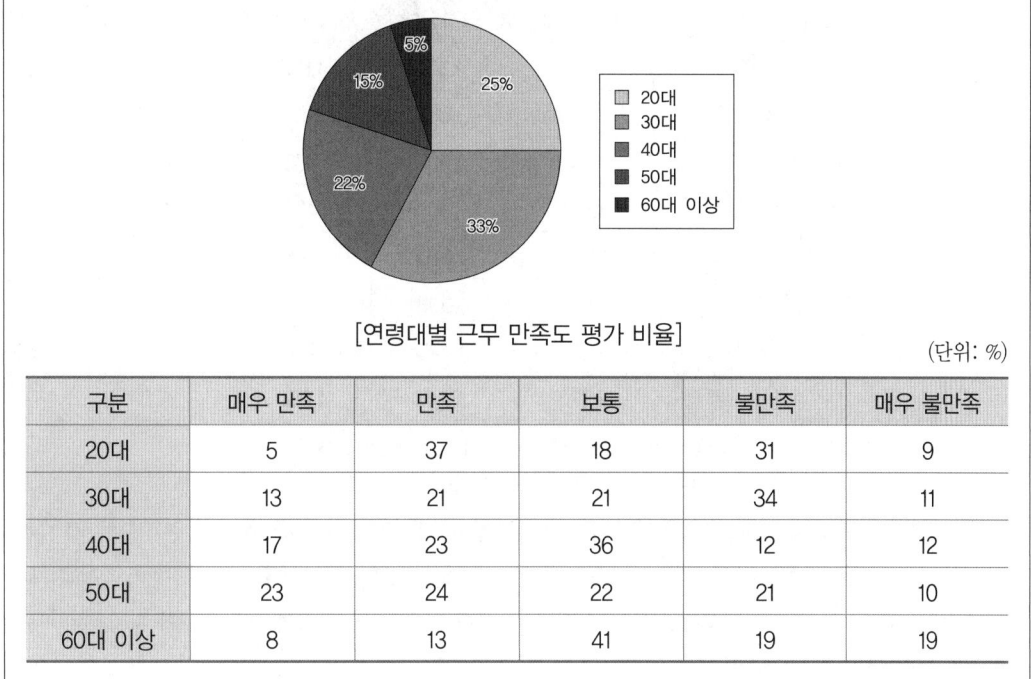

[연령대별 근무 만족도 평가 비율]

(단위: %)

구분	매우 만족	만족	보통	불만족	매우 불만족
20대	5	37	18	31	9
30대	13	21	21	34	11
40대	17	23	36	12	12
50대	23	24	22	21	10
60대 이상	8	13	41	19	19

① 230명 ② 261명 ③ 313명 ④ 345명 ⑤ 412명

08 **다음은 2024년 활동제약 유형별 취업자 수에 대한 자료이다. 다음 중 자료에 대한 설명으로 옳지 않은 것을 고르시오.**

[활동제약 유형별 취업자 수]

(단위: 명)

구분		시각장애	청각장애	언어장애	지체장애	지적장애
지역	A	3,721	4,367	1,052	23,560	1,184
	B	2,916	3,660	699	18,815	1,334
	C	3,640	4,046	858	20,204	1,342
	D	1,541	2,174	439	9,290	820
	E	1,840	1,996	346	9,946	672
업종	사무업	1,866	1,603	343	8,083	532
	서비스업	1,231	1,423	214	10,613	503
	단순노무업	2,876	3,944	1,002	22,239	1,651

※ 1) 활동제약 유형은 시각장애, 청각장애, 언어장애, 지체장애, 지적장애로 분류됨
2) 제시된 업종은 A~E 5개 지역의 전체 활동제약 취업자의 일부 취업 업종을 조사한 내용임

① 제시된 지역 중 활동제약 유형별 취업자 수가 가장 많은 지역은 모두 A 지역이다.

② 사무업과 서비스업의 전체 활동제약 취업자 수의 합은 단순노무업의 전체 활동제약 취업자 수보다 작다.

③ 제시된 지역의 전체 언어장애 취업자 중 사무업, 서비스업, 단순노무업의 취업자 수가 차지하는 비중은 50% 이하이다.

④ B 지역의 시각장애와 지적장애 취업자 수의 합은 청각장애와 언어장애 취업자 수의 합보다 작다.

⑤ 제시된 활동제약 유형 중 5개 지역의 서비스업 활동제약 취업자 수 대비 사무업 활동제약 취업자 수의 비율이 가장 높은 유형은 언어장애이다.

여기까지 12분 내에 풀어야 합니다.

09 **다음은 Z 사의 2024년 상반기 철강 생산량을 나타낸 자료이다. 제시된 철강 중 2024년 상반기 총생산량이 두 번째로 많은 철강의 2024년 상반기 총생산량에서 3월 생산량이 차지하는 비중과 6월 생산량이 차지하는 비중의 차이는 약 얼마인가?** (단, 소수점 둘째 자리에서 반올림하여 계산한다.)

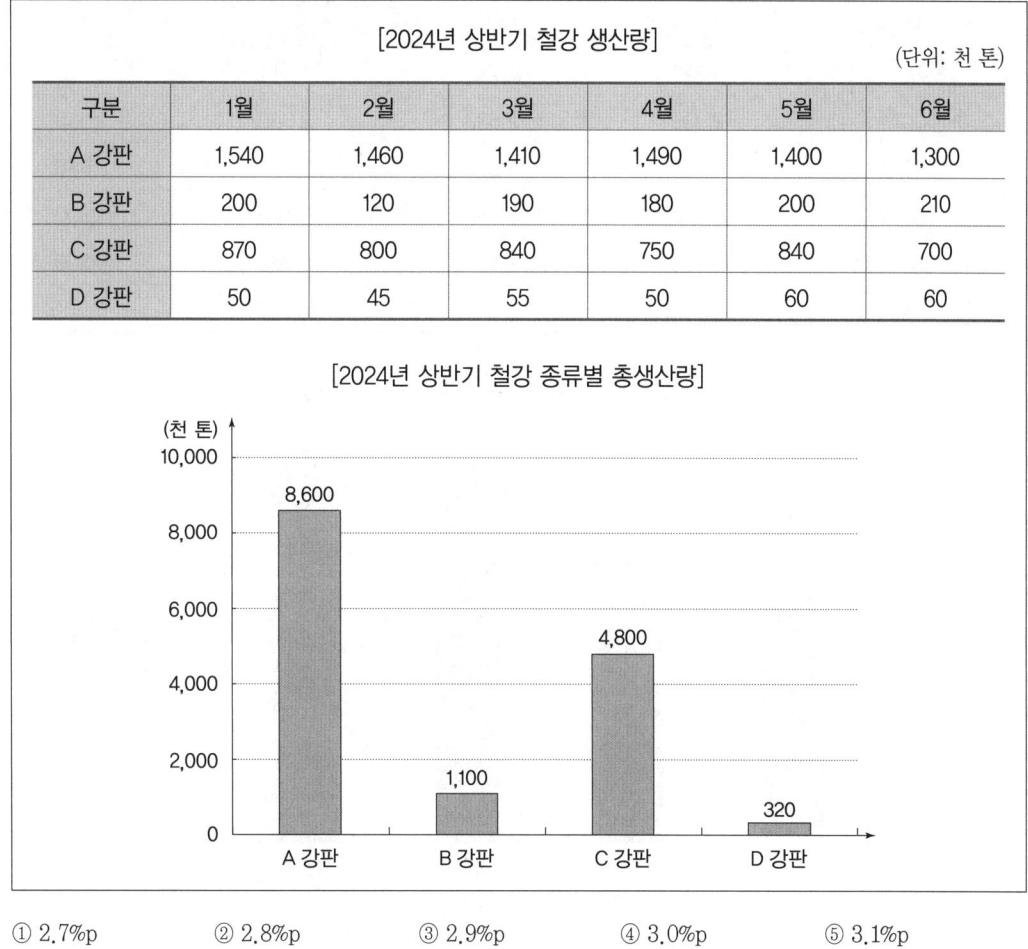

[2024년 상반기 철강 생산량]

(단위: 천 톤)

구분	1월	2월	3월	4월	5월	6월
A 강판	1,540	1,460	1,410	1,490	1,400	1,300
B 강판	200	120	190	180	200	210
C 강판	870	800	840	750	840	700
D 강판	50	45	55	50	60	60

[2024년 상반기 철강 종류별 총생산량]

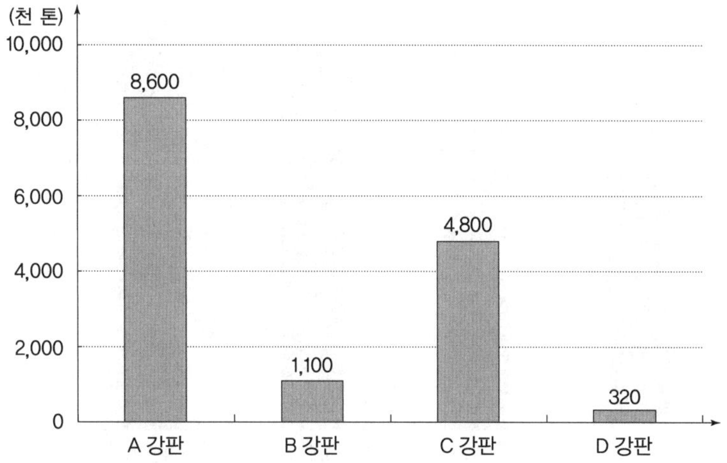

① 2.7%p ② 2.8%p ③ 2.9%p ④ 3.0%p ⑤ 3.1%p

[10-11] 다음은 2024년 P 지역의 창업 지원금 신청자 동향에 대한 자료이다. 각 물음에 답하시오.

[연령대별 창업 지원금 신청자 수]

(단위: 명)

구분	1분기	2분기	3분기	4분기
20대 이하	2,320	2,210	1,940	1,880
30대	2,900	2,530	2,080	2,350
40대	3,800	3,260	2,260	2,880
50대	5,040	3,850	3,460	3,890
60대 이상	8,680	6,150	6,260	6,500
합계	22,400	18,000	16,000	17,500

[업종별 창업 지원금 신청자 수 구성비]

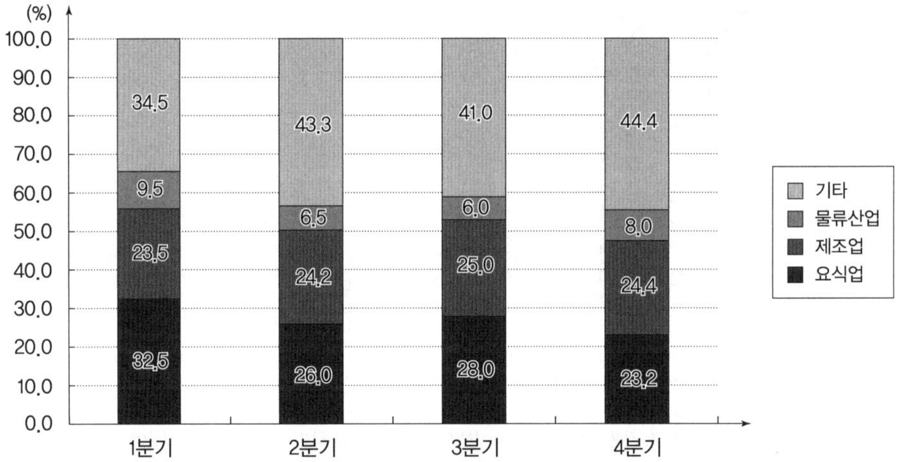

10 다음 중 자료에 대한 설명으로 옳은 것을 고르시오.

① 1~4분기 중 50대 신청자 수와 60대 이상 신청자 수 차이가 두 번째로 큰 분기는 2분기이다.

② 4분기 물류산업의 창업 지원금 신청자 수는 직전 분기 대비 440명 증가하였다.

③ 1~4분기 분기별 30대 창업 지원금 신청자 수의 평균은 2,400명 미만이다.

④ 2분기 40대 창업 지원금 신청자 수의 직전 분기 대비 감소율은 15% 이상이다.

⑤ 제시된 기간 동안 분기별 창업 지원금 신청자 수는 매분기 60대 이상이 20대 이하의 3배 이상이다.

11 다음 중 자료에 대한 설명으로 옳은 것을 모두 고르시오.

a. 3분기 요식업의 창업 지원금 신청자 수는 직전 분기 대비 증가하였다.
b. 1분기 전체 창업 지원금 신청자 수에서 50대 이상 창업 지원금 신청자 수가 차지하는 비중은 60% 미만이다.
c. 4분기 기타 업종과 제조업의 창업 지원금 신청자 수 차이는 3,500명이다.

① a ② c ③ a, b ④ a, c ⑤ b, c

[12-13] 다음은 세면용품을 만드는 A 사의 주요 품목별 판매량 및 판매량의 전년 대비 증가율을 나타낸 자료이다. 각 물음에 답하시오.

[주요 물품별 판매량]

(단위: 개)

구분	2020년	2021년	2022년	2023년
치약	27,600	31,800	34,600	38,800
세안제	12,300	13,000	14,000	15,400
비누	33,700	32,000	35,400	37,600
총판매량	73,600	76,800	84,000	91,800

[주요 물품별 판매량의 전년 대비 증가율]

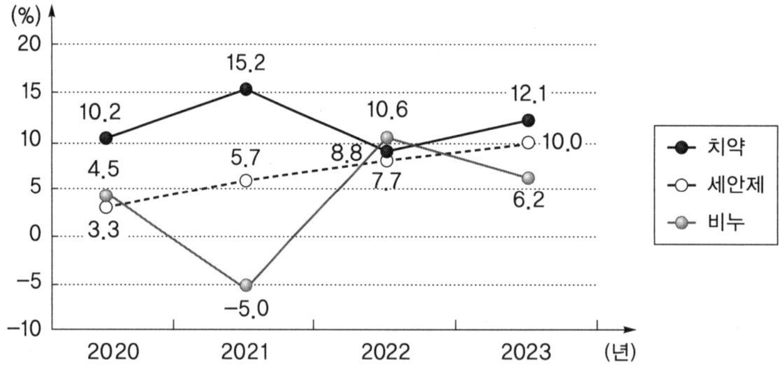

12 다음 중 자료에 대한 설명으로 옳은 것을 고르시오.

① 2021년 비누의 판매량은 2020년 세안제의 판매량의 2.5배 미만이다.

② 2020~2023년 연도별 세안제 판매량의 전년 대비 증가율의 평균은 6% 이상이다.

③ 제시된 기간 동안 비누의 판매량은 꾸준히 증가하였다.

④ 치약 판매량의 전년 대비 증가량은 2023년이 2021년보다 크다.

⑤ 세안제 판매량의 전년 대비 증가량은 2022년이 2023년보다 크다.

여기까지 18분 내에 풀어야 합니다.

13 다음 중 자료에 대한 설명으로 옳지 않은 것을 고르시오.

① 제시된 기간 중 비누의 판매량이 전년 대비 감소한 해에 치약과 세안제의 판매량은 전년 대비 증가하였다.

② 2021년 총판매량에서 치약의 판매량이 차지하는 비중은 전년 대비 증가하였다.

③ 2021년 이후 비누 판매량의 전년 대비 증가율의 전년 대비 변화량이 가장 큰 해는 2022년이다.

④ 2023년 세안제 판매량의 전년 대비 증가율은 2022년 대비 2%p 이상 증가하였다.

⑤ 제시된 품목 중 2022년 판매량의 전년 대비 증가량이 가장 큰 품목은 치약이다.

[14 - 15] 다음은 2024년 S 기업에서 직업별 웨어러블기기 사용자에 대해 조사한 자료이다. 각 물음에 답하시오.

[2024년 직업별 웨어러블기기 사용자 조사]

(단위: 명)

구분	합계	시계	밴드	운동화	안경	의류	이어폰
관리자	500	205	55	0	5	0	235
전문가 및 관련 종사자	300	105	24	0	0	6	165
사무 종사자	300	111	12	0	0	6	171
서비스 종사자	100	28	4	0	0	0	68
판매 종사자	200	72	2	0	0	4	122
농림어업 종사자	50	21	0	0	0	0	29
기능원 및 관련 기능 종사자	100	24	0	0	0	3	73
장치·기계 조작 및 조립 종사자	100	45	6	1	0	0	48
단순 노무 종사자	200	64	2	0	0	0	134
직업군인	200	122	0	0	0	0	78
학생	300	48	9	3	0	6	234
전업주부	100	23	3	0	0	0	74
기타	200	58	10	0	0	2	130

※ 조사 응답자 중 웨어러블기기를 2개 이상 사용하는 사람은 없음

14 다음 중 자료에 대한 설명으로 옳지 않은 것을 고르시오.

① 전체 응답자 중 의류를 사용하는 사람이 운동화 또는 안경을 사용하는 사람의 3배이다.

② 직업별 응답자 중 밴드를 사용하는 사람의 비중은 장치·기계 조작 및 조립 종사자가 전문가 및 관련 종사자보다 작다.

③ 제시된 각각의 직업에서 이어폰을 사용하는 사람이 가장 많다.

④ 농림어업 종사자 중 시계를 사용하는 사람과 이어폰을 사용하는 사람의 차이는 8명이다.

⑤ 기타 직업을 제외하고 의류를 사용하는 사람이 0명인 직업은 7개이다.

15 제시된 직업 중 이어폰을 사용하는 사람이 가장 많은 직업과 두 번째로 많은 직업의 이어폰 사용자 수 합이 전체 웨어러블기기 사용자 수에서 차지하는 비중은 약 얼마인가? (단, 소수점 둘째 자리에서 반올림하여 계산한다.)

① 17.5% ② 17.7% ③ 18.0% ④ 18.3% ⑤ 18.6%

[16 - 17] 다음은 P 국의 업종별 승선원 월평균 임금을 나타낸 자료이다. 각 물음에 답하시오.

[업종별 승선원 월평균 임금]

(단위: 천 원)

구분	2020년	2021년	2022년	2023년	2024년
전체	4,512	4,602	4,685	4,737	4,928
외항선	5,698	5,787	5,925	6,030	6,137
내항선	3,533	3,634	3,711	3,792	3,955
원양어선	6,774	7,534	7,565	7,399	7,627
연근해어선	3,701	3,709	3,835	3,843	4,125
해외취업상선	6,987	6,911	7,025	7,192	7,657
해외취업어선	6,550	7,073	7,189	6,997	7,320

16 다음 중 자료에 대한 설명으로 옳지 않은 것을 고르시오.

① 2021년 이후 외항선과 내항선의 각 승선원 월평균 임금은 모두 매년 전년 대비 증가하였다.

② 2021년 이후 원양어선의 승선원 월평균 임금이 전년 대비 감소한 해에 해외취업상선의 승선원 월평균 임금은 전년 대비 증가하였다.

③ 2021년 업종별 승선원 월평균 임금과 전체 승선원 월평균 임금의 차이가 가장 작은 업종은 2024년 업종별 승선원 월평균 임금과 전체 승선원 월평균 임금의 차이도 가장 작다.

④ 2022년 이후 원양어선과 연근해어선의 승선원 월평균 임금 차이는 매년 전년 대비 감소하였다.

⑤ 매년 승선원 월평균 임금이 가장 낮은 업종의 월평균 임금은 승선원 월평균 임금이 가장 높은 업종의 월평균 임금의 50% 이상이다.

여기까지 24분 내에 풀어야 합니다.

17 제시된 업종 중 2021년 승선원 월평균 임금의 전년 대비 증가율이 가장 큰 업종의 그 증가율은 약 얼마인가? (단, 소수점 둘째 자리에서 반올림하여 계산한다.)

① 8.0% ② 10.8% ③ 11.2% ④ 14.2% ⑤ 15.3%

시간 단축 유형

18 다음은 오후 1시 K 도로의 날짜별 교통량 및 차량 평균 속도를 나타낸 자료이다. 자료를 보고 A, B에 해당하는 값을 예측했을 때 가장 타당한 값을 고르시오.

[날짜별 교통량 및 차량 평균 속도]

구분	평일	주말	공휴일
교통량(대)	5,200	7,200	2,800
차량 평균 속도(km/h)	28	8	52

※ 차량 평균 속도 $= A \times \left(1 - \frac{\text{교통량}}{B}\right)$

	A	B
①	60	6,000
②	70	7,000
③	80	8,000
④	90	9,000
⑤	100	10,000

시간 단축 유형

19 **다음은 하반기 월별 경상수지 및 무역수지를 나타낸 자료이다. 이를 바탕으로 7월부터 12월까지 월별 경상수지의 추이를 바르게 나타낸 것을 고르시오.**

[월별 경상수지 및 무역수지]

(단위: 백만 달러)

구분	7월	8월	9월	10월	11월	12월
상품 및 서비스수지	8,671	7,792	10,613	8,903	9,202	8,984
본원·이전소득수지	1,045	755	233	217	709	−1,608
무역수지	7,049	4,335	8,892	6,589	10,235	6,918

※ 경상수지=상품 및 서비스수지+본원·이전소득수지

①
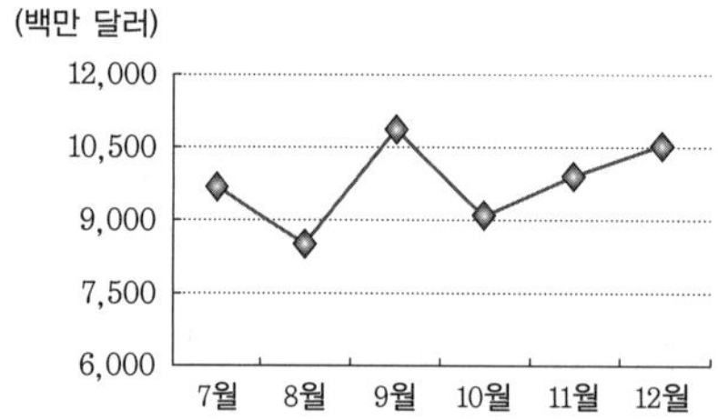

②
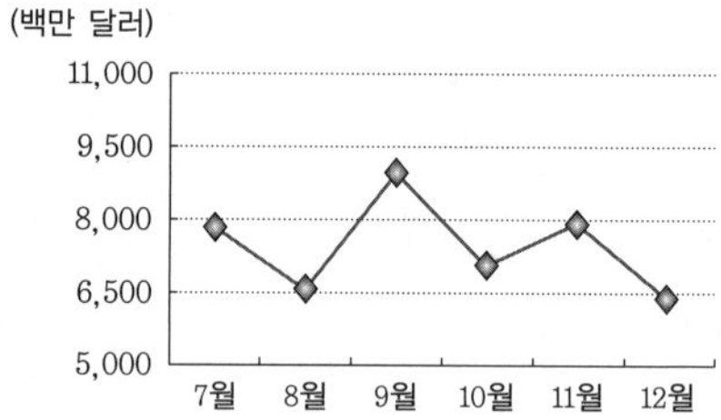

③
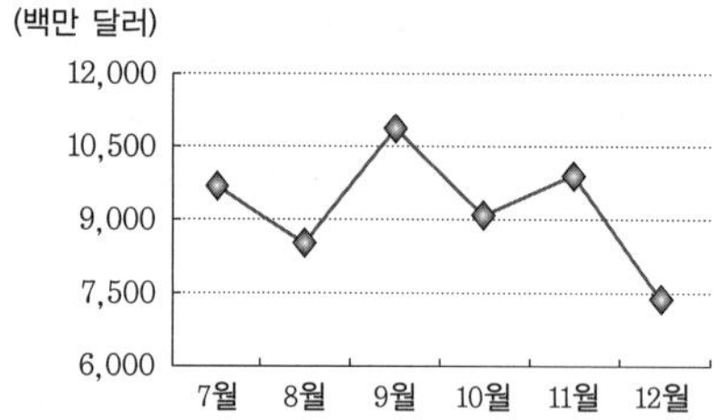

④
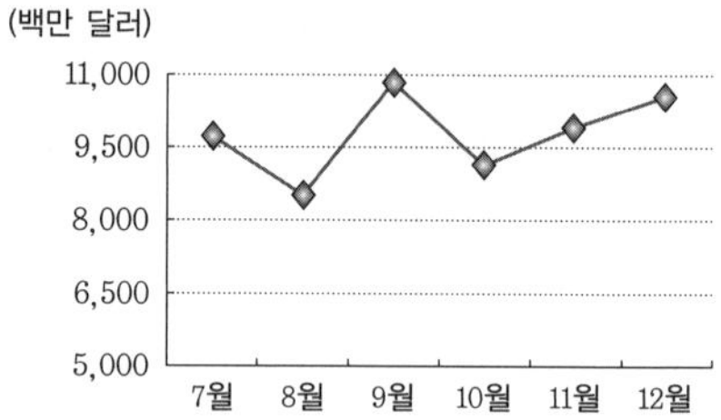

⑤
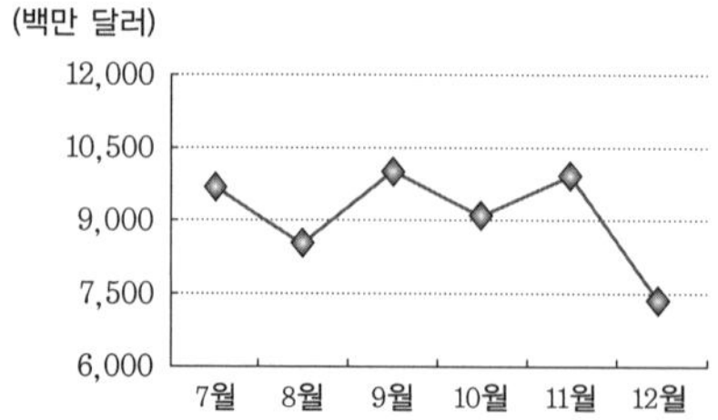

시간 단축 유형

20 다음은 A 미생물과 B 미생물의 크기를 나타낸 자료이다. 미생물은 각각 일정한 규칙으로 변화할 때, B 미생물의 크기가 처음으로 A 미생물의 크기의 100배 이상이 되는 주 차는?

[주 차별 미생물 크기]

(단위: nm)

구분	1주 차	2주 차	3주 차	4주 차	5주 차
A 미생물	10	11	12	13	14
B 미생물	5	7	11	19	35

① 10주 차 ② 11주 차 ③ 12주 차 ④ 13주 차 ⑤ 14주 차

여기까지 30분 내에 풀어야 합니다.

약점 보완 해설집 p.20

풀이시간 ______ 시 ______ 분 ~ ______ 시 ______ 분 (총 30문항 / 30분)

▶ 해설 p.26

[01 - 02] 다음 전제를 읽고 반드시 참인 결론을 고르시오.

시간 단축 유형

01

전제	청약통장을 개설한 모든 사람은 주식 투자를 한다.
	경제학과를 졸업한 어떤 사람은 청약통장을 개설한다.
결론	

① 경제학과를 졸업한 어떤 사람은 주식 투자를 하지 않는다.

② 주식 투자를 하는 모든 사람은 경제학과를 졸업하지 않았다.

③ 경제학과를 졸업한 모든 사람은 주식 투자를 한다.

④ 주식 투자를 하지 않는 모든 사람은 경제학과를 졸업하였다.

⑤ 주식 투자를 하는 어떤 사람은 경제학과를 졸업하였다.

시간 단축 유형

02

전제	긴장을 하는 어떤 사람은 다리를 떤다.
	심장박동이 느린 모든 사람은 긴장을 하지 않는다.
결론	

① 다리를 떠는 모든 사람은 긴장을 한다.

② 다리를 떨지 않는 모든 사람은 심장박동이 느리다.

③ 심장박동이 느리지 않은 어떤 사람은 다리를 떤다.

④ 긴장을 하는 어떤 사람은 심장박동이 느리다.

⑤ 다리를 떨지 않는 모든 사람은 심장박동이 느리지 않다.

시간 단축 유형

03 다음 결론이 반드시 참이 되게 하는 전제를 고르시오.

전제	휴가를 가지 않는 어떤 사람도 직장인이 아니다.
결론	휴가를 가는 어떤 사람은 국내여행을 간다.

① 국내여행을 가는 모든 사람은 직장인이 아니다.

② 모든 직장인은 국내여행을 가지 않는다.

③ 국내여행을 가는 어떤 사람은 직장인이다.

④ 국내여행을 가는 어떤 사람도 직장인이 아니다.

⑤ 모든 직장인은 해외여행을 간다.

04 5명의 동아리원 A, B, C, D, E는 모두 서로 다른 요일(월, 화, 수, 목, 금)에 미술 전시회를 관람한다. 다음 조건을 모두 고려하였을 때, 항상 참인 것을 고르시오.

- A는 화요일 또는 목요일에 관람한다.
- B는 A보다 늦은 요일에 관람한다.
- C와 D는 서로 연속된 요일에 관람한다.
- E는 금요일에는 관람하지 않는다.

① A가 목요일에 관람한다면, 가능한 경우의 수는 2가지이다.

② C가 목요일에 관람한다면, B는 금요일에 관람한다.

③ B가 수요일에 관람한다면, 가능한 경우의 수는 2가지이다.

④ D와 E가 연속된 요일에 관람한다면, C는 월요일에 관람한다.

⑤ B가 금요일에 관람한다면, E는 월요일에 관람한다.

05 **동물원 관리팀의 다섯 직원 A, B, C, D, E는 각각 사자, 기린, 코끼리, 펭귄, 원숭이의 케어를 담당한다. 단, 각 직원은 서로 다른 동물을 담당하며, 다음 조건을 모두 고려하였을 때, 항상 거짓인 것을 고르시오.**

- 각 동물은 서로 다른 방에 있으며, 방은 사자–기린–코끼리–펭귄–원숭이 순으로 배치되어 있다.
- 사자는 A 또는 B가 담당한다.
- 코끼리는 C 또는 D가 담당한다.
- 기린은 D 또는 E가 담당한다.
- D와 E는 서로 이웃한 방의 동물을 담당한다.

① A가 사자를 담당하면, B와 C는 서로 이웃하지 않은 방의 동물을 담당한다.

② B와 E는 서로 이웃한 방의 동물을 담당한다.

③ A와 B는 서로 이웃하지 않은 방의 동물을 담당한다.

④ D는 코끼리를 담당한다.

⑤ B가 사자를 담당하는 경우의 수는 2가지이다.

여기까지 6분 내에 풀어야 합니다.

06 **재혁이는 C++, 자바, 파이썬, 루비, HTML 5과목의 프로그래밍 시험에서 각각 서로 다른 점수를 받았다. 다음 조건을 모두 고려하였을 때, 세 번째로 높은 점수의 과목을 고르시오.**

- 모든 과목의 시험 점수는 최소 1점, 최대 5점이다.
- C++ 과목과 루비 과목의 점수 차이는 3점이다.
- 루비 과목과 HTML 과목의 점수 합은 6점이다.
- 파이썬 과목과 HTML 과목의 점수 차이는 1점이다.

① C++ ② 자바 ③ 파이썬 ④ 루비 ⑤ HTML

07 **한국, 일본, 중국, 미국, 프랑스 5개국 선수 각 1명이 올림픽 경기에 참가하여 1~5위를 기록했다. 다음 조건을 모두 고려하였을 때, 항상 거짓인 것을 고르시오.**

- 한국 선수와 미국 선수는 프랑스 선수보다 순위가 높았다.
- 한국 선수와 일본 선수의 순위 차이는 2이다.
- 중국 선수는 2위를 기록했다.
- 일본 선수는 4위를 기록하지 않았다.

① 한국 선수가 1위를 기록했다면, 프랑스 선수는 5위를 기록했다.

② 프랑스 선수가 4위를 기록했다면, 일본 선수는 5위를 기록했다.

③ 일본 선수는 3위를 기록했다.

④ 미국 선수가 4위를 기록하는 경우의 수는 2가지이다.

⑤ 한국 선수가 3위를 기록하는 경우의 수는 1가지이다.

08 **우주정거장 승무원 A, B, C, D, E 5명은 비상식량을 옮긴 사람이 누구인지 찾고 있다. 비상식량을 옮긴 사람은 1명 이상이며, 5명 중 2명은 거짓을 말하고, 나머지 3명은 진실을 말할 때, 항상 참인 것을 고르시오.**

- A: 나는 비상식량을 옮기지 않았고 D도 옮기지 않았다.
- B: C가 비상식량을 옮겼거나, E가 옮겼다.
- C: B는 거짓말을 하고 있고, A가 비상식량을 옮겼다.
- D: 비상식량을 옮긴 사람은 E 1명뿐이다.
- E: 나는 확실히 비상식량을 옮기지 않았다.

① A와 E 중 한 명은 거짓말을 하고 있다.

② 진실을 말하는 사람이 비상식량을 옮기는 경우는 없다.

③ C는 거짓을 말하고 있다.

④ C가 비상식량을 옮겼다면, B도 옮겼다.

⑤ B와 D가 모두 진실을 말하는 경우는 없다.

09 **T 회사의 기획본부에서 채용한 4명의 인턴사원 A, B, C, D를 기획 1팀, 2팀, 3팀, 4팀에 각각 한 명씩 배정하려고 한다. 다음 조건을 모두 고려하였을 때, 항상 거짓인 것을 고르시오.**

> • 인턴사원 중 3명은 학사학위를, 1명은 석사학위를 취득했다.
> • 기획 1팀과 4팀에 배정되는 인턴사원은 여자이다.
> • B는 남자이며, 석사학위를 취득한 사람은 남자가 아니다.
> • 석사학위를 취득한 사람은 기획 3팀에 배정된다.

① 석사학위를 취득한 사람이 D라면, A는 기획 1팀에 배정된다.

② B는 기획 2팀에 배정된다.

③ A와 B의 최종학위는 동일하지 않다.

④ A가 기획 4팀에 배정되면, 가능한 경우의 수는 1가지이다.

⑤ C가 기획 3팀에 배정되면, 기획 1팀에 배정될 가능성이 있는 사람은 2명이다.

10 **강민, 서희, 윤재, 지수, 태영 5명은 각자 채식주의자 또는 육식주의자이다. 채식주의자는 진실만을 말하고, 육식주의자는 거짓만을 말할 때, 채식주의자를 모두 고르시오.**

> • 강민: 윤재는 나와 식습관이 달라.
> • 서희: 태영이는 육식주의자야.
> • 윤재: 강민이 또는 서희는 육식주의자야.
> • 지수: 강민이는 육식주의자야.
> • 태영: 지수와 서희는 둘 다 채식주의자야.

① 강민, 서희 ② 강민, 지수 ③ 서희, 윤재 ④ 서희, 지수 ⑤ 지수, 태영

여기까지 12분 내에 풀어야 합니다.

11 **유라, 보미, 수영, 규환, 민석, 창욱, 용준이가 사내 교육 프로그램을 수강한 후 시험을 보고, 시험 점수가 높은 순서대로 순위를 정했다. 다음 조건을 모두 고려하였을 때, 항상 거짓인 것을 고르시오.**

- 점수가 같은 사람은 없었으며, 90점 이상은 2명, 80점 이상은 5명, 70점 이상은 7명이었다.
- 규환이는 수영이보다 순위가 높았으며, 수영이의 점수는 80점대이다.
- 창욱이의 순위는 5위가 아니다.
- 용준이의 점수는 90점이며, 보미의 순위는 6위이다.
- 수영이는 민석이 바로 다음 순위이며, 유라의 점수는 90점 미만이다.

① 유라의 순위는 짝수이다.

② 수영이는 보미 바로 이전 순위이다.

③ 창욱이는 용준이 바로 다음 순위이다.

④ 규환이의 점수는 91점 이상이다.

⑤ 보미는 유라보다 순위가 높다.

12 **A, B, C, D, E 5명이 스키나 보드를 타고 있다. 다음 조건을 모두 고려하였을 때, 항상 거짓인 것을 고르시오.**

- 상급, 중급, 초급 각 코스에서 최소 한 명씩은 타고 있다.
- A는 혼자 초급 코스에 있다.
- B와 D는 서로 다른 코스에서 서로 다른 장비를 타고 있다.
- C와 E는 서로 다른 코스에서 같은 장비를 타고 있다.
- 3명이 스키를 타고 있다.
- 상급 코스에서는 보드를 탈 수 없다.

① A와 D는 같은 장비를 타고 있다.

② B와 E는 같은 코스에 있다.

③ C는 상급 코스에서 스키를 타고 있다.

④ D는 중급 코스에서 스키를 타고 있다.

⑤ E가 상급 코스에 있다면, B와 C는 같은 코스에 있다.

13 **현주는 레스토랑에서 샐러드, 스테이크, 파스타, 커피, 아이스크림을 하나씩 주문하여 식사를 하였다. 다음 조건을 모두 고려하였을 때, 항상 거짓인 것을 고르시오.**

- 다섯 가지 음식은 한 번에 하나씩 먹었다.
- 파스타는 샐러드보다 나중에 먹었다.
- 샐러드는 식사 가장 중간에 먹었다.
- 커피보다 먼저 먹은 음식은 없다.

① 파스타는 아이스크림보다 먼저 먹었다.
② 스테이크를 파스타보다 나중에 먹는 경우는 없다.
③ 아이스크림은 네 번째로 먹었다.
④ 스테이크는 두 번째로 먹는 경우가 있다.
⑤ 샐러드는 스테이크보다 먼저 먹었다.

14 **준영, 태희, 민서, 현준 4명은 결승선에 들어온 순서대로 1등이 금메달, 2등이 은메달, 3등이 동메달을 획득하는 마라톤 대회에 출전하여 4명 중 3명이 메달을 획득했다. 금메달 또는 은메달을 획득한 선수는 진실만을 말하고, 동메달을 획득하거나 메달이 없는 선수는 거짓만을 말할 때, 거짓말을 하는 선수를 모두 고르시오.**

- 준영: 나는 금메달을 획득했어.
- 태희: 나와 준영이는 모두 메달이 있어.
- 민서: 준영이는 메달이 없어.
- 현준: 태희는 은메달을 획득했고, 민서는 동메달을 획득했어.

① 준영, 태희　② 태희, 현준　③ 민서, 현준　④ 태희, 민서　⑤ 준영, 현준

[15-17] 다음 도형에 적용된 규칙을 찾아 '?'에 해당하는 도형을 고르시오.

시간 단축 유형

15

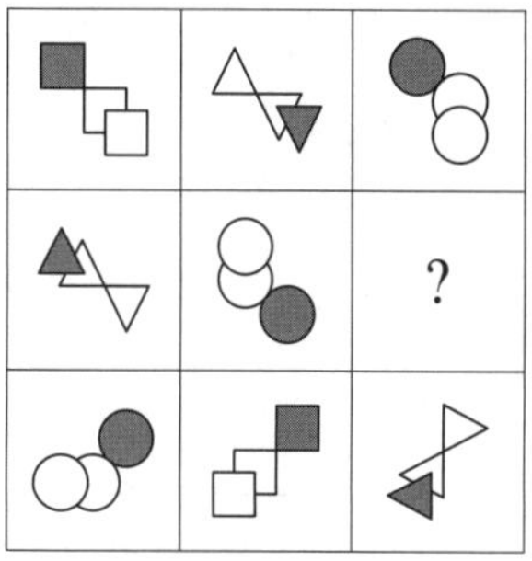

① 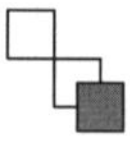
② 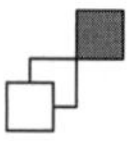
③ 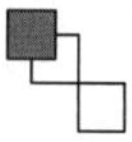
④ 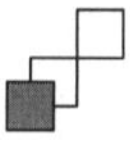
⑤ 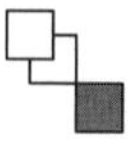

시간 단축 유형

16

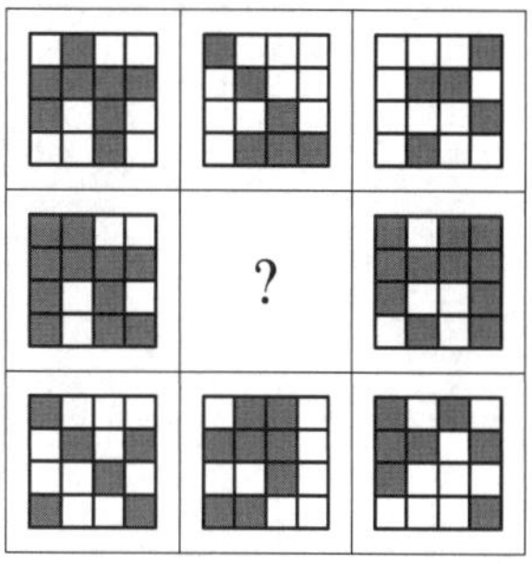

① 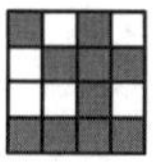
② 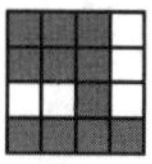
③ 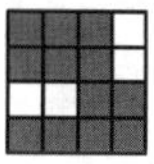
④ 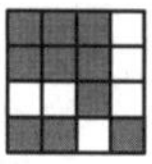
⑤ 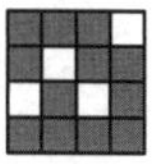

여기까지 18분 내에 풀어야 합니다.

시간 단축 유형

17

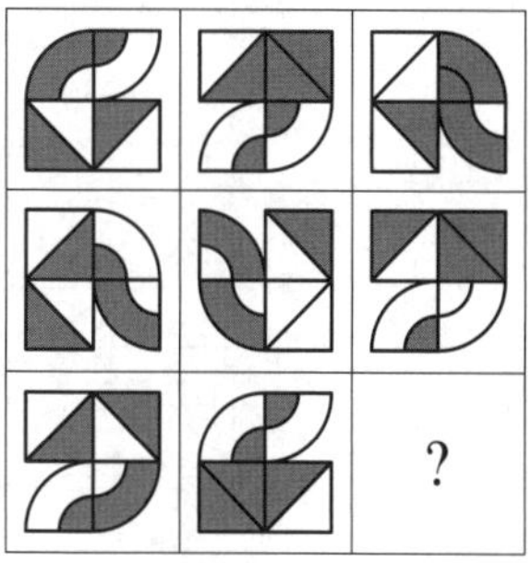

① 
② 
③ 
④ 
⑤ 

[18-21] 다음 각 기호가 문자, 숫자의 배열을 바꾸는 규칙을 나타낸다고 할 때, 각 문제의 '?'에 해당하는 것을 고르시오.

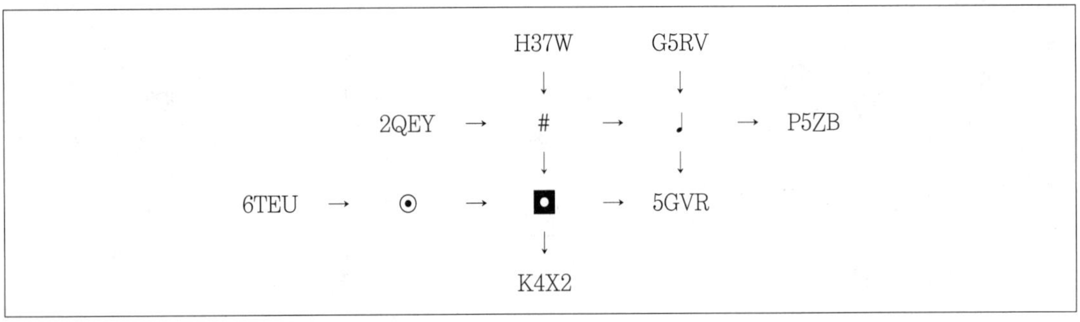

시간 단축 유형

18

S5E7 → ⊙ → # → ?

① U2D0 ② U6D9 ③ U2D7 ④ U6F7 ⑤ U2D9

시간 단축 유형

19

JL83 → ♩ → ◘ → ⊙ → ?

① K19L ② K1L9 ③ K10K ④ K1K0 ⑤ K65K

시간 단축 유형

20

? → ♩ → ⊙ → A16P

① 2CN5 ② 3BO4 ③ 9ZQ8 ④ 3B4O ⑤ 9Z7R

시간 단축 유형

21

? → ◘ → ♩ → # → 58XG

① F2A9 ② H2A9 ③ 9A2F ④ 9A2H ⑤ 9U2H

시간 단축 유형

22 다음 문단을 논리적 순서대로 알맞게 배열한 것을 고르시오.

(A) 예컨대 실제로 황소는 색을 명확하게 구분하지 못한다. 간혹 투우사가 붉은색 천을 사용하는 데에 대해 황소가 붉은 색을 보고 흥분했다고 생각하기 쉽지만, 투우 경기에서 붉은색 천을 사용하는 이유는 경기 관람객의 흥분도를 올리기 위함이며, 황소의 흥분에 천의 색은 전혀 관여하지 않는다.

(B) 한편, 원뿔세포 기능에 이상이 생기면 색깔을 명확하게 구분하기 어려워진다. 이를 색각이상이라 일컫는데, 이전에는 색각이상이 있는 사람을 모두 색맹이라 불렀으나 실제 색각이상자들은 색을 식별하는 능력이 낮은 경우가 대부분이며, 이들이 색을 전혀 보지 못하는 것은 아니므로 모든 색각이상자를 가리켜 색맹이라 부르는 것은 부적절하다.

(C) 우리의 망막에는 빛을 감지하는 시각 세포가 있는데, 그중 하나가 원뿔세포이다. 원뿔세포는 강한 빛에 반응해 색깔을 구별하는 데 도움을 주는 대표적인 광수용기이다. 인간의 망막에 존재하는 원뿔세포는 민감하게 반응하는 빛 파장의 색깔에 따라 적색원뿔세포, 녹색원뿔세포, 청색원뿔세포 세 종류로 나뉜다.

(D) 우리는 이 세 가지 종류의 원뿔세포가 어떤 비율로 자극을 받아 시각 정보를 제공하느냐에 따라 모든 색을 구별할 수 있게 된다. 따라서 세 종류 중 한 종류의 원뿔세포에만 이상이 생기더라도 색 구분을 명확히 할 수 없다. 다만 인간과 달리 일부 포유류의 경우 선천적으로 하나 또는 두 종류의 원뿔세포를 갖고 있다고 한다.

① (C) – (A) – (D) – (B)
② (C) – (D) – (A) – (B)
③ (C) – (D) – (B) – (A)
④ (D) – (C) – (A) – (B)
⑤ (D) – (C) – (B) – (A)

시간 단축 유형

23 다음 문단을 논리적 순서대로 알맞게 배열한 것을 고르시오.

(A) 보치아의 매력은 볼이 흰색 표적구에 맞아 튕겨나갈 경우 예상치 못한 점수를 얻게 될 변수가 존재한다는 것이다. 기술적 섬세함과 전략적 사고를 요구하는 이 종목은 가능성과 희망을 상징하며 장애인 스포츠의 대표 종목으로 자리매김하고 있다.

(B) 패럴림픽은 하계와 동계 대회로 구분되며 올림픽과 동일하게 4년 주기로 개최된다. 그러나 올림픽에서는 진행되지 않는 2가지 독자적 경기 종목이 있으며, 그중 하나가 바로 보치아이다.

(C) 1948년 제2차 세계대전으로 인해 장애를 얻은 참전병들의 재활을 위한 스포츠 경기가 조직되었다. 이후 1960년 참전병들 뿐 아니라 모든 장애인을 대상으로 하는 공식 대회가 국제적 인식을 확립하면서, 패럴림픽이라는 이름으로 오늘날까지 이어져오고 있다.

(D) 보치아는 고대 그리스 시대의 공 던지기에서 유래한 스포츠로, 경기 방식의 유사성으로 인해 '땅 위의 컬링'이라고도 불린다. 양 팀은 흰색 표적구를 겨냥하여 빨간색과 파란색 볼을 던지며, 가까운 공의 개수로 점수가 계산된다.

① (A) – (C) – (B) – (D)
② (A) – (D) – (C) – (B)
③ (C) – (B) – (D) – (A)
④ (C) – (D) – (A) – (B)
⑤ (C) – (D) – (B) – (A)

24 다음 진술이 모두 참이라고 할 때 반드시 거짓일 수밖에 없는 것을 고르시오.

> 배구란 직사각형으로 된 코트의 중앙에 네트를 두고 두 팀으로 나누어 토스, 리시브, 스파이크 등의 기술로 공을 땅에 떨어뜨리지 않고 손으로 공을 패스하여 세 번 안에 상대편 코트로 넘겨 보내는 구기 경기이다. 크게 한 팀이 6명으로 이루어진 국제식 경기와 9명으로 이루어진 극동식 경기로 구분되었으나 1966년 아시아 배구 선수권 이후부터 공식 경기에서는 국제식 경기로만 진행된다. 주요 규칙은 다음과 같다. 먼저 랠리 포인트(Rally point)가 있어 공격에 성공하거나 상대 팀이 공을 놓치는 등의 실책을 하게 되면 매번 1득점을 하게 된다. 국제식 경기는 총 5세트를 진행해 3세트를 이긴 팀이 승리하게 되는데, 1~4세트까지는 25점을 먼저 획득한 팀이 승리하며, 마지막 5세트에서는 15점만 선취하면 이기게 된다. 다만, 듀스(Deuce) 제도가 있어 세트별로 마지막 1점을 남겨 놓고 동점인 상태에서는 한 팀이 연달아 2점을 얻을 때까지 경기가 지속된다. 선수 6명은 주로 전방 지역에서 공격수로 활동하는 레프트, 라이트, 센터 총 4명과 공을 공격수에게 배분하는 세터 1명, 수비를 맡아 하는 리베로 1명으로 구성된다. 독특한 점은 수비만을 전문적으로 맡아 하는 리베로 포지션이 있다는 점인데, 리베로는 직접적으로 상대 팀에 공격할 수 없을 뿐만 아니라 후위 지역에서만 경기를 해야 하며, 유니폼 색도 다른 선수들과 구분되어야 한다. 한편, 타임아웃의 경우 본래 세트별 타임아웃과 테크니컬 타임아웃이 주어졌지만 배구 규칙이 변경됨에 따라 2022년부터는 경기 진행 중 세트별로 팀당 2번까지 30초씩 타임아웃을 사용할 수 있고, 테크니컬 타임아웃은 사라지게 된다.

① 랠리 포인트는 공격권을 얻은 팀이 공격에 성공할 때만 얻을 수 있다.

② 리베로는 후위 지역에서 수비만을 맡아 진행하며, 상대 팀에 대해 공격은 할 수 없다.

③ 국제식 경기에서 마지막 세트는 다른 세트와 달리 15점을 먼저 얻은 팀이 승리를 가져간다.

④ 오늘날 공식 경기에서 극동식 경기 방법은 시행되지 않는다.

⑤ 변경된 기준에 따르면 5세트 종료까지 경기 중 사용 가능한 타임아웃 시간은 팀당 최대 5분이다.

여기까지 24분 내에 풀어야 합니다.

25 **다음 진술이 모두 참이라고 할 때 반드시 거짓일 수밖에 없는 것을 고르시오.**

> 낮에는 식욕이 없다가도 밤만 되면 식욕이 살아나 음식을 섭취하는 현상을 야식증후군이라고 한다. 야식이 몸에 해롭다는 것은 너무나도 잘 알려진 사실이다. 야식을 먹으면 소화가 다 되지 않은 상태에서 잠이 들게 되는데, 이 경우 식도 근육이 느슨해지고 위장 기능이 떨어져 역류성 식도염이나 위염이 발병할 수 있다. 그뿐만 아니라 잠자는 동안에는 기초대사량 외에 나머지 열량이 그대로 지방으로 축적되므로 야식은 비만을 야기한다. 아직 정확한 원인은 밝혀지지 않았지만 많은 전문가들은 이러한 야식증후군의 원인을 스트레스로 보고 있다. 우리 몸은 스트레스를 받으면 부신에서 스트레스 호르몬인 코르티솔과 행복을 느끼게 해주는 호르몬인 세로토닌이 함께 분비된다. 그런데 코르티솔은 스트레스에 대항할 수 있는 에너지를 공급하기 위해 식욕을 당기게 하고, 세로토닌은 분비 과정에서 포도당을 필요로 한다. 그래서 하루 일과가 끝나는 저녁이 되면 스트레스를 해소하기 위해 야식을 찾게 되는 것이다.

① 야식을 먹더라도 라면이나 치킨과 같은 고열량 식품은 피해야 한다.

② 세로토닌은 부신에서 분비된다.

③ 평소에 스트레스를 잘 관리하는 것만으로도 야식증후군을 방지할 수 있다.

④ 세로토닌의 분비가 활성화되고, 코르티솔의 분비가 억제될 때 식욕이 감소하게 된다.

⑤ 야식은 위염의 원인 중 하나이다.

26 다음 내용을 바탕으로 추론할 수 있는 것을 고르시오.

알루미늄은 철이나 칼슘보다 매장량이 풍부한 금속으로 지구상에서 가장 흔한 금속이며, 원소 중에는 산소, 규소 다음으로 많다. 또한, 철 다음으로 많이 생산되는 금속으로 가볍고 전성과 연성이 좋아 여러 분야에서 사용되고 있다. 대부분은 알루미늄에 다양한 원소를 첨가해 합금으로 만들어 강도를 높여 사용하는데, 특히 경량화가 중요한 항공기의 경우 알루미늄 합금이 상당 부분 사용되고 있다. 최근 자동차 업계에서도 알루미늄에 주목하고 있다. 철보다 무게가 약 1/3 가벼운 알루미늄을 사용하면 그만큼 차체 무게를 줄일 수 있기 때문이다. 기존에는 비용 문제로 일부 프리미엄 모델에만 사용되었지만, 2014년에 알루미늄을 적용한 포드자동차의 픽업트럭이 큰 성공을 거두면서 다른 기업들도 신모델에 알루미늄 합금 사용 비율을 높이고 있는 추세이다. 알루미늄이 주목받는 이유는 에너지 절감과 환경 보호가 중요해진 최근 상황과 무관하지 않다. 자동차의 경우 강철 부품을 알루미늄으로 대체하여 무게를 줄이면 연비가 향상될 뿐 아니라 오염물질 배출량도 줄어들게 된다. 그뿐 아니라 알루미늄은 품질 저하 없이 재생하여 사용할 수 있으며, 신규 생산보다 재생 과정의 효율이 월등히 높기 때문에 친환경적이라 할 수 있다. 알루미늄을 재생할 때 필요로 하는 에너지는 신규 생산의 약 5%이며, 재생 과정에서 발생하는 폐기물도 15% 수준에 불과하다. 그래서 유럽에서는 교통기관에 사용된 알루미늄의 95%를 회수하여 재생하고 있으며, 미국에서 생산되는 알루미늄의 약 1/3은 재생 알루미늄이 차지할 정도이다.

① 알루미늄은 지구상에 존재하는 금속 중에서 세 번째로 많다.
② 알루미늄은 자동차의 연비를 개선하기 위한 수단으로 이용되기도 한다.
③ 철의 무게는 알루미늄 무게의 약 1/3배이다.
④ 알루미늄은 무게 대비 높은 강도가 필요할 경우 다른 금속을 첨가하지 않은 순수한 상태로 이용한다.
⑤ 알루미늄은 새로 만드는 것보다 재생하는 것이 생산 비용은 더 적게 들지만 폐기물은 더 많이 발생한다.

27 다음 진술이 모두 참이라고 할 때 반드시 거짓일 수밖에 없는 것을 고르시오.

> 오염 물질을 포함한 진흙을 일컬어 오니라고 한다. 슬러지라고도 불리는 오니는 바다나 하천 등에서 오염 물질이 중력의 영향을 받아 자연스럽게 만들어지기도 하지만, 보통은 하수처리장, 공장폐수시설, 정수장과 같이 수(水)처리 시 물 속에 있던 부유물들이 가라앉으며 생겨나게 된다. 산업시설과 주거지역이 많이 모여 있는 도심 지역에서는 막대한 양의 생활하수와 산업폐수가 배출된다. 배출된 하수와 폐수를 방치할 경우 쉽게 부패하여 악취를 유발함은 물론 환경 오염도 발생시킬 수 있기 때문에 수처리는 필수적이다. 이에 따라 수처리를 할 때는 생물학적 처리 및 응집 침전 등을 시행하여 오니를 빠르게 만들어 내고, 이를 처리하는 방식을 통해 물을 정화하게 된다. 일반적으로 오니는 매립, 소각, 재활용 등을 통해 처리된다. 오니는 수분 함유량이 높기 때문에 과거 우리나라에서도 바다 속에 이를 매립하거나 건조시킨 후 소각하는 방식을 선택하였다. 하지만, 하수 오니가 바다에 다량 쌓이게 되면 어패류를 오염시킬뿐더러 선박의 항해를 방해할 수 있어 현재 오니의 직매립 및 해양 배출은 전면 금지된 상황이다. 이에 오니의 다양한 재활용법이 사용되고 있는데, 숙성시켜 퇴비로 활용하기도 하고, 토지개량제로 활용하여 토지의 pH 농도를 개선하기도 한다. 일부 오니의 경우 시멘트의 원료로 사용되기도 한다. 최근에는 오니에서 바이오가스를 만들어 전기를 공급하기도 해 찌꺼기로만 여겨졌던 오염 물질 오니가 다양한 분야에서 활용될 것으로 기대되고 있다.

① 시멘트 원료로 활용되는 오니도 있다.
② 하수 처리 과정에서 물의 정화를 위해 오니를 인위적으로 만들어 내기도 한다.
③ 자연 속에서 흐르는 하천에서도 오니를 찾아볼 수 있다.
④ 오니는 오염 물질이지만, 이를 숙성시킬 경우 퇴비로 이용할 수도 있다.
⑤ 오늘날 우리나라에서는 수처리 과정에서 생겨난 오니는 해양 직매립을 통해 처리하고 있다.

28 **다음 주장에 대한 반박으로 가장 타당한 것을 고르시오.**

우리는 흔히 '첫인상이 중요하다'라는 말을 듣는다. 실제로 누군가를 처음 만났을 때 느끼는 첫인상은 상대방에 대한 전체적인 신념 또는 지식, 기대감을 형성하는 데 영향을 미친다. 일반적으로 첫인상에 의해 한 사람의 이미지가 형성되기까지는 불과 3초밖에 소요되지 않으며, 한 번 형성된 이미지는 쉽게 변하지 않기 때문에 첫인상에서 부정적인 이미지가 형성되었을 경우 긍정적인 이미지로 바꾸려면 첫인상에서 얻은 정보량의 200배가량 되는 정보가 추가로 필요하다. 이와 같이 처음에 얻은 정보가 이후에 얻은 정보보다 더 중요하게 작용하는 현상을 일컬어 초두효과라고도 한다. 일례로 한 포털사이트에서 기업의 인사담당자를 대상으로 설문조사를 실시한 결과 응답자의 절반이 2분 이내에 면접자의 첫인상을 결정한다고 답했으며, 63.4%는 면접자의 첫인상이 스펙보다 중요하다고 답했다. 또한, 면접자의 이미지가 바뀐 경험이 있다고 답한 응답자는 14.5%에 불과해 대인관계에서 초두효과는 정설로 받아들여질 필요가 있다.

① 초두효과를 인식하고 대인관계를 형성한다면 긍정적인 첫인상 이미지를 만드는 데 도움이 된다.

② 초두효과를 고려하면 초기에 제공되는 정보가 이후에 제공되는 정보보다 더 중대한 요소로 작용한다.

③ 첫인상은 면접과 같이 짧은 시간 안에 자신을 어필해야 하는 상황에서 매우 중요한 역할을 한다.

④ 첫인상이 좋지 못해도 이후의 행동이나 태도가 진솔하다고 여겨지면 차츰 좋은 이미지로 바뀔 수 있다.

⑤ 첫인상은 추후 상대방에 대한 추가적인 정보를 해석하는 데 영향을 미친다는 점에서 중요하다.

29 **다음 글을 바탕으로 아래 〈보기〉를 이해한 것으로 적절한 것을 고르시오.**

스피노자는 모든 존재가 하나의 근원에서 비롯된다고 보는 단일 실체론을 주장했다. 그는 "실체란 그 자체 안에 있고 그 자체에 의해 인식되는 것이다"라고 정의하며, 오직 신 또는 자연만이 유일한 실체라고 보았다. 이 단일 실체는 무한하고 영원하며, 인간은 사유와 연장이라는 두 가지 속성을 통해 그것을 인식한다. 스피노자에 따르면 자연계의 모든 사건과 현상은 이 단일 실체 내에서 필연적 인과 관계에 의해 결정되므로 우리가 자유 의지를 가진다고 생각하는 것은 단지 무지에서 비롯된 환상이며 진정한 자유는 필연성을 인식하고 수용하는 데서 온다. 스피노자는 인간을 자연에서 예외적인 '국가 안의 국가'로 보아서는 안된다고 비판하며, 인간의 감정과 욕망도 자연법칙의 일부로 보았다. 따라서 인간은 자신의 본질을 이해하고 자연법칙을 인식함으로써 비로소 감정의 속박에서 벗어나 지적 자유를 획득할 수 있다고 설명했다.

〈보기〉

라이프니츠는 모나드론을 통해 다수의 독립적 실체가 우주를 이룬다는 형이상학적 체계를 구축했다. 모나드란 더 이상 나누어지지 않는 우주의 최소 단위로, 라이프니츠는 이것이 우주를 구성하는 궁극적 실체라고 주장했다. 각 모나드는 개별적이고 독립적이며, 무한히 많은 모나드들이 존재한다. 라이프니츠는 "모나드는 창문이 없다"고 하며 모나드끼리는 직접 영향을 주고받지 않고 신이 미리 정해놓은 '예정 조화'에 따라 서로 완벽하게 동기화된 방식으로 작동한다고 보았다. 라이프니츠는 어떤 일도 이유 없이 일어나지 않는다는 충분 이유 원칙을 강조하면서도, 인간은 다양한 행동 가능성 중 선택할 수 있는 자유를 가진다고 주장했다. 즉, 모나드는 자발적인 행동이 가능하며, 신은 모나드들의 행동이 조화되는 최선의 세계를 예정한 것으로 보았다. 이로써 그는 자연의 질서와 인간의 도덕적 책임을 함께 설명하려 했다.

① 스피노자와 라이프니츠는 모두 인간의 자유 의지가 궁극적으로는 환상에 불과하다고 보았다.

② 만약 어떤 사람이 도둑질을 했다면, 스피노자와 라이프니츠는 모두 그 행위에 대해 도덕적 책임을 인정할 것이다.

③ 스피노자는 세계가 이미 최선의 상태로 존재한다고 보았지만, 라이프니츠는 세계의 불완전성을 강조하였다.

④ 스피노자와 라이프니츠는 모두 복수의 실체가 존재한다고 보았으나, 그 실체들의 본질적 속성에 대한 견해가 달랐다.

⑤ 스피노자의 단일 실체론에서는 모든 사건이 필연적 인과 관계로 연결되지만, 라이프니츠의 모나드들 사이에는 직접적 인과 관계가 존재하지 않는다.

30 다음 글을 바탕으로 아래 〈보기〉를 이해한 것으로 적절한 것을 고르시오.

mRNA 백신은 메신저 RNA(mRNA)를 활용하여 우리 몸이 병원체의 항원 단백질을 생산하도록 유도하는 백신이다. 이때, mRNA는 DNA로부터 복사된 유전 정보를 단백질을 생산하는 리보솜에 전달하는 중간 매개체 역할을 한다. mRNA 백신은 병원체의 유전 정보를 담은 인공 mRNA를 인체에 주입하여 리보솜이 병원체의 항원 단백질을 생산하도록 유도한다. 이때 생성된 단백질을 면역계가 인식하면 항체 생성과 함께 세포성 면역반응을 일으키게 된다. 이 백신의 가장 큰 장점은 개발 속도가 매우 빠르다는 점이다. 백신 개발자는 병원체의 유전체만 확보되면 즉시 백신 설계에 착수할 수 있으며, 세포 배양이나 바이러스 증식 과정 없이 대량 생산이 가능하다. 그러나 mRNA 백신은 상온에서 빠르게 분해되는 특성이 있어 장기 보관을 위해서는 −70℃의 극저온 상태 유지가 필요하다. 또한, 체내에서도 빠르게 분해되어 면역 반응이 비교적 단기간에 약화될 수 있다.

〈보기〉

바이러스 벡터 백신은 사람에게 무해하도록 유전공학적으로 변형된 다른 바이러스(벡터 바이러스)에 표적 병원체의 유전자를 삽입하여 인체에 투여함으로써 면역반응을 유도하는 백신이다. 우리 몸에 주입된 벡터 바이러스는 세포에 침투하여 항원 단백질을 생산하게 하며, 이 단백질이 면역계에 노출되면 면역반응을 유도한다. 바이러스 벡터 백신은 2~8℃의 일반 냉장 온도에서 보관 가능하여 기존 냉장 유통망을 활용할 수 있다는 물류적 이점이 있다. 또한, 한 번 접종으로도 비교적 장기간 지속되는 강력한 면역반응을 유도할 수 있다. 그러나 벡터 바이러스에 이미 면역이 있는 경우 백신 효과가 감소할 수 있으며, 생산 과정에서 벡터 바이러스를 배양하고 정제하는 등 복잡한 공정이 필요하다는 단점이 있다.

① mRNA 백신은 바이러스 벡터 백신과 달리 병원체의 유전 정보 없이도 빠르게 개발할 수 있어 신종 감염병 대응에 효과적이다.

② 유통 환경이 제한적인 개발도상국에서는 바이러스 벡터 백신이 mRNA 백신보다 배포에 유리할 수 있다.

③ 면역 효과의 지속성 측면에서는 mRNA 백신이 바이러스 벡터 백신보다 우수하다.

④ mRNA 백신과 바이러스 벡터 백신은 모두 체내에 항원 단백질을 직접 주입하는 방식으로 면역반응을 유도한다.

⑤ 대규모 감염병이 발생하여 신속한 대량 생산이 필요한 상황에서는 mRNA 백신보다 바이러스 벡터 백신이 효율적이다.

여기까지 30분 내에 풀어야 합니다.

약점 보완 해설집 p.26

무료 바로 채점 및 성적 분석 서비스 바로 가기
QR코드를 이용해 모바일로 간편하게 채점하고 나의 실력이 어느 정도인지, 취약 부분이 어디인지 바로 파악해 보세요!

GLOBAL
SAMSUNG
APTITUDE
TEST

취업강의 1위, 해커스잡

ejob.Hackers.com

PART 2

실전모의고사 3회

Ⅰ 수리

Ⅱ 추리

본 모의고사는 가장 최근에 시행된 온라인 GSAT 출제 경향에 맞춰 수리와 추리 두 영역으로 구성되어 있습니다. 교재에 수록된 문제풀이 용지와 해커스ONE 애플리케이션의 학습 타이머를 이용하여 실전처럼 모의고사를 풀어본 후, p.165에 있는 '무료 바로 채점 및 성적 분석 서비스' QR코드를 스캔하여 응시 인원 대비 본인의 성적 위치를 확인해 보세요.
추가로 '온라인 GSAT 응시 서비스'를 통해 실전모의고사 3회를 온라인 GSAT와 동일한 환경에서 풀어봄으로써 실전 연습을 할 수 있습니다.

풀이시간 ____ 시 ____ 분 ~ ____ 시 ____ 분 (총 20문항 / 30분)

▶ 해설 p.36

01 2024년 A 제품의 판매량은 전년 대비 20% 증가하였고, 2024년 B 제품의 판매량은 전년 대비 15% 감소하였다. 2024년 A 제품과 B 제품의 총판매량이 7,050개이고 2023년 B 제품의 판매량은 2024년 A 제품 판매량의 2.5배일 때, 2024년 A 제품의 판매량은?

① 1,800개 ② 1,880개 ③ 2,160개 ④ 2,184개 ⑤ 2,256개

02 은정이가 숫자 0, 1, 2, 3, 4, 5 총 6개의 숫자 중 서로 다른 2개를 골라 두 자릿수 숫자를 만들었을 때, 이 수가 3의 배수인 경우의 수는?

① 6가지 ② 7가지 ③ 8가지 ④ 9가지 ⑤ 10가지

03 **다음은 대학교별 전체 학생 수 및 대학교별 전체 학생의 대중교통 이용 횟수 비중에 대한 자료이다. 다음 중 자료에 대한 설명으로 옳지 않은 것을 고르시오.**

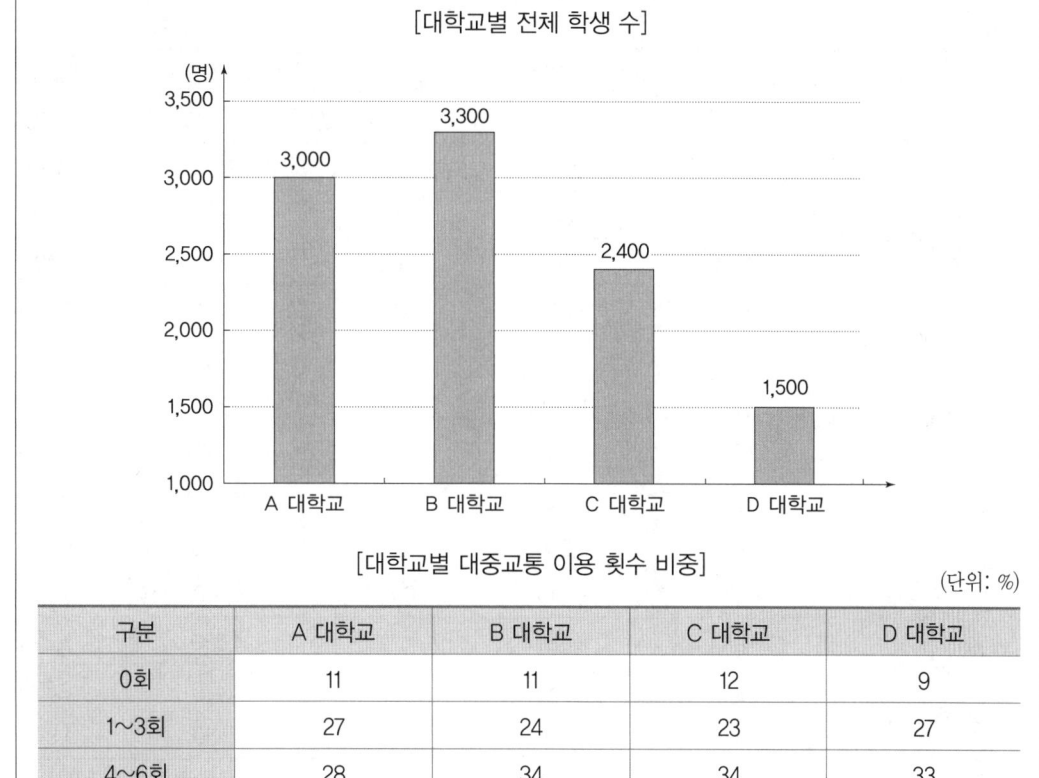

[대학교별 전체 학생 수]

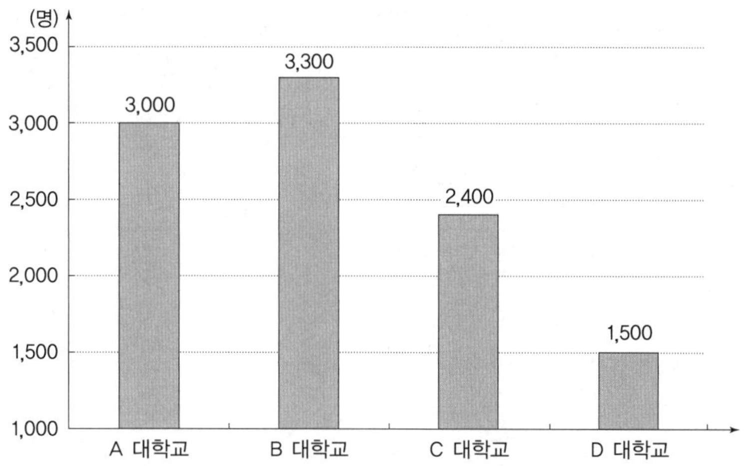

[대학교별 대중교통 이용 횟수 비중]

(단위: %)

구분	A 대학교	B 대학교	C 대학교	D 대학교
0회	11	11	12	9
1~3회	27	24	23	27
4~6회	28	34	34	33
7~9회	18	19	17	16
10회 이상	16	12	14	15

① A 대학교에서 대중교통 이용 횟수가 7회 이상인 학생 수는 1,020명이다.

② 대중교통 이용 횟수가 7~9회인 학생 수 대비 0회인 학생수의 비율은 B 대학교가 D 대학교보다 크다.

③ 대학교별 대중교통 이용 횟수 비중이 높은 순서대로 대중교통 이용 횟수를 나열하면 그 순위는 A~D 대학교 모두 동일하다.

④ B 대학교에서 대중교통 이용 횟수가 1~3회인 학생 수는 C 대학교에서 대중교통 이용 횟수가 4~6회인 학생 수보다 많다.

⑤ C 대학교와 D 대학교에서 대중교통 이용 횟수가 10회 이상인 학생 수는 총 561명이다.

04 다음은 A 국의 연령대 및 성별 퇴직연금 가입 근로자 수에 대한 자료이다. 다음 중 자료에 대한 설명으로 옳은 것을 모두 고르시오.

[연령대 및 성별 퇴직연금 가입 근로자 수]

(단위: 백 명)

구분		2021년	2022년	2023년	2024년
전체	남자	33,230	34,450	35,420	35,000
	여자	19,800	21,160	22,540	24,200
20세 미만	남자	50	50	50	40
	여자	60	60	50	40
20~29세	남자	3,290	3,350	3,390	3,360
	여자	4,080	4,140	4,160	4,250
30~39세	남자	11,570	11,560	11,480	11,200
	여자	5,760	6,030	6,220	6,050
40~49세	남자	10,280	10,650	10,930	11,200
	여자	5,240	5,640	5,990	6,330
50~59세	남자	6,210	6,730	7,160	7,770
	여자	3,680	4,120	4,680	5,390
60세 이상	남자	1,850	2,130	2,420	2,830
	여자	970	1,170	1,450	1,840

a. 제시된 기간 동안 연도별 40~49세 퇴직연금 가입 근로자 수의 평균은 남자가 여자의 2배 미만이다.
b. 2023년 전체 퇴직연금 가입 근로자 수의 2년 전 대비 증가 인원은 남자가 여자보다 적다.
c. 2024년 전체 남자 퇴직연금 가입 근로자 수에서 30~39세 남자가 차지하는 비중은 같은 해 전체 여자 퇴직연금 가입 근로자 수에서 30~39세 여자가 차지하는 비중보다 작다.
d. 2022년 이후 연령대별 남자와 여자의 퇴직연금 가입 근로자 수가 모두 매년 전년 대비 증가한 연령대는 총 2개이다.

① a, b ② a, c ③ b, c ④ b, d ⑤ a, b, d

05 다음은 H 국의 수소 산업 사업체 수 및 투자액을 나타낸 자료이다. 다음 중 자료에 대한 설명으로 옳지 않은 것을 고르시오.

[수소 산업 사업체 수 및 투자액]

구분		사업체 수(개)	투자액(억 원)		
			합계	연구개발비	시설투자비
합계		2,760	41,500	11,170	30,330
업종	수소 생산	340	13,600	600	13,000
	수소 유통	700	1,050	300	750
	수소 활용	1,300	19,500	3,500	16,000
	수소 관련 서비스	420	7,350	6,770	580
기업규모	대기업	250	27,500	2,150	25,350
	중견기업	390	1,680	1,150	530
	중소기업	1,920	4,100	1,430	2,670
	기타	200	8,220	6,440	1,780
수소 매출액	1억 원 미만	1,260	20,450	3,650	16,800
	1억 원 이상 10억 원 미만	810	4,950	1,750	3,200
	10억 원 이상 100억 원 미만	520	5,650	950	4,700
	100억 원 이상	170	10,450	4,820	5,630

① 전체 사업체 수에서 수소 매출액이 10억 원 미만인 사업체 수가 차지하는 비중은 70% 이상이다.

② 제시된 4개 업종 중 사업체 수가 가장 많은 업종은 총투자액도 가장 크다.

③ 연구개발비와 시설투자비의 차이는 중소기업이 중견기업의 2배이다.

④ 수소 매출액이 10억 원 이상 100억 원 미만인 사업체의 연구개발비 대비 시설투자비의 비율은 5.0 미만이다.

⑤ 사업체 1개당 수소 산업 총투자액은 수소 활용 업종이 수소 관련 서비스 업종보다 크다.

06 다음은 V 회사의 직무별 평균 연봉에 대한 자료이다. 다음 중 자료에 대한 설명으로 옳은 것을 모두 고르시오.

[직무별 평균 연봉]

(단위: 만 원)

구분	2019년	2020년	2021년	2022년	2023년	2024년
연구개발	4,800	5,100	5,400	5,700	6,000	6,300
설비 및 제조	4,200	4,350	4,500	4,650	4,800	4,950
영업	4,500	4,650	4,800	5,100	5,400	5,700
마케팅	4,700	4,800	4,900	5,050	5,200	5,350
경영지원	4,400	4,550	4,700	4,850	5,000	5,150

※ V 회사의 직무는 제시된 5개뿐임

a. 2020년 이후 제시된 모든 직무의 평균 연봉이 매년 전년 대비 증가하였다.
b. 2021년 대비 2024년 평균 연봉의 증가율은 연구개발 직무가 가장 높다.
c. 2022년 각 직무별 직원 수가 5명으로 동일하다면, V 회사 전 직원의 연봉 합계는 125,000만 원 이상이다.
d. 2023년 경영지원 직무의 평균 연봉은 2019년 마케팅 직무 평균 연봉의 1.1배 이상이다.

① a, b ② a, c ③ b, c ④ b, d ⑤ a, c, d

07 다음은 B 국의 연도별 석탄 수급량과 석탄 재고량에 대한 자료이다. 제시된 기간 중 석탄 생산량과 소비량의 차이가 가장 작은 해에 석탄 생산업체 및 연탄공장의 석탄 재고량은?

[연도별 석탄 수급량]

(단위: 천 톤)

구분	2016	2017	2018	2019	2020	2021	2022	2023	2024
생산	2,094	1,815	1,748	1,764	1,726	1,485	1,202	1,084	1,019
소비	2,424	2,240	1,879	1,718	1,495	1,314	1,143	1,044	908
정부비축	1,080	924	899	899	899	899	905	918	932

[연도별 석탄 재고량]

(단위: 천 톤)

구분	2016	2017	2018	2019	2020	2021	2022	2023	2024
재고량	1,628	1,457	1,610	1,798	2,151	2,442	2,589	2,649	2,772

※ 재고량 = 정부비축량 + 석탄 생산업체 및 연탄공장 재고량

① 1,684천 톤　② 1,731천 톤　③ 1,840천 톤　④ 2,649천 톤　⑤ 2,772천 톤

08 다음은 일부 지역의 인구 및 인구밀도를 나타낸 자료이다. 2023년 인구가 전년 대비 감소한 지역의 2023년 면적은?

[지역별 인구 및 인구밀도]

(단위: 천 명, 명/km^2)

구분	2022년		2023년	
	인구	인구밀도	인구	인구밀도
A 지역	9,906	16,600	9,900	16,500
B 지역	11,576	1,142	11,700	1,100
C 지역	1,487	89	1,490	90
D 지역	1,522	205	1,530	200
E 지역	1,794	223	1,800	223
F 지역	2,628	138	2,638	139

※ 지역별 인구밀도란 각 지역 총인구를 그 지역의 면적으로 나눈 값으로 $1km^2$당 인구가 몇 명인지를 의미함

① $600km^2$ ② $650km^2$ ③ $700km^2$ ④ $720km^2$ ⑤ $780km^2$

09 다음은 2024년 분기별 A 채널 구독자 수를 나타낸 자료이다. 다음 중 자료에 대한 설명으로 옳은 것을 고르시오.

[분기별 A 채널 구독자 수]

(단위: 명)

구분		1분기	2분기	3분기	4분기
내국인	남자	15,500	17,800	19,700	17,400
	여자	14,350	14,050	16,230	12,950
외국인	남자	4,400	4,580	5,400	5,800
	여자	3,280	3,150	3,850	3,950
전체	남자	19,900	22,380	25,100	23,200
	여자	17,630	17,200	20,080	16,900

① 1분기 대비 4분기 내국인 여자 구독자 수는 10% 이상 감소하였다.

② 3분기 외국인 남자 구독자 수 대비 2분기 내국인 남자 구독자 수의 비율은 4.0 이상이다.

③ 3분기 A 채널 전체 구독자 수는 직전 분기 대비 5,600명 증가하였다.

④ 1~4분기 중 내국인 남자 구독자 수가 가장 많은 분기와 외국인 여자 구독자 수가 가장 많은 분기는 서로 같다.

⑤ 2분기 A 채널 전체 남자 구독자 수에서 외국인 남자 구독자 수가 차지하는 비중은 20% 미만이다.

[10-11] 다음은 2025년 1분기 외래객 입국자 수에 대한 자료이다. 각 물음에 답하시오.

[국적별 외래객 입국자 수]

(단위: 명)

구분	1월		2월		3월	
	남성	여성	남성	여성	남성	여성
A 국적	10,600	3,100	13,800	8,400	19,300	9,500
B 국적	2,800	2,400	2,500	3,200	2,700	2,600
C 국적	2,200	800	2,900	2,400	2,200	800
D 국적	100	70	90	100	70	70
E 국적	400	100	400	200	150	80
기타	10	0	10	0	5	0

[전체 외래객 입국자 수]

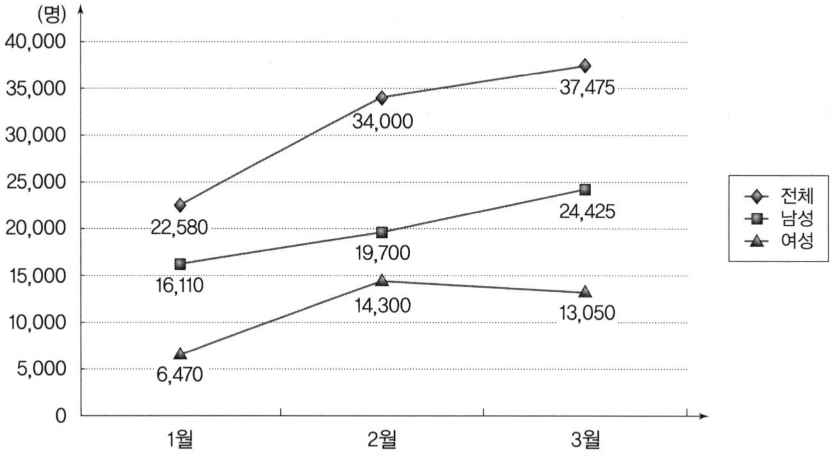

10 **다음 중 자료에 대한 설명으로 옳지 않은 것을 고르시오.**

① 3월 E 국적의 외래객 입국자 수의 전월 대비 감소율은 남자가 여자보다 크다.

② 2월 전체 외래객 입국자 수는 전월 대비 50% 이상 증가하였다.

③ 2월 이후 전체 여성 외래객 입국자 수가 전월 대비 감소한 달에 여성 외래객 입국자 수가 전월 대비 감소한 국적은 총 4개이다.

④ 제시된 기간 동안 A 국적의 남성 외래객 입국자 수는 매달 A 국적을 제외한 나머지 국적의 남성 외래객 입국자 수의 합보다 많다.

⑤ 1분기 월별 여성 외래객 입국자 수의 평균은 12,000명 이상이다.

11 **기타를 제외한 제시된 국적 중 2월 여성 외래객 입국자 수의 전월 대비 증가 인원이 다른 국적에 비해 두 번째로 많은 국적의 2월 여성 외래객 입국자 수의 전월 대비 증가율은?**

① 30% ② 40% ③ 100% ④ 170% ⑤ 200%

[12 - 13] 다음은 S 사의 주방가전별 판매량과 일반냉장고 종류별 판매량에 대한 자료이다. 각 물음에 답하시오.

[주방가전별 판매량]

(단위: 천 대)

구분	2021년	2022년	2023년	2024년
일반냉장고	1,500	2,800	2,400	3,000
김치냉장고	700	950	850	800
식기세척기	100	150	200	250
전자레인지	300	400	250	350
합계	2,600	4,300	3,700	4,400

[일반냉장고 종류별 판매량]

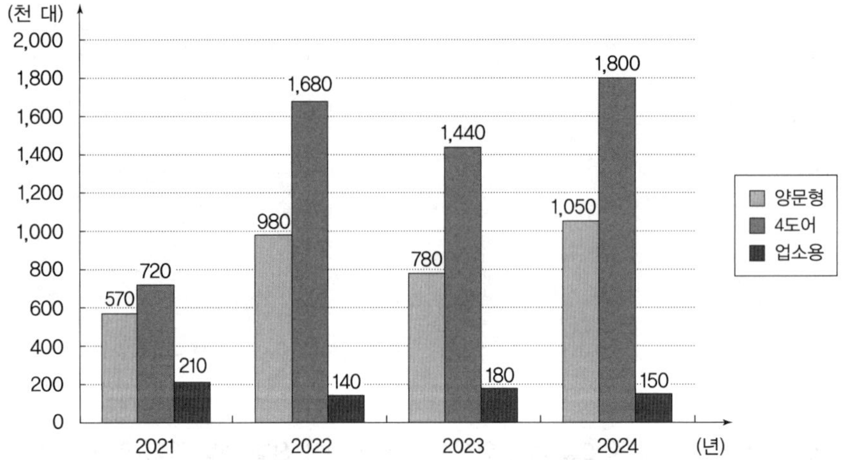

※ S 사의 주방가전 종류는 제시된 4가지뿐이고, 일반냉장고 종류는 제시된 3가지뿐임

12 **다음 중 자료에 대한 설명으로 옳지 않은 것을 고르시오.**

① 제시된 기간 동안 연도별 주방가전 총 판매량에서 일반냉장고 판매량이 차지하는 비중은 매년 50% 이상이다.

② 2024년 전자레인지 판매량은 전년 대비 40% 증가하였다.

③ 2022년 일반냉장고 판매량에서 양문형 냉장고 판매량이 차지하는 비중은 40% 이상이다.

④ 제시된 기간 동안 연도별 식기세척기 판매량의 평균은 175천 대이다.

⑤ 2022~2024년 4도어 냉장고 판매량의 합은 5,000천 대 미만이다.

13 **다음 중 자료에 대한 설명으로 옳은 것을 모두 고르시오.**

a. 2022년 이후 연도별 일반냉장고 판매량에서 4도어 냉장고 판매량이 차지하는 비중은 매년 동일하다.
b. 제시된 기간 중 전자레인지 판매량이 다른 해에 비해 가장 적은 해에 업소용 냉장고 판매량은 전년 대비 40천 대 증가하였다.
c. 2022년 이후 식기세척기 판매량의 전년 대비 증가량은 매년 50천 대이다.

① a ② b ③ a, c ④ b, c ⑤ a, b, c

[14-15] 다음은 I 국 댐의 물 유입량 및 방류량과 I 국 댐 유역의 강수량 및 평균 저수량을 나타낸 자료이다. 각 물음에 답하시오.

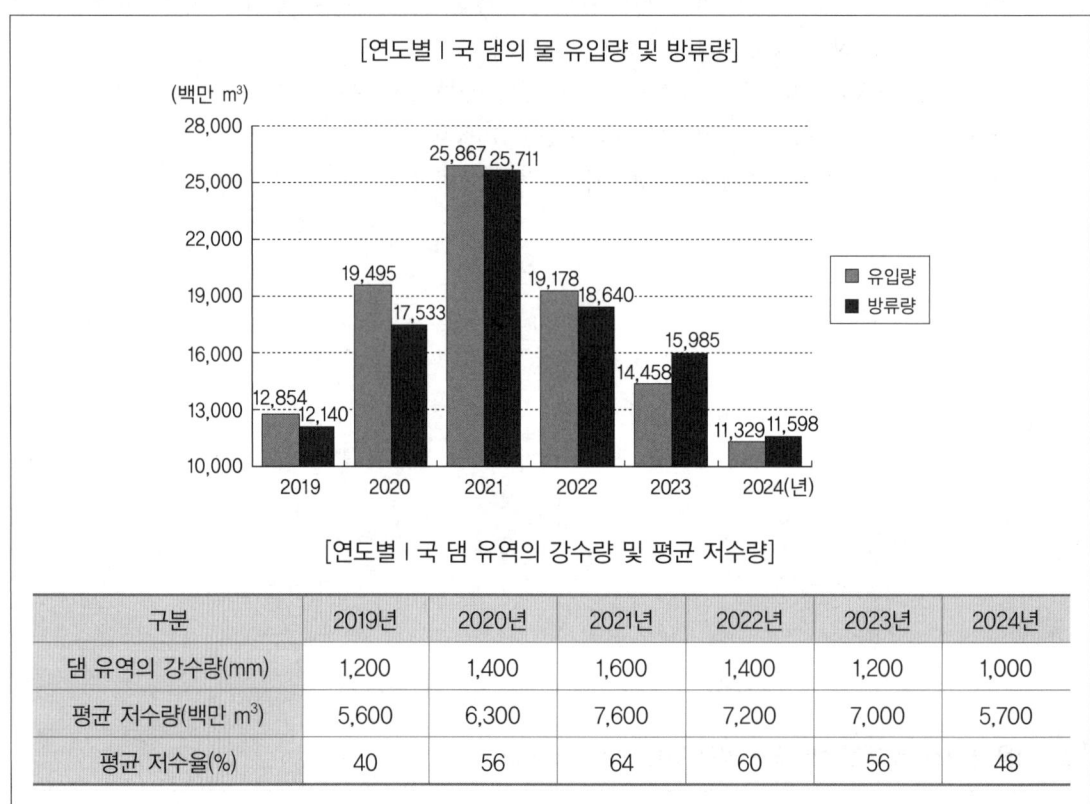

[연도별 I 국 댐의 물 유입량 및 방류량]

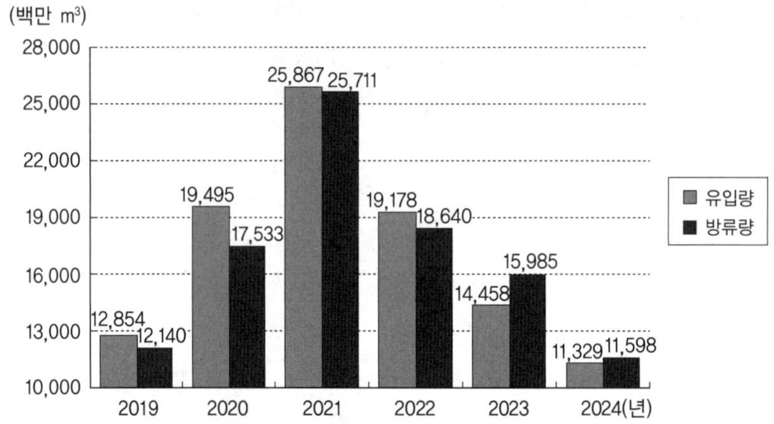

[연도별 I 국 댐 유역의 강수량 및 평균 저수량]

구분	2019년	2020년	2021년	2022년	2023년	2024년
댐 유역의 강수량(mm)	1,200	1,400	1,600	1,400	1,200	1,000
평균 저수량(백만 m^3)	5,600	6,300	7,600	7,200	7,000	5,700
평균 저수율(%)	40	56	64	60	56	48

※ 평균 저수율(%) = (평균 저수량 / I 국 댐의 저수용량 합계) × 100

14 **다음 중 자료에 대한 설명으로 옳지 않은 것을 고르시오.**

① 제시된 기간 중 댐의 평균 저수율이 가장 높은 해와 가장 낮은 해에 댐의 물 유입량의 합은 37,000백만 m^3 이상이다.

② 2020년 이후 중 댐 유역의 강수량이 전년 대비 증가한 해에 댐의 물 유입량은 방류량보다 많다.

③ 제시된 기간 중 댐의 물 유입량과 방류량의 차이가 가장 작은 해는 2024년이다.

④ 제시된 기간 중 댐의 평균 저수율이 두 번째로 높은 해에 I 국 댐의 저수용량 합계는 12,000백만 m^3이다.

⑤ 2020년 이후 댐의 평균 저수량과 평균 저수율의 전년 대비 증감 추이는 매년 서로 같다.

15 **다음 중 자료에 대한 설명으로 옳은 것을 모두 고르시오.**

a. 2021년부터 2023년까지 연도별 I 국 댐의 물 방류량의 평균은 20,000백만 m^3 이상이다.
b. 2023년 댐 유역의 강수량의 전년 대비 감소율은 15% 미만이다.
c. 제시된 기간 중 I 국의 댐의 물 유입량이 19,000백만 m^3 미만인 해에 평균 저수량의 합은 총 19,300백만 m^3이다.
d. 2021년 I 국 댐의 저수용량 합계는 전년 대비 625백만 m^3 증가하였다.

① a, b ② a, c ③ b, c ④ b, d ⑤ a, b, d

[16-17] 다음은 국가별 수입 검역 건수에 대한 자료이다. 각 물음에 답하시오.

[검역 건수 합계 상위 6개국]

(단위: 건)

순위	2013~2016년		순위	2017~2020년	
	국가	검역 건수 합계		국가	검역 건수 합계
1	필리핀	50,390	1	인도네시아	54,588
2	중국	50,083	2	중국	46,487
3	인도네시아	46,615	3	필리핀	39,522
4	태국	25,824	4	태국	27,183
5	싱가포르	11,350	5	러시아	12,201
6	미국	9,363	6	싱가포르	11,032

[연도별 전체 검역 건수]

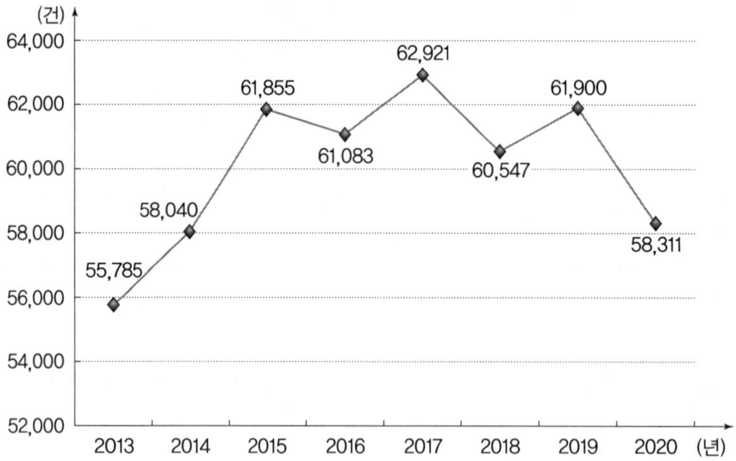

※ 출처: KOSIS(해양수산부, 수산물검역및수출검사통계)

16 다음 중 자료에 대한 설명으로 옳지 않은 것을 고르시오.

① 2013년부터 2020년까지 일본의 총 검역 건수는 20,500건 이하이다.

② 2013~2016년 검역 건수 합계 상위 6개국 중 2013~2016년 검역 건수 합계 대비 2017~2020년 검역 건수 합계의 감소량이 가장 큰 국가는 미국이다.

③ 2017~2020년 전체 검역 건수 중 러시아의 검역 건수가 차지하는 비중은 10% 이하이다.

④ 2015년 이후 전체 검역 건수가 전년 대비 증가한 해의 다음 해에 전체 검역 건수는 전년 대비 감소하였다.

⑤ 2013년부터 2020년까지 태국의 검역 건수 합은 인도네시아의 검역 건수 합의 50% 이상이다.

17 2014년 이후 전체 검역 건수의 전년 대비 증가율이 가장 큰 해에 그 증가율은 약 얼마인가?

① 4.0% ② 4.6% ③ 5.2% ④ 6.6% ⑤ 7.4%

18 다음은 증착 공정에서 반도체 소자별 공정 온도에 따른 막 두께를 나타낸 자료이다. 자료를 보고 A, B에 해당하는 값을 예측했을 때 가장 타당한 값을 고르시오.

[반도체 소자별 공정 온도에 따른 막 두께]

구분	a 소자	b 소자	c 소자
공정 온도(℃)	250	100	125
막 두께(Å)	87	108	99

※ 막 두께(Å) $=\left(\frac{A}{\text{공정 온도}}\right)^2+B$ (단, A > 0)

	A	B
①	500	71
②	500	83
③	500	92
④	1,000	71
⑤	1,000	83

19 **다음은 A~C 시험의 연도별 응시자 수 및 합격자 수를 나타낸 자료이다. 제시된 시험 중 2022년 합격률이 다른 시험에 비해 가장 큰 시험의 연도별 합격률을 바르게 나타낸 것을 고르시오.**

[연도별 응시자 수 및 합격자 수]

(단위: 명)

구분		2019년	2020년	2021년	2022년	2023년
A 시험	응시자 수	3,550	3,500	4,800	3,500	3,800
	합격자 수	1,420	1,610	2,688	1,470	1,444
B 시험	응시자 수	7,500	9,600	6,400	10,500	9,600
	합격자 수	2,850	4,320	3,648	4,620	4,032
C 시험	응시자 수	5,000	5,800	5,500	5,250	5,400
	합격자 수	1,900	2,668	2,860	2,100	2,268

※ 합격률(%) = (합격자 수 / 응시자 수) × 100

①
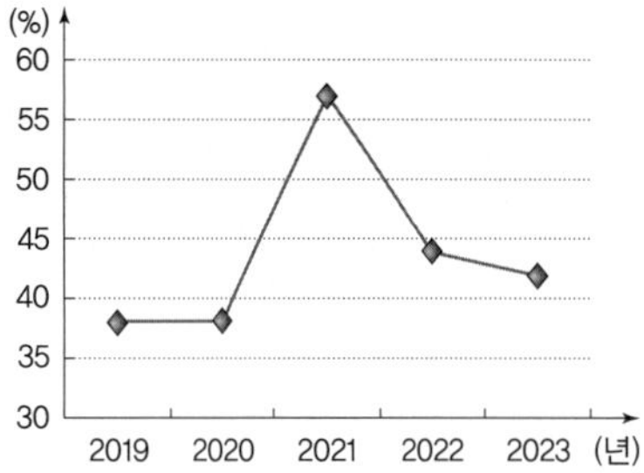

②
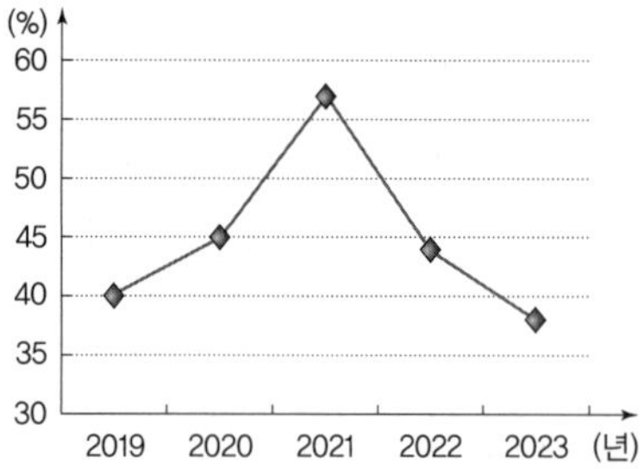

③
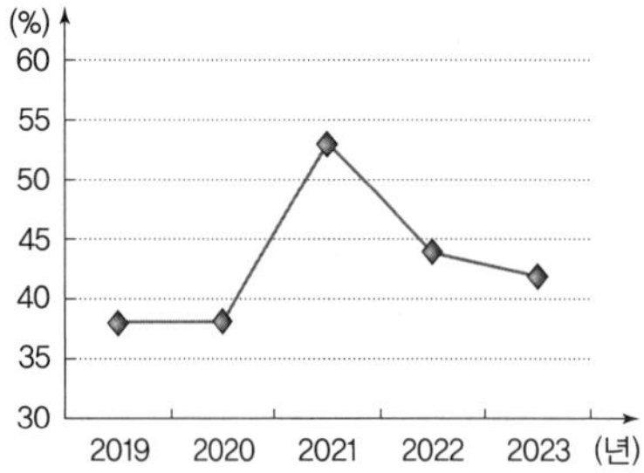

④
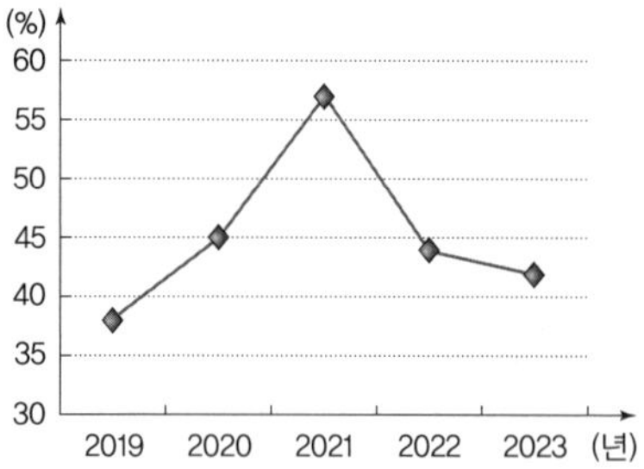

⑤
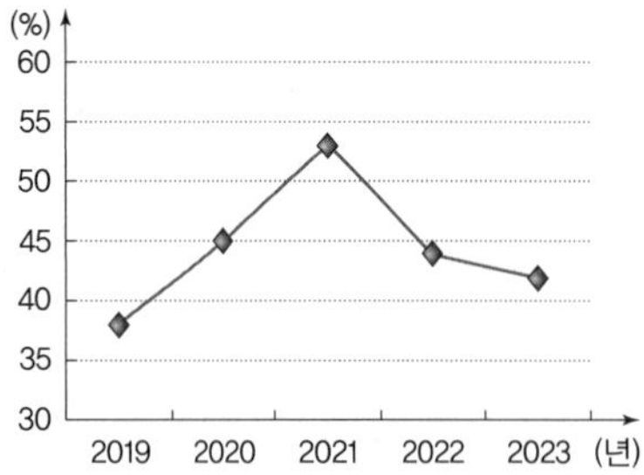

20 다음은 S 공장에서 가, 나, 다 제품을 생산할 때 사용한 a 부품의 개수를 나타낸 자료이다. 각 제품을 생산할 때 사용한 a 부품의 개수는 일정한 규칙으로 변화하였고, 1개당 가격이 30원인 a 부품은 7개 묶음 단위로만 판매할 때, S 공장에서 8일 차에 a 부품을 구매하기 위해 사용한 금액은?

[제품별 사용한 a 부품 개수]

(단위: 개)

구분	가 제품	나 제품	다 제품
1일 차	4	76	3
2일 차	5	75	5
3일 차	9	72	7
4일 차	14	67	9
5일 차	23	60	11

① 4,200원 ② 4,230원 ③ 4,410원 ④ 4,620원 ⑤ 4,830원

약점 보완 해설집 p.36

▶ 해설 p.42

[01-02] 다음 전제를 읽고 반드시 참인 결론을 고르시오.

01

전제	기타를 연주하는 모든 사람은 밴드 음악을 좋아한다.
	피아노를 연주하는 어떤 사람은 밴드 음악을 좋아하지 않는다.
결론	

① 기타를 연주하지 않는 모든 사람은 피아노를 연주한다.
② 피아노를 연주하는 모든 사람은 기타를 연주하지 않는다.
③ 피아노를 연주하는 어떤 사람은 기타를 연주한다.
④ 기타를 연주하는 어떤 사람은 피아노를 연주하지 않는다.
⑤ 피아노를 연주하는 어떤 사람은 기타를 연주하지 않는다.

02

전제	볼링을 좋아하는 모든 사원은 테니스를 좋아한다.
	볼링을 좋아하는 모든 사원은 탁구를 좋아한다.
결론	

① 테니스를 좋아하는 모든 사원은 탁구를 좋아한다.
② 테니스를 좋아하는 어떤 사원은 탁구를 좋아하지 않는다.
③ 탁구를 좋아하는 모든 사원은 테니스를 좋아한다.
④ 탁구를 좋아하는 어떤 사원은 테니스를 좋아한다.
⑤ 탁구를 좋아하지 않는 어떤 사원은 테니스를 좋아하지 않는다.

03 다음 결론이 반드시 참이 되게 하는 전제를 고르시오.

전제	영어 공부를 하는 어떤 사람은 미국 드라마를 시청한다.
결론	영어 공부를 하는 어떤 사람은 회화 스터디를 한다.

① 회화 스터디를 하는 모든 사람은 미국 드라마를 시청한다.

② 미국 드라마를 시청하는 어떤 사람은 회화 스터디를 하지 않는다.

③ 회화 스터디를 하지 않는 모든 사람은 미국 드라마를 시청하지 않는다.

④ 미국 드라마를 시청하는 모든 사람은 회화 스터디를 하지 않는다.

⑤ 회화 스터디를 하면서 미국 드라마를 시청하는 사람이 있다.

04 갑, 을, 병, 정, 무, 기, 경, 신 8명이 지하 주차장에 주차하려고 할 때, 1열에 주차하는 사람을 모두 고르시오.

- 8명은 모두 입구를 바라보고 주차한다.
- 갑은 2행 2열에 주차하고, 기는 1행 3열에 주차한다.
- 정과 무는 같은 열에 주차하고, 신의 바로 왼쪽에 주차하는 사람은 을이다.
- 병의 바로 앞에 주차하는 사람이 존재하고, 그 사람은 기가 아니다.

입구

	1열	2열	3열	4열
1행				
2행				

① 을, 병　　② 을, 경　　③ 병, 경　　④ 정, 무　　⑤ 경, 신

05 **A, B, C, D 4명이 2명씩 팀을 나눠 윷놀이를 총 5번 진행하여 3번을 먼저 승리한 팀이 최종 우승하였다. 다음 조건을 모두 고려하였을 때, 항상 거짓인 것을 고르시오.**

- 처음 나눈 팀으로 5번의 경기를 모두 진행하였으며, 네 번째 경기가 끝난 후 두 팀의 승리 횟수는 서로 동일했다.
- A는 첫 번째 경기에서 패배하고, 세 번째 경기에서 승리하였다.
- B는 두 번째, 세 번째 경기의 승부 결과가 서로 같다.
- C는 네 번째 경기에서 승리하였다.
- D는 첫 번째, 다섯 번째 경기의 승부 결과가 서로 같다.

① A가 두 번째 경기에서 승리하였다면, 가능한 경우의 수는 2가지이다.
② B는 네 번째 경기에서 패배하였다.
③ A와 C의 두 번째 경기의 승부 결과는 서로 같다.
④ D는 세 번째 경기에서 패배하였다.
⑤ B가 최종 우승하였다면, B는 C와 같은 팀이다.

06 **A, B, C, D, E 5명은 바이올린과 플루트 중 하나의 악기를 선택하여 연습했다. 바이올린을 연습한 사람은 진실을 말하고 플루트를 연습한 사람은 거짓을 말했을 때, 항상 거짓인 것을 고르시오.**

- A: B와 C는 서로 다른 악기를 연습했어.
- B: C는 바이올린을 연습했어.
- C: D와 E는 서로 다른 악기를 연습했어.
- D: B는 플루트를 연습했어.
- E: 나는 플루트를 연습하지 않았어.

① A는 바이올린을 연습했다.
② B와 C는 서로 같은 악기를 연습했다.
③ D는 바이올린을 연습했다.
④ E는 B와 같은 악기를 연습했다.
⑤ C가 플루트를 연습했다면, D는 바이올린을 연습했다.

07 **A, B, C, D, E, F 6명은 여행을 가기 위해 모두 다른 시각에 기차역에 모였다. 다음 조건을 모두 고려하였을 때, 항상 참인 것을 고르시오.**

- 약속 시각은 9시이며, 9시가 지나서 기차역에 도착한 사람은 2명이다.
- D는 8시 50분에 도착했으며, D가 기차역에 도착한 순서는 두 번째도, 세 번째도 아니었다.
- A와 F는 기차역에 연달아 도착했다.
- C는 D보다 10분 일찍 도착했다.
- E는 B와 F보다 늦게 도착하지 않았다.

① C와 D 사이에 도착한 사람은 1명이다.

② F는 가장 늦게 도착했다.

③ B가 세 번째로 도착했다면, C는 두 번째로 도착했다.

④ A가 다섯 번째로 도착했다면, 가능한 경우의 수는 4가지이다.

⑤ E가 두 번째로 도착했다면, 가능한 경우의 수는 2가지이다.

08 **A, B, C, D 4명의 요리사가 흑팀 2명, 백팀 2명으로 나누어져 각자 1개씩 요리를 만들어 완성한 순서대로 심사를 받았다. 다음 조건을 모두 고려하였을 때, 항상 거짓인 것을 고르시오.**

- 첫 번째 순서로 심사를 받은 요리사는 흑팀이다.
- B와 D는 서로 다른 팀이다.
- 가장 마지막으로 심사를 받은 요리사는 A이다.
- 백팀 요리사는 2명이 연속하여 심사를 받았다.
- B는 C보다 먼저 심사를 받았다.

① D가 세 번째 순서로 심사를 받았다면, 가능한 경우의 수는 3가지이다.

② 네 번째 순서로 심사를 받은 팀이 흑팀이라면, 가능한 경우의 수는 3가지이다.

③ C는 흑팀이다.

④ B는 두 번째 순서로 심사를 받은 백팀이다.

⑤ A와 D는 서로 같은 팀이다.

09 **A, B, C 3명은 각각 초콜릿과 사탕을 먹었다. 다음 조건을 모두 고려하였을 때, 항상 거짓인 것을 고르시오.**

- A, B, C는 각각 초콜릿을 최소 1개에서 최대 3개, 사탕을 최소 1개에서 최대 4개까지 먹었다.
- A와 C가 먹은 초콜릿 개수의 합은 B와 C가 먹은 사탕 개수의 합과 같다.
- A, B, C가 먹은 사탕 개수의 합은 10개이다.

① B가 먹은 사탕 개수는 A가 먹은 초콜릿 개수보다 적다.

② A가 먹은 초콜릿과 사탕 개수의 합은 C가 먹은 초콜릿과 사탕 개수의 합보다 1개 더 많다.

③ B가 초콜릿을 2개 먹었다면, 가능한 경우의 수는 3가지이다.

④ C가 사탕을 2개 먹었다면, 가능한 경우의 수는 2가지이다.

⑤ A와 C가 먹은 초콜릿 개수의 합이 A와 B가 먹은 사탕 개수의 합과 같다면, 가능한 경우의 수는 3가지이다.

10 **민아, 지우, 지희, 기우, 희라, 채희는 모두 다른 시각에 출근했다. 다음 조건을 모두 고려하였을 때, 항상 거짓인 것을 고르시오.**

- 채희는 민아보다 먼저 출근했다.
- 지희는 두 번째로 출근하지 않았다.
- 희라는 민아보다 늦게 출근했다.
- 지우와 기우는 연속한 순서로 출근했다.
- 기우는 지희가 출근한 후 네 번째로 출근했다.

① 희라가 가장 늦게 출근했다.

② 민아는 지우보다 먼저 출근했다.

③ 세 번째로 출근한 사람은 민아이다.

④ 민아와 기우는 연속한 순서로 출근했다.

⑤ 기우와 희라는 연속한 순서로 출근했다.

11 **8층짜리 회사 기숙사 건물에 남자 직원 A, B, C, D와 여자 직원 E, F, G, H 총 8명이 각각 서로 다른 층에 거주하고 있다. 다음 조건을 모두 고려하였을 때, 항상 거짓인 것을 고르시오.**

- 같은 성별의 직원끼리는 인접한 층에 거주할 수 없다.
- H는 E보다 높은 층에 거주하고 있으며, 두 사람의 기숙사 층수 차이는 4개이다.
- C와 D가 거주하는 층 사이에 거주하고 있는 남자 직원은 A뿐이다.
- 1층에는 남자 직원이 거주하고 있다.
- B는 E 바로 아래층에 거주하고 있다.

① A는 5층에 거주하고 있다.

② F 또는 G가 8층에 거주하고 있다.

③ H가 거주하고 있는 층은 확정된다.

④ D와 E는 서로 인접한 층에 거주하고 있다.

⑤ B와 C가 거주하고 있는 층수의 차이는 최대 4개이다.

12 **A, B, C, D, E, F 6명은 점심을 먹기 위해 잔디밭에 원형으로 둘러앉았다. 6명은 점심 도시락으로 샌드위치 또는 김밥을 가져왔다. 다음 조건을 모두 고려하였을 때, 항상 거짓인 것을 고르시오.**

- 6명은 원의 가운데를 바라보는 방향으로 같은 간격을 두고 앉아있다.
- 같은 종류의 도시락을 가져온 사람은 서로 인접하지 않는다.
- 샌드위치를 가져온 F는 E와 마주보고 앉지 않았다.
- C와 D가 가져온 도시락 종류는 같다.
- A와 B 사이에는 한 사람이 앉아있다.
- E의 바로 오른쪽에는 B가 앉아있다.

① C는 E와 같은 종류의 도시락을 가져왔다.

② B는 C와 마주보고 앉았다.

③ A는 점심으로 샌드위치를 가져왔다.

④ F와 C가 마주보고 앉았다면, B는 D와 인접하여 앉았다.

⑤ A와 E는 다른 종류의 도시락을 가져왔다.

13 **가람, 동우, 미래, 세준, 진우 5명 중 2명은 수학책, 3명은 과학책을 빌렸다. 5명 중 혈액형이 A형인 3명은 진실만을, B형인 2명은 거짓만을 말할 때, 수학책을 빌린 사람을 모두 고르시오.**

- 가람: 나는 B형이고, 수학책을 빌렸어.
- 동우: 나와 가람은 같은 종류의 책을 빌렸어.
- 미래: 동우는 A형이야.
- 세준: 가람이와 진우는 둘 다 수학책을 빌렸어.
- 진우: 나는 과학책을 빌렸어.

① 가람, 동우 ② 가람, 세준 ③ 동우, 진우 ④ 미래, 세준 ⑤ 미래, 진우

14 **기준, 수아, 나라, 동훈, 지민 5명 중 3명은 감자를 가지고 있고, 나머지 2명은 고구마를 가지고 있다. 감자를 가지고 있는 사람의 말은 진실, 고구마를 가지고 있는 사람의 말은 거짓일 때, 고구마를 가지고 있는 사람을 고르시오.**

- 기준: 수아와 나라 중 감자를 가지고 있는 사람은 1명이야.
- 수아: 동훈이는 감자를 가지고 있어.
- 나라: 지민이의 말은 진실이야.
- 동훈: 기준이는 고구마를 가지고 있어.
- 지민: 기준이와 나는 같은 것을 가지고 있어.

① 기준, 지민 ② 수아, 동훈 ③ 수아, 지민 ④ 나라, 동훈 ⑤ 나라, 지민

[15-17] 다음 도형에 적용된 규칙을 찾아 '?'에 해당하는 도형을 고르시오.

15

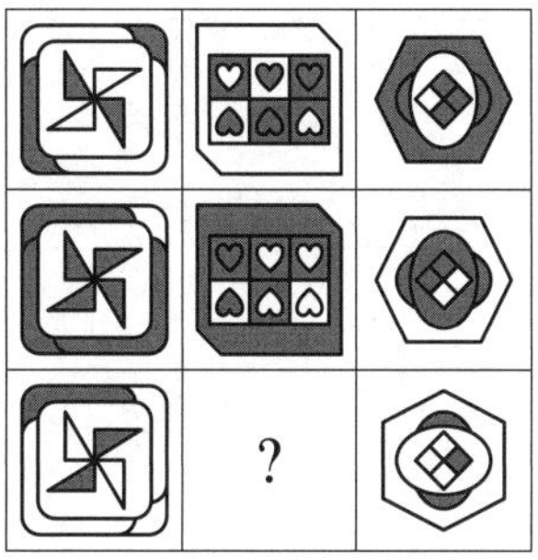

①
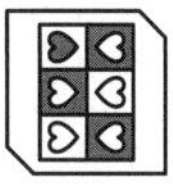
②
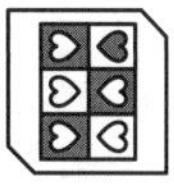
③
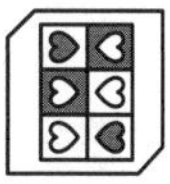
④
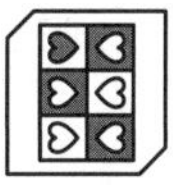
⑤
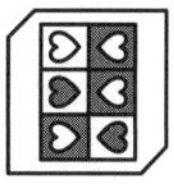

16

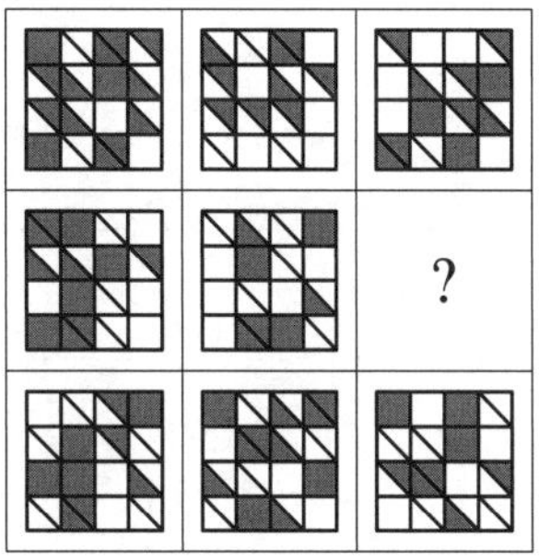

①
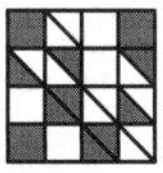
②
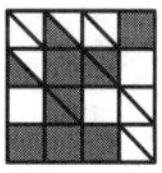
③

④
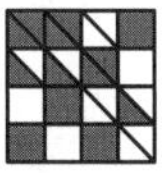
⑤
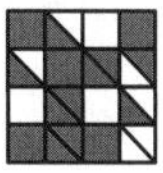

17

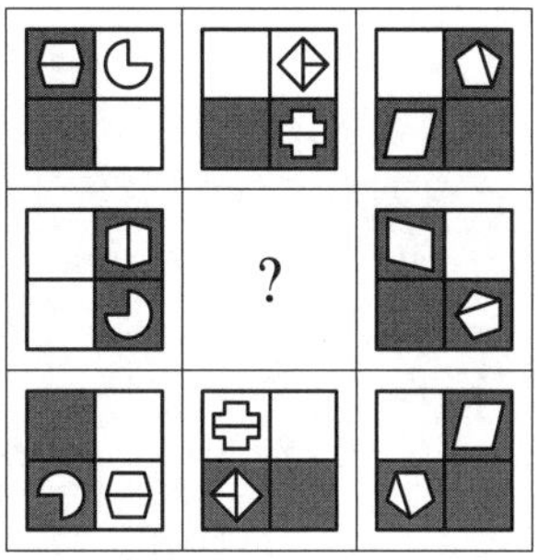

①
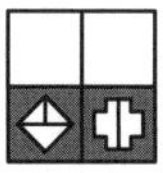
②

③

④

⑤
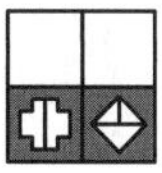

[18-21] 다음 각 기호가 문자, 숫자의 배열을 바꾸는 규칙을 나타낸다고 할 때, 각 문제의 '?'에 해당하는 것을 고르시오.

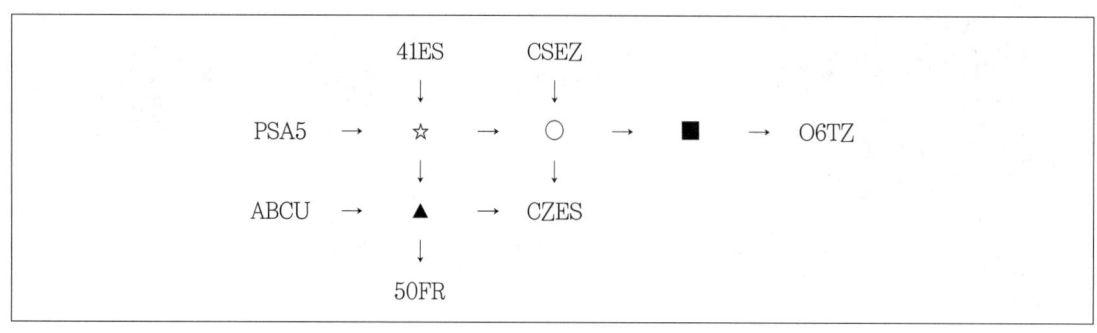

		41ES		CSEZ				
		↓		↓				
PSA5	→	☆	→	○	→	■	→	O6TZ
		↓		↓				
ABCU	→	▲	→	CZES				
		↓						
		50FR						

18

4JA4 → ▲ → ○ → ?

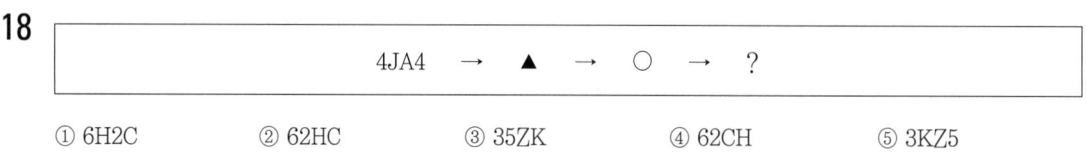

① 6H2C ② 62HC ③ 35ZK ④ 62CH ⑤ 3KZ5

19

PYFC → ■ → ☆ → ○ → ?

① QGZB ② OGBZ ③ OZED ④ QZED ⑤ OZBG

20

? → ▲ → ■ → ㄷㅈㅑㅌ

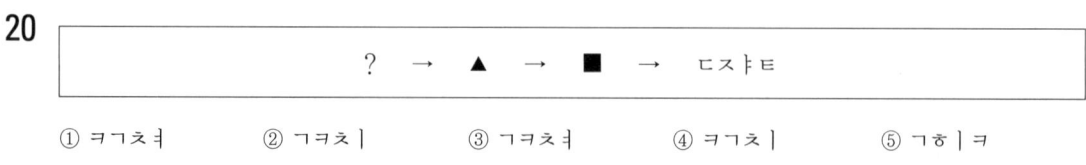

① ㅋㄱㅊㅕ ② ㄱㅋㅊㅣ ③ ㄱㅋㅊㅕ ④ ㅋㄱㅊㅣ ⑤ ㄱㅎㅣㅋ

21

? → ☆ → ○ → ■ → E383

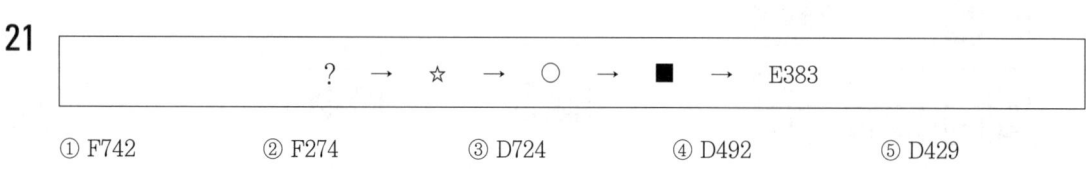

① F742 ② F274 ③ D724 ④ D492 ⑤ D429

22 다음 문단을 논리적 순서대로 알맞게 배열한 것을 고르시오.

(A) 연약권이 힘을 받으면 여러 개의 대륙판과 해양판이 이동하면서 판의 경계가 충돌하거나 멀어지는 현상이 발생하게 된다. 이후 판의 이동으로 인해 지진, 화산, 산맥 형성 등의 지질학적 현상이 발생한다는 사실이 정립되었으며 판 구조론은 지금까지 지질학 이론의 중심이 되고 있다.

(B) 20세기 초반 지질학자들은 대륙이 고체로 이루어져 있기 때문에 고정되어 있다고 믿었다. 영국의 철학자 베이컨이 남아메리카 동해안과 아프리카 서해안의 유사성에 대해 의문을 제기하였지만, 과학적 수준의 논의까지 이어지지는 못했다.

(C) 대륙의 이동을 가정하고 본격적인 연구가 진행된 것은 1912년 독일의 기상학자 베게너에 의해서이다. 그는 전 세계에서 해안선의 일치, 지층 구조의 연속성, 동일한 화석의 발견 등 다양한 증거를 제시하며 대륙의 이동을 주장했지만, 대륙이 어떤 힘에 근거하여 이동하였는지는 밝혀내지 못했다.

(D) 당시 베게너의 주장을 믿는 사람은 거의 없었지만, 이후 판 구조론이 등장하며 대륙이동설이 다시 주목받기 시작했다. 판 구조론에 따르면 지구는 지각과 최상부 맨틀을 포함한 약 100km 두께의 판으로 이루어져 있으며 그 아래 움직일 수 있는 연약권이라 불리는 층이 존재한다.

① (B) – (C) – (A) – (D)
② (B) – (C) – (D) – (A)
③ (C) – (A) – (B) – (D)
④ (C) – (B) – (D) – (A)
⑤ (C) – (D) – (B) – (A)

23 **다음 문단을 논리적 순서대로 알맞게 배열한 것을 고르시오.**

(A) 특히 달 먼지가 호흡기로 유입될 경우 목이 따끔거리고 코가 막히는 등 이상 증상이 발생하거나, 폐의 깊숙한 곳에 입자가 장기간 머무르며 해를 입히는 것으로 알려져 있다. 게다가 달 먼지에는 규산염 성분이 포함되어 있어서, 달 먼지를 다량 흡입하면 기관지에 염증이 생기고 폐에 상처가 날 수 있다. 하지만 달 먼지가 인간에게 악영향만 미치는 존재라고 치부할 수는 없다.

(B) 달 먼지의 악영향에 관해 아직 정확하게 알려진 바는 없다. 하지만 연구진들이 달 먼지의 성분과 유사한 물질로 실험한 결과, 달 먼지에 노출되는 기간이 길어지면 먼지를 구성하는 입자들이 폐세포와 뇌세포를 파괴하여 인체에 부정적인 영향을 미칠 수 있다는 사실을 밝혀냈다.

(C) 달 먼지를 활용하면 달에 건물을 지을 수 있기 때문인데, 실제로 유럽 우주 비행사 센터는 달 먼지를 활용하여 달 탐사 기지를 건축하는 방안을 연구하고 있다. 건축의 이상적인 재료로 여겨지는 달 먼지는 달의 표면에서 손쉽게 구할 수 있을 뿐만 아니라, 압착과 태우는 것 모두 가능하다는 장점이 있다. 연구진들은 달 먼지와 비슷한 모조품으로 실험을 진행 중이며 달 탐사 기지 건설에 성공할 경우, 달에 장기간 머무르며 달을 더 깊이 있게 탐구할 수 있는 토대가 되리라 전망하고 있다.

(D) 달의 표면은 밀가루보다 고운 먼지로 뒤덮여 있다. 달 먼지는 주로 달 표면의 바위들이 운석과 충돌하며 부서진 파편으로 구성된다. 달 먼지의 알갱이는 조각날 때 최초의 날카로운 단면을 유지하여 표면이 매우 거친데, 달은 지구와 달리 바람이 불지 않아 입자가 마모되지 않기 때문이다. 이에 따라 달 먼지는 우주복과 우주 신발을 뚫고 들어올 뿐만 아니라, 우주복의 연결부에 달라붙어 움직임을 힘들게 한다.

① (B) - (D) - (A) - (C)

② (B) - (D) - (C) - (A)

③ (D) - (B) - (A) - (C)

④ (D) - (B) - (C) - (A)

⑤ (D) - (C) - (A) - (B)

24 **다음 내용을 바탕으로 추론할 수 있는 것을 고르시오.**

양자 컴퓨팅은 전통적인 컴퓨터의 한계를 넘어서는 기술로 물리학의 양자역학 원리를 기반으로 작동한다. 양자 컴퓨터는 서로 다른 상태가 중첩된 값이 확률적으로 존재하는 원리를 기반으로 하는 '큐비트' 단위를 사용한다. 0과 1이 있다고 할 때, 비트를 사용하는 기존의 컴퓨터에서는 0 또는 1의 두 가지 상태만을 표현할 수 있지만, 큐비트는 (00, 01, 10, 11)의 4가지 상태로 표현할 수 있다. 이런 식으로 3개의 큐비트로는 8가지 상태를, n개의 큐비트로는 2의 n 제곱만큼의 상태를 표현할 수 있으므로 한 번에 처리하는 정보량이 훨씬 더 커진다. 이러한 양자 컴퓨터의 정보 처리량 및 속도는 최적화 문제와 암호 해독 분야에서 큰 잠재력을 발휘할 것으로 보인다. 복잡하고 방대한 문제를 동시다발적으로 처리함으로써 기존에 수백 년이 걸릴 일을 몇 초 만에 해결할 수 있을 것이다. 그러나 양자 컴퓨터가 상용화되기 위해서는 몇 가지 해결해야 할 문제가 있다. 먼저, 큐비트의 상태는 매우 불안정하고 민감해 온도, 전자파, 소음 등에 의해 쉽게 오류가 발생한다. 또한, 양자 컴퓨터를 구현하는 데 필요한 저온 환경과 고가의 장비는 기술적인 장벽을 높인다. 그럼에도 불구하고 양자 컴퓨팅은 양자 물리학을 기반으로 하는 여러 현실 세계에 응용되며 정보 기술의 흐름을 변화시킬 것이다.

① 양자 컴퓨터의 상용화는 이미 완료되었으며 대부분의 산업에서 활용되고 있다.

② 동일한 시간에 처리하는 데이터의 양은 큐비트를 사용하는 컴퓨터가 비트를 사용하는 컴퓨터보다 많다.

③ 양자 컴퓨터는 양자역학의 일부 원리만을 사용하므로 물리학에 기반하여 작동하는 것은 아니다.

④ 큐비트의 장점은 외부 환경에 영향을 받지 않아 관리가 어렵지 않다는 것이다.

⑤ 양자 컴퓨터에서 5개의 큐비트를 사용하는 경우 50가지 이상의 상태를 표현할 수 있다.

25 **다음 진술이 모두 참이라고 할 때 반드시 거짓일 수밖에 없는 것을 고르시오.**

> 분산 서비스 거부 공격은 다수의 IT 기기를 이용해 특정 서버나 네트워크에 과도한 트래픽을 보내 정상적인 서비스를 방해하는 사이버 공격 방식이며 흔히 DDoS(Distributed Denial of Service)라고 불린다. DDoS 공격의 목적은 웹 사이트 기능을 저해하거나 서비스가 응답하지 못하도록 오프라인 상태로 만들어 온라인 보안에 큰 타격을 주는 것이다. DDoS 공격의 유형은 크게 두 가지로 분류된다. 첫 번째는 과도한 불법 트래픽을 보내 시스템의 대역폭을 소모하게 하여 사이트를 다운시키는 트래픽 폭주 방식이며, 두 번째는 응답하지 않는 트래픽을 생성하여 서버가 과부하 되도록 하는 자원 고갈 방식이다. 이와 같은 DDoS 공격의 방식은 모두 분산된 시스템을 통해 이루어지므로 공격을 예측하거나 공격자의 신원을 추적하기는 어렵지만, 대비할 수 있는 몇 가지 방식이 존재한다. 먼저 침입 차단 시스템을 사용하여 모니터링하고 비정상적인 트래픽을 사전에 차단하는 방식이다. 또한 주요 정보를 여러 개의 데이터 센터에 분산 배치하고, 네트워크와 분리된 오프라인 백업을 통해 공격에 대비할 수 있다. DDoS 공격에 대한 방어를 위해서는 높은 비용과 많은 인력이 소요되지만, 대규모 공격이기에 큰 피해로 이어질 수 있는 만큼 지속적인 대비와 예방 조치가 필요하다.

① DDoS 공격의 비정상적 트래픽은 침입 차단 시스템에 감지된다.

② DDoS 공격은 트래픽을 통해 이루어지기도 한다.

③ DDoS 공격은 오프라인 백업이 이루어진 데이터에는 적용될 수 없다.

④ DDoS 공격이 자원 고갈 방식으로 이루어질 경우 대비가 불가능하다.

⑤ DDoS 공격에 대한 방어를 위해서는 인력과 비용을 사용하는 것이 불가피하다.

26 **다음 진술이 모두 참이라고 할 때 반드시 거짓일 수밖에 없는 것을 고르시오.**

> 크롤링은 인터넷 주소(URL)에 접근하여 웹페이지(html, 문서)와 같은 데이터를 수집하고 분류하는 기술이다. 크롤링은 대량의 정보를 빠르게 처리할 수 있지만, 불법적인 데이터 수집이나 서버에 과부하를 일으킬 위험이 있어 법적 및 윤리적 고려가 필요하다. 효율적인 크롤링을 위해서는 데이터 전처리와 후처리 기술도 필수적이다. 크롤링과 유사한 개념으로 사용되는 스크래핑이 있다. 스크래핑은 웹사이트나 다른 데이터 소스에서 필요한 정보를 자동으로 추출하여 구조화된 형태로 저장하는 작업을 의미한다. 크롤링이 주로 웹 페이지를 순차적으로 탐색하면서 데이터의 위치나 구조를 파악하는 과정인 반면, 스크래핑은 이미 식별된 데이터 소스에서 원하는 정보를 추출하는 과정에 집중한다. 빅데이터 분석에서는 두 기술을 결합하여 활용하는 경우가 많다. 먼저 크롤링을 통해 어떤 웹사이트나 온라인 플랫폼에서 필요한 데이터가 존재하는지 파악하고, 이후 스크래핑을 통해 해당 데이터를 수집하여 분석용 데이터셋으로 변환한다. 이러한 방식은 대규모 데이터 분석, 시장 조사, 트렌드 파악 등에서 중요한 역할을 하며 실시간 정보 수집이 필요한 분야에서 매우 유용하다.

① 크롤링은 웹사이트를 탐색하지 않고, 이미 식별된 데이터 소스에서만 작동한다.

② 크롤링은 정보를 빠르게 처리할 수 있다는 장점이 있지만 윤리적 측면에서 고려해야 할 요소가 존재한다.

③ 빅데이터 분석에서는 크롤링과 스크래핑이 순차적으로 활용된다.

④ 데이터 전처리와 후처리 기술은 효율적 크롤링을 위한 필수적 요소이다.

⑤ 스크래핑은 웹사이트에서 데이터를 추출하여 규칙에 맞게 정리하고 저장하는 역할을 한다.

27 **다음 진술이 모두 참이라고 할 때 반드시 거짓일 수밖에 없는 것을 고르시오.**

반도체의 대부분은 우리가 주변에서 쉽게 찾아볼 수 있는 실리콘으로 제조된다. 실리콘은 지구의 지각에서 산소 다음으로 많은 원소로, 지각 질량의 약 27.7%를 구성하는 것으로 알려졌다. 토사나 모래, 돌멩이는 모두 이산화규소로 이루어져 있는데, 이산화규소를 이루는 원소가 바로 실리콘이다. 실리콘은 그 풍부한 양 덕분에 가격이 저렴하며, 무독성이기 때문에 인체에 해로움을 가하지 않는 장점이 있다. 게다가 실리콘에 불순물을 첨가하면 전기 전도율을 높일 수 있어 약한 강도의 외압에도 전기가 흐르는 도체의 성질을 띠는 물질로 변형이 가능하다. 초창기 반도체의 주된 원료는 게르마늄이었으나 현재 대부분의 반도체 원료로는 실리콘이 사용된다. 이는 실리콘이 게르마늄과 비교해 순도와 결정 구조 측면에서 우수함을 자랑하고 높은 온도에서도 안정적인 산화막을 만들 수 있는 능력이 있기 때문이다. 한편, 질화갈륨(GaN) 반도체는 실리콘 반도체에 이어 차세대 전력 반도체로 주목받고 있다. 현재까지는 질화갈륨을 실리콘 위에 성장시키는 방식이 주를 이루고 있다. 이는 실리콘 반도체와 비교해 내구성이 좋으며, 높은 전압에서도 그 성능을 유지하는 힘이 강하다. 그러나 이 방식은 질화갈륨과 실리콘 사이에서 전류가 수평으로 흘러 반도체 성능 향상에 한계점이 존재하기 때문에 일부 기업에서는 반도체의 전압과 전류 밀도의 한계점을 더욱 높이기 위해 질화갈륨 위에 질화갈륨을 직접 쌓아 전류가 수직으로 흐르는 방식을 고안하고 있다.

① 실리콘 반도체보다 질화갈륨을 실리콘 위에 성장시키는 방식의 내구성이 더 높다.
② 실리콘에 불순물이 섞이면 전기 전도율이 높아진다.
③ 실리콘은 독성이 없기 때문에 인체에 무해하다.
④ 게르마늄에 비해 실리콘의 순도와 결정 구조는 우수한 편이다.
⑤ 실리콘의 산화막이 안정적으로 형성되기 위해서는 온도가 낮아야만 한다.

28 다음 주장에 대한 반박으로 가장 타당한 것을 고르시오.

> 마케팅의 기본은 이미 존재하고 있던 고객의 '니즈(Needs)'를 충족시키며, 더 나아가 고객 본인도 알지 못했던 '원츠(Wants)'를 인식하도록 유도하는 역할을 하는 것이다. 니즈는 필요성의 측면에서 접근하는 것으로 생존이나 욕구 충족을 위한 제품이나 서비스를 의미한다. 반면 원츠는 고객 개인의 선호나 욕망으로 시간이나 문화 등 여러 요소에 의해 변화한다. 이는 개인의 특성에 따라 홀로 형성되기도 하지만 집단적인 영향을 받아 공동체에 속하고자 하는 욕구에서 비롯되기도 한다. 현대 마케팅에서 중요한 점은 니즈와 원츠를 구분하여 수익을 극대화할 수 있는 원츠를 중심으로 마케팅 전략을 수립하는 것이다. 물론 니즈와 원츠는 서로 중복되거나, 소비자가 개인적으로 느끼는 방식에 따라 변화하는 경우가 빈번하다. 예를 들어, 어떤 사람에게 스마트폰은 기본적인 통신 수단으로서의 니즈를 충족시키기도 하지만, 또 다른 사람에게는 최신 모델이나 특정 브랜드라는 부분으로 원츠를 충족시키는 역할을 한다. 핵심은 기업이 소비자의 기본적인 필요를 이해하는 것에서 더 나아가 시장에서 유행하는 것을 파악하여 차별화된 가치를 제공해야 한다는 것이다. 그것이 시장에서 장기적으로 고객의 높은 충성도를 얻기 위한 전략이 될 것이다.

① 고객의 개인적인 선호와 욕망은 니즈의 요소를 배제함으로써 완성된다.

② 마케팅 전략의 충분조건은 고객의 기본적인 필요를 충족시키는 것이다.

③ 소비자가 자신의 니즈를 충족시키기 위해 새로운 트렌드를 따라가는 것은 일시적인 유행에 불과하다.

④ 실제 마케팅 시장에서 니즈와 원츠의 경계는 모호하므로 특정 개념에만 적용되는 전략을 수립하는 것은 현실적으로 어렵다.

⑤ 고객들 간의 상호작용을 통해 개개인의 소비 정체성이 형성되며 이는 시간과 문화에 의해 자주 변화하게 된다.

29 다음 글을 바탕으로 아래 〈보기〉를 이해한 것으로 적절한 것을 고르시오.

경험재는 소비자가 실제로 체험하기 전까지 그 가치를 정확히 판단하기 어려운 재화나 서비스로, 영화나 공연 티켓과 같은 '전통적 경험재', 웹툰이나 OTT 드라마와 같은 '디지털 경험재'로 구분된다. 경험재는 대체재가 많을 뿐만 아니라 필수재가 아니기 때문에 가격 변동에 따른 수요의 변화가 크다. 다만, 충성도가 높은 팬층이 존재하거나 희소성이 크다면 가격 상승을 감내하려는 소비자들이 많아진다. 콘텐츠 제작자들은 이러한 성향을 활용하여 영화의 개봉 시기나 좌석 위치에 따라 가격을 차등하게 설정하는 전략을 사용한다. 이 전략은 가격 민감도가 서로 다른 소비자들에게 다양한 가격대를 제시함으로써 수익을 극대화한다. 그러나 전통적 경험재는 대부분 일회성 소비에 기반하기 때문에 제작자가 지속적인 수익을 창출하기 위해서는 끊임없이 새로운 콘텐츠를 생산해야 한다. 또한 소비자들의 취향이나 트렌드 변화에 따른 수요 예측이 어려워 제작자 입장에서는 높은 수준의 불확실성을 감수해야 한다.

〈보기〉

크리에이터 경제에서 구독 경제 모델은 팬덤을 중심으로 콘텐츠 제작자와 소비자 간의 지속적인 관계를 형성하는 모델로, 디지털 경험재의 소비 방식 중 하나이다. 이 모델에서 소비자는 크리에이터의 콘텐츠에 정기적인 금액을 지불하고, 이에 대한 대가로 프리미엄 콘텐츠나 특별한 경험을 제공받는다. 이런 구독 시스템은 크리에이터에게 안정적인 수입원을 제공하여 콘텐츠 품질 향상에 집중할 수 있게 하며, 구독자 수와 충성도에 따른 예측 가능한 수익 구조를 형성한다. 또한 소비자는 자신이 지지하는 크리에이터와 직접적인 연결성을 느끼며, 커뮤니티 참여를 통해 정서적 유대감을 경험한다. 특히 주목할 점은 가격에 대한 소비자 민감도가 초기 구독 결정 시에는 높지만, 일단 구독이 시작된 후에는 크게 낮아진다는 것이다. 이는 소비자들이 단순한 콘텐츠 소비를 넘어 크리에이터와의 관계 유지에 가치를 두기 때문이다.

① 전통적 경험재는 구독 경제 모델과 달리 소비자의 취향 변화에 따른 수요 예측이 용이하다.
② 구독 경제 모델은 전통적 경험재에 비해 신작 생산에 대한 부담이 크다.
③ 전통적 경험재와 구독 경제 모델은 모두 신규 소비자 확보에 주로 의존하며, 한 번 확보한 고객에게서 반복적인 수익을 얻기 어렵다.
④ 전통적 경험재와 구독 경제 모델은 모두 가격 차별 전략을 활용하여 수익을 극대화할 수 있다.
⑤ 영화나 공연은 소비자들이 콘텐츠 제작자와 직접적인 유대감을 형성하여 가격 민감도가 낮다.

30 다음 글을 바탕으로 아래 〈보기〉를 이해한 내용으로 적절한 것을 고르시오.

반도체에서의 식각 공정은 웨이퍼에 액체 부식액이나 기체 부식액을 사용하여 실리콘 웨이퍼 상에서 필요한 부분을 선택적으로 남겨 원하는 반도체 회로 패턴을 만드는 과정을 말한다. 반도체 공정 과정 중에는 포토 공정이 있는데, 회로 패턴은 이 포토 공정에서 만들어진 감광액 부분이 아닌, 그 나머지 부분을 부식액을 활용해 제거하는 원리로 만들어지며, 이 과정이 끝나면 남아있던 감광액도 제거한다. 반도체를 형성하는 다층의 얇은 막에 원하는 회로 패턴을 만드는 과정을 반복하는 식각 공정은 식각 반응을 일으키는 물질의 상태에 따라 습식 식각과 건식 식각으로 나뉜다. 이 중 건식 식각은 습식 식각에 비해 비용이 비싸고 복잡하다는 단점이 있으나 최근 반도체 회로의 미세화로 인해 회로 선폭이 줄어들면서 건식 식각의 활용 빈도가 높아지고 있다. 플리즈마 상태로부터 떨어져 나온 반응성 원자가 웨이퍼 표면에 존재하는 막질 원자와 충돌하면 강한 휘발성을 띠게 되는데, 건식 식각은 이와 같은 원리로 감광액 보호막이 적용되지 않은 영역을 제거함으로써 회로 패턴 이외의 불필요한 부분을 없앤다.

〈보기〉

플리즈마는 고체, 액체, 기체 상태를 넘어선 제4의 상태로, 다량의 자유전자, 이온, 그리고 중성 원자 또는 분자로 이루어진 이온화된 기체를 가리킨다. 이온화는 원자나 분자가 전기적으로 중성이 아닌 상태로 전자를 잃거나 얻음으로써 양전하나 음전하의 상태로 변하는 현상으로, 플리즈마는 전기 에너지로 형성된 충분한 크기의 자기장이 기체에 가해질 때 발생한다. 다시 말해, 자기장은 자유전자를 가속시켜 높은 에너지를 지니게 하며, 이 자유전자는 중성 상태의 원자나 분자와 충돌하여 이온화를 일으킨다. 이러한 이온화 과정은 추가적인 전자 생성으로 연쇄 반응을 일으키며, 이로 인해 이온의 수가 기하급수적으로 증가하게 된다. 이온의 수가 급속도로 증가하는 상태를 플리즈마 상태라고 한다.

① 이온화된 기체가 급속도로 증가하는 상태로부터 해리된 원자가 막질 원자에 부딪히면 휘발성이 강해진다.
② 기체의 분자가 전기적으로 중성 상태를 유지하도록 하기 위해서는 기체에 충분한 크기의 자기장을 가해야 한다.
③ 플리즈마 현상을 통한 식각 공정은 저렴한 비용으로 공정을 진행할 수 있다는 장점이 존재한다.
④ 플리즈마 상태를 오래 지속시키기 위해서는 이온화 과정이 전자를 추가로 생산하지 못하도록 해야 한다.
⑤ 이온화된 기체는 감광액과 충돌하면 휘발성이 약해진다는 특징이 있어 반도체 식각 공정에 유용하게 활용된다.

약점 보완 해설집 p.42

무료 바로 채점 및 성적 분석 서비스 바로 가기
QR코드를 이용해 모바일로 간편하게 채점하고 나의 실력이 어느 정도인지, 취약 부분이 어디인지 바로 파악해 보세요!

GLOBAL
SAMSUNG
APTITUDE
TEST

PART 2

실전모의고사 4회

Ⅰ 수리

Ⅱ 추리

본 모의고사는 가장 최근에 시행된 온라인 GSAT 출제 경향에 맞춰 수리와 추리 두 영역으로 구성되어 있습니다. 교재에 수록된 문제풀이 용지와 해커스ONE 애플리케이션의 학습 타이머를 이용하여 실전처럼 모의고사를 풀어본 후, p.202에 있는 '무료 바로 채점 및 성적 분석 서비스' QR코드를 스캔하여 응시 인원 대비 본인의 성적 위치를 확인해 보세요.

▶ 해설 p.52

01 작년 A 농가의 사과와 배 재배량의 합은 총 450kg이었다. 올해 재배량은 사과가 전년 대비 15% 증가하였고 배가 전년 대비 20% 증가하여 사과와 배 재배량의 합은 전년 대비 70kg 증가하였을 때, 올해 A 농가의 사과 재배량은?

① 400kg ② 420kg ③ 440kg ④ 460kg ⑤ 480kg

02 학생부장 선생님은 경제 동아리 학생인 a, b, c, d와 시사 동아리 학생인 e, f, g를 한 명씩 불러서 상담하려고 한다. 시사 동아리 학생은 연달아 부르지 않을 때, 7명의 상담 순서로 가능한 경우의 수는?

① 576가지 ② 720가지 ③ 1,152가지 ④ 1,440가지 ⑤ 2,880가지

03 다음은 2024년 국내 기업별 자동차 산업 매출액과 자동차 생산 대수를 나타낸 자료이다. 다음 중 자료에 대한 설명으로 옳지 않은 것을 고르시오.

[기업별 자동차 산업 매출액]

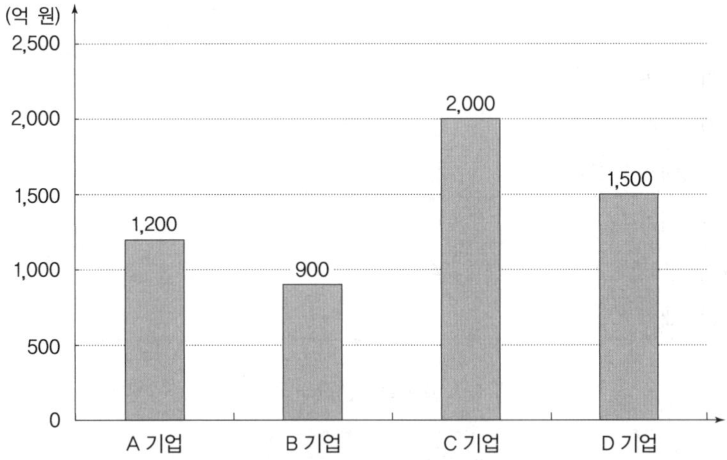

[기업별 자동차 생산 대수]

(단위: 천 대)

구분	A 기업	B 기업	C 기업	D 기업	합계
생산 대수	1,600	1,200	3,600	1,600	8,000

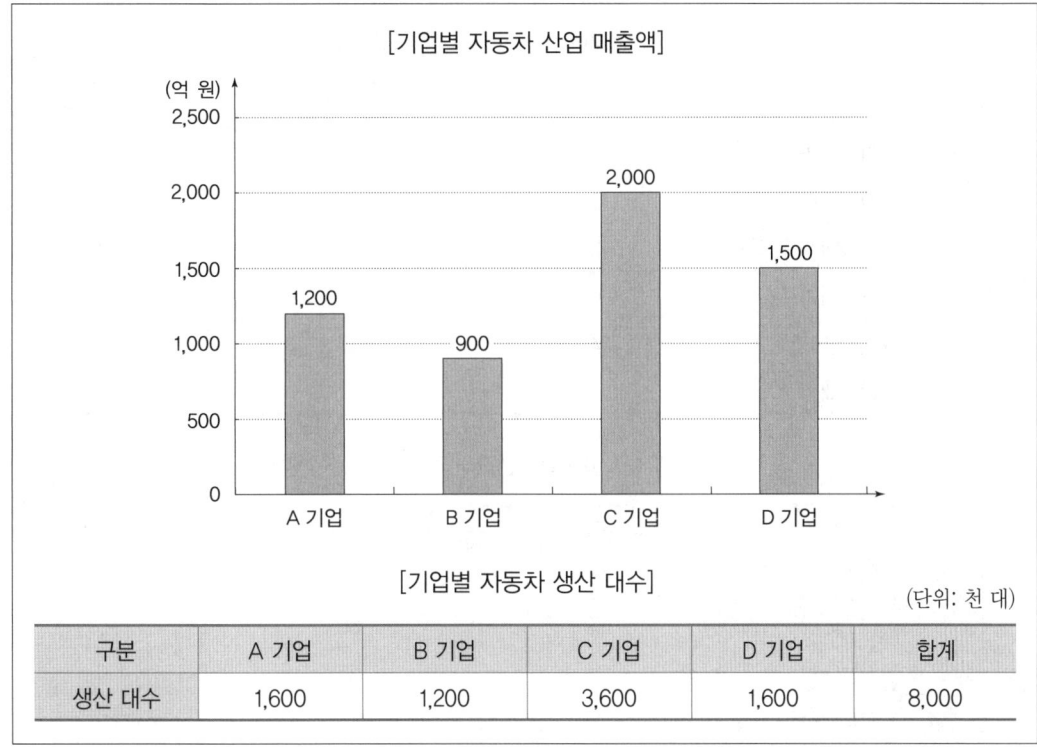

① B 기업의 자동차 생산 대수 1천 대당 자동차 산업 매출액은 0.5억 원 미만이다.

② A 기업의 자동차 생산 대수 대비 C 기업의 자동차 생산 대수의 비율은 2 이상이다.

③ 제시된 4개 기업의 전체 자동차 생산 대수에서 D 기업이 차지하는 비중은 20%이다.

④ A~C 기업 중 자동차 산업 매출액이 D 기업과 가장 많이 차이 나는 기업은 B 기업이다.

⑤ 제시된 4개 기업 중 자동차 생산 대수가 가장 많이 차이 나는 2개 기업의 자동차 산업 매출액 합은 3,000억 원 미만이다.

04 다음은 2024년 대학별 연구실안전관리 정기교육 실시 현황에 대한 자료이다. 다음 중 자료에 대한 설명으로 옳은 것을 고르시오.

[2024년 연구실안전관리 정기교육 실시 현황]

(단위: 개)

구분	대상기관	미실시기관	실시기관
일반대학	154	5	149
전문대학	125	2	123
기능대학	40	1	39
교육대학	10	2	8
특성화대학	4	0	4
산업대학	2	0	2

[2024년 연구실안전관리 정기교육 실시 방법]

(단위: 개)

구분	집합교육	온라인교육	기타
일반대학	25	119	5
전문대학	52	66	5
기능대학	3	36	0
교육대학	2	6	0
특성화대학	0	4	0
산업대학	0	2	0

① 제시된 대학 중 정기교육 대상기관 중 미실시기관의 비중이 가장 높은 대학은 일반대학이다.

② 제시된 대학 중 정기교육 실시 방법 중 온라인 교육이 차지하는 비중이 가장 높은 대학은 일반대학이다.

③ 기타 방법으로 정기교육을 실시한 기관이 포함된 대학의 전체 정기교육 실시기관 수는 275개 이상이다.

④ 제시된 정기교육 전체 대상기관 중 전문대학이 차지하는 비중은 40% 미만이다.

⑤ 정기교육 실시기관 중 집합교육이 차지하는 비중은 일반대학이 교육대학보다 크다.

05 다음은 A 지역 시민을 대상으로 조사한 성별 및 연령대별 행복지수에 대한 자료이다. 다음 중 자료에 대한 설명으로 옳지 않은 것을 고르시오.

[성별 및 연령대별 행복지수]

구분		건강상태	재정상태	인간관계	가정생활	사회생활
성	남자	7.21	6.12	6.78	6.89	6.60
	여자	7.30	6.12	6.80	6.90	6.62
연령대	10대	7.12	6.11	6.77	6.88	6.58
	20대	7.68	5.78	7.11	7.14	6.85
	30대	7.73	6.08	7.11	7.07	6.91
	40대	7.59	6.33	7.00	7.12	6.86
	50대	7.35	6.23	6.80	7.06	6.68
	60대 이상	7.13	6.28	6.75	6.91	6.62

※ 종합 행복지수는 건강상태, 재정상태, 인간관계, 가정생활, 사회생활 5개 항목 행복지수의 평균값임

① 남자와 여자의 행복지수 차이가 가장 큰 항목은 건강상태이다.

② 30대와 40대의 종합 행복지수는 같다.

③ 연령대별 건강상태의 행복지수가 높을수록 가정생활의 행복지수도 높다.

④ 제시된 연령대 중 10대의 행복지수는 모든 항목에서 4~6위를 차지하고 있다.

⑤ 인간관계의 행복지수 대비 사회생활의 행복지수 비율은 20대가 50대보다 작다.

06 **다음은 국가별 냉장고 판매량을 나타낸 자료이다. 다음 중 자료에 대한 설명으로 옳은 것을 고르시오.**

[국가별 냉장고 판매량]

(단위: 만 대, %)

구분	2023년	2024년	2024년 전년 대비 증감률
A 국가	1,550	1,240	−20
B 국가	2,000	2,700	35
C 국가	1,650	990	−40
D 국가	2,500	2,250	−10
E 국가	3,000	2,400	−20
F 국가	1,800	2,250	25
합계	12,500	11,830	−5.36

① 제시된 국가 중 2024년 냉장고 판매량의 전년 대비 증가율이 가장 큰 국가의 2024년 냉장고 판매량은 전년 대비 450만 대 증가하였다.

② F 국가의 냉장고 판매량 대비 B 국가의 냉장고 판매량의 비율은 2024년이 2023년보다 크다.

③ A~F 국가의 2023년 전체 냉장고 판매량에서 A 국가의 냉장고 판매량이 차지하는 비중은 15% 이상이다.

④ 2023년 E 국가의 인구수가 2억 명이면 2023년 E 국가의 인구수 대비 냉장고 판매율은 20% 이상이다.

⑤ 제시된 국가 중 2024년 냉장고 판매량의 전년 대비 변화량이 가장 큰 국가는 E 국가이다.

07 **다음은 H 국의 연도별 감전 사고 현황에 대한 자료이다. 2021년 이후 감전 사고 사상자 수의 전년 대비 증가율이 가장 큰 해에 누전으로 인한 감전 사고 사상자 수는?**

[감전 사고 사망자 수 및 부상자 수]

(단위: 명)

구분	2020년	2021년	2022년	2023년	2024년
사망자 수	57	63	87	68	75
부상자 수	278	337	393	467	575

[감전 유형별 감전 사고 사상자 수 비율]

(단위: %)

구분	2021년	2022년	2023년	2024년
충전부 직접 접촉	43	45	51	56
아크	23	25	19	16
누전	17	15	12	12
정전유도	5	5	5	10
기타	12	10	13	6

※ 사상자 수 = 사망자 수 + 부상자 수

① 64명 ② 68명 ③ 72명 ④ 78명 ⑤ 82명

08 다음은 Z 기업의 계열사 중 A, B 계열사의 매출액 및 매출액 비중을 나타낸 자료이다. 다음 중 자료에 대한 설명으로 옳은 것을 고르시오.

[계열사별 매출액]

(단위: 백만 원)

구분	2021년	2022년	2023년	2024년
A 계열사	1,680	2,120	2,088	2,400
B 계열사	3,780	3,180	2,900	3,264

[계열사별 매출액 비중]

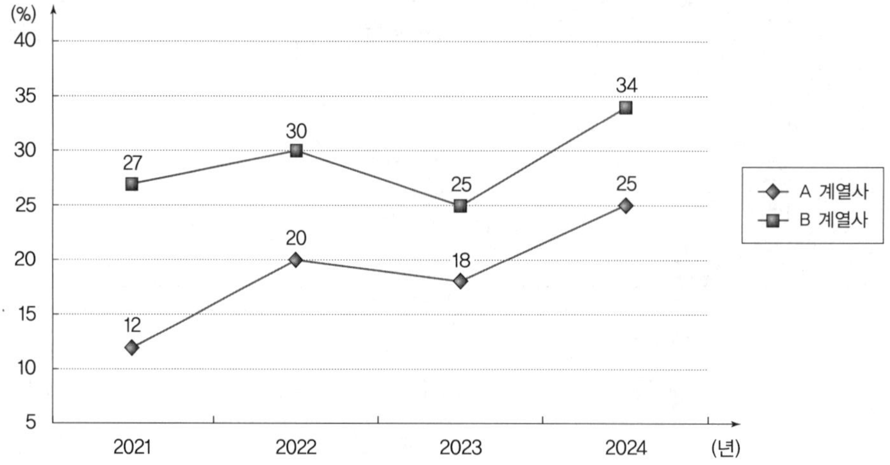

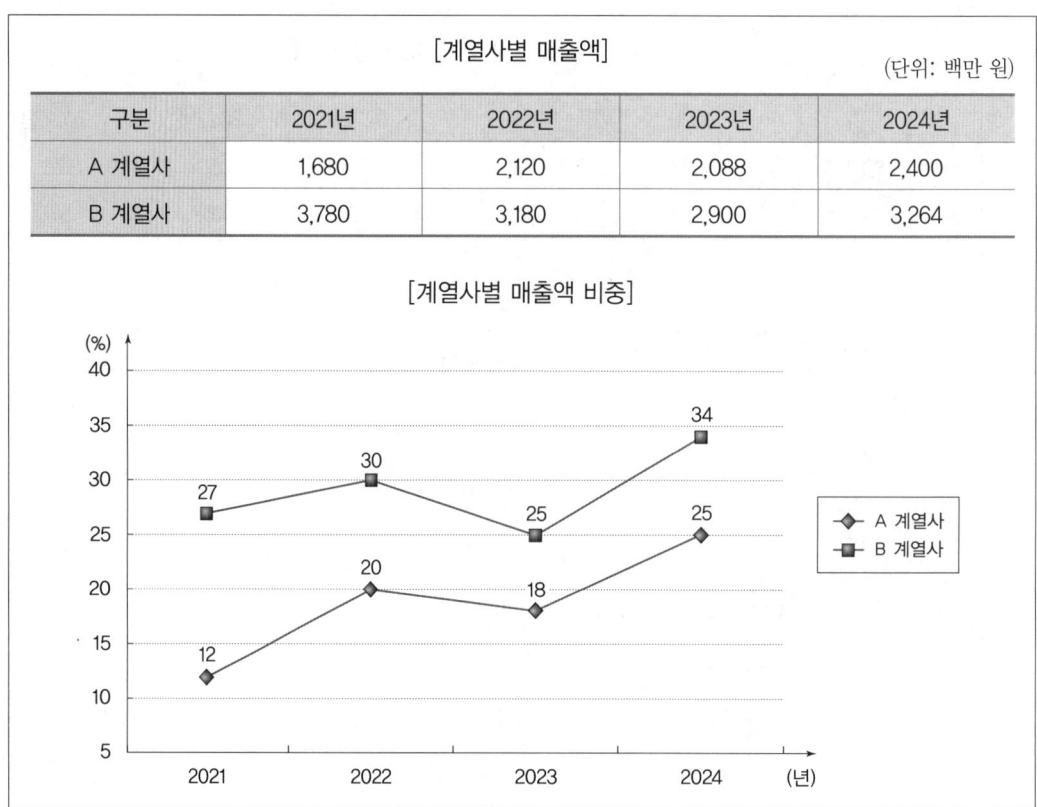

※ 계열사 매출액 비중(%) = (계열사 매출액 / Z 기업 전체 매출액) × 100

① 제시된 기간 중 A 계열사의 매출액 비중이 가장 작은 해와 B 계열사의 매출액이 가장 작은 해는 서로 같다.

② 2022년 A 계열사의 매출액은 전년 대비 30% 이상 증가하였다.

③ Z 기업의 전체 매출액은 2023년이 2022년보다 크다.

④ 제시된 기간 동안 연도별 A 계열사와 B 계열사의 매출액 합계가 Z 기업 전체 매출액에서 차지하는 비중은 매년 40% 이상이다.

⑤ 제시된 기간 중 A 계열사와 B 계열사의 매출액 비중 차이가 두 번째로 작은 해에 Z 기업의 전체 매출액은 9.6억 원이다.

09 다음은 2024년 Z 지역의 전입 인구수에 대한 자료이다. 남성의 총 전입 인구수에서 취직 전입 인구수가 차지하는 비중과 여성의 총 전입 인구수에서 취직 전입 인구수가 차지하는 비중의 차이는 얼마인가?

[2024년 Z 지역 전입 인구수]

(단위: 명)

구분		총 전입 인구수	취직 전입 인구수
성별	남성	5,850	3,393
	여성	3,960	1,287
연령	19세 이하	1,100	382
	20대	2,701	1,270
	30대	1,873	1,044
	40대	1,571	942
	50대	1,473	838
	60세 이상	1,092	204
전체		9,810	4,680

① 21.6%p ② 23.2%p ③ 25.5%p ④ 28.7%p ⑤ 30.3%p

[10-11] 다음은 A 기관의 연도별 직무 교육비 및 전체 연구원 수와 전공별 연구원 수를 나타낸 자료이다. 각 물음에 답하시오.

[연도별 직무 교육비 및 전체 연구원 수]

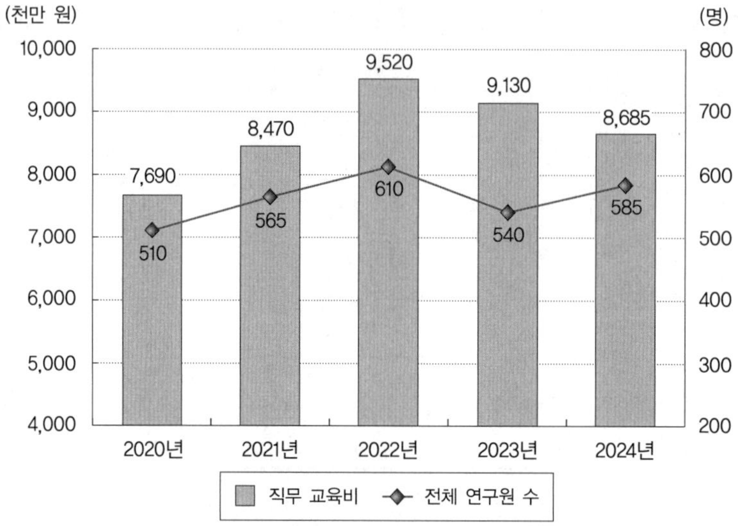

[전공별 연구원 수]

(단위: 명)

구분	2020년	2021년	2022년	2023년	2024년
공학	242	247	270	245	276
이학	85	88	112	81	85
의 · 약 · 보건학	67	72	71	63	71
사회과학	102	131	115	95	84
인문학	14	27	42	56	69

10 다음 중 자료에 대한 설명으로 옳은 것을 고르시오.

① 2021년 이후 전체 연구원 수와 직무 교육비의 전년 대비 증감 추이는 매년 서로 동일하다.

② 제시된 기간 동안 전체 연구원 수에서 이학 전공 연구원 수가 차지하는 비중은 매년 15% 이상이다.

③ 2024년 직무 교육비는 4년 전 대비 100억 원 이상 증가하였다.

④ 제시된 기간 동안 연도별 공학 전공 연구원 수의 평균은 266명이다.

⑤ 제시된 기간 중 의·약·보건학 전공 연구원 수가 다른 해에 비해 가장 많은 해에 직무 교육비의 전년 대비 증가율은 10% 이상이다.

11 다음 중 자료에 대한 설명으로 옳은 것을 모두 고르시오.

a. 제시된 기간 동안 연도별로 연구원 수가 많은 전공부터 순서대로 나열하면 그 순서는 매년 동일하다.
b. 2023년 전체 연구원 수에서 사회과학 전공 연구원 수가 차지하는 비중은 전년 대비 감소하였다.
c. 2021년 이후 인문학 전공 연구원 수의 전년 대비 증가 인원이 가장 많은 해에 전체 연구원 1명당 직무 교육비는 1.5억 원 이상이다.

① b ② c ③ a, b ④ b, c ⑤ a, b, c

[12-13] 다음은 D 병원의 2024년 외래진료 서비스 및 입원진료 서비스 이용 횟수에 대해 조사한 자료이다. 각 물음에 답하시오.

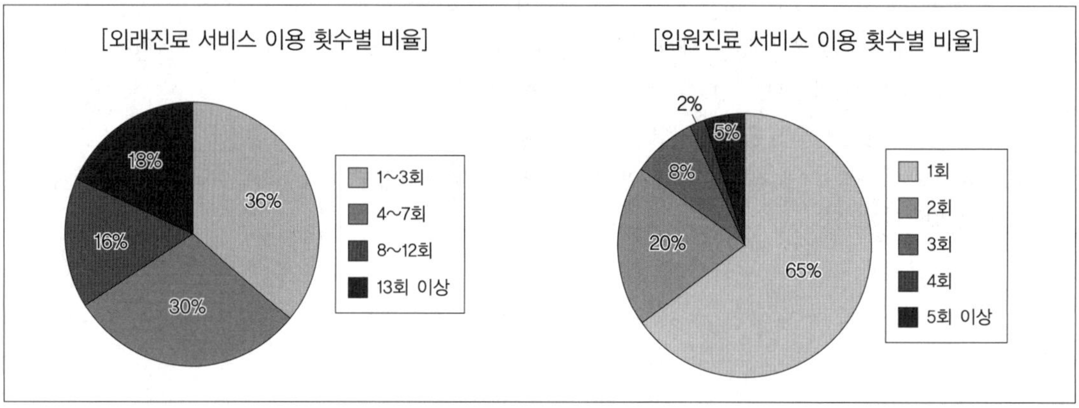

※ 1) 각 조사에 응답한 인원은 2,000명임
2) 외래진료 서비스의 평균 이용 횟수는 10.3회임
3) 입원진료 서비스의 평균 이용 횟수는 1.7회임

12 **다음 중 자료에 대한 설명으로 옳지 않은 것을 고르시오.**

① 외래진료 서비스를 평균 이용 횟수보다 적게 이용한 인원수는 1,300명 이상이다.

② 입원진료 서비스를 평균 이용 횟수보다 적게 이용한 인원수는 평균 이용 횟수보다 많이 이용한 인원수보다 500명 이상 더 많다.

③ 외래진료 서비스를 4~12회 이용한 인원수는 920명이다.

④ 외래진료 서비스를 13회 이상 이용한 인원수는 입원진료 서비스를 3회 이용한 인원수의 2배 미만이다.

⑤ 입원진료 서비스의 평균 이용 횟수보다 많은 이용 횟수의 비율과 적은 이용 횟수의 비율의 차이는 30%p이다.

13 **외래진료 서비스를 1~3회 이용한 인원수와 입원진료 서비스를 1~3회 이용한 인원수의 차이는?**

① 1,140명 ② 1,150명 ③ 1,160명 ④ 1,170명 ⑤ 1,180명

[14-15] 다음은 연도별 전국 지진 발생 횟수에 대한 자료이다. 각 물음에 답하시오.

[연도별 전국 지진 발생 횟수]

(단위: 회)

구분	2012년	2013년	2014년	2015년	2016년	2017년	2018년	2019년	2020년	2021년
총 지진 발생 횟수	56	93	49	44	252	223	115	88	68	70
체감지진횟수	4	15	11	7	55	98	33	16	17	15

[연도별 전국 규모 3 이상 지진 발생 횟수]

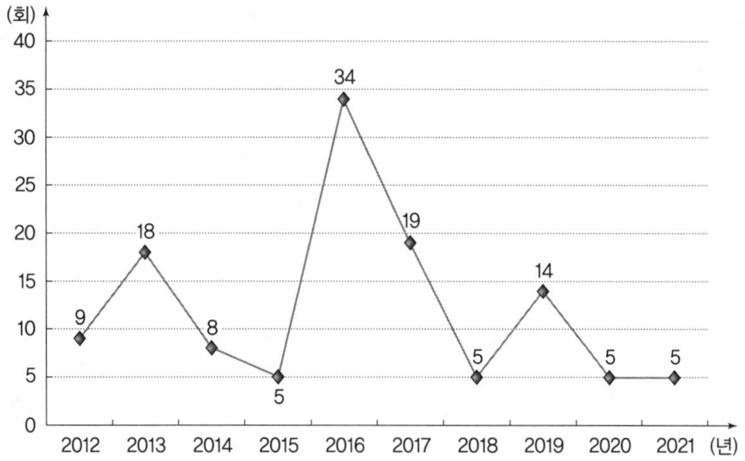

※ 출처: KOSIS(기상청, 지진및지진해일발생통계)

14 다음 중 자료에 대한 설명으로 옳은 것을 모두 고르시오.

a. 제시된 기간 중 전국의 총 지진 발생 횟수가 가장 많은 해에 체감지진횟수도 가장 많다.
b. 2020년 전국의 총 지진 발생 횟수 대비 체감지진횟수의 비율은 0.25이다.
c. 2019년 전국의 규모 3 이상 지진 발생 횟수는 전년 대비 180% 증가하였다.

① a　② b　③ c　④ a, b　⑤ b, c

15 제시된 기간 중 전국의 총 지진 발생 횟수가 세 번째로 적은 해에 전국의 총 지진 발생 횟수 대비 규모 3 이상 지진 발생 횟수의 비율은 약 얼마인가?

① 0.07　② 0.11　③ 0.14　④ 0.16　⑤ 0.19

기출유형공략
1회
2회
3회
4회
5회
6회

[16-17] 다음은 H 사의 차종별 자동차 한 대당 탑재되는 반도체 소자 개수 및 2024년 차종별 판매 대수에 대한 자료이다. 각 물음에 답하시오.

[차종별 자동차 한 대당 탑재되는 반도체 소자 개수]

(단위: 개)

구분	가 자동차	나 자동차	다 자동차
A 소자	60	300	500
B 소자	70	260	180
C 소자	50	90	120
D 소자	120	150	200
합계	300	800	1,000

[2024년 차종별 판매 대수]

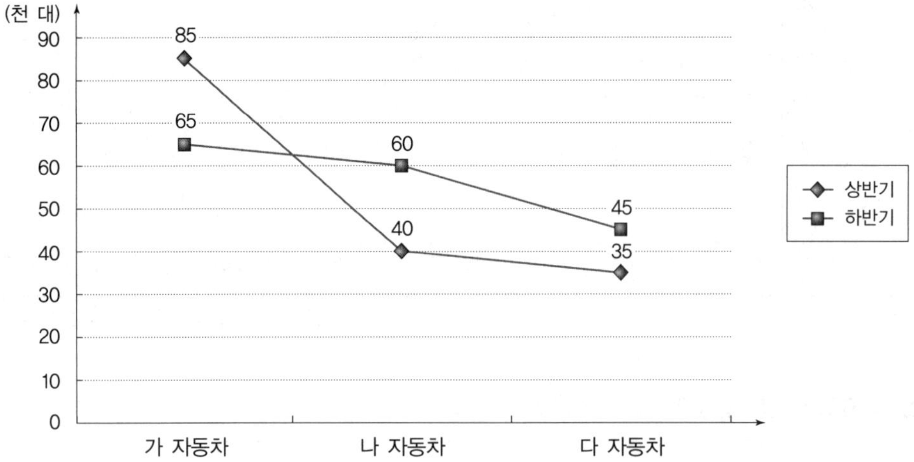

※ H 사의 차종은 가~다 자동차로 분류되며, 자동차에 탑재되는 반도체 소자는 A~D 소자뿐임

16 **다음 중 자료에 대한 설명으로 옳지 않은 것을 고르시오.**

① 차종별 자동차 한 대당 탑재되는 C 소자의 개수는 나 자동차가 가 자동차의 1.8배이다.

② 2024년 다 자동차의 총 판매 대수는 같은 해 가 자동차의 총 판매 대수의 50% 이상이다.

③ 차종별 자동차 한 대당 탑재되는 반도체 소자 개수 중 두 번째로 많이 탑재되는 소자는 3개 차종 모두 B 소자이다.

④ 2024년 판매된 나 자동차에 탑재된 D 소자의 총 개수는 15,000천 개이다.

⑤ 가 자동차 한 대당 탑재되는 A 소자 개수 대비 다 자동차 한 대당 탑재되는 A 소자 개수의 비율은 8.5 미만이다.

17 **다음 중 자료에 대한 설명으로 옳은 것을 모두 고르시오.**

a. 나 자동차에 탑재되는 전체 반도체 소자 개수 중 B 소자 개수가 차지하는 비중은 35% 이상이다.
b. 2024년 하반기 자동차 총 판매 대수는 같은 해 상반기 대비 10천 대 증가하였다.
c. 2024년 하반기에 판매된 다 자동차에 탑재된 반도체 소자의 총 개수는 C 소자가 D 소자보다 3,600천 개 더 적다.

① b ② c ③ a, b ④ b, c ⑤ a, b, c

18 **다음은 학생별 휴식 및 학업 시간에 따른 스트레스 지수를 나타낸 자료이다. 자료를 보고 a, b에 해당하는 값을 예측했을 때 가장 타당한 값을 고르시오.**

[학생별 휴식 및 학업 시간에 따른 스트레스 지수]

(단위: 시간, 점)

구분	A 학생	B 학생	C 학생
휴식 시간	10	15	12
학업 시간	3	2	4
스트레스 지수	60	32	57

※ 스트레스 지수 $=\left(\frac{a}{\text{휴식 시간}}\right)^2+\frac{\text{학업 시간}}{b}$ (단, $a>0$)

	a	b
①	60	0.125
②	60	0.250
③	60	0.375
④	80	0.125
⑤	80	0.250

19 다음은 2024년 지역별 금속 광량에 대한 자료이다. 지역별 광산 1개당 광량을 바르게 나타낸 것을 고르시오.

[지역별 금속 광량]

구분	A 지역	B 지역	C 지역	D 지역	E 지역
광산(개)	31	17	22	24	28
광량(천 톤)	7,750	2,125	5,104	4,560	6,216

①
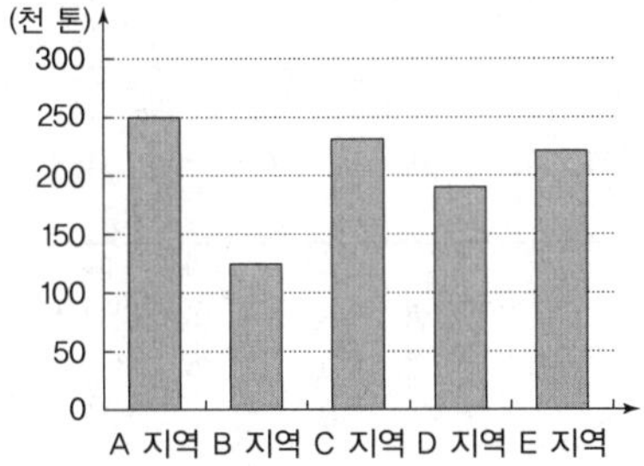

②
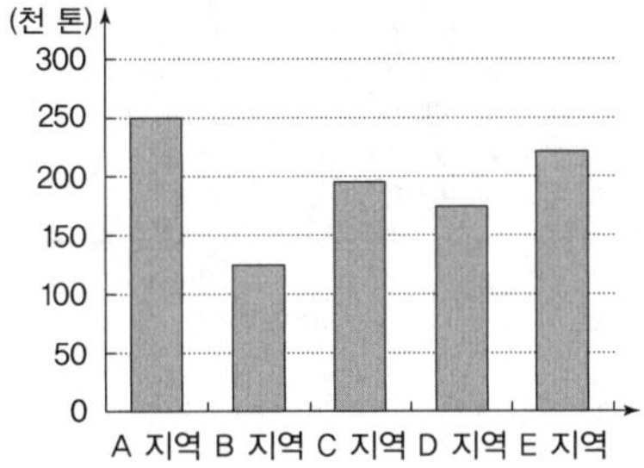

③
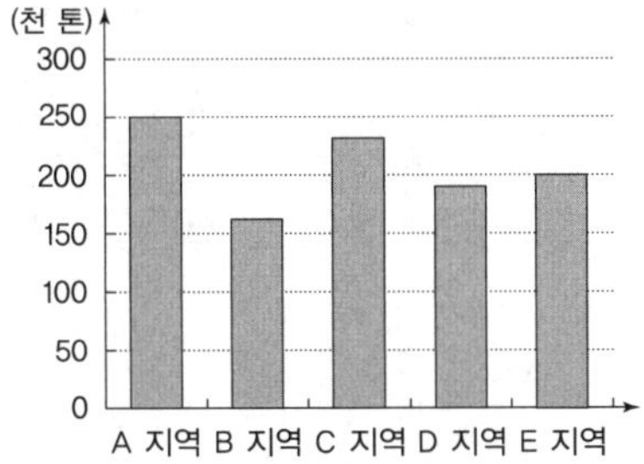

④
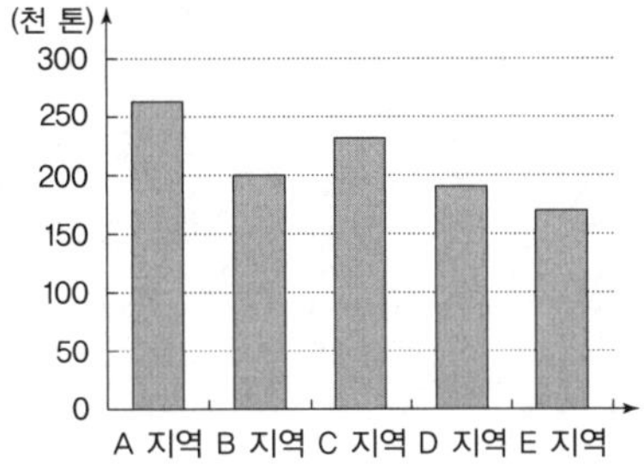

⑤
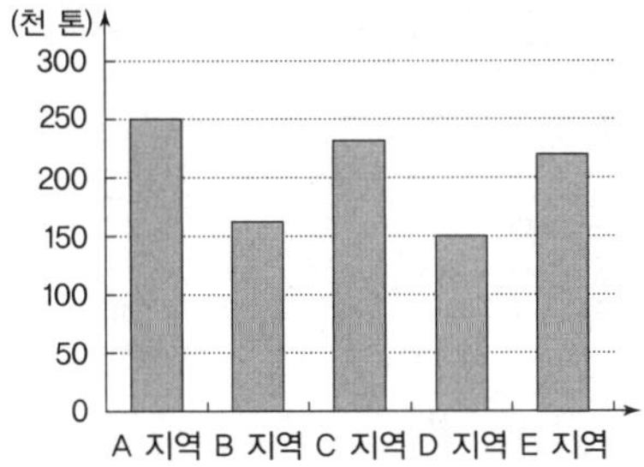

20 다음은 A, B 회사의 연도별 직원 수에 대한 자료이다. 두 회사의 직원 수는 각각 일정한 규칙으로 변화한다고 할 때, 2020년 이후 A, B 회사 직원 수의 합이 처음으로 400명을 초과하는 연도는?

[연도별 직원 수]

(단위: 명)

구분	A 회사	B 회사
2015년	83	105
2016년	84	102
2017년	86	99
2018년	90	96
2019년	98	93

① 2020년 ② 2021년 ③ 2022년 ④ 2023년 ⑤ 2024년

약점 보완 해설집 p.52

Ⅱ 추리

풀이시간 ___시 ___분 ~ ___시 ___분 (총 30문항 / 30분)

▶ 해설 p.57

[01 - 02] 다음 전제를 읽고 반드시 참인 결론을 고르시오.

01

전제	개발팀에 지원한 모든 사람은 코딩교육을 수강하였다.
	개발팀에 지원한 모든 사람은 공인 영어 성적을 보유하고 있다.
결론	

① 코딩교육을 수강한 모든 사람은 공인 영어 성적을 보유하고 있다.

② 코딩교육을 수강한 어떤 사람은 공인 영어 성적을 보유하고 있지 않다.

③ 공인 영어 성적을 보유하고 있는 모든 사람은 코딩교육을 수강하였다.

④ 공인 영어 성적을 보유하고 있는 어떤 사람은 코딩교육을 수강하였다.

⑤ 공인 영어 성적을 보유하고 있지 않은 어떤 사람은 코딩교육을 수강하지 않았다.

02

전제	친화력이 좋은 모든 사람은 인기가 많다.
	SNS를 좋아하지 않는 어떤 사람은 친화력이 좋다.
결론	

① SNS를 좋아하지 않는 모든 사람은 인기가 많다.

② SNS를 좋아하는 모든 사람은 인기가 많다.

③ 인기가 많은 어떤 사람은 SNS를 좋아한다.

④ 인기가 많은 모든 사람은 SNS를 좋아하지 않는다.

⑤ 인기가 많은 어떤 사람은 SNS를 좋아하지 않는다.

03 다음 결론이 반드시 참이 되게 하는 전제를 고르시오.

전제	어떤 동물은 건강하다.
결론	어떤 동물은 겨울잠을 자지 않는다.

① 건강한 모든 동물은 겨울잠을 잔다.

② 겨울잠을 자는 어떤 동물은 건강하다.

③ 겨울잠을 자는 모든 동물은 건강하지 않다.

④ 건강하지 않은 모든 동물은 겨울잠을 잔다.

⑤ 겨울잠을 자는 어떤 동물은 건강하지 않다.

04 가전제품 판매점에서 전자레인지, 스타일러, 청소기, TV, 세탁기를 1~5번 구역에 배치하려고 한다. 다음 조건을 모두 고려하였을 때, 항상 거짓인 것을 고르시오.

- 스타일러와 청소기는 나란히 붙어 배치될 수 없다.
- 4번 구역에는 전자레인지 또는 청소기가 배치된다.
- 청소기와 세탁기는 서로 마주보도록 배치된다.
- TV는 1번 구역 또는 2번 구역에 배치된다.

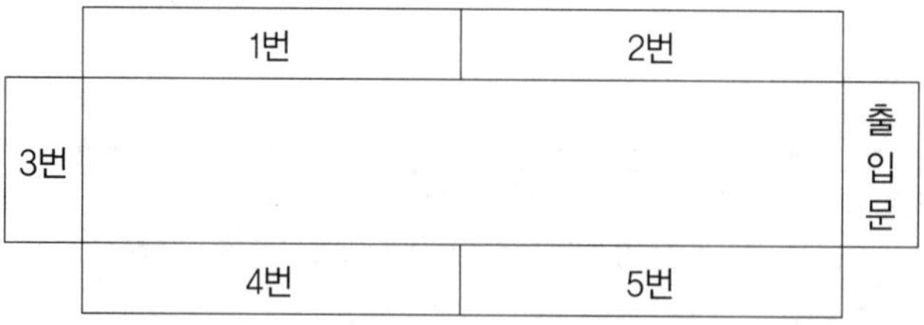

① TV는 전자레인지와 서로 마주보도록 배치된다.

② 청소기는 5번 구역에 배치된다.

③ 세탁기가 1번 구역에 배치된다면, 가능한 경우의 수는 2가지이다.

④ 전자레인지가 4번 구역에 배치된다면, 가능한 경우의 수는 2가지이다.

⑤ 세탁기는 TV와 나란히 붙어 배치된다.

05 **A, B, C, D, E 5명은 1~6점까지 6개의 점수가 각각 적힌 표적에 화살을 하나씩 쏘아 맞혀 모두 서로 다른 점수를 획득했다. 5명 중 홀수 점수를 획득한 사람은 거짓을 말했고, 짝수 점수를 획득한 사람은 진실을 말했을 때, A가 획득한 점수를 고르시오.**

- A: 나는 5명 중 가장 높은 점수를 획득했어.
- B: C는 짝수 점수를 획득했어.
- C: A의 말은 진실이야.
- D: 나는 3점보다 높은 점수를 획득했어.
- E: 나보다 높은 점수를 획득한 사람은 모두 홀수 점수를 획득했어.

① 2점 ② 3점 ③ 4점 ④ 5점 ⑤ 6점

06 **수진, 민지, 현아, 지은, 윤아 5명은 각각 수학, 영어, 과학, 사회, 국어 중 한 과목의 수업을 듣는다. 다음 조건을 모두 고려하였을 때, 항상 거짓인 것을 고르시오.**

- 5명은 각각 서로 다른 과목의 수업을 듣는다.
- 각 과목의 수업은 서로 다른 교실에서 진행하고, 교실 배치는 수학-영어-과학-사회-국어 순이다.
- 수진이는 수학 수업을 듣지 않는다.
- 민지는 영어 또는 국어 수업을 듣는다.
- 현아와 지은이는 서로 이웃하는 교실에서 수업을 듣는다.
- 윤아는 과학 또는 사회 수업을 듣는다.

① 현아가 수학 수업을 들으면, 지은이는 영어 수업을 듣는다.
② 지은이가 수학 수업을 듣는 경우의 수는 2가지이다.
③ 수진이와 민지는 서로 이웃하는 교실에서 수업을 듣는다.
④ 민지가 국어 수업을 듣는 경우의 수는 4가지이다.
⑤ 지은이와 윤아가 서로 이웃하는 교실에서 수업을 듣는 경우의 수는 2가지이다.

07 가희, 나연, 다형, 라진, 마리 5명은 1일부터 10일까지 이틀씩 출장을 가려고 한다. 다음 조건을 모두 고려하였을 때, 항상 거짓인 것을 고르시오.

- 1일부터 10일까지 하루에 1명만 출장을 가며, 이틀 연속 출장을 가는 사람은 없다.
- 다형이는 1일, 나연이는 2일, 라진이는 7일에 출장을 간다.
- 가희가 출장을 가는 날짜는 모두 짝수일이고, 다형이가 두 번째로 출장을 가는 날짜보다 모두 늦다.
- 마리가 출장을 가는 두 날짜의 차이는 3일이다.
- 가장 마지막 날 출장을 가는 사람은 라진이다.

① 가희는 4일에 출장을 간다.

② 다형이는 3일에 출장을 간다.

③ 나연이는 5일에 출장을 간다.

④ 마리가 6일에 출장을 가면, 나연이가 출장을 가는 두 날짜의 차이는 7일이다.

⑤ 나연이와 라진이가 연이어 출장을 가면, 5일에 출장을 가는 사람은 마리이다.

08 사격 대회에 참가한 A, B, C, D, E 5인은 예선전, 준결승전, 결승전으로 이루어진 토너먼트를 치러 1등을 결정했다. 다음 조건을 모두 고려하였을 때, 항상 거짓인 것을 고르시오.

- 사격 대회에 참가한 사람은 5인뿐이다.
- 토너먼트의 대진표는 추첨을 통해 결정되었으며, 패자부활전은 치러지지 않았다.
- 토너먼트 결과 총 3인이 메달을 받았으며, 1등은 금메달을, 2등은 은메달을, 3등은 동메달을 받았다.
- 경기를 치르지 않고 부전승을 거둔 사람은 B와 D이다.
- 가장 많은 경기를 치른 사람은 C이다.
- 최종 순위는 B가 C보다 높다.

① 경기를 한 번만 치른 사람은 2인 이상이다.

② B의 예선전 상대는 E이다.

③ 메달을 받은 사람 중 1인은 E이다.

④ A의 예선전 상대는 C이다.

⑤ 동메달을 받은 사람은 D이다.

09 **갑, 을, 병, 정 각각의 두 가지 진술 중 한 가지 진술은 진실, 다른 한 가지 진술은 거짓일 때, 현직 야구선수인 사람을 모두 고르시오.**

- 갑: 나는 현직 야구선수가 아니며, 병은 현직 야구선수이다.
- 을: 나는 현직 야구선수이며, 갑은 현직 야구선수이다.
- 병: 나는 현직 야구선수가 아니며, 정은 현직 야구선수가 아니다.
- 정: 나는 현직 야구선수이며, 을은 현직 야구선수가 아니다.

① 갑, 정 ② 을, 병 ③ 갑, 병, 정 ④ 갑, 을, 병, 정 ⑤ 알 수 없음

10 **지상, 수진, 용무, 원호, 동민이는 사진 콘테스트에 각자 1장의 사진을 출품했고, 출품된 사진은 풍경, 인물, 야생동물, 건축물, 음식을 주제로 한 사진이었다. 다음 조건을 모두 고려했을 때, 항상 참인 것을 고르시오.**

- 5명은 각자 다른 주제의 사진을 출품하였다.
- 수진이는 음식 사진을 출품하지 않았다.
- 용무는 인물 사진 또는 건축물 사진을 출품했다.
- 원호가 출품한 사진이 야생동물 사진이라면, 동민이는 인물 사진을 출품했다.
- 풍경 사진을 출품한 사람은 지상이다.
- 동민이는 건축물 사진을 출품하지 않았다.

① 용무가 인물 사진을 출품했다면, 원호는 음식 사진을 출품했다.

② 원호가 야생동물 사진을 출품하는 경우가 있다.

③ 동민이가 인물 사진을 출품했다면, 용무는 건축물 사진을 출품했다.

④ 수진이가 야생동물 사진을 출품했다면, 가능한 경우의 수는 2가지이다.

⑤ 원호가 음식 사진을 출품했다면, 동민이는 야생동물 사진을 출품했다.

11 **A, B, C, D 4명은 각각 아메리카노, 콜드브루, 에스프레소, 라떼 중 한 가지의 음료를 주문하려고 한다. 다음 조건을 모두 고려했을 때, 항상 거짓인 것을 고르시오.**

- A~D 4명은 서로 다른 종류의 음료를 주문한다.
- C가 콜드브루를 주문하면 B는 에스프레소를 주문하지 않는다.
- D는 라떼 또는 콜드브루를 주문한다.
- A 또는 B는 에스프레소를 주문한다.

① B가 에스프레소를 주문하면, A는 라떼를 주문한다.

② C가 콜드브루를 주문하면, B는 아메리카노를 주문한다.

③ A가 에스프레소를 주문하는 경우의 수와 B가 에스프레소를 주문하는 경우의 수는 같다.

④ C가 주문하는 음료로 가능한 경우는 3가지이다.

⑤ D가 콜드브루를 주문하면, 가능한 경우의 수는 4가지이다.

12 **A 회사의 인사 평가에서 태연, 윤아, 서현, 효연, 유리 5명은 각각 업무성과, 직무역량, 태도, 협업능력, 잠재력 항목 중 서로 다른 항목에서 하나씩 최고점을 받았다. 다음 조건을 모두 고려하였을 때, 태도에서 최고점을 받은 사람을 고르시오.**

- 5개의 평가 항목은 성과 중심과 성장 중심으로 계열을 구분할 수 있으며, 성과 중심 계열에는 업무성과, 직무역량 항목이, 성장 중심 계열에는 태도, 협업능력, 잠재력 항목이 포함되어 있다.
- 태연과 윤아는 성장 중심 계열의 항목에서 최고점을 받았다.
- 직무역량에서 최고점을 받은 사람은 서현 또는 효연이다.
- 서현이 태도에서 최고점을 받지 않았다면, 유리는 잠재력에서 최고점을 받았다.
- 효연과 유리는 같은 계열의 항목에서 최고점을 받았다.

① 태연 ② 윤아 ③ 서현 ④ 효연 ⑤ 유리

13 **갑, 을, 병, 정, 무, 기 6명은 오전 8시 30분부터 10분 간격으로 등교했다. 다음 조건을 모두 고려하였을 때, 9시 정각에 등교한 사람으로 가능한 것을 모두 고르시오.**

- 6명의 등교 시간은 모두 다르다.
- 정은 무보다 늦게 등교했다.
- 을은 병보다 먼저 등교했다.
- 갑은 을보다 먼저 등교했으며, 갑과 을 사이에 등교한 사람은 2명이다.
- 무는 첫 번째 또는 세 번째로 등교했다.

① 을 ② 정 ③ 을, 정 ④ 정, 기 ⑤ 을, 정, 기

14 **A, B, C, D 4명의 배우 중 2명은 춘향전, 2명은 흥부전 연극을 하고 있으며, 각 연극에서 1명은 남성, 1명은 여성 배역을 하고 있다. 남성 배역을 하고 있는 배우는 진실을 말하고 여성 배역을 하고 있는 배우는 거짓을 말할 때, 항상 참인 것을 고르시오.**

- A: 나는 D와 함께 춘향전 연극을 하고 있어.
- B: C는 남성 배역을 하고 있고, D는 춘향전 연극을 하고 있어.
- C: A는 여성 배역을 하고 있고, B는 D와 같은 연극을 하고 있어.
- D: B는 흥부전 연극을 하고 있어.

① A가 여성 배역을 하고 있다면, C는 춘향전 연극을 하고 있다.

② B와 C가 같은 성별의 배역을 하고 있다면, 가능한 경우의 수는 2가지이다.

③ D는 춘향전 연극을 하고 있다.

④ B는 흥부전 연극에서 남성 배역을 하고 있다.

⑤ A가 춘향전 연극을 하고 있다면, 가능한 경우의 수는 1가지이다.

[15-17] 다음 도형에 적용된 규칙을 찾아 '?'에 해당하는 도형을 고르시오.

15

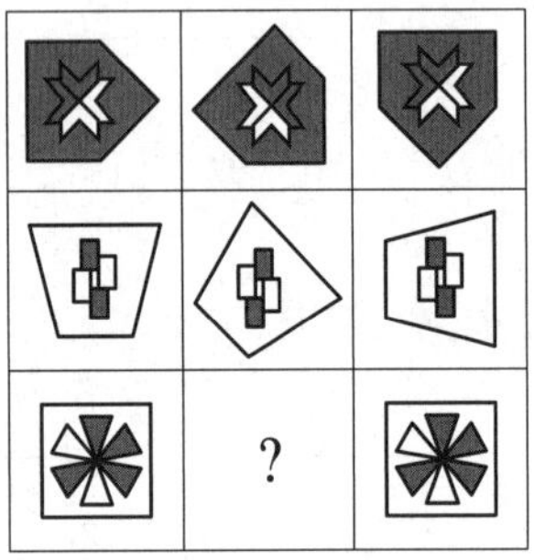

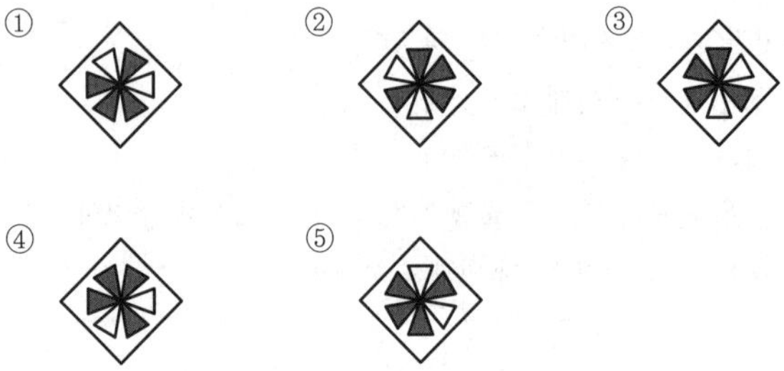

16

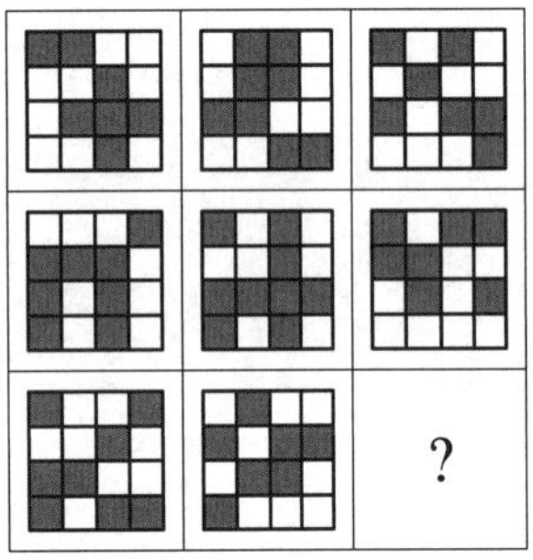

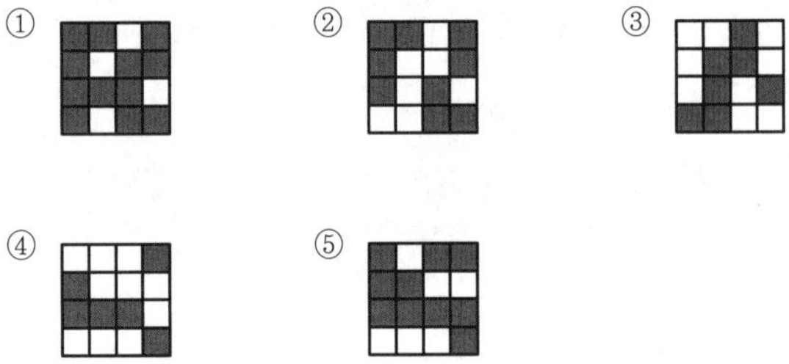

17

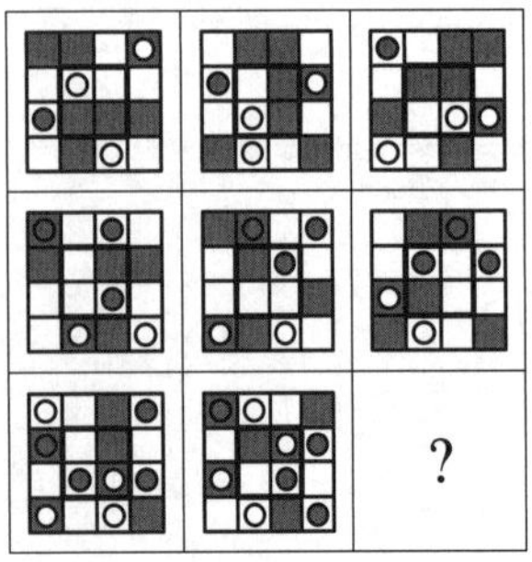

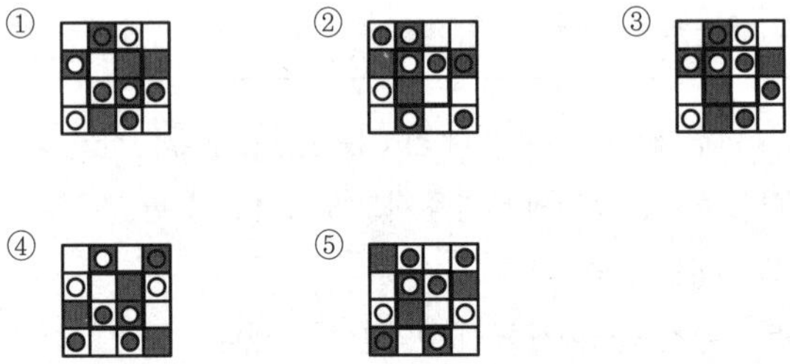

[18-21] 다음 각 기호가 문자, 숫자의 배열을 바꾸는 규칙을 나타낸다고 할 때, 각 문제의 '?'에 해당하는 것을 고르시오.

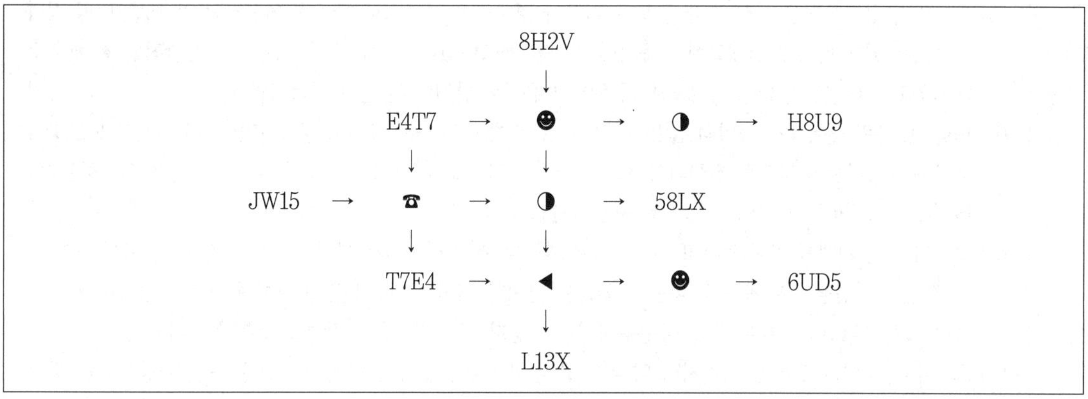

18

57CQ → ☻ → ☎ → ?

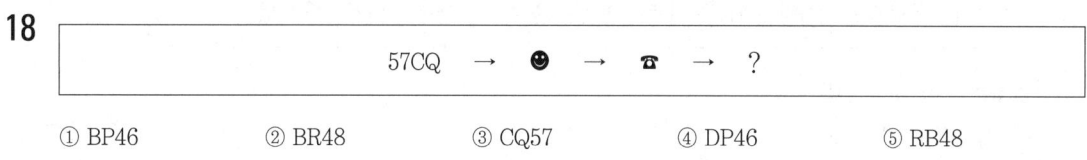

① BP46 ② BR48 ③ CQ57 ④ DP46 ⑤ RB48

19

8W3I → ◀ → ◑ → ?

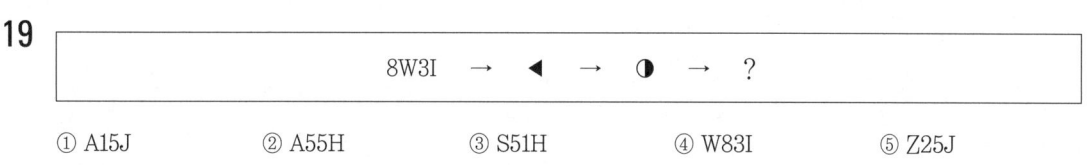

① A15J ② A55H ③ S51H ④ W83I ⑤ Z25J

20

V2Z7 → ☎ → ◀ → ◑ → ?

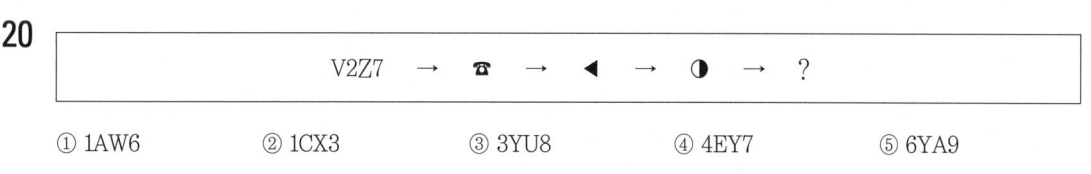

① 1AW6 ② 1CX3 ③ 3YU8 ④ 4EY7 ⑤ 6YA9

21

? → ☻ → ◀ → ☎ → J38Q

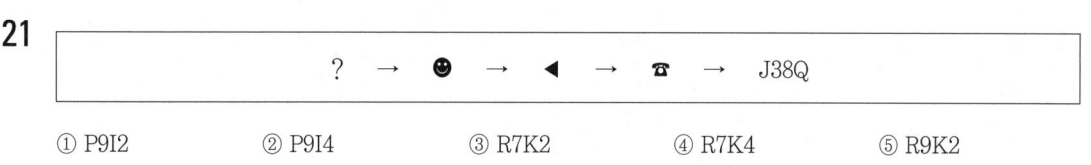

① P9I2 ② P9I4 ③ R7K2 ④ R7K4 ⑤ R9K2

22 다음 문단을 논리적 순서대로 알맞게 배열한 것을 고르시오.

(A) 노르망디 상륙작전은 사상 최대 규모로 미군과 영국군을 주축으로 한 8개 연합국의 약 15만 명의 병력이 동원되었으며, 5개의 해안에서 동시에 진행될 계획이었다. 육해공군을 아우르는 종합적인 전략이 수립되었고 디데이는 달빛이 밝고 조류의 상태가 유리한 만월이 될 날로 설정되었다.

(B) 1943년, 유럽 대륙에서 독일의 점령을 끝내기 위한 대규모 군사 작전이 결정되었다. 이 작전은 노르망디 해안에 상륙하는 과정으로 진행되어 '노르망디 상륙작전'으로 알려져 있으며 작전 개시일을 의미하는 '디데이(D-Day)'라는 용어의 시초가 된 사건이기도 하다.

(C) 그러나 작전 개시를 며칠 앞두고 예상치 못한 악천후가 발생하면서 계획에 차질이 생겼다. 이에 따라 상륙 작전이 지연될 위험에 처했지만, 연합군은 날씨가 개선될 가능성을 고려하여 작전을 강행하기로 결정하였고 1944년 6월 6일 새벽, 공수부대의 노르망디 해안 강하를 시작으로 전투가 개시되었다.

(D) 초기부터 치열한 전투가 이어지며 약 4만 명의 희생자가 발생한 끝에 연합군은 독일의 방어선을 뚫는 데 성공하였으며 빠른 내륙 진격을 이어갔다. 노르망디 상륙작전은 2차 세계대전의 전세를 완전히 역전시키는 중요한 전환점이 되었으며 독일의 항복을 이끄는 결정적인 계기가 되었다.

① (A) - (B) - (C) - (D)

② (A) - (D) - (B) - (C)

③ (B) - (A) - (C) - (D)

④ (B) - (C) - (D) - (A)

⑤ (B) - (D) - (A) - (C)

23 다음 문단을 논리적 순서대로 알맞게 배열한 것을 고르시오.

(A) 즉, 적색편이를 관찰함으로써 은하들의 후퇴 속도를 측정하고 이를 통해 우주의 팽창 정도를 이해할 수 있게 된 것이다. 우주에 있는 은하들이 서로 멀어지는 현상은 우주 전체가 모든 방향으로 고르게 확장하고 있다는 개념을 뒷받침한다.

(B) 1929년 천문학자 에드윈 허블은 여러 은하들의 지구에서 멀어지는 속도와 그 거리가 비례한다는 사실을 밝혀냈다. 이후 '허블의 법칙'으로 알려진 이 법칙은 우주가 팽창한다는 사실을 과학적으로 입증한 핵심 이론이 되었다.

(C) 이후 허블의 법칙은 우주의 나이와 진화에 관한 연구의 기준이 되었으며 우주론에서의 빅뱅 이론의 기초를 마련하였다. 이 법칙은 우주에 대한 근본적인 이해를 바꾸며 현대 우주론의 발전에 큰 기여를 하였다는 점에서 의의를 갖는다.

(D) 허블의 법칙에 따르면 은하들이 멀어지는 속도는 약 100만 광년마다 초속 20~30km로 측정되며 이는 허블 상수와 거리의 곱을 통해 계산된다. 또한, 멀어지는 은하는 도플러 효과로 인해 빛의 파장이 늘어나며 적색편이 현상을 보인다.

① (A) – (B) – (C) – (D)
② (A) – (D) – (B) – (C)
③ (B) – (A) – (C) – (D)
④ (B) – (C) – (D) – (A)
⑤ (B) – (D) – (A) – (C)

24 **다음 진술이 모두 참이라고 할 때 반드시 거짓일 수밖에 없는 것을 고르시오.**

> 1970년대 게임 회사 아타리(Atari)의 디자이너 워렌 로비넷은 사각형 캐릭터가 성배를 찾아 황금성으로 가는 게임인 어드벤처(Adventure)의 개발에 참여했다. 그러나 게임이 팔려도 로열티가 제대로 지급되지 않았을 뿐만 아니라 게임 패키지에 게임 디자이너의 이름이 실리지 않자 게임에 장난을 치기로 했다. 그는 게이머가 들어가기 어려운 비밀의 방을 만들고, 그 방에 들어가면 자신의 이름이 뜨게 해놓았다. 한 게이머가 이러한 비밀의 방이 존재한다는 것을 알려주기 전까지 아타리 경영진은 워렌 로비넷의 장난을 모르고 있었다. 게다가 워렌 로비넷은 이미 퇴사한 상태였기 때문에 처벌도 할 수 없었다. 워렌 로비넷의 장난은 세계 최초의 이스터에그로 알려져 있다. 이스터에그란 문자 그대로 부활절 달걀로, 부활절에 어린아이들이 숨겨진 계란을 찾는 놀이에서 유래했다. 게임에 있어서 이스터에그는 개발자가 재미를 위해 게임 속에 몰래 숨겨놓은 메시지나 기능으로 정상적인 기능과 차별화되어 게임 플레이에는 전혀 영향을 주지 않는다. 이스터에그는 그것을 찾는 행위 자체에 의미가 있으며, 개발자가 의도한 일정한 조작을 실행한 모든 게이머는 동일한 형태의 이스터에그를 확인할 수 있다. 낮은 난도의 이스터에그는 게임 출시 직후에 발견되기도 하지만, 시간이 많이 흐른 후 우연히 발견되는 이스터에그도 적지 않다. 오늘날 이스터에그로 큰 재미를 선사하고 있는 분야는 단연 영화일 것이다. 영화에서 이스터에그는 주로 대사나 배경의 소품 형태로 숨어 있으며 관객이 집중하지 않으면 알아채기 힘든 것이 대부분이다. 제작진은 해당 영화와 관련된 또 다른 작품이나 제작 스튜디오의 특징을 이스터에그로 심어 놓는데, 디즈니·픽사의 경우 추후 개봉되는 영화의 특징을 암시하는 이스터에그를 통해 관객의 기대를 고조시키는 것으로 잘 알려져 있다.

① 특정 영화에 숨겨진 이스터에그를 통해 또 다른 영화에 대한 정보를 알 수 있는 경우가 있다.

② 게임 속에 숨어있는 이스터에그를 찾는 방법과 그 난이도는 게임의 개발자가 결정할 수 있다.

③ 종교적 풍습에서 유래한 이스터에그는 게임이나 영화 속에 숨겨진 특별한 메시지나 요소를 의미한다.

④ 아타리 경영진은 워렌 로비넷이 회사를 그만둔 후에 어드벤처에 있는 이스터에그를 알아차렸다.

⑤ 게임에서 이스터에그를 찾으면 그렇지 못할 때보다 더 쉽고 빠르게 게임을 완료할 수 있다.

25 **다음 진술이 모두 참이라고 할 때 반드시 거짓일 수밖에 없는 것을 고르시오.**

데이터 센터는 중앙화된 시설에서 서버, 저장 장치 및 네트워크 리소스를 관리하여 안정적인 데이터 환경을 제공하는 시설이다. 그러나 오늘날 5G, 인공지능, 사물인터넷 등의 기술이 급속도로 성장하면서 동시에 데이터 센터에서 처리해야 하는 데이터의 양도 기하급수적으로 증가하고 있다. 문제는 데이터 센터 운영에 필요한 전력량이 증가하고 있다는 데 있으며, 지구 온난화를 야기하는 온실가스 배출량 역시 늘어나고 있다는 것이다. 현재는 데이터 센터의 전력 소모량을 최대한 줄이는 것이 전 세계적인 과제라고 해도 과언이 아니다. 이때 주목받고 있는 방안이 바로 저전력 반도체이다. 저전력 반도체는 데이터 센터의 전력 소비를 줄이고 열 발생을 감소시켜 전체적인 전력 효율을 최적화하는 방법이다. 2000년대에는 데이터 센터 서버에서 데이터를 저장하기 위해 사용했던 HDD의 단점을 보완하는 SSD가 등장했으며, 이를 통해 데이터 처리 성능은 향상되고 소비 전력과 발열이 줄었다. 그러나 생산되는 데이터가 급속도로 많아지면서 2025년까지 쌓일 것으로 예상되는 데이터의 양만 해도 2018년까지 축적된 데이터의 5.3배인 177ZB(제타바이트)에 다다를 만큼 엄청나다. 만약 전 세계의 데이터 센터 서버의 모든 HDD를 SSD로 대체한다면, 연간 3TWh(테라와트시)의 전력을 절약할 수 있다. 여기에 더해 D램을 DDR4에서 최신 DDR5로 업그레이드하면 연간 약 1TWh의 전력을 절감할 수 있으며 데이터 센터의 전반적인 운영에 소모되는 전력 3TWh를 추가로 절감할 수 있다. 1년 동안 절약되는 총 7TWh의 전력은 화력발전소 2.5기에서 소비되는 전력을 대체할 수 있는 양이다. 따라서 저전력 반도체의 적용은 에너지 절약과 온실가스 배출량 감소에 큰 도움이 될 수 있다.

① 데이터 센터에서 데이터 저장 시 저전력 반도체를 사용하더라도 발열량을 줄일 수는 없다.
② 데이터 센터 운영에 필요한 전력량과 데이터 센터에서 처리해야 하는 데이터양은 비례관계이다.
③ 전 세계 데이터 센터의 서버 전체를 SSD로, D램을 DDR5로 교체하면 연간 7TWh 전력이 절감될 수 있다.
④ 데이터 센터를 통해 데이터를 관리하면 데이터 제공 환경이 일정하게 유지될 수 있다.
⑤ 저전력 반도체는 데이터 센터 운영으로 인해 발생하는 온실가스 배출량을 감축시킬 수 있다.

26 다음 내용을 바탕으로 추론할 수 있는 것을 고르시오.

지구 내부의 한 곳에서 급격한 움직임이 일어나 그곳에서 지진파가 시작되어 지표(地表)까지 전하여지는 것을 일컬어 지진이라고 한다. 지진은 땅이 흔들리는 현상이기 때문에 건축물에 하중으로 영향을 미칠 수밖에 없다. 이로 인해 지진으로 인해 피해를 입을 것으로 예상되는 건축물에는 내진 설계가 의무적으로 요구된다. 예컨대 우리나라에서 2층 이상이면서 면적이 200m^2 이상인 건축물에 내진 설계를 의무화한 식이다. 내진 설계는 그 이름처럼 지진이 발생하더라도 건축물이 형태를 유지하면서 피해를 입지 않도록 하는 설계를 의미한다. 하지만 발생할 수 있는 모든 지진에 대비하는 설계는 아니다. 크게 세 가지 목표 달성을 위해 설계가 이루어지는데, 먼저 작은 규모의 지진에서는 구조부재와 비구조부재가 손상받지 않아야 하고, 중간 규모의 지진에서는 비구조부재의 손상은 허용하되 구조부재가 손상되지 않도록 해야 하고, 마지막으로 대규모 지진에서는 구조부재와 비구조부재의 손상은 허용되나 건축물의 붕괴에 따른 인명 피해가 발생하지 않아야 한다. 흔히 건축물의 내부 구조가 ㄴ자형 또는 T자형인 경우나 벽면에 다양한 보강 설비를 갖춘 건물을 쉽게 볼 수 있는데, 이는 모두 지진에 대한 저항력을 강화함으로써 내구성을 높임과 동시에 흔들림에 유연하게 대처하도록 만든 것이다.

① 내진 설계가 제대로 된 경우라도 작은 규모의 지진 발생 시 비구조부재의 손상은 허용된다.
② 지진 취약 지역에 세워질 건물을 설계할 경우 내부 구조는 ㅁ자형으로 설계될 필요가 있다.
③ 건물을 지을 때 벽면에 충격을 완화하는 자재를 설치하면 해당 건물의 내구성을 강화할 수 있다.
④ 대규모 지진으로 건축물이 붕괴되었지만 인명 피해가 적었다면 내진 설계의 목표를 달성했다고 본다.
⑤ 우리나라에서 면적이 200m^{2}이면서 3층으로 구성된 건물에는 내진 설계 적용이 의무화되지는 않는다.

27 다음 내용을 바탕으로 추론할 수 있는 것을 고르시오.

과학 기술의 발전에 따라 영화는 무성에서 유성으로, 흑백에서 컬러로, 표준 스크린에서 와이드 스크린으로의 변혁을 거쳐왔다. 이러한 영화의 시대적 변화에 따라 외화면 공간에 대한 사용 또한 발전하였다. 일반적으로 외화면(off-screen)은 카메라 프레임 밖에 있는 장면이나 공간을 의미한다. 즉, 관객이 직접 볼 수 없는 영화 화면 밖의 영역으로 주로 소리나 등장인물의 시선 등을 통해 화면 밖의 상황을 암시한다. 1915년 소리가 없는 무성영화가 상영되던 시대의 감독들은 외화면을 탐색하며 화면 안팎의 상호작용을 시도했지만, 이는 기술적 제한으로 인해 화면 내에서 인물을 분할하는 다소 간접적인 방식으로 이루어졌다. 1927년, 와이드 스크린의 도입으로 화면 비율이 확장되면서 외화면의 존재를 보다 직관적으로 강조할 수 있게 되었다. 1930년대 유성영화 시대에 접어들면서, 청각적 표현을 통해 특정 인물이 화면 밖에 존재하는 듯한 효과가 사용되었으며 이로 인해 인물 간의 관계나 이야기의 전개가 확장될 수 있었다. 1950년대 현실주의 영화가 출현하면서 외화면은 현실적, 사회적 맥락을 전달하는 중요한 도구로 사용되었고, 화면 밖에서 일어나는 사건들이 관객에게 더 큰 의미를 전달하였다. 1970년대에 이르러 영화 기술은 발전을 거듭하며 외화면을 더욱 정교하게 활용하였고, 장면의 시간적, 심리적 깊이를 더하는 중요한 연출 기법으로 사용되고 있다. 이처럼 시대를 거친 외화면의 '볼 수 없음'의 미학은 보여주지 않음으로써 관객의 궁금증과 긴장감을 유발한다는 점에서 현재까지 활발하게 보여지고 있다.

① 외화면은 영화의 미적 측면보다는 기술적 측면에 치중된 연출 기법이다.
② 무성영화 시대의 외화면은 사회적 문제를 표현하는 데 중점을 두어 활용되었다.
③ 유성영화 시대의 외화면은 영화의 서사적 확장성을 높이는 데 기여하였다.
④ 현실주의 영화에서의 외화면은 기술적 제약으로 인해 거의 활용되지 않았다.
⑤ 다양한 영화 기술의 발전에 따라 외화면의 활용도는 과거에 비해 줄어들었다.

28 **다음 주장에 대한 반박으로 가장 타당한 것을 고르시오.**

> 레그테크(RegTech)는 규제(Regulation)와 기술(Technology)의 합성어로, 인공지능, 빅데이터, 블록체인, 클라우드 컴퓨팅 등의 기술을 활용하여 금융 규제 업무를 효율적으로 관리하는 기술을 의미한다. 레그테크의 도입은 인간의 실수로 인한 위험성을 낮추며, 빅데이터 시대에 맞춰 신속하고 고도화된 시스템 관리를 가능하게 한다. 글로벌 금융 시장에서는 레그테크가 고객 본인 확인, 자금 세탁 방지, 이상 거래 감지, 사이버 보안 등 다양한 분야에서 사용되고 있다. 금융 기관은 레그테크를 통해 규제 준수 비용을 절감하고 법적 대응을 원활하게 진행하며 위험 요소를 사전에 식별하고 있다. 물론 규제와 법을 적용할 수 있도록 데이터를 디지털화하는 과정에서 기술적 오류가 발생할 가능성이 여전히 존재한다. 그럼에도 불구하고 금융 환경이 점점 더 복잡해지고 더 높은 기업 경쟁력이 요구됨에 따라 기존의 방식에는 분명한 한계가 존재한다. 빠르게 변화하는 규제 환경에 유연하게 대응하면서도 공익 실현이라는 궁극적 목적을 달성할 수 있는 지향점을 제시하는 것이 레그테크의 중요한 역할이 될 것이다.

① 레그테크는 규제 위험 요소를 사전에 식별하는 데 기여한다.

② 금융 환경의 복잡성이 증가함에 따라 레그테크의 도입은 필수적이다.

③ 레그테크의 도입은 금융 오프라인 거래를 완전히 대체할 수 있다.

④ 레그테크 활용 시 발생한 오류에 대해서는 책임의 주체가 존재하지 않는다.

⑤ 모든 금융 기관은 레그테크를 통해 동일한 규제를 준수해야 한다.

29 **다음 글을 바탕으로 아래 〈보기〉를 이해한 내용으로 적절한 것을 고르시오.**

동전을 던져 앞면과 뒷면 중 어느 방향이 나올지를 예측하는 놀이를 한다고 가정해 보자. 9번 연속 앞면이 나왔다고 할 때, 그다음 던진 동전은 앞면과 뒷면 중 어느 방향이 나올까? 대부분의 사람은 10번 연속해서 앞면이 나올 가능성이 적다고 생각해 뒷면이 나오리라 예측한다. 10번 연속 앞면이 나올 확률은 0.510 = 0.1%에 불과하다고 생각하기 때문이다. 하지만, 이는 옳지 않다. 일반적으로 확률론에서 가장 기초적인 이론은 독립 시행에서 뒤에 일어나는 사건의 결과는 앞에서 발생한 사건의 결과에 영향을 받지 않는다는 것이다. 따라서 동전을 던졌을 때 앞면이 몇 번 나왔든 간에 그다음에 동전을 던져 앞면이 나오게 될 확률은 여전히 50%이다. 이처럼 실제로는 서로 연관성이 없는 사건들 사이에 연관성을 부여하고 주관적인 확률 규칙을 적용하는 현상을 '도박사의 오류'라고 한다. 도박사의 오류는 사람들이 이 세상이 균형, 평균을 이루고 있다고 믿는 경향이 있기 때문으로, 특히 어떠한 사건이 자연법칙에 근거하여 발생했다고 생각하거나 혹은 여기에 더해 앞서 부정적인 사건이 연달아 발생했을 때 더욱 발생하기 쉬운 오류 유형이다.

〈보기〉

'뜨거운 손 오류'란 이전의 성공이 다음번의 성공으로 이어진다는 인지적 편향 현상을 말한다. 1985년 심리학자이자 행동 경제학자인 에이머스 트버스키와 심리학자인 길로비치에 의해 소개된 이 이론은 농구 경기 관람 시 특정 농구선수가 던진 2~3개의 슛이 성공했다면 해당 농구선수가 던진 다음 슛도 성공할 것이라고 믿는 것을 골자로 한다. 하지만, 이전에 던진 슛이 성공했다고 해서 다음 슛도 성공하는 것은 아니며, 슛이 성공할 확률은 매번 50%에서 바뀌지 않는다. 그러나 관중들은 슛 성공률이 높은 선수가 다음 슛 역시 성공시킬 것이라는 믿음을 갖게 되며, '뜨거운 손'을 가진 선수에게 더 많은 슛 시도 기회를 주어야 한다고 생각한다. 실제로 이와 같은 생각은 경기에 참여하는 선수들에게도 영향을 미쳐 슛 성공률이 높은 선수에게 더 많은 기회가 주어지게 된다. 다만, 이러한 오류는 비단 농구 경기에서만 적용되는 것은 아니며, 판단자가 어떠한 현상의 발생 원인이 인간의 의지에 달려 있다고 생각하면 뜨거운 손 오류에 빠질 수 있다.

① 특정 사건이 나타난 원인이 자연법칙에 있다고 생각하거나 부정적인 사건이 이전에 많이 발생했다고 판단할 경우 뜨거운 손 오류에 빠지기 쉽다.

② 동일한 상황을 보고도 판단자가 관점을 어디에 두었는지에 따라 도박사의 오류에 빠질 수도 있고 뜨거운 손 오류에 빠질 수도 있다.

③ 인지적 편향에 빠지지 않는 사람이라면 뜨거운 손을 가진 사람에게 더 많은 기회를 주어야 한다고 판단할 것이다.

④ 도박사의 오류와 뜨거운 손 오류에 빠지지 않으려면 독립 시행에서 매 시행 확률은 계속 달라진다는 점을 인지해야 한다.

⑤ 도박사의 오류와 달리 뜨거운 손 오류는 특정 사건에 대해 객관적인 판단을 하지 못하게 됨에 따라 발생한다.

30 다음 글을 바탕으로 아래 〈보기〉를 이해한 내용으로 적절하지 않은 것을 고르시오.

DNA 메틸화는 DNA의 특정 부위에 메틸기가 첨가되어 해당 유전자가 비활성화되거나 억제되는 과정이다. 또한 히스톤 수정은 DNA가 감겨 있는 히스톤 단백질에 화학적 변형이 가해져 유전자 발현을 촉진하는 방식으로 유전자 조절이 이루어진다. 이러한 후성유전학적 작용들은 염기 서열의 변화를 일으키지 않고 외부 환경, 생활 습관, 스트레스 수준, 영양 상태 등 다양한 요인들의 영향으로 유전자 발현의 양상을 변화시킬 수 있다. 후성유전학은 다양한 생물학적 과정이 염기 서열의 변화 없이 유전자의 활성 조절을 통해 세대를 넘어 변화된다는 유전학 변혁의 핵심이 된다.

〈보기〉

일란성 쌍둥이는 하나의 수정란이 분열하여 두 개의 배아로 성장하므로 염기 서열과 유전자 구성이 동일하다. 그러나 쌍둥이 중 한 명이 흡연을 한다면, 발암 유전자가 촉진되거나 종양 억제 유전자가 비활성화될 수 있다. 또한 쌍둥이 중 한 명이 스트레스를 더 많이 받는다면, 스트레스 반응에 중요한 유전자 발현이 증가하여 민감도가 높아지는 현상이 발생할 수도 있다. 이렇듯 유전자 구조가 동일한 일란성 쌍둥이더라도 어떤 성장 과정을 겪었는가에 따라 가치관, 성격, 심지어 건강에 있어서 큰 차이를 보일 수 있다. 이러한 차이는 유전자 자체가 변한 것이 아니라 환경 요인이나 생활 습관이 각 쌍둥이의 유전자에 영향을 미친 것이라고 해석할 수 있다.

① 흡연자에게 종양 억제 유전자가 비활성화되는 현상은 후성유전학적 작용 중 DNA 메틸화에 해당한다.
② 유전자의 활성 조절은 유전자 자체가 변하지 않더라도 세대를 넘어 진행될 수 있다.
③ 일란성 쌍둥이는 유전자 구성이 동일하게 태어나더라도 유전자가 다르게 활성화될 수 있다.
④ 스트레스 반응에 중요한 유전자 발현이 증가하는 것은 후성유전학적 작용 중 히스톤 수정에 해당한다.
⑤ DNA 염기 서열 변형 현상을 통해 일란성 쌍둥이의 신체적, 심리적 차이에 대한 과학적 설명이 가능하다.

약점 보완 해설집 p.57

GLOBAL
SAMSUNG
APTITUDE
TEST

PART 2

고난도

실전모의고사 5회

Ⅰ 수리

Ⅱ 추리

본 모의고사는 가장 최근에 시행된 온라인 GSAT 출제 경향에 맞춰 수리와 추리 두 영역으로 구성되어 있습니다. 교재에 수록된 문제풀이 용지와 해커스ONE 애플리케이션의 학습 타이머를 이용하여 실전처럼 모의고사를 풀어본 후, p.241에 있는 '무료 바로 채점 및 성적 분석 서비스' QR코드를 스캔하여 응시 인원 대비 본인의 성적 위치를 확인해 보세요.

풀이시간 ____ 시 ____ 분 ~ ____ 시 ____ 분 (총 20문항 / 30분)

▶ 해설 p.68

01 올해 Z 부장이 보유한 A 계좌와 B 계좌의 금액은 작년 대비 전체 16억 원 증가하여 총 66억 원이다. A 계좌의 금액은 작년 대비 20% 증가하였고, B 계좌의 금액은 작년 대비 50% 증가하였을 때, 올해 B 계좌 금액의 작년 대비 증가액은?

① 10억 원　② 20억 원　③ 30억 원　④ 33억 원　⑤ 36억 원

02 기획팀 신입사원 4명, 개발팀 신입사원 6명 총 10명 중 무작위로 3명을 선정해 장기 자랑에 출전하려고 한다. 선정된 3명의 신입사원 중 기획팀이 적어도 1명 포함될 확률은?

① $\frac{3}{4}$　② $\frac{5}{6}$　③ $\frac{11}{12}$　④ $\frac{14}{15}$　⑤ $\frac{29}{30}$

03 다음은 A, B 지역의 연도별 비만인구 및 비만율을 나타낸 자료이다. 다음 중 자료에 대한 설명으로 옳지 않은 것을 고르시오.

[연도별 비만인구 및 비만율]

(단위: 명, %)

구분		2016년	2018년	2020년	2022년	2024년
A 지역	비만인구	9,325	10,665	11,438	14,200	12,000
	비만율	22.5	27.0	28.0	36.0	34.5
B 지역	비만인구	4,685	4,500	4,250	4,760	5,300
	비만율	30.0	32.5	28.0	40.0	36.5

※ 비만율(%) = (비만인구 / 응답인구) × 100

① 2022년 A 지역의 비만인구는 2016년 B 지역 비만인구의 3배 이상이다.

② 2020년 A 지역의 응답인구는 2년 전 대비 감소하였다.

③ 2024년 B 지역 비만인구의 4년 전 대비 증가율은 20% 이상이다.

④ 제시된 기간 중 연도별 A 지역의 비만율이 다른 해에 비해 가장 큰 해에 B 지역의 응답인구는 11,900명이다.

⑤ 제시된 기간 중 연도별 B 지역의 비만율이 다른 해에 비해 두 번째로 작은 해에 A 지역과 B 지역의 비만인구 차이는 4,640명이다.

04 다음은 A국의 도로 종류별 일평균 교통량에 대한 자료이다. 2024년 국지도의 전체 일평균 교통량이 9,152대이고 이 중 화물차가 차지하는 비중이 2023년 국지도의 전체 일평균 교통량에서 화물차가 차지하는 비중과 동일하면, 2024년 국지도의 승용차와 버스 일평균 교통량의 합은?

[도로 종류별 일평균 교통량]

(단위: 대)

구분		2019년	2020년	2021년	2022년	2023년
고속국도	전체	48,505	50,098	47,917	47,745	49,281
	승용차	33,605	35,312	32,850	32,824	34,188
	버스	1,594	1,575	1,424	1,467	1,466
	화물차	13,306	13,211	13,643	13,454	13,627
일반국도	전체	11,991	12,399	12,897	12,883	13,185
	승용차	8,988	9,386	9,772	9,816	10,040
	버스	264	256	254	247	238
	화물차	2,739	2,757	2,871	2,820	2,907
국지도	전체	7,828	8,349	8,615	8,600	8,988
	승용차	5,421	5,803	6,039	6,092	6,521
	버스	231	240	227	219	220
	화물차	2,176	2,306	2,349	2,289	2,247
지방도	전체	5,187	5,311	5,342	5,381	5,411
	승용차	3,584	3,711	3,766	3,822	3,887
	버스	151	153	148	152	150
	화물차	1,452	1,447	1,428	1,407	1,374

① 6,684대 ② 6,700대 ③ 6,741대 ④ 6,864대 ⑤ 8,684대

05 다음은 A~D 국의 2024년 부처별 예산 및 2024년 국가별 총예산의 전년 대비 증감률을 나타낸 자료이다. 다음 중 자료에 대한 설명으로 옳지 않은 것을 고르시오.

[2024년 부처별 예산]

(단위: 억 원)

구분	A 국	B 국	C 국	D 국
국방부	2,800	170	1,950	130
과학기술부	1,900	90	1,000	105
환경부	900	130	800	45
기타	1,600	66	300	60
합계	7,200	456	4,050	340

[2024년 국가별 총예산의 전년 대비 증감률]

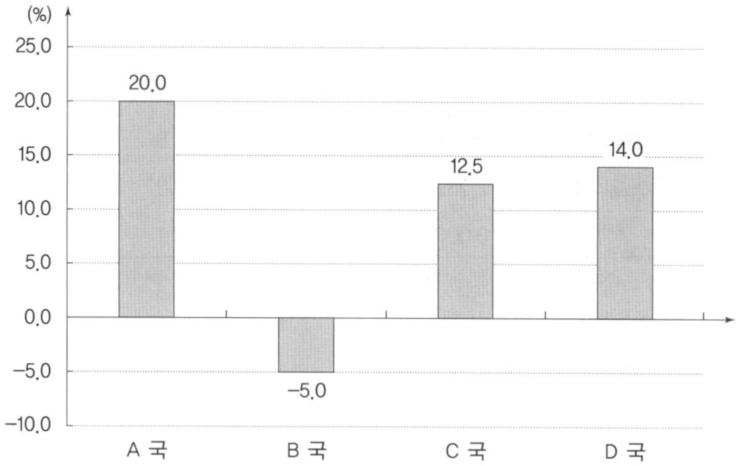

① 2024년 제시된 A~D 국 모두 국방부의 예산이 다른 부처의 예산에 비해 가장 많다.

② 2024년 B 국 환경부 예산 대비 2024년 D 국 환경부 예산의 비율은 0.4 미만이다.

③ 제시된 국가 중 2024년 총예산이 전년 대비 감소한 국가의 2023년 총예산은 480억 원이다.

④ 2023년 A 국의 총예산은 같은 해 C 국의 총예산의 2배 이상이다.

⑤ 2024년 D 국의 총예산에서 과학기술부의 예산이 차지하는 비중은 30% 이상이다.

06 다음은 성인의 전자책 및 오디오북 평균 독서량에 대한 자료이다. 제시된 연령대 중 전자책의 전체 평균 독서량과 독서자의 평균 독서량의 차이가 가장 작은 연령대에서 오디오북의 전체 평균 독서량과 독서자의 평균 독서량의 차이는?

[성인의 전자책 및 오디오북 평균 독서량]

(단위: 권)

구분		사례 수(명)	전자책		오디오북	
			전체	독서자	전체	독서자
성별	남성	2,990	1.3	7.1	0.2	5.8
	여성	3,010	1.1	7.1	0.2	5.4
연령대	20대	1,057	3.0	7.7	0.3	5.4
	30대	1,022	2.0	6.3	0.4	5.7
	40대	1,158	1.0	7.1	0.2	3.9
	50대	1,192	0.3	5.3	0.2	9.7
	60대 이상	1,571	0.2	11.4	0.0	5.9
학력	중졸 이하	934	0.1	10.2	0.0	10.8
	고졸/고퇴	2,127	0.5	7.8	0.1	7.3
	대재 이상	2,939	2.0	7.0	0.3	5.1
전체		6,000	1.2	7.1	0.2	5.5

※ 전체 평균 독서량은 구입자와 독서자의 평균 독서량을 의미함

※ 출처: KOSIS(문화체육관광부, 국민독서실태조사)

① 3.7권　② 5.1권　③ 5.3권　④ 5.9권　⑤ 9.5권

07 다음은 2022~2024년 Z 지역의 동별 인구 수에 대한 자료이다. 다음 중 자료에 대한 설명으로 옳은 것을 고르시오.

[Z 지역 동별 인구 수]

(단위: 명)

구분	2022년			2023년			2024년		
	전체	한국인	외국인	전체	한국인	외국인	전체	한국인	외국인
전체	45,800	43,900	1,900	44,000	42,000	2,000	44,100	41,900	2,200
A 동	2,200	1,800	400	2,200	1,800	400	2,500	2,000	500
B 동	3,400	3,200	200	3,600	3,400	200	3,250	3,000	250
C 동	7,310	7,230	80	7,000	6,900	100	6,800	6,700	100
D 동	11,100	11,000	100	10,200	10,000	200	11,000	10,800	200
E 동	5,300	5,000	300	5,000	4,800	200	5,000	4,800	200
F 동	1,300	1,250	50	1,250	1,200	50	1,150	1,100	50
G 동	1,490	1,200	290	1,300	1,100	200	1,200	1,000	200
H 동	5,400	5,000	400	5,350	4,900	450	5,300	4,900	400
I 동	8,300	8,220	80	8,100	7,900	200	7,900	7,600	300

① 2024년 Z 지역 전체 인구 수의 2년 전 대비 감소율은 5% 이상이다.

② 2023년 외국인 수가 200명 이상인 동 중 2023년 외국인 수의 전년 대비 증가 인원이 가장 많은 동은 D 동이다.

③ 제시된 기간 동안 D 동의 전체 인구 수는 매년 H 동의 전체 인구 수의 2배 이상이다.

④ 2024년 한국인 수가 3,000명 미만인 동의 같은 해 한국인 수의 평균은 1,500명 미만이다.

⑤ 전체 외국인 수의 전년 대비 증가율은 2024년이 2023년보다 작다.

08 다음은 2021년 이후 A 제품과 B 제품의 판매량 현황을 나타낸 자료이다. 2022년 A 제품 판매량 대비 2024년 B 제품 판매량의 비율은?

[2021년 제품별 판매량]

(단위: 천 대)

구분	A 제품	B 제품
1분기	345	525
2분기	180	1,080
3분기	460	1,250
4분기	215	645

[제품별 판매량의 전년 대비 증감률]

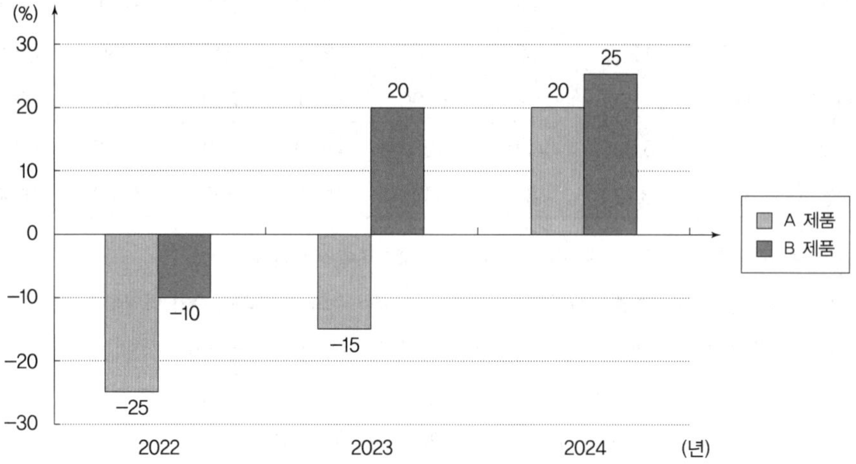

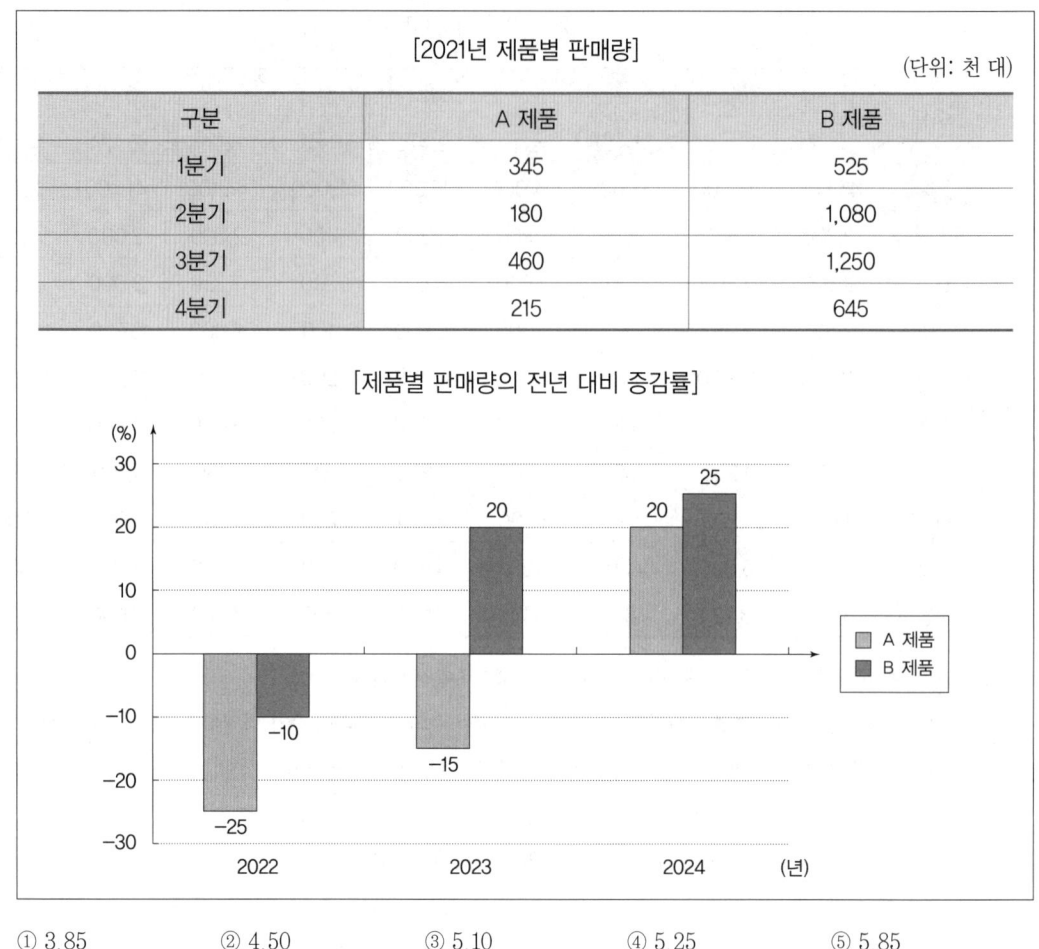

① 3.85 ② 4.50 ③ 5.10 ④ 5.25 ⑤ 5.85

09 **다음은 Z 국의 지역별 경제활동인구를 나타낸 자료이다. 다음 중 자료에 대한 설명으로 옳은 것을 고르시오.**

[지역별 경제활동인구]

(단위: 천 명)

구분	2023년		2024년	
	상반기	하반기	상반기	하반기
A 지역	58	55	62	60
B 지역	120	128	130	118
C 지역	270	260	255	260
D 지역	275	280	285	250
E 지역	478	475	520	475
F 지역	550	566	580	572

① 2023년 하반기 경제활동인구가 직전 반기 대비 감소한 지역의 2023년 하반기 경제활동인구의 합은 780천 명이다.

② 2024년 상반기 경제활동인구의 전년 동반기 대비 증가율은 B 지역이 F 지역보다 크다.

③ 제시된 기간 동안 연도별 E 지역 경제활동인구는 매년 B 지역 경제활동인구의 4배 미만이다.

④ 2024년 하반기 C 지역 경제활동인구 대비 A 지역 경제활동인구의 비율은 0.25 이상이다.

⑤ 반기별로 경제활동인구가 많은 지역부터 순서대로 나열하면 그 순위는 2024년 상반기와 2024년 하반기가 서로 동일하다.

[10-11] 다음은 지역별 소방공무원 수 및 소방공무원 1인당 담당 주민 수와 연도별 소방서 1개서당 담당 주민 수에 대한 자료이다. 각 물음에 답하시오.

[지역별 소방공무원 수 및 1인당 담당 주민 수]

(단위: 명)

구분	2017년		2018년		2019년	
	소방공무원 수	1인당 담당 주민 수	소방공무원 수	1인당 담당 주민 수	소방공무원 수	1인당 담당 주민 수
서울	6,951	1,418	7,002	1,395	7,055	1,379
부산	3,084	1,125	3,225	1,067	3,401	1,004
대구	2,354	1,052	2,513	980	2,631	927
인천	2,646	1,113	2,848	1,037	2,995	987
광주	1,300	1,130	1,386	1,053	1,443	1,009
대전	1,340	1,120	1,450	1,028	1,529	965
울산	937	1,244	1,053	1,098	1,166	985
세종	340	824	396	793	458	744
경기	8,317	1,548	8,941	1,463	9,684	1,367

[연도별 소방서 1개서당 담당 주민 수]

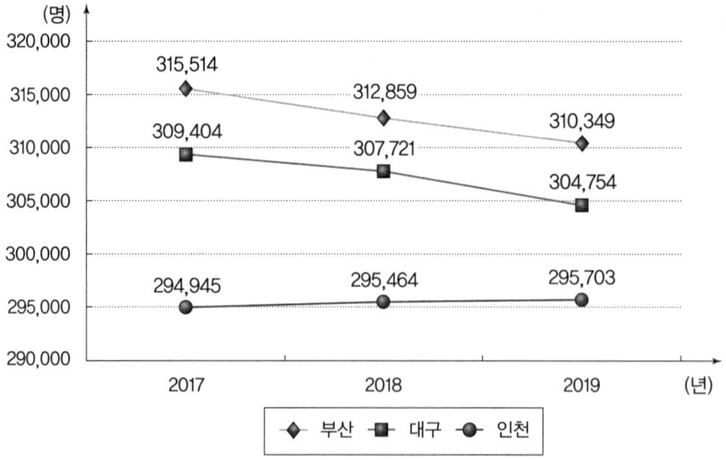

※ 지역별 전체 주민 수 = 지역별 소방공무원 수 × 지역별 소방공무원 1인당 담당 주민 수

※ 출처: KOSIS(소방청, 소방청통계연보)

10 **다음 중 자료에 대한 설명으로 옳지 않은 것을 모두 고르시오.**

a. 제시된 지역 중 2019년 소방공무원 수가 다른 지역에 비해 가장 많은 지역은 같은 해 소방공무원 1인당 담당 주민 수도 다른 지역에 비해 가장 많다.
b. 2017년 전체 주민 수는 대전이 광주보다 30,000명 이상 더 많다.
c. 2019년 세종의 소방공무원 1인당 담당 주민 수는 2년 전 대비 10% 이상 감소하였다.
d. 2018년 대구의 소방서 1개서당 담당 주민 수는 같은 해 대구의 소방공무원 1인당 담당 주민 수의 310배 이상이다.

① a, c ② a, d ③ b, c ④ a, b, d ⑤ a, c, d

11 **인천의 소방공무원이 모두 소방서에서 근무한다면, 2017년 인천의 소방서 1개서당 평균 소방공무원 수는?**

① 89명 ② 111명 ③ 163명 ④ 215명 ⑤ 265명

[12-13] 다음은 S 국의 2024년 하반기 외래객 국적별 입국 현황과 2024년 4분기 외래객 국적별 입국 현황을 나타낸 자료이다. 각 물음에 답하시오.

[2024년 하반기 외래객 국적별 입국 현황]

(단위: 명)

구분	7월	8월	9월	10월	11월	12월
전체	83,005	97,087	89,800	92,416	94,358	90,150
아시아주	44,663	52,802	49,795	46,769	49,161	53,391
미주	24,555	23,997	23,575	26,776	25,151	21,379
구주	11,199	16,873	13,607	15,553	16,630	12,557
대양주	433	496	392	498	835	923
아프리카	902	1,712	1,097	1,086	1,177	852
기타	3	9	6	6	0	6
교포	1,250	1,198	1,328	1,728	1,404	1,042

[2024년 4분기 외래객 국적별 입국 현황]

(단위: 명)

구분	10월			11월			12월		
	남성	여성	승무원	남성	여성	승무원	남성	여성	승무원
전체	35,211	18,030	39,175	36,184	17,924	40,250	32,854	17,325	39,971
아시아주	19,388	7,087	20,294	19,881	7,520	21,760	22,234	9,038	22,119
미주	8,217	7,362	11,197	8,246	6,701	10,204	5,885	5,465	10,029
구주	6,288	2,359	6,906	6,641	2,474	7,515	3,609	1,734	7,214
대양주	199	126	173	378	297	160	390	372	161
아프리카	362	119	605	402	164	611	278	126	448
기타	6	0	0	0	0	0	5	1	0
교포	751	977	0	636	768	0	453	589	0

※ 승무원 입국자 수는 남성 및 여성 입국자 수에 포함되지 않음

12 **다음 중 자료에 대한 설명으로 옳지 않은 것을 고르시오.**

① 12월 아시아주 외래객 입국자 수는 남성이 여성보다 13,196명 더 많다.
② 8월 이후 전체 외래객 입국자 수와 구주 외래객 입국자 수의 전월 대비 증감 추이는 매월 동일하다.
③ 10월 전체 외래객 입국자 수 중 승무원 외래객 입국자 수가 차지하는 비중은 40% 이상이다.
④ 11월 미주 여성 외래객 입국자 수의 전월 대비 감소율은 10% 이상이다.
⑤ 2024년 하반기 월별 교포 외래객 입국자 수의 평균은 1,325명이다.

13 **다음 중 자료에 대한 설명으로 옳은 것을 모두 고르시오.**

a. 전체 남성 외래객 입국자 수 중 구주 남성 외래객 입국자 수가 차지하는 비중은 10월이 12월보다 크다.
b. 10월 아프리카 전체 외래객 입국자 수 중 남성 입국자 수가 차지하는 비중과 7월 미주 전체 외래객 입국자 수 중 남성 외래객 입국자 수가 차지하는 비중이 동일하다면, 7월 미주 남성 외래객 입국자 수는 8,300명 이하이다.
c. 대양주 외래객 입국자 수의 전월 대비 증가량은 10월이 11월보다 크다.

① a ② b ③ a, b ④ b, c ⑤ a, b, c

[14-15] 다음은 2022년 하반기 지역별 민간 아파트 신규 분양 현황에 대한 자료이다. 각 물음에 답하시오.

[2022년 하반기 지역별 민간 아파트 신규 분양 세대 수]

(단위: 백 세대)

구분	7월	8월	9월	10월	11월	12월
A 지역	120	100	80	110	120	100
B 지역	130	90	70	130	60	50
C 지역	300	130	490	520	570	440

[2022년 4분기 지역별 민간 아파트 신규 분양 세대 수의 전년 동월 대비 증감량]

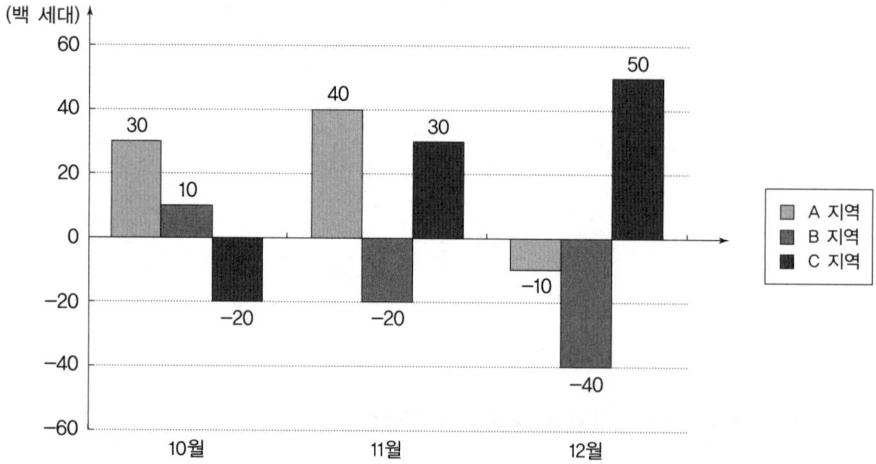

14 다음 중 자료에 대한 설명으로 옳지 않은 것을 고르시오.

① 2022년 8월 이후 B 지역의 민간 아파트 신규 분양 세대 수가 처음으로 전월 대비 증가한 달에 A 지역의 민간 아파트 신규 분양 세대 수는 전년 동월 대비 증가하였다.

② 2022년 7월 A 지역의 민간 아파트 신규 분양 세대 수 대비 2022년 8월 B 지역의 민간 아파트 신규 분양 세대 수의 비율은 0.75이다.

③ 2021년 12월 C 지역 민간 아파트 신규 분양 세대 수의 전월 대비 감소율은 30% 이상이다.

④ 2021년 4분기 B 지역의 평균 민간 아파트 신규 분양 세대 수는 100백 세대 미만이다.

⑤ A 지역의 민간 아파트 신규 분양 세대 수는 2022년 8월이 2021년 10월보다 2천 세대 더 많다.

15 다음 중 자료에 대한 설명으로 옳지 않은 것을 모두 고르시오.

a. 2021년 12월 B 지역의 민간 아파트 신규 분양 세대 수는 같은 해 11월 C 지역의 민간 아파트 신규 분양 세대 수의 20% 미만이다.
b. A, B, C 지역의 2021년 4분기 전체 민간 아파트 신규 분양 세대 수에서 2021년 10월 전체 민간 아파트 신규 분양 세대 수가 차지하는 비중은 40% 이상이다.
c. 2022년 A, B, C 지역의 평균 민간 아파트 신규 분양 세대 수는 11월이 8월의 2배 미만이다.

① b　　② c　　③ a, b　　④ b, c　　⑤ a, b, c

[16-17] 다음은 K 국의 식품제조업의 연도별 곡류 및 곡분 구매 금액에 대한 자료이다. 각 물음에 답하시오.

[연도별 곡류 및 곡분 구매 금액]

(단위: 천만 원)

구분	2017년	2018년	2019년	2020년	2021년
쌀	62,200	68,700	71,100	70,800	86,600
보리	17,800	12,800	18,800	16,200	25,900
옥수수	57,000	70,400	73,800	79,500	92,400
밀	277,200	221,900	157,300	180,200	112,900
메밀	740	900	870	800	1,000
쌀가루	4,400	5,600	8,200	8,300	9,000
보리가루	250	300	400	350	350
옥수수가루	3,100	3,000	3,000	2,900	5,700
소맥분	93,300	98,300	105,500	117,100	121,000
메밀가루	1,300	1,800	1,400	1,900	1,600

※ 제시된 곡류 및 곡분 외에 식품제조업이 구매한 다른 곡류 및 곡분은 없음

16 다음 중 자료에 대한 설명으로 옳은 것을 고르시오.

① 2018년부터 2021년까지 구매 금액이 매년 전년 대비 증가한 곡류 및 곡분은 총 2개이다.
② 2020년 옥수수의 구매 금액은 2년 전 대비 15% 이상 증가하였다.
③ 2019년 쌀 구매 금액의 전년 대비 증가량은 2021년 소맥분 구매 금액의 전년 대비 증가량보다 많다.
④ 2020년 구매 금액의 전년 대비 감소율은 메밀이 보리가루보다 작다.
⑤ 제시된 기간 동안 메밀가루의 구매 금액은 매년 옥수수가루의 구매 금액의 50% 미만이다.

17 다음 중 자료에 대한 설명으로 옳지 않은 것을 모두 고르시오.

a. 2017년 전체 곡류 및 곡분 구매 금액은 520,000천만 원 미만이다.
b. 제시된 기간 동안 구매 금액이 많은 상위 3개 곡류 및 곡분은 매년 동일하다.
c. 2020년 쌀가루 구매 금액의 2년 전 대비 증가율은 2021년 보리 구매 금액의 4년 전 대비 증가율보다 작다.
d. 2018년 전체 곡류 및 곡분 구매 금액에서 밀 구매 금액이 차지하는 비중은 45% 이상이다.

① a, b ② a, c ③ b, c ④ b, d ⑤ c, d

18 다음은 물품별 원가 및 총 수익을 나타낸 자료이다. 자료를 보고 a, b에 해당하는 값을 예측했을 때 가장 타당한 값을 고르시오.

[물품별 원가 및 총 수익]

(단위: 달러)

구분	A 물품	B 물품	C 물품	D 물품
원가	1,640	1,420	1,340	1,280
총 수익	11,400	10,300	9,900	9,600

※ 총 수익 = (원가 + a) × $\frac{a+b}{b}$

	a	b
①	320	80
②	320	160
③	640	64
④	640	80
⑤	640	160

19 다음은 A~E 오토바이의 2023년 판매 대수 및 2023년 판매 대수의 전년 대비 증감률에 대한 자료이다. 이를 바탕으로 A~E 오토바이의 2022년 판매 대수를 바르게 나타낸 것을 고르시오.

[오토바이별 2023년 판매 대수 및 전년 대비 증감률]

(단위: 대, %)

구분	A	B	C	D	E
판매 대수	923	722	578	492	885
전년 대비 증감률	30	−5	−15	−20	25

①
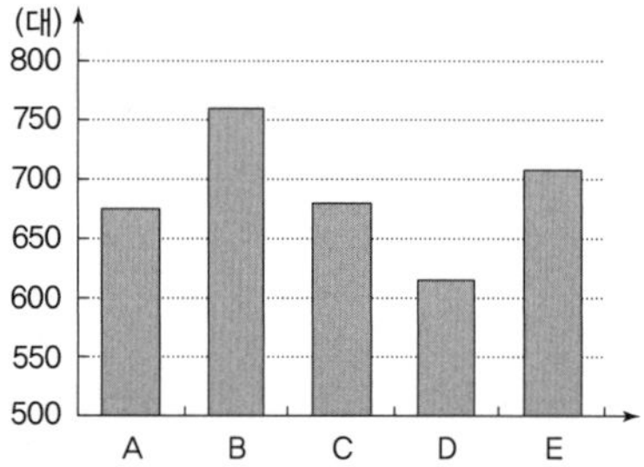

②
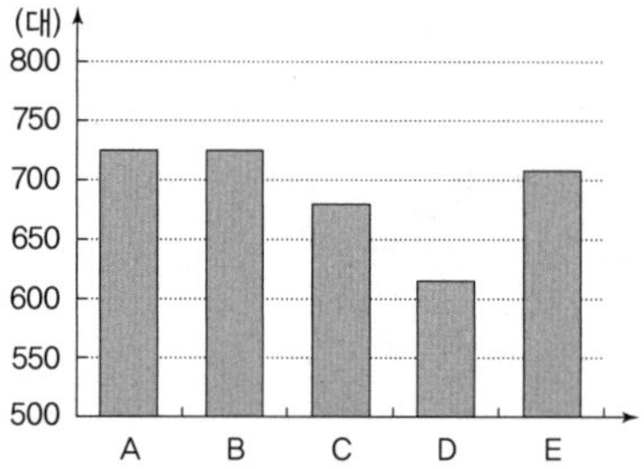

③
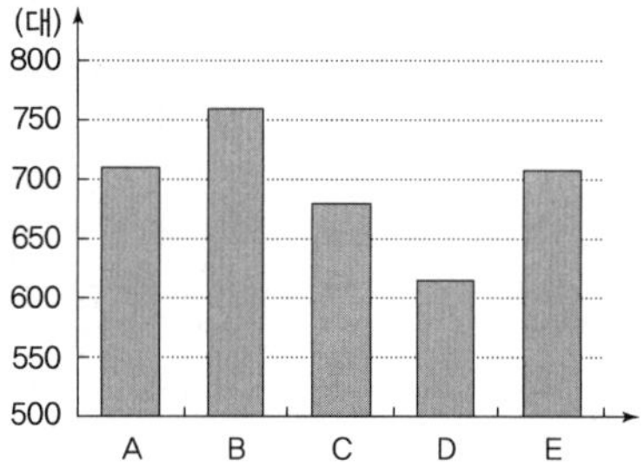

④
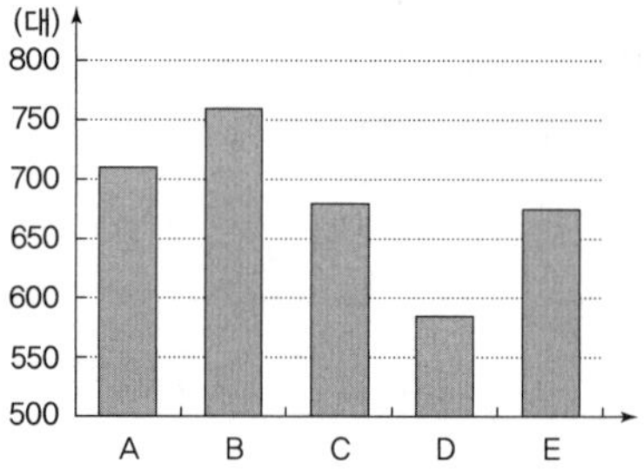

⑤
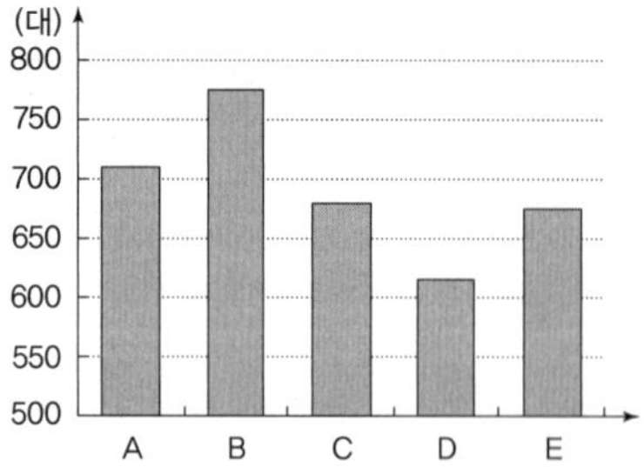

20 다음은 A 씨 클라우드의 연도별 사진 및 동영상 용량을 나타낸 자료이다. 사진과 동영상의 용량은 일정한 규칙으로 변화할 때, 사진과 동영상 용량의 합이 처음으로 150GB 이상이 되는 해는?

[연도별 사진 및 동영상 용량]

(단위: GB)

구분	2020년	2021년	2022년	2023년	2024년
사진	10	15	20	25	30
동영상	9	13	18	24	31

① 2030년　② 2031년　③ 2032년　④ 2033년　⑤ 2034년

약점 보완 해설집 p.68

▶ 해설 p.74

[01 - 02] 다음 전제를 읽고 반드시 참인 결론을 고르시오.

01

전제	야구를 보는 사람 중에 치킨을 먹지 않는 사람이 있다.
	음료를 마시는 모든 사람은 치킨을 먹는다.
결론	

① 야구를 보는 모든 사람은 음료를 마시지 않는다.
② 음료를 마시는 어떤 사람은 야구를 본다.
③ 야구를 보는 어떤 사람은 음료를 마시지 않는다.
④ 야구를 보는 어떤 사람은 음료를 마신다.
⑤ 음료를 마시지 않는 모든 사람은 야구를 보지 않는다.

02

전제	버스를 타고 출근하는 모든 사람은 아침 식사를 거르지 않는다.
	아침 식사를 거르는 어떤 사람은 간식을 먹는다.
결론	

① 버스를 타고 출근하는 어떤 사람은 간식을 먹지 않는다.
② 버스를 타고 출근하지 않는 어떤 사람은 간식을 먹는다.
③ 버스를 타고 출근하는 모든 사람은 간식을 먹는다.
④ 간식을 먹는 모든 사람은 버스를 타고 출근하지 않는다.
⑤ 간식을 먹는 어떤 사람은 버스를 타고 출근한다.

03 **다음 결론이 반드시 참이 되게 하는 전제를 고르시오.**

전제	해외 출장을 가는 사람 중에 업무 성과가 좋지 않은 사람은 없다.
결론	업무 성과가 좋은 어떤 사람은 시장 조사를 하지 않는다.

① 시장 조사를 하지 않는 어떤 사람은 해외 출장을 가지 않는다.

② 시장 조사를 하는 어떤 사람은 해외 출장을 간다.

③ 해외 출장을 가는 모든 사람은 시장 조사를 한다.

④ 해외 출장을 가지 않는 모든 사람은 시장 조사를 하지 않는다.

⑤ 시장 조사를 하지 않는 어떤 사람은 해외 출장을 간다.

04 **다솜, 미나, 재현, 준호, 태현 5명은 온라인 게임에서 공격형, 방어형, 지원형 역할 중 하나의 캐릭터 역할을 선택하여 5개의 무기(검, 활, 방패, 지팡이, 단검) 중 하나를 사용한다. 다음 조건을 모두 고려하였을 때, 항상 거짓인 것을 고르시오.**

- 각 캐릭터의 역할은 적어도 1명 이상이 선택했으며, 5명은 서로 다른 무기를 선택했다.
- 방어형 캐릭터를 선택한 사람은 2명이며, 방패를 사용하는 캐릭터는 반드시 방어형 캐릭터이다.
- 공격형 캐릭터를 선택한 사람은 2명이며, 공격형 캐릭터는 검이나 활을 사용한다.
- 미나와 준호는 서로 다른 역할의 캐릭터를 선택했다.
- 다솜이는 지원형 캐릭터를 선택했으며, 단검을 사용하지 않는다.
- 태현이는 방어형 캐릭터를 선택했으며, 지팡이를 사용하지 않는다.
- 태현이의 캐릭터가 단검을 사용한다면, 재현이의 캐릭터는 활을 사용한다.

① 미나가 방어형 캐릭터를 선택했다면, 준호의 캐릭터는 검을 사용한다.

② 다솜이의 캐릭터는 지팡이를 사용한다.

③ 단검을 사용하는 캐릭터는 방어형 캐릭터이다.

④ 준호의 캐릭터가 활을 사용하는 경우의 수는 2가지이다.

⑤ 미나의 캐릭터가 단검을 사용하는 경우의 수는 2가지이다.

05 **대학교 축제에서 경품 추첨을 하여 1등에서 5등까지 각각 태블릿, 노트북, 스마트폰, 스마트워치, 이어폰 중 하나를 증정했다. 다음 조건을 모두 고려하였을 때, 항상 거짓인 것을 고르시오.**

- 3등은 스마트워치를 받았다.
- 태블릿을 받은 사람은 이어폰을 받은 사람보다 등수가 높다.
- 스마트폰을 받은 사람은 2등 또는 4등이다.
- 노트북을 받은 사람과 이어폰을 받은 사람은 서로 연속된 등수이다.

① 노트북을 받은 사람은 4등이다.

② 이어폰을 받은 사람은 2등이다.

③ 태블릿을 받은 사람과 스마트폰을 받은 사람의 등수가 서로 연속되는 경우의 수는 2가지이다.

④ 스마트워치를 받은 사람과 이어폰을 받은 사람의 등수가 서로 연속되는 경우의 수는 1가지이다.

⑤ 노트북을 받은 사람의 등수는 스마트워치를 받은 사람의 등수보다 낮다.

06 **A, B, C, D, E 5명은 빨간색, 파란색, 검은색 핸드폰 중 하나를 구매했고, 빨간색과 검은색 핸드폰은 각각 2개, 파란색 핸드폰은 1개가 있다. 5명 중 3명은 진실, 2명은 거짓을 말했을 때, 검은색 핸드폰을 구매한 사람을 모두 고르시오.**

- A: 파란색 핸드폰을 구매한 사람은 D이다.
- B: 나와 E는 빨간색 핸드폰을 구매했다.
- C: 나는 빨간색 핸드폰을 구매했다.
- D: E의 말은 진실이다.
- E: A와 B는 검은색 핸드폰을 구매했다.

① A, B　② A, E　③ B, D　④ C, D　⑤ D, E

07 **신입사원 5명은 분식점에서 튀김, 라면, 만두, 김밥 중 각자 선호하는 메뉴를 한 가지씩 주문했다. 다음 조건을 모두 고려하였을 때, 항상 거짓인 것을 고르시오.**

- 남자와 여자는 각각 1명 이상이고, 남자가 여자보다 더 많다.
- 신입사원 5명 중 2명은 튀김을 선호한다.
- 남자는 라면을 선호하지 않는다.
- 만두를 선호하는 사람은 남자이다.
- 튀김을 선호하는 사람을 제외한 나머지는 서로 다른 메뉴를 선호한다.

① 여자가 2명이면, 김밥을 주문한 사람은 여자이다.

② 김밥을 주문한 사람이 남자인 경우는 2가지이다.

③ 남자가 4명이면, 튀김을 주문한 사람은 모두 남자이다.

④ 남자가 주문한 메뉴가 3개이면, 가능한 경우는 1가지이다.

⑤ 튀김을 주문한 사람의 성별이 다르면, 남자가 여자보다 1명 더 많다.

08 **A 사원, B 사원, C 사원, D 대리, E 대리, F 부장 총 6명은 각각 버스 1~9번 좌석 중 한 좌석에 앞을 바라보고 앉는다. 다음 조건을 모두 고려하였을 때, 항상 참인 것을 고르시오.**

- 사원 3명은 같은 줄에 옆으로 나란히 앉는다.
- 부장은 1인석에 앉는다.
- 대리는 1인석에 앉지 않는다.
- C의 좌석 번호는 D의 좌석 번호보다 3만큼 크다.
- B는 1인석에 앉는다.
- 가장 뒷 좌석에는 한 명만 앉는다.

뒤

1인석		2인석	
7번		8번	9번
4번		5번	6번
1번		2번	3번

앞

① 대리 2명은 같은 줄에 옆으로 나란히 앉는다.

② E가 9번 좌석에 앉는다면, F는 1번 좌석에 앉는다.

③ D가 3번 좌석에 앉는다면, 2번 좌석에는 아무도 앉지 않는다.

④ F가 7번 좌석에 앉는다면, 가능한 경우의 수는 4가지이다.

⑤ F가 1번 좌석에 앉는다면, 가능한 경우의 수는 2가지이다.

09 A, B, C, D, E 5명은 각자 2만 원 이상 6만 원 이하의 돈을 만 원 단위로 가지고 있으며, 5명이 가지고 있는 돈의 총합은 20만 원이다. 가장 큰 금액을 가지고 있는 한 사람만 거짓을 말할 때, 항상 참인 것을 고르시오.

> • A: 내가 가진 돈은 5만 원이야.
> • B: 내가 가진 돈은 A보다 적어.
> • C: 5명이 가진 금액은 모두 달라.
> • D: 나와 E가 가진 돈의 합은 5만 원이야.
> • E: 내가 가진 돈이 가장 적어.

① 거짓을 말하는 사람은 E이다.

② A와 C가 가진 돈의 차이는 2만 원이다.

③ E가 가진 돈은 2만 원이다.

④ B가 가진 돈이 4만 원이면, D는 진실을 말한다.

⑤ A의 말이 거짓이면 B와 C가 가진 돈의 차이는 2만 원이다.

10 A의 내선 번호는 다섯 자리로 구성되어 있다. 다음 조건을 모두 고려하였을 때, 항상 참인 것을 고르시오.

> • 각 자리 숫자는 1~9 중 하나이다.
> • 만의 자리 숫자와 천의 자리 숫자의 합은 5이다.
> • 백의 자리 숫자는 만의 자리 숫자와 일의 자리 숫자의 합의 두 배이다.
> • 십의 자리 숫자는 나머지 모든 자리의 숫자 중 가장 작은 숫자보다 작거나 같다.

① 내선번호 다섯 자리 중 가장 큰 숫자는 8이다.

② 내선번호에 같은 숫자가 3개 존재한다.

③ 내선번호의 각 자리 숫자의 합이 15 이상이면, 가능한 경우의 수는 3가지이다.

④ 일의 자리 숫자가 십의 자리 숫자보다 크면, 가능한 경우의 수는 3가지이다.

⑤ 백의 자리 숫자가 5 이하이면, 만의 자리 숫자와 일의 자리 숫자는 서로 다르다.

11 **용의자 A, B, C, D, E가 조사를 받기 위해 경찰서에 출석하였다. 일렬로 앉은 5명 중 양 끝에 앉은 사람은 진실을 말하고 나머지는 거짓을 말할 때, 양 끝에 앉은 용의자를 고르시오.**

- A: 나의 바로 왼쪽에 앉은 사람은 D야.
- B: D는 정가운데 자리에 앉았어.
- C: 나의 양옆 자리에 앉은 사람이 있고, 둘 중 한 명은 A 또는 B야.
- D: 나는 정가운데 자리에 앉지 않았어.
- E: 나의 바로 왼쪽에는 C가 앉았어.

① A, D ② A, E ③ B, D ④ B, E ⑤ C, E

12 **컴퓨터 폴더에 A, B, C, D, E 5개의 파일이 일렬로 배열되어 있다. 다음 조건을 모두 고려하였을 때, 항상 거짓인 것을 고르시오.**

- 파일에는 문서 파일, 사진 파일, 동영상 파일이 있으며, 사진 파일은 동영상 파일보다 1개 더 많다.
- 맨 앞에 배열되어 있는 파일은 동영상 파일이다.
- 맨 뒤에 배열되어 있는 파일은 문서 파일이다.
- B와 D는 같은 종류의 파일이다.
- A와 종류가 같은 파일은 없다.
- 같은 종류의 파일은 연달아 배열되어 있지 않다.

① 5개의 파일이 배열되는 위치로 가능한 경우의 수는 총 8가지이다.

② A는 동영상 파일이다.

③ B가 앞에서 두 번째 순서로 배열되어 있다면, C는 앞에서 세 번째 순서로 배열되어 있다.

④ C는 문서 파일이다.

⑤ C가 앞에서 세 번째 순서로 배열되어 있다면, E는 앞에서 네 번째 순서로 배열되어 있다.

13 **민준, 소연, 예진, 주호, 현우 5명 중 2명은 콘서트에 참석하였다. 5명 중 2명은 진실만을 말하고, 3명은 거짓만을 말할 때, 항상 참인 것을 고르시오.**

- 민준: 나는 콘서트에 참석했어.
- 소연: 민준이와 주호는 둘 다 콘서트에 참석했어.
- 예진: 나와 현우는 콘서트에 참석하지 않았어.
- 주호: 소연이의 말은 진실이야.
- 현우: 예진이의 말은 거짓이야.

① 예진이는 콘서트에 참석했다.

② 콘서트에 참석하지 않은 사람 중 거짓을 말하는 사람은 2명이다.

③ 주호는 콘서트에 참석하지 않았다.

④ 소연이가 콘서트에 참석하지 않는 경우의 수는 3가지이다.

⑤ 현우가 콘서트에 참석하는 경우의 수는 2가지이다.

14 **A, B, C, D, E 5명은 순서를 정해 여름휴가를 가려고 한다. 세 번째로 휴가를 가는 1명만 거짓을 말한다고 할 때, 항상 거짓인 것을 고르시오.**

- A: 나는 D 바로 다음에 휴가를 간다.
- B: 나는 A보다 먼저 C보다 늦게 휴가를 간다.
- C: 나와 D 사이에 휴가를 가는 사람은 2명 이상이다.
- D: 나는 첫 번째로 휴가를 가는 사람이 아니다.
- E: 나는 A보다 늦게 휴가를 간다.

① A는 두 번째로 휴가를 간다.

② B는 C 바로 다음 순서로 휴가를 간다.

③ D는 E보다 먼저 휴가를 간다.

④ A가 세 번째로 휴가를 간다면, 가능한 경우의 수는 2가지이다.

⑤ C가 첫 번째로 휴가를 간다면, 가능한 경우의 수는 3가지이다.

[15-17] 다음 도형에 적용된 규칙을 찾아 '?'에 해당하는 도형을 고르시오.

15

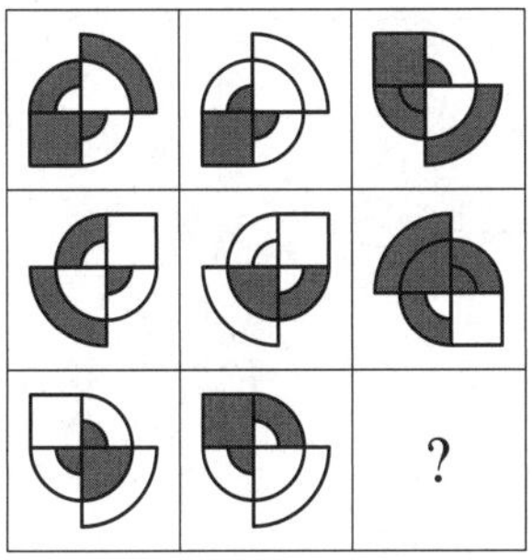

① 
② 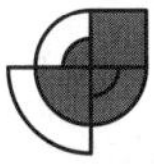
③ 
④ 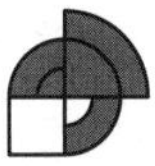
⑤ 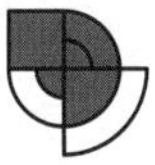

16

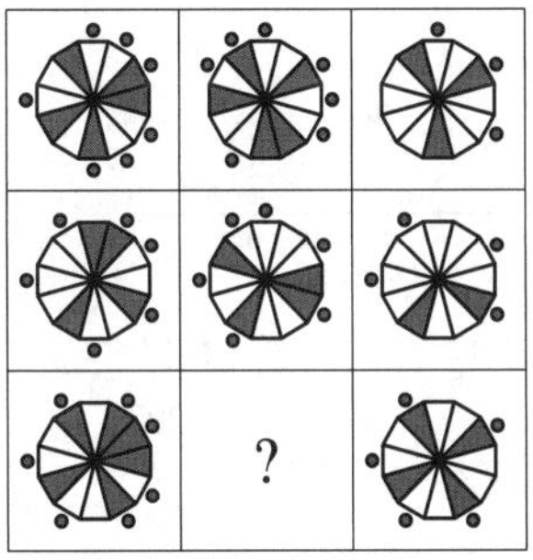

① 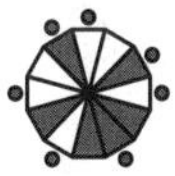
② 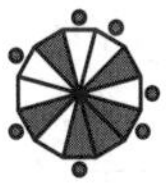
③ 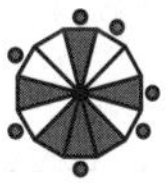
④ 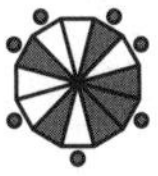
⑤ 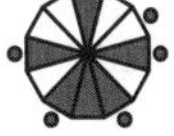

17

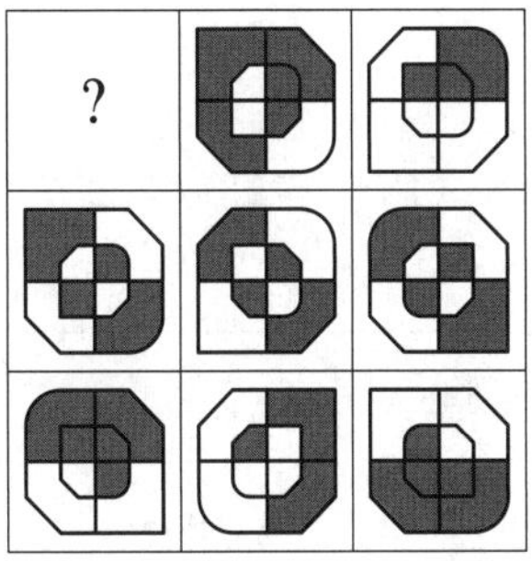

① 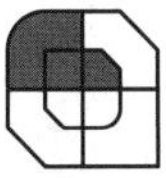
② 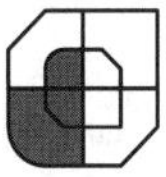
③ 
④ 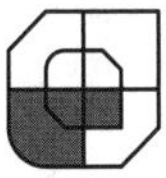
⑤ 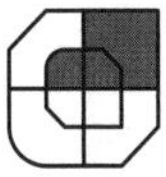

[18-21] 다음 각 기호가 문자, 숫자의 배열을 바꾸는 규칙을 나타낸다고 할 때, 각 문제의 '?'에 해당하는 것을 고르시오.

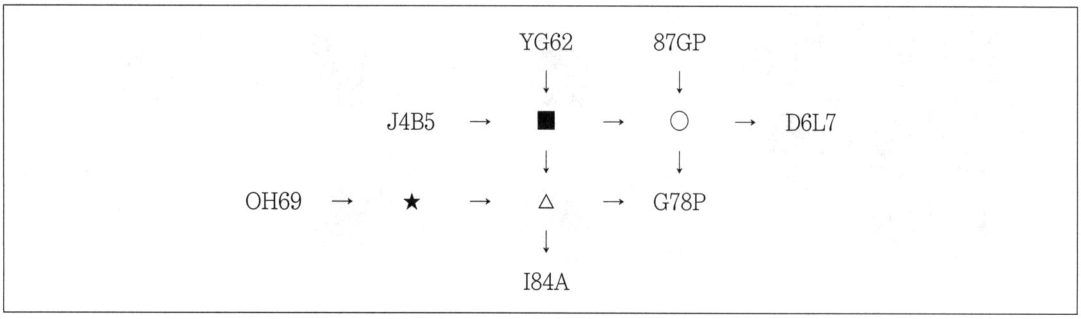

18

AZQR → △ → ○ → ?

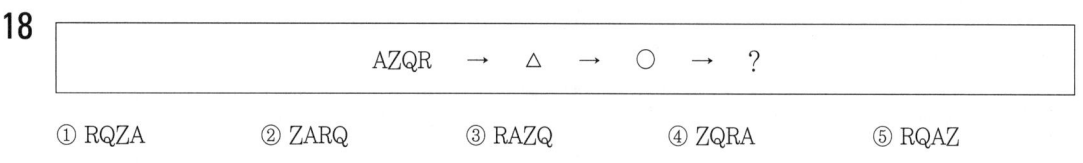

① RQZA ② ZARQ ③ RAZQ ④ ZQRA ⑤ RQAZ

19

1364 → ★ → ○ → ■ → ?

① 4945 ② 7223 ③ 9445 ④ 9454 ⑤ 7322

20

? → ■ → ★ → NC5T

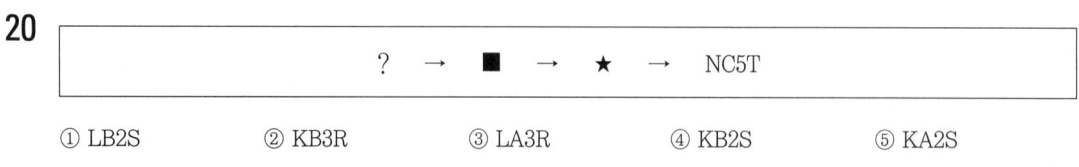

① LB2S ② KB3R ③ LA3R ④ KB2S ⑤ KA2S

21

? → ○ → △ → ★ → F4K1

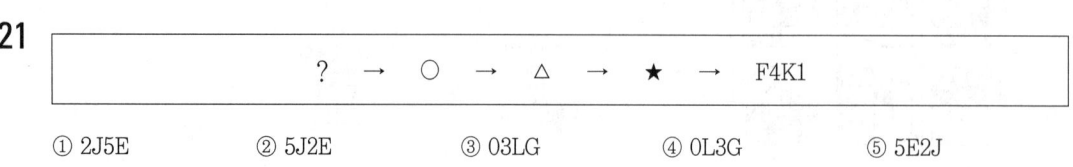

① 2J5E ② 5J2E ③ 03LG ④ 0L3G ⑤ 5E2J

22 다음 문단을 논리적 순서대로 알맞게 배열한 것을 고르시오.

(A) 원자폭탄이 제2차 세계대전을 종식시킨 뒤, 1950년대에는 "원자력의 평화적 이용"이라는 구호 아래 핵분열 에너지를 전력 생산에 쓰려는 움직임이 활발해졌다. 미국 과학자 엔리코 페르미가 핵분열 연쇄반응을 제어하는 데 성공하면서, 1954년 소련 오브닌스크에 세계 최초의 원자력발전소가 들어섰다. 곧 유럽과 북미, 일본 등지에 상업 원전이 속속 가동돼 인류는 화석연료를 대체할 제3의 불로 원전을 주목했다.

(B) 1986년 소련 체르노빌에서는 실험 중 안전장치가 차단된 상태에서 두 차례 폭발이 일어나 원자로 지붕이 날아가고 방사성 물질이 대량 유출되었고, 2011년에는 일본 후쿠시마 사고는 대지진 뒤 쓰나미로 전력과 비상발전기가 모두 끊기면서 냉각 기능을 상실해 노심이 녹아내린 사건이 발생했다. 두 사건은 자연재해·인적 오류 등 다양한 요인이 원전 사고로 이어질 수 있음을 보여주었다.

(C) 그러나 1979년 미국 스리마일섬 원전 2호기에서 급수 펌프 고장과 운전원의 판단 착오가 겹치며 노심이 부분 용융되는 사고가 발생했다. 비록 대규모 피폭은 없었지만, 방사성 물질 누출 가능성이 전 세계에 중계되면서 "원전도 치명적 사고에서 자유롭지 않다"는 경각심이 퍼졌다. 이 사건을 기점으로 일부 국가에서는 신규 원전 건설이 중단되거나 연기되었다.

(D) 따라서 원자력계는 높은 에너지 효율만을 강조하던 과거 태도를 벗어나, 사용후핵연료의 관리, 지진 위험 지역의 안전 설계와 같은 잠재적 위험 요소들을 사회와 투명하게 공유해야 할 것이다. 아울러 사회적 신뢰 회복을 위해서는 안전성 강화를 위한 기술 투자와 규제 개선, 시민 참여형 거버넌스 구축이 필수 과제가 될 것이다.

① (A) – (B) – (C) – (D)
② (A) – (C) – (B) – (D)
③ (A) – (C) – (D) – (B)
④ (B) – (A) – (C) – (D)
⑤ (B) – (C) – (A) – (D)

23 다음 문단을 논리적 순서대로 알맞게 배열한 것을 고르시오.

(A) 먼저, 주파수 도약 기술을 토대로 탄생한 표준 규격 IEEE 802.11의 1세대 와이파이는 미국 전기전자 학회로부터 발표되었으며, 당시 최대 전송 속도는 2Mbps였다. 그 이후부터 등장한 와이파이의 규격 명칭은 '802.11'의 바로 뒤에 알파벳이 붙는 형태로 불리게 되었다.

(B) 현재 사용되고 있는 와이파이는 이론상으로 최대 9.6Gbps의 전송 속도를 가지고 있는 IEEE 802.11ax이며, 읽기 쉽고 명확하게 구분하기 위해서 규격 명칭을 6세대 와이파이로 간소화하여 사용하고 있다. 더불어 개발 단계에 있는 7세대 와이파이는 6GHz 주파수를 이용하여 이론상 최대 46Gbps까지 전송 속도를 올려, 그 성능 향상 폭을 앞선 와이파이보다 더욱 높일 예정이다.

(C) 현시대를 살아가는 우리는 버스나 지하철 등에서 와이파이를 편리하게 사용하고 있다. 와이파이의 본래 명칭은 무선랜(Wireless LAN)인데, 무선 접속장치(AP)가 설치되어 있는 일정 거리 내에서 주파수를 활용해 초고속 인터넷을 이용할 수 있는 근거리 통신망을 말한다. 무선랜, 즉 와이파이는 시대에 맞추어 그 기술력이 계속해서 향상되어 왔다. 그렇다면 와이파이는 시대에 따라 어떤 변화 양상을 보여왔을까?

(D) 1세대에 이어 개발된 IEEE 802.11b는 최대 11Mbps의 전송 속도를 가졌으며, 2000년대 초에 등장한 IEEE 802.11g는 최대 54Mbps의 전송 속도를 가지게 되면서 와이파이의 전송 속도는 빠르게 발전하는 모습을 보였다.

① (B) – (A) – (D) – (C)

② (C) – (A) – (D) – (B)

③ (C) – (D) – (A) – (B)

④ (D) – (B) – (A) – (C)

⑤ (D) – (C) – (A) – (B)

24 다음 진술이 모두 참이라고 할 때 반드시 거짓일 수밖에 없는 것을 고르시오.

> 하이드로겔은 수분을 포함한 고분자 물질로 생체 친화적이라는 특징을 가지고 있다. 인체에 무해한 천연 성분으로 이루어져 있어 신체 거부 반응이 거의 없다. 또한 수분을 유지하면서도 가벼운 형태로 되어 있어 이식 수술이나 상처 치료에 효과적이다. 이러한 특징 때문에 의료용으로 활발히 활용되고 있으며, 최근 가장 주목받고 있는 것은 하이드로겔 기반 약물 전달 시스템(Drug Delivery System, DDS)이다. 예를 들어, 항암제는 암세포와 정상세포를 구분하지 못하고 모두 공격하여 빈혈, 식욕 저하, 구토, 탈모 등의 부작용을 일으킨다. 하지만 하이드로겔 기반 DDS는 세포 조직에 반응하여 특정 조건에서 약물을 선택적으로 방출한다. 암세포와 정상세포는 서로 다른 수소 이온 농도를 가지고 있는데, 하이드로겔 기반 DDS는 수소 농도가 높은 암세포와 반응하여 원자 구조가 느슨해지며 내부의 약물이 퍼지도록 한다. 이는 기존의 항암제가 정상세포까지 공격하여 발생하는 부작용을 최소화한다는 점에서 의의를 갖는다. 또한, 하이드로겔은 강도, 점도 등을 조절하는 등 다양한 형태로 제작될 수 있어 특정 치료 목표에 맞게 설계할 수 있다. 따라서 하이드로겔 기반 DDS는 항암 치료뿐만 아니라 다양한 질병의 치료 영역에서 혁신적인 접근법으로 주목받고 있다.

① 하이드로겔 기반 DDS는 항암 치료에서 부작용을 최소화하는 데 기여한다.

② 하이드로겔 기반 DDS는 수소 농도가 높은 세포에 선택적으로 반응한다.

③ 하이드로겔은 가벼우면서도 다양한 형태로 제작이 가능하다.

④ 하이드로겔은 생체 친화적이며 인체에 무해한 천연 성분으로 구성된 물질이다.

⑤ 하이드로겔은 의료용으로 사용될 경우 모든 상황에 동일한 방식으로 작용하여 부작용이 적다.

25 다음 진술이 모두 참이라고 할 때 반드시 거짓일 수밖에 없는 것을 고르시오.

> 알코올을 바르면 피부가 시원해지는 경험은 누구나 한 번쯤은 해보았을 것이다. 물에 비해 낮은 온도에서 끓는 알코올은 분자 간 작용하는 인력이 약해 증발이 쉽게 일어나기 때문인데, 냉장고가 내부 온도를 차갑게 유지할 수 있는 데에는 바로 이러한 원리가 적용된 것이다. 냉장고는 액체가 쉽게 기체로 변할 수 있도록 냉매를 활용하여 주변 열을 빼앗는 원리를 적용한 가전제품으로, 냉매가 증발기에서 기체로 변할 때 저장실 내부의 열을 기화열로 빼앗아 저장실 내부 온도를 떨어뜨린다. 냉장고의 구조를 살펴보면 크게 압축기, 응축기, 팽창밸브, 증발기로 구성되어 있는데, 먼저 냉장고 바닥의 압축기에서 냉매 가스를 압축하고 온도가 올라간 냉매 가스를 뒷면에 넓게 퍼져있는 응축기로 전달한다. 응축기를 통과하면 냉매 가스의 열이 방출되면서 액화 가스가 만들어지고, 이때 응축기가 내뿜은 열로 인해 냉장고 뒷부분은 뜨거워진다. 응축기를 통과한 고압 상태의 액화 가스는 끓는점이 높아 기체화되기 어렵기 때문에 압력을 낮추는 과정이 필요하므로 유체의 속력이 빠를수록 압력이 낮아진다는 베르누이의 정리를 적용하여 관의 굵기가 가는 팽창밸브를 사용한다. 밸브 내부를 통과하는 냉매의 속력을 높여 온도가 떨어지게 만들고, 이후 액화 가스는 냉장고 내부의 증발기로 들어가 주변의 열을 흡수하여 기체로 변하면서 냉장고 내부 온도를 급격하게 떨어뜨린다. 기화된 냉매 가스는 다시 압축기로 돌아가면서 같은 과정을 반복하게 된다.

① 증발기로 유입된 액화 가스는 주변의 열을 빼앗아 기체 상태로 변하면서 냉장고 내부의 온도를 낮춘다.

② 액체에 가하는 압력이 높아질수록 끓는점이 높아져 기체 상태로 쉽게 변할 수 없다.

③ 베르누이의 정리에 의하면 물질의 속력이 빨라질수록 압력은 그만큼 낮아지게 된다.

④ 냉장고 뒤쪽의 온도가 높은 이유는 냉매 가스가 응축기를 지나면서 방출한 높은 온도의 열 때문이다.

⑤ 끓는점이 높은 물질일수록 물질을 이루는 분자 간의 인력이 약해 증발하기 어려워진다.

26 다음 진술이 모두 참이라고 할 때 반드시 거짓일 수밖에 없는 것을 고르시오.

반도체 공정의 시작을 알리는 포토 공정에서 포토레지스트는 반도체 회로를 만드는 데 핵심적인 역할을 한다. 포토레지스트는 빛에 노출되면 화학적으로 반응하는 감광성(感光性) 액체로, 사진을 인쇄하는 과정에서 빛을 활용하여 이미지를 형성하는 것처럼 빛에 노출된 부분 혹은 노출되지 않은 부분만 제거되기 때문에 원하는 패턴을 얻는 데 유용하다. 그러나 포토레지스트는 사진 인화 등에 사용되는 희석된 액체 형태의 감광물질과는 구별되는 고유한 특성이 있다. 포토레지스트에 빛을 조사했을 때 빛에 노출된 부분과 그렇지 않은 부분이 음영만으로 구분되는 것이 아닌 빛의 접촉 여부에 따라 용해, 응고와 같은 변화로 인해 편화와 같이 분리되는 영역을 형성한다는 점이다. 결과적으로 빛에 대한 반응에 따라 빛을 받지 않은 부분이 남는 양성형과 빛을 받은 부분이 남는 음성형으로 구분된다. 포토레지스트는 반도체 공정 과정에서 웨이퍼에 얇은 두께로 고르게 코팅되어 사용된다. 먼저 사진 인화지와 유사한 상태인 웨이퍼가 준비되며, 반도체 회로 패턴이 담긴 마스크를 웨이퍼 위에 배치하고 마스크 아래에 빛을 모아주는 렌즈를 위치시킨다. 이때 웨이퍼에 빛을 조사하면 마스크에 새겨진 회로 패턴이 웨이퍼에 전달되어 남게 된다. 이러한 과정에서 포토레지스트는 미세 회로의 기본 패턴이 그려지는 데 중요한 역할을 한다. 한편, 웨이퍼에 회로 패턴이 기록된 후 용해되거나 응고되지 않은 부분을 선택적으로 없애는 과정을 거쳐 포토 공정이 완료된다. 이렇게 기록된 회로는 식각 공정 등을 통해 더욱 뚜렷해지고 그 외의 수많은 공정을 거쳐 반도체가 완성된다.

① 포토레지스트는 빛에 노출된 부분이 남는 양성형과 노출되지 않은 부분이 남는 음성형으로 나뉜다.

② 포토 공정은 웨이퍼에 용해되거나 응고되지 않은 부분을 선택적으로 제거하는 과정을 거쳐야 마무리된다.

③ 반도체 공정 시 포토레지스트는 반도체의 미세 회로의 기본 패턴을 형성한다.

④ 반도체 공정 과정에서 웨이퍼 위에 균일하게 도포되는 포토레지스트의 두께는 얇다.

⑤ 포토레지스트에 빛을 쏘면 용해 및 응고와 같은 변화로 인한 반응을 보인다.

27 다음 진술이 모두 참이라고 할 때 반드시 거짓일 수밖에 없는 것을 고르시오.

> 한겨울에 구름 한 점 없이 맑은 날씨임에도 더 추위를 느낄 때가 있다. 이는 바로 복사 냉각 때문이다. 복사 냉각이란 낮 시간 동안 지표면에 가해진 태양광선이 밤 시간에 열 에너지를 적외선 형태로 방출함에 따라 냉각되는 현상을 의미한다. 보통 낮 시간에는 지표면에 흡수된 복사 에너지가 방출된 복사 에너지보다 커 냉각 현상이 발생하지 않고, 구름이 많은 경우에는 밤 시간이라고 하더라도 구름에서 방출된 복사 에너지가 지표면에 흡수되어 잘 발생하지 않는다. 이에 따라 복사 냉각은 해가 짧은 겨울철 혹은 구름이 없는 야간의 지표면에서 자주 관찰된다. 가을철 일교차가 큰 것도 복사 냉각에 의한 현상인데, 가을철에는 구름이 없는 청명한 날씨가 이어져 낮에는 지표면에서 흡수하는 태양 복사 에너지가 증가하지만, 밤에는 방출되는 복사 에너지가 많아 쉽게 냉각되어 큰 일교차를 보이게 된다. 한편, 그동안에는 복사 냉각이 단순히 자연 현상으로 판단되었으나 최근 우리나라의 한 연구팀이 복사 냉각 페인트를 모델링함에 따라 큰 주목을 받고 있다. 오늘날 우리 지구는 지구 온난화를 넘어 끓는 지구(Global boiling) 시대로 여겨진다. 이에 따라 지구의 온도를 낮추는 것은 전 세계적인 목표인데, 연구팀이 2차원 시뮬레이션을 통해 이산화규소와 산화알루미늄 입자로 이루어진 복사 냉각 페인트를 모델링한 결과 두께가 250μm인 최적의 복사 냉각 페인트를 제작했다고 한다. 이 페인트는 주위의 온도보다 9.1도를 낮출 만큼 효과적인 것으로 알려졌는데, 건물 외벽, 비행기 등에 적용할 수 있다고 알려졌다. 무엇보다 공정이 어렵지 않고 가격 역시 저렴해 앞으로 끓는 지구의 열을 식혀줄 하나의 기술로서 자리 잡을 것으로 기대되고 있다.

① 구름 한 점 없는 청명한 가을의 낮에는 태양의 복사 에너지가 지표면에 잘 흡수될 것이다.

② 복사 냉각 페인트는 건물 외벽이나 비행기 등에 활용해 주변의 온도를 낮추는 역할을 하게 된다.

③ 낮에 지표면에 흡수된 태양광선은 밤에 적외선 형태로 방출된다.

④ 최고의 효과를 낼 수 있는 복사 냉각 페인트 제작에는 큰 비용이 소모되어 쉽게 상용화되기는 어렵다.

⑤ 구름이 많은 날씨에서는 밤 시간 대에도 복사 냉각 현상이 잘 발현되지 않는다.

28 **다음 주장에 대한 반박으로 가장 타당한 것을 고르시오.**

심리부검이란 자살자가 죽음에 이르게 된 원인을 물리적인 사인이 아닌 자살자 개인의 심리적 요인에서 찾는 것을 의미한다. 심리부검은 전문 검사관이 자살자의 주변 인물을 만나 진행하는 심층면접 결과와 함께 고인의 유서나 일기 같은 개인적인 기록, 의무기록, 학력, 소득, 가족관계 등 자살자에 관한 포괄적인 정보를 분석하는 방식으로 진행된다. 이렇게 밝혀진 부검 결과는 일차적으로 유가족을 포함한 자살자 주변인의 모방자살을 방지하는 데 큰 도움이 된다. 또한, 누적된 심리부검 결과를 통해 자살 고위험군을 선정하고, 자살 전 징후를 파악하는 것이 가능해지므로 국가 차원의 자살 예방 대책 마련에도 활용될 수 있다. 따라서 심리부검을 제도화하는 것에 대한 긍정적인 검토가 필요하다.

① 어떤 심리적 요인이 자살에 영향을 미쳤는지 밝히는 것이 중요하므로 자살자 주변 인물들의 적극적인 협조가 필요하다.

② 심리부검을 진행할 전문 검사관을 양성하기 위한 프로그램 개발이 수반되어야 한다.

③ 자살은 연쇄효과를 일으키는 경우가 많으므로 자살자의 주변인에 대한 각별한 관심이 필요하다.

④ 자살자의 개인정보는 고인의 명예, 사생활과 직결된 요소이기 때문에 정보 수집 과정에서 윤리적 문제가 발생한다.

⑤ 물리적 요인보다 심리적 요인에서 자살의 원인을 찾는 것이 자살 예방 대책을 세우는 데 더욱 효과적이다.

29 다음 글을 바탕으로 아래 〈보기〉를 이해한 내용으로 적절한 것을 고르시오.

재사용 발사체는 우주 물체를 우주로 보내는 운송 수단이다. 전통적인 일회용 로켓과 달리 발사 후 지구로 귀환한 1단 로켓과 부스터를 재활용함으로써 발사 비용을 크게 줄일 수 있다. 재사용 발사체의 또 다른 장점은 발사 주기를 줄일 수 있다는 점으로, 매번 새 부품을 제작해야 하는 일회용 로켓과 달리 회수한 부품만 정비하면 되므로 준비 기간이 크게 단축된다. 다만 회수를 위한 추가 연료와 장치를 탑재해야 하므로 유효 탑재량이 줄어든다는 단점이 있다. 또한 회수 과정에서 복잡한 절차가 필요하고, 반복 사용으로 인해 부품 피로도가 증가하여 안전성 관리 역시 필수적이다. 현재 재사용 발사체는 주로 지구 저궤도나 정지궤도 임무를 맡은 위성·우주선 발사에 최적화되어 있으며, 고궤도 임무나 행성 간 탐사처럼 특수 임무를 맡은 위성·우주선 발사에는 사용에 제약이 따를 수 있다.

〈보기〉

우주견인선은 임무에 따라 필요한 궤도에 머무르면서 임무를 수행하는 우주선이다. 위성 수명 연장, 우주 물체 궤도 변경, 우주 쓰레기 제거 등 다양한 임무에 활용될 수 있으며, 대규모 통신 위성망의 확대로 이러한 서비스에 대한 수요도 빠르게 커지고 있다. 우주견인선은 연료가 고갈된 위성에 도킹한 뒤 연료를 보급하여 위성의 기능을 복구할 수 있고, 다른 위성이나 우주 물체를 지구 저궤도에서 고궤도로 견인하기도 한다. 또한 우주 쓰레기를 대기권으로 끌어내려 소각할 수도 있다. 다만 아직 개발 초기 단계라 비용이 높고, 목표물의 형태나 구조뿐만 아니라 속도까지 고려해야 하기 때문에 기술을 표준화하는 것이 어렵다.

① 재사용 발사체와 우주견인선 모두 개발의 목적 중 하나는 다른 우주 물체의 수명 연장이다.

② 특수 임무를 목적으로 하는 우주선을 고궤도에 올리기 위해서는 재사용 발사체보다 우주견인선이 더 적합하다.

③ 재사용 발사체와 우주견인선 모두 우주로 쏘아 올려진 후 지구로 귀환한다.

④ 기술 표준화 측면에서는 우주견인선이 재사용 발사체보다 상대적으로 수월하다.

⑤ 우주견인선은 재진입·재발사 없이 연속 임무를 수행할 수 있어 준비 기간 면에서 이점이 있지만, 재사용 발사체는 준비 기간이 길다.

30 **다음 글을 바탕으로 아래 〈보기〉를 이해한 내용으로 적절한 것을 고르시오.**

에어컨은 단순 작동만으로도 기본적으로 제습 기능을 수행한다. 제습 기능을 가동하면 습한 공기가 증발기를 통과하여 차가워진 상태를 유지하면서 실내로 방출된다. 이로써 습기가 제거되며, 응축된 물은 외부에 있는 실외기로 배출된다. 그러나 요즘 생산되는 에어컨은 제습 운전을 위한 별도의 기능이 탑재되어 있는 경우가 많다. 제습 운전과 냉방 운전은 기본적인 냉각 사이클을 공유하지만, 제습 운전 시에는 실외기 작동 시간을 제어하여 실내의 공기가 지나치게 차가워지는 것을 방지한다. 실내 온도에 따라 실외기 작동 시 차가운 바람이 나오도록 조절하며, 실외기 작동이 중지된 경우에는 실내로 선풍기와 유사한 바람만 나오도록 조절하여 전체적으로 차가운 공기가 배출되는 시간을 단축시킨다.

〈보기〉

제습기는 대기 중의 습기를 직접 제거하여 상대습도를 낮춤으로써 쾌적한 환경을 만들어 주는 장치이다. 그중 냉각식 제습기는 대기 중의 수증기를 액체로 변화시켜 습기를 제거한다. 이를 위해 에어컨과 유사한 방식으로 냉매를 사용하기 때문에 습한 공기는 팬을 통해 흡입되고, 냉매를 통과하면서 냉각된다. 이로 인해 공기 온도는 낮아지며, 수증기가 물로 변해 냉각기관에 응축되어 물통에 모인다. 제습된 건조한 공기는 응축기를 거치고, 다시 가열된 후 실내로 방출된다. 이로 인해 상대습도가 높을수록 제습 효과가 향상되는 특징이 있지만, 제습기를 사용하면 실내 온도가 올라가기 때문에 시원한 실내 환경을 원하는 경우에는 제습기 사용이 적절하지 않다.

① 제습기가 발명되면서 에어컨의 제습 기능은 점차 사라지고 있다.
② 에어컨은 내부에 장착된 흡습제를 통해 실내의 수분을 직접 흡수한다.
③ 상대습도를 낮추기 위함이라면 에어컨보다 제습기 사용이 효율적이다.
④ 실내 습도와 온도를 동시에 낮추기 위해서는 제습기보다 에어컨을 사용하는 것이 좋다.
⑤ 제습기의 냉매는 에어컨의 냉매와 달라 팬을 통해 습기를 흡수한다.

약점 보완 해설집 p.74

GLOBAL
SAMSUNG
APTITUDE
TEST

취업강의 1위, 해커스잡

ejob.Hackers.com

PART 2

고난도

실전모의고사 6회

Ⅰ 수리

Ⅱ 추리

본 모의고사는 가장 최근에 시행된 온라인 GSAT 출제 경향에 맞춰 수리와 추리 두 영역으로 구성되어 있습니다. 교재에 수록된 문제풀이 용지와 해커스ONE 애플리케이션의 학습 타이머를 이용하여 실전처럼 모의고사를 풀어본 후, p.280에 있는 '무료 바로 채점 및 성적 분석 서비스' QR코드를 스캔하여 응시 인원 대비 본인의 성적 위치를 확인해 보세요.

풀이시간 ____시 ____분 ~ ____시 ____분 (총 20문항 / 30분)

▶ 해설 p.86

01 혜민이는 동영상 플랫폼에 A 동영상과 B 동영상을 동시에 업로드하여 1개월 차에 A 동영상과 B 동영상의 조회수 합은 총 8,500회였다. 2개월 차에 A 동영상의 조회수는 전월 대비 30% 증가하였고 B 동영상의 조회수는 전월 대비 10% 증가하여 A 동영상과 B 동영상의 조회수 합은 전월 대비 총 17% 증가하였을 때, 업로드 1개월 차에 B 동영상의 조회수는?

① 5,500회 ② 5,525회 ③ 5,555회 ④ 5,575회 ⑤ 5,600회

02 티셔츠와 바지를 파는 옷 가게에 온 손님이 64명이고 이 중 절반은 티셔츠를 구매하였다. 바지를 구매한 손님은 19명이고 티셔츠와 바지를 모두 구매한 손님은 전체 손님 중 $\frac{1}{4}$일 때, 구경만 하고 나간 손님의 수는?

① 25명 ② 27명 ③ 29명 ④ 31명 ⑤ 32명

03 다음은 지역별 한국 귀화자 수와 동남아시아 국적별 한국 귀화자 수 상위 4개국의 한국 귀화자 수를 나타낸 자료이다. 다음 중 자료에 대한 설명으로 옳은 것을 모두 고르시오.

[지역별 한국 귀화자 수]

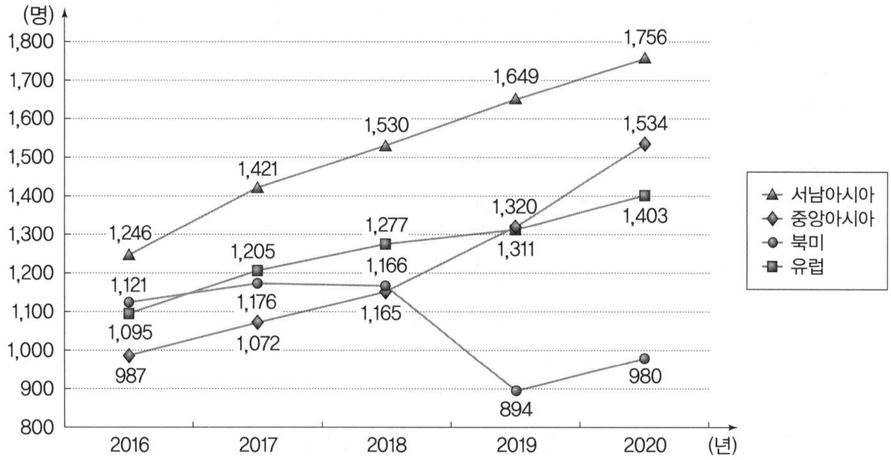

[동남아시아 국적별 한국 귀화자 수 상위 4개국의 한국 귀화자 수]

(단위: 명)

구분	2016년	2017년	2018년	2019년	2020년
베트남	26,314	30,274	32,257	38,469	42,597
필리핀	7,744	8,183	8,529	8,921	9,388
캄보디아	2,881	3,368	3,631	4,112	4,409
태국	681	747	808	888	966

※ 출처: KOSIS(행정안전부, 지방자치단체외국인주민현황)

a. 2016년 이후 중앙아시아의 한국 귀화자 수는 2019년에 유럽의 한국 귀화자 수보다 처음으로 많았으며, 2020년 중앙아시아의 한국 귀화자 수는 유럽의 한국 귀화자 수보다 131명 더 많다.
b. 2020년 북미의 한국 귀화자 수는 2019년 북미의 한국 귀화자 수의 전년 대비 감소 인원의 절반 이상 증가하였다.
c. 제시된 동남아시아 국적 중 2016년부터 2020년까지 한국 귀화자 수의 합이 같은 기간 동안 중앙아시아의 한국 귀화자 수의 합보다 많은 국적은 총 3개이다.

① a ② b ③ c ④ a, c ⑤ b, c

04 **다음은 H 국의 등급별 사회복무요원 소집 인원을 나타낸 자료이다. 다음 중 자료에 대한 설명으로 옳지 않은 것을 고르시오.**

[등급별 사회복무요원 소집 인원]

(단위: 명)

구분	2020년	2021년	2022년	2023년	2024년
1급	1,100	950	1,020	1,380	1,520
2급	2,650	2,800	3,200	3,500	3,440
3급	1,500	1,400	1,650	1,750	1,880
4급	7,250	8,800	9,600	10,850	10,500

① 2020년 대비 2023년 4급 사회복무요원 소집 인원은 3,600명 증가하였다.

② 제시된 기간 중 3급 사회복무요원 소집 인원이 다른 해에 비해 두 번째로 적은 해와 4급 사회복무요원 소집 인원이 다른 해에 비해 가장 적은 해는 같다.

③ 제시된 등급 중 2022년 사회복무요원 소집 인원의 전년 대비 증가율이 가장 큰 등급은 2급이다.

④ 2022년 이후 사회복무요원 소집 인원이 매년 전년 대비 증가한 등급들의 2024년 사회복무요원 소집 인원의 합은 총 3,400명이다.

⑤ 제시된 기간 동안 2급 사회복무요원 소집 인원은 1급과 3급 사회복무요원 소집 인원의 합보다 매년 많다.

05 다음은 Z 회사의 2024년 연령대별 평균 성과금과 연령대별 평균 성과금의 전년 대비 증감률을 나타낸 자료이다. 2024년 평균 성과금의 2021년 대비 증가액이 가장 큰 연령대는?

[2024년 연령대별 평균 성과금]

(단위: 만 원)

구분	20대	30대	40대	50대	60대
평균 성과금	5,280	6,930	9,180	3,600	7,920

[연령대별 평균 성과금의 전년 대비 증감률]

(단위: %)

구분	20대	30대	40대	50대	60대
2022년	10	10	−10	20	10
2023년	50	40	20	−50	−20
2024년	60	50	70	50	50

① 20대　② 30대　③ 40대　④ 50대　⑤ 60대

06 다음은 I 국 재산범죄 불기소자 수에 대한 자료이다. 다음 중 자료에 대한 설명으로 옳은 것을 모두 고르시오.

[범죄별 재산범죄 불기소자 수]

(단위: 명)

구분	2020년	2021년	2022년	2023년	2024년
절도	3,341	3,312	3,035	3,018	2,979
사기	13,264	12,703	11,996	9,860	9,615
횡령	2,044	2,199	2,058	2,072	2,079
배임	447	600	460	554	598
손괴	1,113	1,195	1,101	1,104	1,183

[처분 결과별 재산범죄 불기소자 수]

(단위: 명)

구분	2020년	2021년	2022년	2023년	2024년
기소유예	7,930	8,231	7,038	4,775	4,396
혐의 없음	11,538	10,980	10,675	11,083	11,202
죄가 안됨	25	12	28	24	33
공소권 없음	716	786	909	726	823

※ 재산범죄의 범죄 종류는 절도, 사기, 횡령, 배임, 손괴로 분류됨

a. 2020년 사기로 입건된 불기소자 중 4,000명 이상이 '혐의 없음' 처분을 받았다.
b. 2021년 이후 절도로 입건된 불기소자 수가 전년 대비 가장 적게 감소한 해는 2023년이다.
c. 제시된 기간 동안 재산범죄 불기소자 중 횡령으로 입건된 불기소자 수는 매년 10% 미만이다.
d. 2024년 재산범죄 불기소자 수는 2020년 대비 증가하였다.

① a, b ② a, c ③ a, d ④ b, c ⑤ b, d

07 다음은 2024년 S 항공사의 상반기 항공 운항 건수 및 지연 원인별 지연 건수를 나타낸 자료이다. 다음 중 자료에 대한 설명으로 옳지 않은 것을 고르시오.

[상반기 항공 운항 건수]

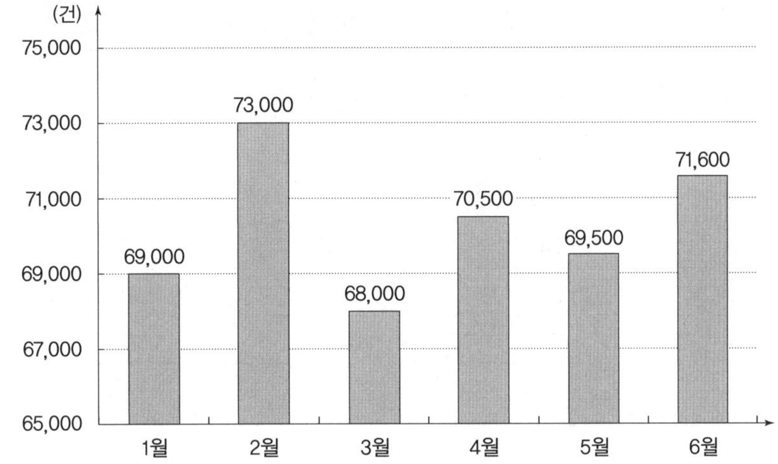

[지연 원인별 지연 건수]

(단위: 건)

구분	1월	2월	3월	4월	5월	6월
기상	450	520	360	390	420	490
연결	10,500	11,200	9,000	10,800	10,250	9,600
정비	550	670	540	390	380	450
항공 교통 흐름	1,430	1,380	1,300	950	1,450	1,800
공항 및 출입국절차	1,900	1,650	1,980	1,600	1,950	2,800
기타	370	640	420	400	340	550
합계	15,200	16,060	13,600	14,530	14,790	15,690

※ 지연율(%) = (전체 지연 건수 / 항공 운항 건수) × 100

① 제시된 기간 중 연결로 인한 지연 건수가 다른 달에 비해 두 번째로 많은 달에 항공 운항 건수는 7만 건 이상이다.

② 항공 교통 흐름으로 인한 지연 건수는 2분기가 1분기보다 많다.

③ 월별로 지연 건수가 많은 순서대로 지연 원인을 나열하면 그 순서는 2월과 3월이 서로 동일하다.

④ 기상으로 인한 지연 건수의 전월 대비 증가율은 6월이 4월의 2배이다.

⑤ 제시된 기간 중 항공 운항 건수가 가장 적은 달에 지연율은 전월 대비 증가하였다.

08 **다음은 연구기관별 기관 수와 연구원 수를 나타낸 자료이다. 제시된 연구기관 중 2024년 기관 수의 전년 대비 증가율이 가장 큰 기관의 2024년 연구원 수의 전년 대비 증가율은?**

[연구기관별 기관 수 및 연구원 수]

(단위: 개소, 명)

구분	기관 수		연구원 수	
	2023년	2024년	2023년	2024년
A 기관	120	168	900	1,305
B 기관	150	240	1,050	1,575
C 기관	200	290	1,400	2,310
D 기관	340	510	850	1,105
E 기관	220	363	1,300	2,080
F 기관	400	648	1,530	2,295

① 30% ② 45% ③ 50% ④ 60% ⑤ 65%

09 **다음은 2024년 기술 수명 주기 단계에 따른 기후기술 분야별 기술 건수에 대한 자료이다. 다음 중 자료에 대한 설명으로 옳은 것을 고르시오.**

[기술 수명 주기 단계에 따른 기후기술 분야별 기술 건수]

(단위: 건)

구분		합계	기술개발기	기술도입기	기술성장기	기술성숙기	기술쇠퇴기
감축	소계	6,164	356	230	4,690	870	18
	비재생에너지	95	9	3	60	20	3
	재생에너지	2,125	80	70	1,780	190	5
	신에너지	140	5	10	110	15	0
	에너지 저장	480	40	30	310	100	0
	송배전 및 전력 IT	430	10	15	360	45	0
	에너지 수요	2,850	210	100	2,030	500	10
	온실가스 고정	44	2	2	40	0	0
적응	소계	1,060	90	70	770	125	5
	농업 및 축산	420	50	20	300	45	5
	물관리	640	40	50	470	80	0
융복합	소계	170	38	10	90	30	2
	감축 및 적응 융복합	170	38	10	90	30	2
전체		7,394	484	310	5,550	1,025	25

① 전체 기후기술 중 기술성장기의 기술 건수가 차지하는 비중은 80% 이상이다.

② 감축 분야에 속하는 기후기술 중 기술쇠퇴기에 해당하는 건수는 총 36건이다.

③ 기술 수명 주기 단계마다 물관리 분야의 기술 건수는 농업 및 축산 분야의 기술 건수보다 많다.

④ 감축 분야 중 기술성장기의 기술 건수가 다른 분야에 비해 가장 많은 분야는 기술도입기의 기술 건수가 100건 이상이다.

⑤ 기술개발기에서 적응 분야의 기술 건수 대비 융복합 분야의 기술 건수의 비율은 0.4 미만이다.

[10-11] 다음은 N 국의 2024년 지역 및 구간별 승용차와 대중교통의 통행 시간을 나타낸 자료이다. 각 물음에 답하시오.

[지역 및 구간별 승용차와 대중교통 통행 시간]

(단위: 분)

구분		승용차			대중교통		
		오전첨두시	비첨두시	오후첨두시	오전첨두시	비첨두시	오후첨두시
A 지역	10km	30	28	35	49	49	49
	20km	47	44	56	69	69	69
	30km	56	51	68	83	82	83
B 지역	10km	24	25	29	47	46	46
	20km	36	35	41	63	61	61
	30km	47	46	53	109	106	107
C 지역	10km	27	27	30	50	49	49
	20km	38	38	44	74	74	75
	30km	52	51	57	116	116	112
D 지역	10km	18	17	20	47	47	47
	20km	30	27	31	78	78	78
	30km	36	33	38	111	111	111
E 지역	10km	25	25	31	48	48	48
	20km	41	39	46	71	69	71
	30km	46	46	55	87	87	87
F 지역	10km	21	21	27	45	45	45
	20km	30	30	39	57	57	57
	30km	42	41	46	104	101	103

10 **다음 중 자료에 대한 설명으로 옳지 않은 것을 모두 고르시오.**

a. 10km와 30km 구간의 비첨두시 대중교통 통행 시간의 차이는 D 지역이 C 지역보다 크다.
b. B 지역의 모든 구간에서 승용차와 대중교통 각각의 오후첨두시 통행 시간은 모두 오전첨두시 통행 시간보다 길다.
c. 제시된 지역 중 20km 구간에서 대중교통의 오전첨두시 통행 시간이 승용차의 오전첨두시 통행 시간의 2배 이상인 지역은 C 지역이다.

① a ② a, b ③ a, c ④ b, c ⑤ a, b, c

11 **각 지역의 30km 구간에서 승용차와 대중교통의 오후첨두시 통행 시간 차이가 가장 큰 지역의 30km 구간에서 승용차와 대중교통의 오전첨두시 통행 시간 차이는?**

① 27분 ② 41분 ③ 62분 ④ 73분 ⑤ 75분

[12-13] 다음은 국내 영화관의 2024년 12월 1일과 2일 상영 영화에 대한 자료이다. 각 물음에 답하시오.

[1일 상영 영화]

구분	좌석점유율(%)	배정 좌석 수(천 개)	관객 수(천 명)	매출액(백만 원)
A 영화	57.0	1,368	135.8	1,283
B 영화	11.5	276	21.7	191
C 영화	4.5	108	4.9	51
D 영화	4.0	96	6.0	52
E 영화	3.5	84	6.9	62
F 영화	2.5	60	3.8	35

[2일 상영 영화]

구분	좌석점유율(%)	배정 좌석 수(천 개)	관객 수(천 명)	매출액(백만 원)
A 영화	58.5	1,404	142.5	1,357
B 영화	10.5	252	17.6	164
C 영화	4.5	108	4.7	49
D 영화	4.0	96	4.8	44
E 영화	3.0	72	4.6	46
F 영화	2.5	60	3.3	28

※ 1) 좌석점유율(%) = (배정 좌석 수 / 국내 영화관 좌석 수) × 100
2) 좌석판매율(%) = (관객 수 / 배정 좌석 수) × 100

12 다음 중 자료에 대한 설명으로 옳은 것을 고르시오.

① 2일 D 영화의 좌석판매율은 전일 대비 1.5%p 감소하였다.

② 1일과 2일 모두 B 영화의 관객 수가 C~F 영화의 관객 수 합보다 많다.

③ 1일 A 영화의 매출액 대비 B 영화의 매출액 비율은 1일 B 영화의 매출액 대비 F 영화의 매출액 비율보다 크다.

④ 2일 E 영화 관객 수의 전일 대비 감소율은 30% 미만이다.

⑤ 제시된 상영 영화별 관객 수가 많은 영화부터 순서대로 나열한 순위는 1일과 2일이 서로 동일하다.

13 다음 중 자료에 대한 설명으로 옳지 않은 것을 고르시오.

① 제시된 상영 영화별 2일 관객 수는 A 영화를 제외한 모든 영화가 전일 대비 감소하였다.

② 1일 F 영화의 좌석판매율은 5% 이상이다.

③ 1일과 2일의 국내 영화관 좌석 수는 2,400천 개로 서로 동일하다.

④ 2일 A 영화 관객 수의 전일 대비 증가율은 매출액의 전일 대비 증가율보다 크다.

⑤ 2일 B 영화의 좌석점유율은 전일 대비 1.0%p 감소하였다.

[14-15] 다음은 A 국가의 연도별 심판 청구 및 처리 건수와 평균 심판 처리 기간에 대한 자료이다. 각 물음에 답하시오.

[연도별 심판 청구 및 처리 건수]

(단위: 건)

구분		2019년	2020년	2021년	2022년	2023년
심판 청구	특허	7,300	9,100	6,700	5,700	4,800
	실용신안	250	260	300	200	250
	디자인	550	440	500	400	450
	상표	5,100	5,300	5,500	5,300	5,700
	합계	13,200	15,100	13,000	11,600	11,200
심판 처리	특허	7,800	7,300	6,000	5,200	5,700
	실용신안	250	200	180	260	250
	디자인	550	400	420	540	550
	상표	4,700	4,800	4,700	5,200	5,600
	합계	13,300	12,700	11,300	11,200	12,100

[연도별 평균 심판 처리 기간]

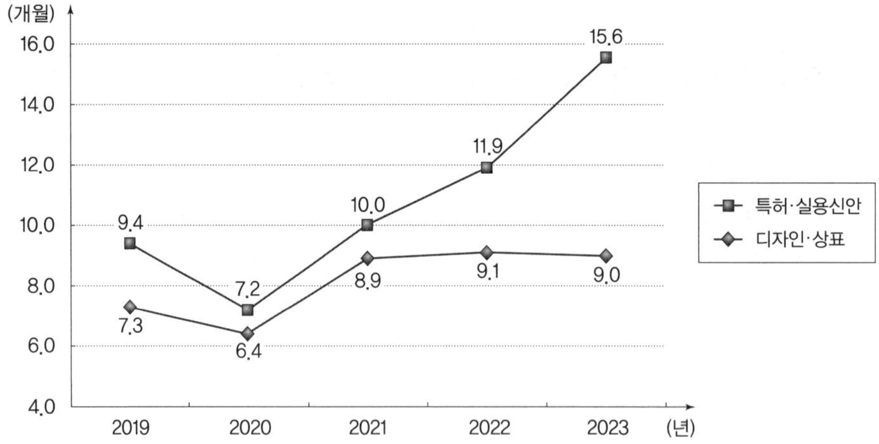

14 **다음 중 자료에 대한 설명으로 옳지 않은 것을 모두 고르시오.**

a. 2022년 전체 심판 처리 건수에서 특허 심판 처리 건수가 차지하는 비중은 45% 미만이다.
b. 제시된 기간 중 상표의 심판 청구 건수와 심판 처리 건수가 다른 해에 비해 가장 많은 해는 동일하다.
c. 2019년부터 2023년까지 특허·실용신안의 연도별 평균 심판 처리 기간의 합과 디자인·상표의 연도별 평균 심판 처리 기간의 합의 차이는 12.4개월이다.
d. 2020년 이후 실용신안의 심판 청구 건수와 심판 처리 건수의 전년 대비 증감 추이는 정반대이다.

① a, c　② a, d　③ b, c　④ a, b, d　⑤ a, c, d

15 **다음 중 자료에 대한 설명으로 옳은 것을 고르시오.**

① 실용신안 심판 청구 건수의 전년 대비 증가율은 2021년이 2023년보다 높다.
② 제시된 기간 동안 디자인 심판 처리 건수의 평균은 500건 이상이다.
③ 제시된 기간 중 특허·실용신안과 디자인·상표의 평균 심판 처리 기간의 차이가 가장 작은 해는 2021년이다.
④ 2020년 이후 전체 심판 청구 건수의 전년 대비 변화량이 가장 작은 해에 전체 심판 처리 건수의 전년 대비 변화량도 가장 작다.
⑤ 제시된 기간 중 전체 심판 청구 건수가 두 번째로 적은 해에 특허·실용신안의 평균 심판 처리 기간의 전년 대비 증가율은 19%이다.

[16-17] 다음은 수도권의 연도별 119 구급 운영 현황과 119 구급대원 수에 대한 자료이다. 각 물음에 답하시오.

[연도별 119 구급 운영 현황]

구분		2016	2017	2018	2019	2020
서울특별시	구급차(대)	149	149	150	151	167
	출동건수(백 건)	5,285	5,411	5,593	5,334	4,740
	이송건수(백 건)	3,392	3,393	3,504	3,366	2,735
	이송인원(백 명)	3,435	3,426	3,532	3,389	2,765
인천광역시	구급차(대)	61	62	67	69	70
	출동건수(백 건)	1,505	1,568	1,624	1,621	1,476
	이송건수(백 건)	956	968	1,013	1,018	907
	이송인원(백 명)	975	985	1,031	1,033	919
경기도	구급차(대)	233	237	240	251	263
	출동건수(백 건)	6,290	6,488	6,765	6,760	6,361
	이송건수(백 건)	4,008	4,088	4,248	4,237	3,659
	이송인원(백 명)	4,110	4,185	4,339	4,322	3,715

[연도별 119 구급대원 수]

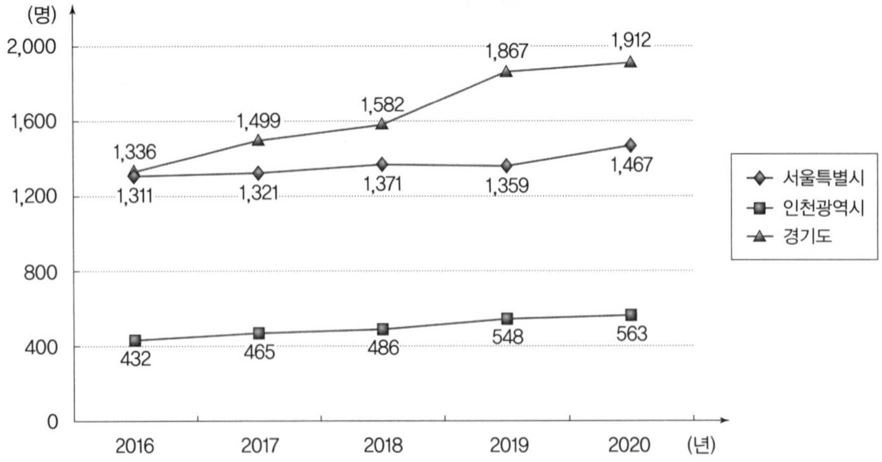

※ 출처: KOSIS(소방청, 119구조구급활동실적보고)

16 다음 중 자료에 대한 설명으로 옳지 않은 것을 모두 고르시오.

a. 2017년 이후 경기도 구급대원 수의 전년 대비 증가 인원이 가장 많은 해는 2020년이다.
b. 2019년 수도권 전체 구급차 대수에서 인천광역시 구급차 대수가 차지하는 비중은 15% 미만이다.
c. 2020년 출동건수 1건당 이송건수는 인천광역시가 경기도보다 많다.

① a ② c ③ a, b ④ a, c ⑤ b, c

17 제시된 기간 중 수도권 전체 구급대원 수가 가장 적은 해에 수도권 3개 지역의 평균 이송인원 수는?

① 2,466백 명 ② 2,532백 명 ③ 2,660백 명 ④ 2,840백 명 ⑤ 2,860백 명

18 다음은 Z 업체의 연도별 주문 건수 및 고객 불만 건수에 따른 재구매율을 나타낸 자료이다. 자료를 보고 A, B에 해당하는 값을 예측했을 때 가장 타당한 값을 고르시오.

[연도별 주문 건수 및 고객 불만 건수에 따른 재구매율]

구분	2021년	2022년	2023년
주문 건수(건)	750	760	800
고객 불만 건수(건)	150	190	120
재구매율(%)	20	5	35

※ 재구매율(%) = $\left(\frac{B}{A} - \frac{\text{고객 불만 건수} \times A}{\text{주문 건수}}\right) \times 100$

	A	B
①	2	1.1
②	2	1.2
③	2	1.3
④	3	2.4
⑤	3	2.5

19 다음은 국가별 반도체 특허 출원 건수에 대한 자료이다. 제시된 기간 동안 C 국, D 국, E 국 반도체 특허 출원 건수의 총합이 가장 큰 해에 국가별 반도체 특허 출원 건수 비중을 바르게 나타낸 것을 고르시오.

[국가별 반도체 특허 출원 건수]

(단위: 건)

구분	2018년	2019년	2020년	2021년	2022년	2023년
A 국	180	300	480	895	750	690
B 국	120	205	195	180	285	110
C 국	5	30	270	210	145	75
D 국	15	40	75	70	10	20
E 국	175	305	450	430	600	195
기타	5	20	30	15	10	10
합계	500	900	1,500	1,800	1,800	1,100

①
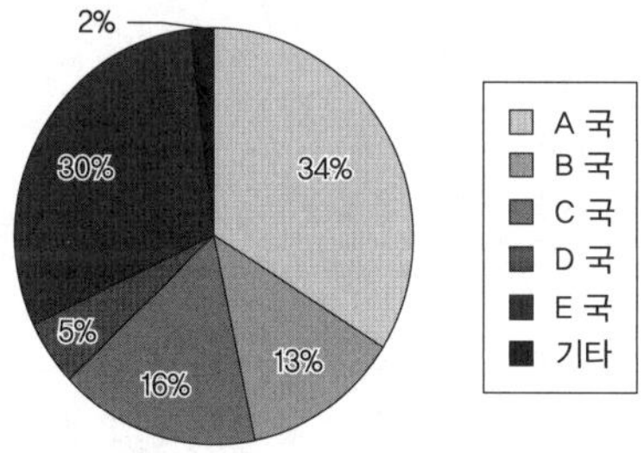

②
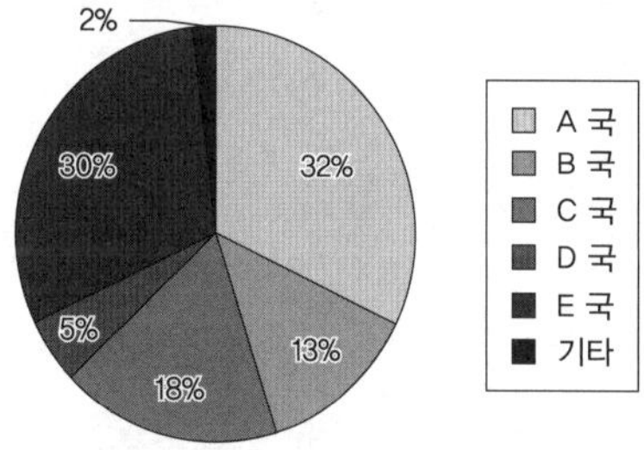

③
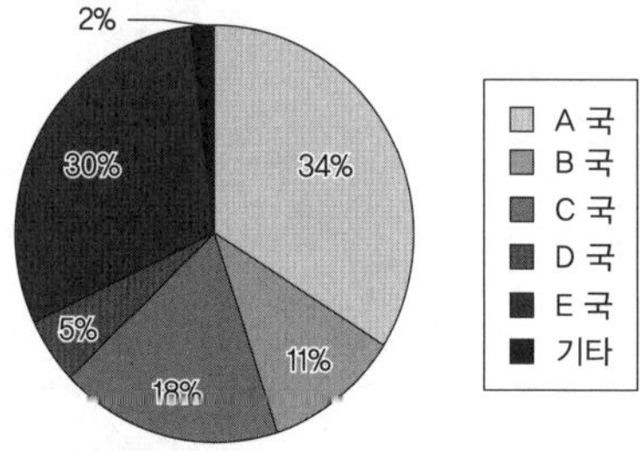

④
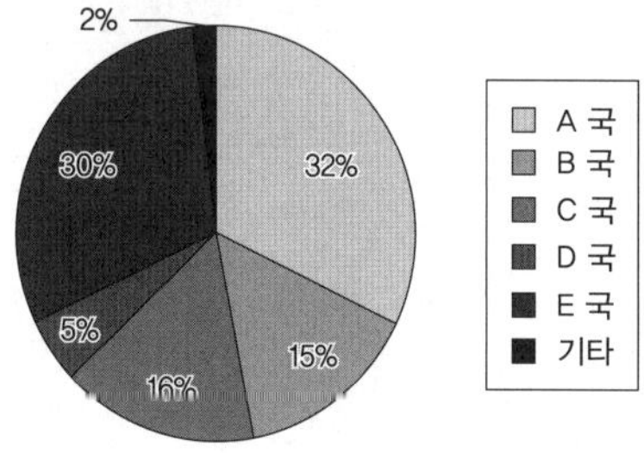

⑤
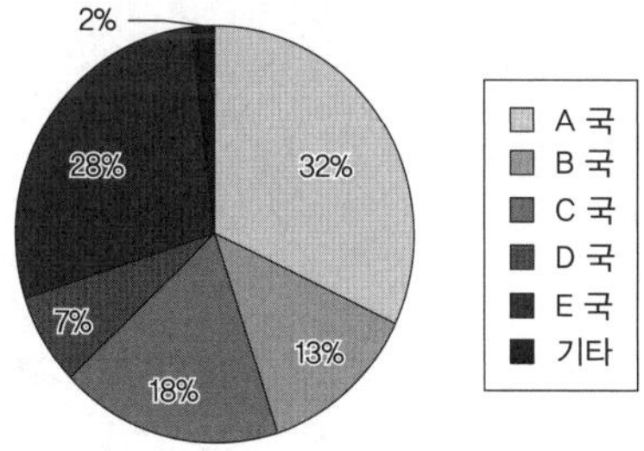

20 다음은 A 기업 노트북의 월별 공급 및 수요를 나타낸 자료이다. 공급과 수요는 일정한 규칙으로 변화할 때, 수요가 처음으로 공급보다 많아지는 달은?

[월별 공급 및 수요]

(단위: 만 개)

구분	2024년			2025년	
	10월	11월	12월	1월	2월
공급	150	250	350	450	550
수요	20	50	100	170	260

① 2025년 7월 ② 2025년 8월 ③ 2025년 9월 ④ 2025년 10월 ⑤ 2025년 11월

약점 보완 해설집 p.86

Ⅱ 추리

풀이시간 ___시___분 ~ ___시___분 (총 30문항/30분)

▶ 해설 p.91

[01-02] 다음 전제를 읽고 반드시 참인 결론을 고르시오.

01

전제	면역력이 강하지 않은 모든 사람은 백신을 맞은 사람이 아니다.
	해열제를 복용한 모든 사람은 백신을 맞은 사람이다.
결론	

① 해열제를 복용한 모든 사람은 면역력이 강한 사람이다.

② 면역력이 강한 모든 사람은 해열제를 복용한 사람이다.

③ 해열제를 복용한 어떤 사람도 면역력이 강한 사람이 아니다.

④ 해열제를 복용하지 않은 모든 사람은 면역력이 강한 사람이다.

⑤ 면역력이 강하지 않은 어떤 사람은 해열제를 복용한 사람이다.

02

전제	실전 경험이 풍부한 모든 사람은 실수를 많이 하지 않는다.
	사전 준비를 철저히 하는 어떤 사람은 실전 경험이 풍부하다.
결론	

① 사전 준비를 철저히 하는 모든 사람은 실수를 많이 하지 않는다.

② 실수를 많이 하면서 사전 준비를 철저히 하는 사람이 있다.

③ 실수를 많이 하지 않는 모든 사람은 사전 준비를 철저히 한다.

④ 사전 준비를 철저히 하면서 실수를 많이 하지 않는 사람이 있다.

⑤ 실수를 많이 하지 않는 어떤 사람은 사전 준비를 철저히 하지 않는다.

03 다음 결론이 반드시 참이 되게 하는 전제를 고르시오.

전제	반도체 회사에 다니지 않는 모든 사람은 자동차에 관심이 많지 않다.
결론	기계공학과를 전공하지 않은 어떤 사람은 자동차에 관심이 많지 않다.

① 반도체 회사에 다니는 모든 사람은 기계공학과를 전공했다.

② 반도체 회사에 다니는 모든 사람은 기계공학과를 전공하지 않았다.

③ 반도체 회사에 다니는 어떤 사람은 기계공학과를 전공했다.

④ 기계공학과를 전공한 어떤 사람은 반도체 회사에 다니지 않는다.

⑤ 기계공학과를 전공하지 않은 어떤 사람은 반도체 회사에 다닌다.

04 A~F 6명은 줄다리기를 하기 위해 몸무게를 기준으로 하여 청팀 3명과 백팀 3명으로 팀을 나누었다. 다음 조건을 모두 고려했을 때, 항상 거짓인 것을 고르시오.

- 6명의 몸무게는 서로 다르며, 몸무게가 가장 많이 나가는 순서대로 1번째, 3번째, 5번째 사람은 청팀, 2번째, 4번째, 6번째 사람은 백팀이다.
- B와 C의 몸무게 순서는 서로 연속한다.
- D는 F보다 몸무게가 많이 나가고, B는 A보다 몸무게가 많이 나간다.
- A는 D와 같은 팀이고, E와 다른 팀이다.
- D는 2번째로 몸무게가 많이 나간다.
- B는 청팀이다.

① E는 청팀이다.

② A와 F의 몸무게 순서는 서로 연속한다.

③ C는 4번째로 몸무게가 많이 나간다.

④ B가 E보다 몸무게가 적게 나가는 경우의 수는 2가지이다.

⑤ D와 F의 몸무게 순서가 서로 연속하는 경우의 수는 2가지이다.

05 **한국 본사에서 근무하는 박 사원은 4월 2주 차 월요일부터 4월 4주 차 일요일까지 3주 안에 출장을 다녀올 예정이다. 다음 조건을 모두 고려하였을 때, 항상 거짓인 것을 고르시오.**

- 3주 안에 중국으로 두 번, 일본과 미국으로 한 번만 출장을 다녀온다.
- 나라별로 출장을 한 번 다녀오는 데 중국, 일본은 각각 3일, 미국은 5일이 걸린다.
- 첫 번째 중국 출장에서 돌아온 바로 다음 날 미국으로 출장을 가며, 이외에는 최소 2일의 간격을 두고 출장을 간다.
- 4월 2주 차 월요일에 첫 출장지로 출발하며, 일본 출장에서는 4월 3주 차에 돌아온다.
- 미국 출장에서 4월 3주 차에 돌아오며, 돌아온 다음 날의 이틀 후 바로 일본으로 출장을 간다.
- 4월 4주 차 토요일에 한국 본사에서 진행하는 회의에 참석한다.

구분	월	화	수	목	금	토	일
4월 2주 차							
4월 3주 차							
4월 4주 차							

① 미국과 일본 출장은 모두 목요일에 출발한다.
② 4월 3주 차 수요일에는 한국에 있다.
③ 4월 4주 차 금요일에 중국 출장에서 돌아온다.
④ 일요일 중 4월 2주 차 일요일에만 출장지에 있다.
⑤ 일본 출장에서 4월 3주 차 일요일에 돌아온다.

06 **다빈이는 교양 수업으로 로봇공학, 미술, 토론, 음악 수업 중 1개 이상을 들었다. 다빈이가 들은 교양 수업에 대해 다빈이의 친구 A~E 5명 중 1명만 거짓을 말하고, 나머지 4명은 진실을 말한다고 할 때, 다빈이가 반드시 들은 수업을 모두 고르시오.**

- A: 로봇공학 수업을 들었고 토론 수업은 듣지 않았어.
- B: 미술 수업을 들었거나 토론 수업을 들었어.
- C: 음악 수업을 들었어.
- D: 로봇공학 수업을 듣지 않았거나 미술 수업을 듣지 않았어.
- E: 로봇공학 수업을 들었어.

① 음악 ② 로봇공학, 미술 ③ 로봇공학, 음악
④ 로봇공학, 미술, 음악 ⑤ 미술, 토론, 음악

07 **가전제품 회사에서 A, B, C, D, E 5명의 직원이 TV, 냉장고, 에어컨, 세탁기, 청소기 판매 담당으로 한 명씩 배정되었다. 다음 조건을 모두 고려하였을 때, 항상 참인 것을 고르시오.**

- 각 직원은 한 가지 제품만 담당하며, 판매실적은 모두 서로 다르다.
- A는 TV 또는 청소기 담당이 아니다.
- 냉장고 담당은 B나 C 중 한 명이다.
- TV 판매실적은 청소기 판매실적보다 많다.
- 세탁기 판매실적이 가장 많다.
- B의 판매실적은 C보다 많고, A와 D의 판매실적은 E보다 많다.
- 에어컨 판매실적이 가장 적으며, E는 에어컨 담당이 아니다.

① 냉장고 판매실적은 청소기 판매실적보다 많다.

② D의 판매실적은 두 번째로 많다.

③ E의 판매실적은 D 바로 다음으로 많다.

④ TV 판매실적이 두 번째로 많은 경우의 수는 2가지이다.

⑤ C가 에어컨 담당인 경우의 수는 2가지이다.

08 **교수 A, B와 신입생 C, D, E, F, G 총 7명은 KTX를 타고 학회장으로 이동했다. 다음 조건을 모두 고려하였을 때, 정장을 입은 사람을 모두 고르시오.**

- A~G 7명은 2, 4, 5, 11, 12, 13, 16번 좌석을 예매하여 좌석당 한 명씩 앉았다.
- 발표를 하는 사람만 정장을 입었으며, 교수는 정장을 입지 않았다.
- 정장을 입은 두 사람은 통로 쪽 좌석에 앉았으며, C와 F는 홀수 번 좌석에 앉았다.
- A는 짝수 번 좌석에 앉았으며, E의 좌석번호는 A의 좌석번호보다 1만큼 작다.
- G는 발표를 하지 않는다.

[KTX 좌석 배치]

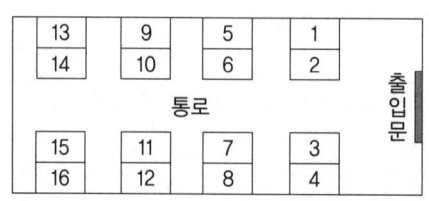

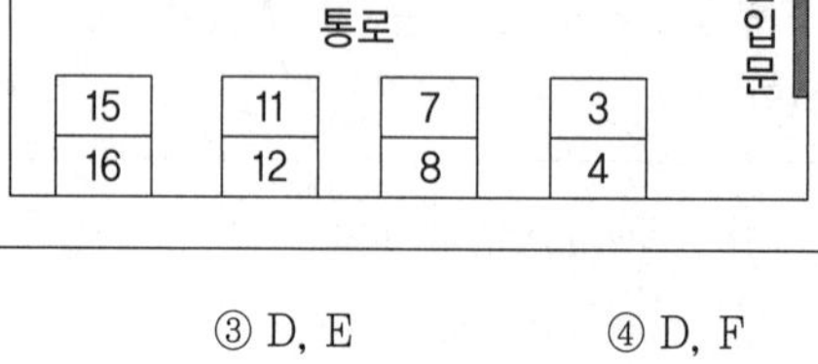

① C, D ② C, F ③ D, E ④ D, F ⑤ E, F

09 **3명의 조원으로 이루어진 A 조는 교양 과목의 과제를 수행하기 위해 역할을 분담하였다. 다음 조건을 모두 고려하였을 때, 항상 거짓인 것을 고르시오.**

- 각 조원의 성(姓)은 정, 김, 한으로 모두 다르다.
- 각 조원의 전공은 국어국문학과, 아동교육학과, 기계과로 모두 다르다.
- 3명의 조원이 맡은 역할은 발표, PPT 제작, 자료 준비로 모두 다르다.
- 정 씨인 조원의 학점은 두 번째로 높다.
- 김 씨인 조원이 맡은 역할은 PPT 제작이다.
- 자료 준비는 기계과인 조원이 맡았다.
- 발표는 학점이 가장 낮은 조원이 맡았다.

① 정 씨인 조원이 맡은 역할은 자료 준비이다.

② 전공이 아동교육학과인 조원이 맡은 역할은 PPT 제작이다.

③ 발표를 맡은 조원의 성은 한 씨이다.

④ 학점이 가장 높은 조원의 전공은 국어국문학과이다.

⑤ 학점이 가장 높은 조원을 제외한 나머지 조원 중 1명이 PPT 제작을 맡았다.

10 **동혁, 민준, 세현, 지호, 승우 5명은 모의 직업 체험 활동에서 의사, 경찰, 소방관, 교사, 변호사 역할을 맡는다. 다음 조건을 모두 고려하였을 때, 항상 거짓인 것을 고르시오.**

- 각 역할은 정확히 한 명씩 맡는다.
- 의사와 소방관은 서로 협력하는 역할이고, 경찰과 변호사도 서로 협력하는 역할이다.
- 교사와 협력하는 역할은 없다.
- 동혁은 경찰 또는 소방관 역할을 맡는다.
- 민준과 세현은 서로 협력하는 역할을 맡는다.
- 지호는 의사 또는 교사 역할을 맡는다.
- 승우는 변호사 역할을 맡지 않는다.

① 세현이가 변호사 역할을 맡으면, 지호는 교사 역할을 맡는다.

② 동혁이는 소방관 역할을 맡는다.

③ 동혁이와 승우가 서로 협력하는 역할을 맡는 경우의 수는 2가지이다.

④ 지호가 교사 역할을 맡으면, 민준이는 의사 역할을 맡는다.

⑤ 세현이가 경찰 역할을 맡는 경우의 수는 2가지이다.

11 **찬호, 호규, 진우, 민규 4명은 A 서점 또는 B 서점을 방문하여 참고서, 단어장, 연습장 중 한 가지 물건을 구매하려고 한다. 다음 조건을 모두 고려하였을 때, 항상 거짓인 것을 고르시오.**

• 아무도 구매하지 않는 물건은 없다. • B 서점을 방문하는 사람은 단어장을 구매하지 않는다. • 찬호와 호규는 서로 다른 서점에 방문한다. • 호규는 참고서를 구매한다. • 민규와 진우는 서로 다른 서점에 방문하며, 민규가 방문하는 서점은 B 서점이 아니다.

① 진우가 참고서를 구매하면, 민규는 단어장을 구매한다.

② 호규와 진우가 서로 다른 서점을 방문하면, 서로 다른 물건을 구매한다.

③ 민규가 참고서를 구매하면, 진우는 연습장을 구매한다.

④ 민규와 찬호가 서로 같은 물건을 구매하면, 진우는 연습장을 구매하지 않는다.

⑤ 찬호와 진우가 서로 같은 서점을 방문하면, 서로 다른 물건을 구매한다.

12 **A 과일가게는 월요일부터 금요일까지 5일간 감귤, 레몬, 멜론, 파인애플, 포도 총 5개의 과일을 하루에 하나씩 할인한다. 다음 조건을 모두 고려했을 때, 수요일에 할인하는 과일을 고르시오.**

• 5일간 5개의 과일은 각각 한 번씩 할인을 한다. • 감귤은 월요일에 할인한다. • 포도는 화요일에 할인하지 않는다. • 멜론은 화요일이나 금요일에 할인하지 않는다. • 레몬 할인하는 날 바로 다음날에는 파인애플을 할인한다.

① 감귤　　② 레몬　　③ 멜론　　④ 파인애플　　⑤ 포도

13 A, B, C, D, E 5명 중 2명은 태양 탐사대, 3명은 달 탐사대에 소속되어 있다. 각 탐사대마다 한 명만 거짓을 말할 때, 항상 참인 것을 고르시오.

- A: B와 나는 같은 탐사대 소속이야.
- B: C가 태양 탐사대 소속이거나 D가 태양 탐사대 소속이야.
- C: 나는 B와 같은 탐사대 소속이거나 D는 거짓말쟁이야.
- D: E와 나는 다른 탐사대 소속이고 E는 거짓말쟁이야.
- E: B는 거짓말쟁이야.

① E는 달 탐사대 소속이다.

② B와 C는 항상 다른 탐사대 소속이다.

③ A가 태양 탐사대 소속이라면, 가능한 경우의 수는 1가지이다.

④ C가 달 탐사대 소속이라면, D는 태양 탐사대 소속이다.

⑤ B가 진실을 말하고 있다면, B는 태양 탐사대 소속이다.

14 현정이는 친구의 핸드폰 번호 뒷자리 4자리를 잊어버리고, 일부 규칙만 기억하고 있다. 다음 조건을 모두 고려하였을 때, 항상 참인 것을 고르시오.

- 핸드폰 번호 뒷자리는 4자리 모두 서로 다른 숫자이다.
- 첫 번째 자리 수는 3의 배수이다.
- 네 번째 자리 수는 짝수이다.
- 두 번째 자리 수와 세 번째 자리 수의 합은 15 이상이다.
- 첫 번째 자리 수와 세 번째 자리 수의 합은 두 번째 자리 수와 네 번째 자리 수의 합과 같다.
- 첫 번째 자리 수는 네 번째 자리 수보다 작다.

① 세 번째 자리 수는 9이다.

② 첫 번째 자리 수와 네 번째 자리 수의 합은 7이다.

③ 두 번째 자리 수와 세 번째 자리 수의 차는 1이다.

④ 첫 번째 자리 수와 두 번째 자리 수의 합이 홀수가 되는 경우의 수는 2가지이다.

⑤ 세 번째 자리 수와 네 번째 자리 수의 차가 짝수가 되는 경우의 수는 2가지이다.

[15 - 17] 다음 도형에 적용된 규칙을 찾아 '?'에 해당하는 도형을 고르시오.

15

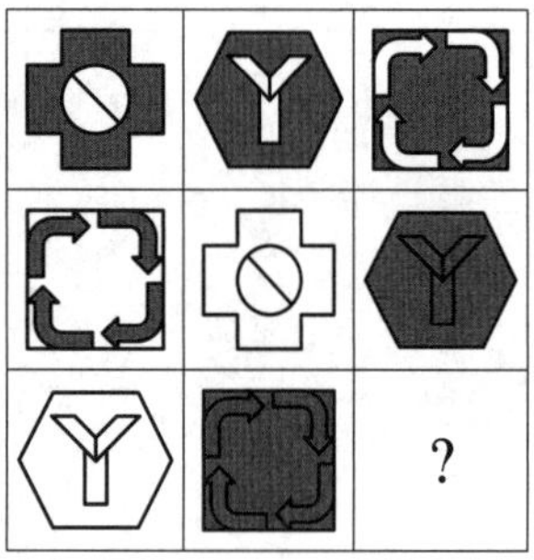

① 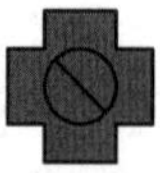

② 

③ 

④ 

⑤ 

16

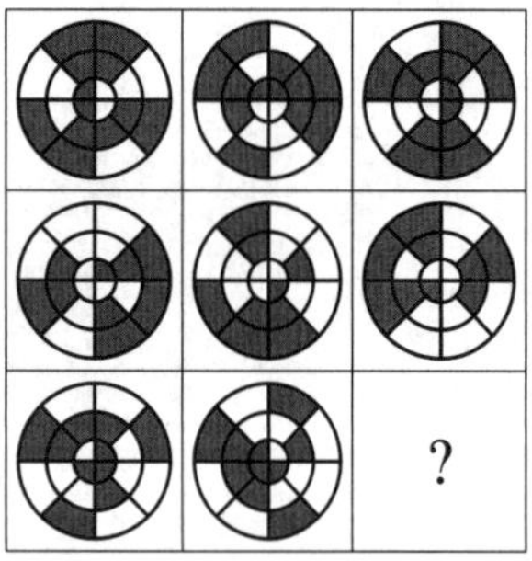

① 

② 

③ 

④ 

⑤ 

17

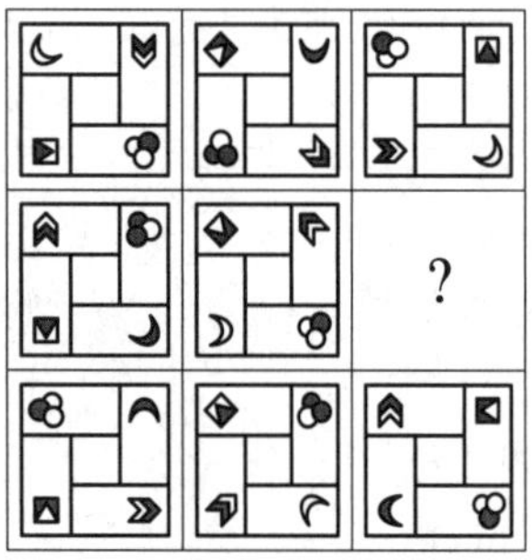

① 

② 

③ 

④ 

⑤ 

[18-21] 다음 각 기호가 문자, 숫자의 배열을 바꾸는 규칙을 나타낸다고 할 때, 각 문제의 '?'에 해당하는 것을 고르시오.

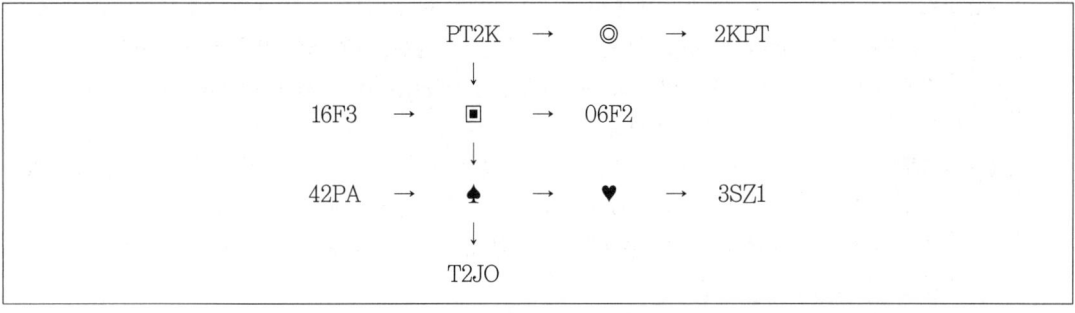

```
             PT2K  →  ◎  →  2KPT
              ↓
16F3  →  ▣  →  06F2
              ↓
42PA  →  ♠  →  ♥  →  3SZ1
              ↓
             T2JO
```

18

84GM → ♥ → ▣ → ?

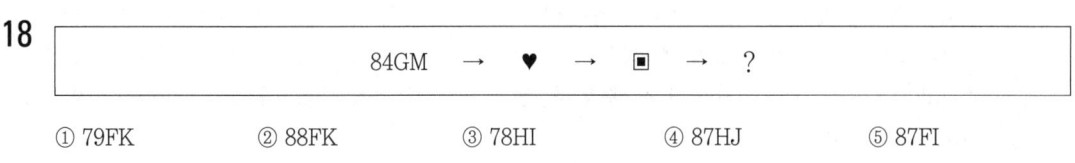

① 79FK　② 88FK　③ 78HI　④ 87HJ　⑤ 87FI

19

76CM → ◎ → ▣ → ♠ → ?

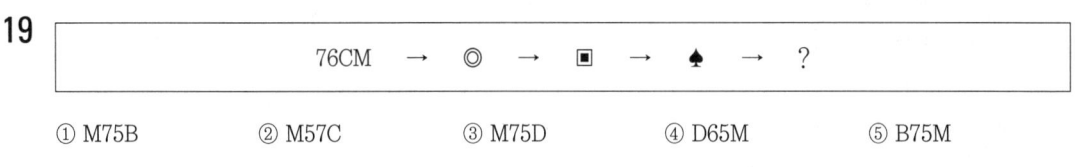

① M75B　② M57C　③ M75D　④ D65M　⑤ B75M

20

? → ◎ → ♥ → TF86

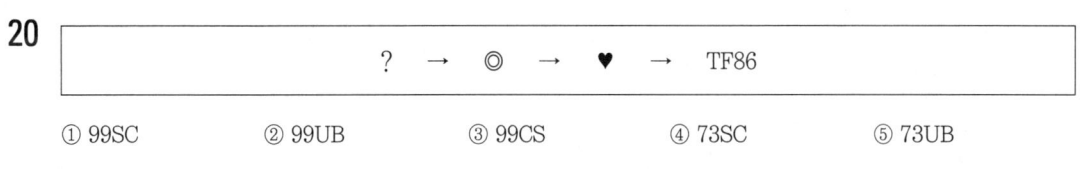

① 99SC　② 99UB　③ 99CS　④ 73SC　⑤ 73UB

21

? → ♥ → ♠ → ▣ → YGSP

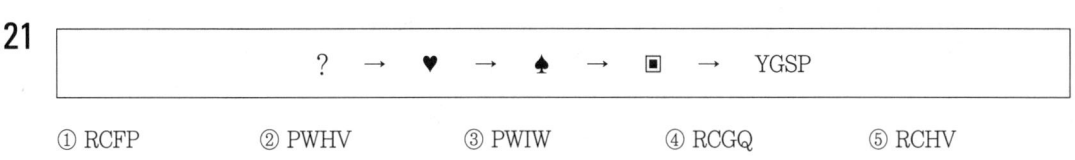

① RCFP　② PWHV　③ PWIW　④ RCGQ　⑤ RCHV

22 다음 문단을 논리적 순서대로 알맞게 배열한 것을 고르시오.

(A) 반도체 제조에 없어서는 안 되는 물질 중 하나는 물이다. 이 중에서도 초미세 반도체 제조 공정에는 초순수(UPW, Ultra Pure Water)가 사용되는데, 초순수란 증류, 이온 교환, 역침투 등을 조합하여 만들어진 물을 말한다. 이렇게 만들어진 초순수 속에는 일반적인 물속에 존재하는 무기질이나 미립자, 박테리아, 미생물, 용존 가스 등이 존재하지 않는다.

(B) 반도체는 나노미터 단위의 초미세공정을 다루는 작업을 거치기 때문에 각 공정을 거친 이후에 남아 있는 작은 입자가 큰 오류를 가져올 수 있다. 따라서 정제된 물을 사용해 각 공정 시작 전후에 웨이퍼를 세척해 주면 청정도를 확보할 수 있을뿐더러 반도체의 생산성을 높일 수 있기 때문에 초순수는 반도체 공정에 효율적으로 활용되고 있다.

(C) 반도체 제조 공정은 흔히 8대 공정이라 칭해질 만큼 복잡한 공정 과정을 반복하는데, 초순수는 반도체 제조 과정 중 제조 전후에 진행되는 세정 작업에 주로 활용된다. 예를 들어 반도체 제조 과정 중에는 필요한 회로 패턴 이외의 부분을 제거하는 식각 공정이 진행되는데, 식각 공정 진행 이후에 웨이퍼를 잘라내고 남은 부스러기를 세척할 때 초순수가 사용된다. 이온주입 공정 진행 이후에 남은 이온을 세척할 때도 사용되고 있다.

(D) 이 외에도 웨이퍼의 표면을 고르게 하기 위해 웨이퍼를 갈고 닦거나 웨이퍼를 자를 때도 초순수가 활용된다. 이처럼 초순수는 반도체의 다양한 공정 과정에서 사용되는데, 반도체 공정에 초순수를 사용하면 어떤 효과를 얻을 수 있을까?

① (A) – (C) – (B) – (D)
② (A) – (C) – (D) – (B)
③ (A) – (D) – (C) – (B)
④ (B) – (A) – (D) – (C)
⑤ (B) – (D) – (C) – (A)

23 다음 문단을 논리적 순서대로 알맞게 배열한 것을 고르시오.

(A) 이러한 배경에서 도입된 대표적 수단이 '마이너스 금리'다. 이는 시중은행이 중앙은행에 맡기는 초과 지급준비금에 수수료를 부과하는 방식으로 작동한다. 은행이 예치금에서 손실을 보게 만들면, 그 자금을 소비자·기업 대출로 돌리도록 유도할 수 있다는 논리다. 이론적으로는 시중에 돈이 더 풀려 금리가 낮아지고, 투자·소비가 늘어나 경기가 활성화될 것으로 기대되었다.

(B) 그러나 실제로 마이너스 금리가 시행되면서 은행은 예금 고객에게 적용하는 금리를 크게 낮출 수밖에 없었다. 이에 따라 자금을 찾는 고객이 상대적으로 고수익을 추구하는 신용금고나 주식·부동산 펀드 등으로 이동했고, 그 결과 은행의 예대마진이 줄어들며 수익성이 악화되는 부작용이 나타났다.

(C) 2008년 글로벌 금융위기 이후 세계 경제는 저성장·저물가의 늪에 빠졌다. 유럽중앙은행(ECB)과 스위스·덴마크·스웨덴·일본의 은행은 기준금리를 사실상 0%대까지 낮춘 뒤에도 침체가 장기화되자, 전례 없는 통화 완화 수단을 모색하기 시작했다. 정책 입안자들은 공격적인 통화 완화를 통해 경기 회복의 돌파구를 마련하고자 했다.

(D) 소비 촉진이라는 정책 목표와 달리, 가계 저축이 오히려 증가하고 금융기관의 건전성도 약화되는 현상이 나타났다. 이러한 결과가 통계로 확인되면서 마이너스 금리 정책의 실효성에 대한 의문이 제기되었고, 장기적으로는 금융시장 불안과 대안 투자 자산의 거품을 초래할 수 있다는 우려도 커지고 있다.

① (A) – (B) – (C) – (D)
② (A) – (C) – (D) – (B)
③ (C) – (A) – (B) – (D)
④ (C) – (A) – (D) – (B)
⑤ (C) – (B) – (A) – (D)

24 **다음 진술이 모두 참이라고 할 때 반드시 거짓일 수밖에 없는 것을 고르시오.**

> 우리가 휴대폰으로 소리나 이미지를 상대방에게 전송하면, 이는 디지털 신호로 변환되어 광섬유를 통해 전달된다. 그 후 광 송신기에서 빛의 형태로 바뀌어 광섬유를 따라 이동하며, 수신기에서 다시 전기 신호로 복원되어 소리나 이미지로 변환된다. 이러한 빛의 내부 반사에 의해 작동하는 광섬유를 전송 매체로 사용하는 통신 기술을 광 통신망이라 한다. 광섬유는 데이터 전송 속도가 매우 빠르고 대역폭이 넓어 동시에 수많은 정보를 처리할 수 있는 대용량 전송이 가능하다. 또한, 광섬유는 외부 간섭에 강하고 도청이 어려워 보안성이 높다. 이러한 광섬유의 특징을 살린 광 네트워크 기술은 장거리 및 대용량의 정보를 효율적으로 전송하는 시스템으로 현대 사회 정보 통신의 핵심 인프라로 자리 잡고 있다. 특히, 데이터 센터 간의 고속 데이터 전송, 해저 케이블을 통한 대륙 간 통신 등 광범위한 분야에서 이용된다. 또한, 광섬유는 유리나 플라스틱으로 만들어진 가늘고 긴 실로 금속에 비해 신호 감쇠가 적다는 장점을 가진다. 이러한 특성 덕분에 광 통신망은 해외와 국내를 연결하는 주요 통신 수단으로도 활용되며, 빠른 속도의 데이터 전송을 가능하게 한다. 향후 5G 및 6G와 같은 차세대 통신 기술의 발전에 따라 광 통신망의 역할은 더욱 중요해질 것으로 예상된다.

① 금속은 유리나 플라스틱보다 신호 전달성이 우수하다.

② 광섬유는 도청이 어려워 정보 유출이 어렵다.

③ 광섬유는 대용량의 정보를 장거리로 전달할 때 가장 유용하다.

④ 광통신망은 고속 인터넷과 통신 기술 발전에 중요한 역할을 한다.

⑤ 광섬유를 이용한 통신 기술은 국내 및 국제 데이터 연결의 핵심 매개체로 사용된다.

25 다음 진술이 모두 참이라고 할 때 반드시 거짓일 수밖에 없는 것을 고르시오.

> 허브의 한 종류인 캐모마일은 로마제국 시기부터 널리 퍼지기 시작해 오늘날까지 많은 사람의 사랑을 받고 있다. 종류로는 노란색 꽃이 피는 다이어즈 캐모마일과 흰색 꽃이 피는 로만 캐모마일, 1~2년 초인 저먼 캐모마일이 있으며, 우리가 차로 활용하는 것은 다이어즈 캐모마일과 저먼 캐모마일의 꽃잎이다. 캐모마일은 향도 좋지만, 효능 역시 훌륭하다. 불면증 완화에도 도움이 되고, 구강염이나 인후염에는 소염제 역할도 되며 소화계통에 항염 작용을 하기도 한다. 또한 신경통 류머티스, 강장 작용, 습진, 여드름 등에도 효험이 있다. 체온이 낮은 편인 사람은 캐모마일을 목욕물에 넣으면 몸이 따듯하게 되는 효과도 볼 수 있다. 이처럼 다양한 효능이 있기 때문에 유럽에서는 캐모마일을 탕약으로 활용하기도 하고, 한방에서도 염증, 방부, 구충, 경련 감소에 캐모마일을 이용한다. 캐모마일은 햇빛이 잘 드는 곳에서 자라지만, 추위에도 강한 편이라 비교적 쉽게 기를 수 있다. 특히 파종 후 8주가 지나면 꽃을 수확할 수 있으며, 맑은 날 포기째 뽑아 꽃송이를 햇볕에 말려 사용하면 된다. 다만, 온도가 높고 건조한 장소에서는 오래 버티지 못하므로 화분에서 기를 경우 시원한 장소에 두되 물을 충분히 줄 필요가 있다.

① 캐모마일 차를 마시면 불면증 완화 효과를 볼 수 있다.

② 로마제국 시기에도 캐모마일을 이용하는 사람이 있었다.

③ 차로 마실 수 있는 캐모마일의 종류는 다이어즈 캐모마일과 저먼 캐모마일이다.

④ 캐모마일은 씨를 뿌린 뒤 8주가 지나면 꽃을 딸 수 있다.

⑤ 캐모마일은 햇빛이 잘 드는 곳에서 빠르게 성장하므로 높은 온도의 환경에서 자라도록 해야 한다.

26 다음 진술이 모두 참이라고 할 때 반드시 거짓일 수밖에 없는 것을 고르시오.

발달심리학에 의하면 인간의 뇌는 결정적 시기에 인지적, 정서적, 신체적 발달이 이루어지며, 이는 영유아기에 국한된다고 알려져 왔다. 그러나 뇌 과학에 대한 연구가 활성화되며, 뇌의 신경계가 환경, 경험, 자극에 의해 재조직되고 일생 동안 발달 및 성장이 진행된다는 사실이 밝혀졌다. 이 현상은 뇌가 새로운 환경이나 경험에 따라 기존의 신경망을 새롭게 구축하는 능력인 '신경 가소성'에 기반한다. 신경 가소성은 대뇌의 시냅스에서 뉴런 간 연결을 강화하거나 약화하거나 혹은 새로운 연결을 형성하는 방식으로 이루어진다. 예를 들어, 반복적인 학습이나 훈련은 뇌의 특정 영역에서 시냅스를 증가시키고, 장기 기억 형성의 기능을 하는 해마나 전두엽의 활동을 촉진시킨다. 신경 가소성은 노화나 뇌 손상 후에도 지속적으로 일어날 수 있다. 뇌졸중 후 재활 치료에서 뇌의 특정 부분이 손상되더라도, 다른 부분이 그 기능을 대신하도록 재조직하며 회복을 돕는 과정이 그 사례이다. 그러나 스트레스나 부정적인 감정은 신경 가소성을 저하시킬 수 있다. 스트레스에 대항하기 위한 호르몬인 코르티솔이 과다하게 분비되면 해마의 기능이 축소되며 새로운 기억을 형성하는 능력이 감소하기 때문이다.

① 대뇌의 시냅스는 경험에 따라 새로운 뉴런의 연결을 형성할 수 있다.

② 뇌에 손상을 입었을 경우에도 뇌의 신경회로가 재조직될 수 있다.

③ 노화가 진행됨에 따라 신경가소성은 점차 감소하며 완전히 소멸되는 시기가 존재한다.

④ 호르몬의 종류 중 코르티솔은 장기 기억을 형성하는 능력을 저하시킨다.

⑤ 반복적인 학습이나 훈련은 뇌의 특정 영역에서 전두엽의 활동을 증가시킨다.

27 **다음 진술이 모두 참이라고 할 때 반드시 거짓일 수밖에 없는 것을 고르시오.**

웨이퍼에 전자회로를 형성하는 FAB 공정과 제품이 최종 형태를 갖추게 되는 패키지 공정 사이에 진행되는 EDS(Electrical Die Sorting) 공정은 전기적 특성 평가를 통해 각각의 칩들이 목표 품질 수준에 적합한지 검사하는 단계에 해당한다. 웨이퍼의 상태에서 반도체 칩의 결함을 식별하고, 불량 칩 중에서 수리 가능한 칩을 양품으로 분류한다. 더불어 FAB 공정이나 설계에서 발견된 문제점을 수정하여 전체적인 품질 향상을 목표로 하며, 불량 칩을 사전에 선별함으로써 추후 진행되는 패키지 공정 및 테스트 작업의 효율성을 높이는 데 기여한다. 이러한 EDS 공정 단계는 크게 4단계로 구분된다. 먼저, 반도체 집적회로를 작동시키는 데 필요한 개별 소자들의 전기적 직류 전압과 함께 전류 특성을 지닌 파라미터를 테스트하여 작동 여부를 판단하는 단계를 거친다. 이후 제품의 신뢰성을 향상시키기 위해 웨이퍼에 일정 온도의 열을 가하고 교류와 직류 전압을 적용함으로써 불량을 유발할 수 있는 요인을 탐지한다. 다음으로 전기 신호를 사용하여 웨이퍼 상의 개별 칩들 중 불량품을 판별하는 과정인데, 이 단계에서는 특정 온도 범위에서 각 칩이 정상적으로 동작하는지를 판별하기 위해 높은 온도와 낮은 온도에서 동시에 테스트가 진행된다. 이 과정에서 복구가 가능하다고 판단된 칩들만을 수리하고, 복구 작업이 완료되면 최종 테스트를 통해 복구가 정상적으로 이루어졌는지 다시 확인하여 불량 여부를 최종적으로 판단한다. 마지막 단계에서는 공정의 비용을 절감하기 위해 전기 신호를 활용하여 불량으로 판정된 칩, 최종 테스트에서 다시 불량으로 확인된 칩, 그리고 웨이퍼 상에서 미완성된 반도체 칩 등을 식별하는 과정이 진행된다. 이렇게 공정을 완료한 웨이퍼는 건조 과정을 진행한 후 품질 관리 검사를 거쳐 조립 공정으로 이동된다.

① FAB 공정에서 확인된 오류는 EDS 공정을 거칠 경우 개선될 가능성이 있다.

② EDS 공정은 패키지 공정 및 테스트 작업 진행 전에 불량 칩을 선별할 수 있는 가능성을 높인다.

③ 각 단계에서 불량으로 확인된 칩과 웨이퍼에서 완성되지 않은 반도체 칩을 구별하는 과정은 EDS 공정의 마지막 단계에 해당한다.

④ EDS 공정 단계는 웨이퍼 위에 전자회로를 그리는 단계와 패키지 공정 사이에 진행된다.

⑤ EDS 공정의 첫 번째 단계에서는 개별 소자들의 전기적 교류 전압 특성을 지닌 파라미터를 테스트한다.

28 다음 주장에 대한 반박으로 가장 타당한 것을 고르시오.

기업은 제품을 마케팅하는 과정에서 소비자 선호도 조사를 하곤 하는데, 소비자 선호도 조사 결과가 실제 소비자들의 제품에 대한 선호도를 완벽하게 반영하지 못한다는 한계점이 존재한다. 소비자 선호도 조사는 주로 설문 조사, 인터뷰 조사 등으로 이루어지는데, 응답자가 타인을 의식하여 솔직한 답변을 하지 못한다면 신뢰도가 떨어질 수밖에 없기 때문이다. 이를 보완할 수 있는 마케팅 방법이 바로 뉴로 마케팅이다. 뉴로 마케팅은 소비자의 뇌 영상 촬영, 뇌파 측정, 시선 추적 등의 뇌 과학 기술을 통해 소비자의 뇌세포 활성화 정도나 자율신경계의 변화를 분석한 결과로 소비자의 심리와 무의식적인 행동을 파악하고 이를 마케팅에 접목하는 방식이다. 실제로 인간의 뇌는 이성이나 감성, 성격과 연결되어 있으며, 노화 등으로 인해 뇌 기능이 떨어질 때를 제외하고는 일상생활을 영위하는 데 지대한 영향을 미친다. 따라서 제품에 대한 소비자들의 뇌 반응을 연구하면 소비자의 심리를 파악할 수 있으므로 뉴로 마케팅은 기존의 소비자 선호도 조사를 대체할 수 있는 성공적인 마케팅 방법이라 할 수 있다.

① 제품의 타깃층에 상관없이 소비자의 심리와 행동을 분석할 수 있는 뉴로 마케팅은 제품 판매 전략으로 가장 적절하다.

② 뉴로 마케팅이 소비자의 의식적인 행동을 분석하는 데 가장 신뢰도 높은 마케팅 전략이 아닐 수 있음을 염두에 두어야 한다.

③ 소비자의 뇌 기능 활성화 정도를 파악하지 않은 채 얻은 뇌의 반응만으로 연구 결과의 신뢰성이 높다고 단언하기는 어렵다.

④ 소비자 선호도 조사 시 응답자가 솔직하게 대답하는 경우도 있음을 배제해서는 안 된다.

⑤ 제품에 마케팅을 접목하기 위해서는 제품의 특징과 타깃에 적합한 마케팅 전략 파악이 우선시되어야 한다.

29 **다음 글을 바탕으로 아래 〈보기〉를 이해한 내용으로 적절하지 않은 것을 고르시오.**

CDP(Customer Data Platform)는 다양한 디지털 및 오프라인 경로에서 수집되는 고객 데이터를 한 곳에 통합하여 관리하는 소프트웨어이다. CDP의 주요 기능 중 하나는 데이터 통합 관리로, 여러 방식으로 유입된 고객 데이터를 표준화하고 중복 데이터를 삭제하여 통일된 양식으로 정리한다. 이를 통해 기업은 고객에 대한 이해도를 높일 수 있으며 보다 정확한 타겟팅이 가능해진다. 또한 CDP는 고객의 행동 변화를 실시간으로 반영할 수 있어 즉각적인 대응이 가능하다. 이렇게 통합된 데이터는 마케팅, 판매, 고객 서비스 등 다양한 부서에서 활용되며, 고객의 요구 사항을 반영한 맞춤형 프로젝트를 진행하는 데 사용될 수 있다. 더 나아가 CDP는 GDPR(General Data Protection Regulation)과 같은 개인 정보 보호 규정 준수를 통해 데이터 관리의 신뢰성과 안전성을 확보하여 현대 비즈니스 환경에서 필수적인 데이터 관리 방법으로 자리 잡고 있다.

〈보기〉

고객 데이터가 기업 내에서 특정 부서에서만 접근이 가능한 방식으로 운용된다면 서로 다른 부서 간에 데이터를 공유할 수 없어 협업이 어려워진다. 또한 다수의 부서가 함께 프로젝트를 진행할 경우 소통 및 의사결정이 비효율적으로 이루어질 수 있으며, 중복된 데이터 저장으로 인한 공간 낭비와 관리 비용 증가가 발생할 수 있다. 각 부서가 서로 다른 방식으로 데이터를 관리하면 오류가 발생할 위험이 커지며 이는 결국 신뢰할 수 없는 분석 결과로 이어진다. 이처럼 기업 내에서의 데이터 격리로 인해 발생하는 문제점을 통틀어 '데이터 사일로 현상'이라고 하며, 조직의 경쟁력을 높이고 효율적인 업무를 진행하기 위해서는 고객 데이터를 통합 관리하는 시스템이 필수적이다.

① CDP는 흩어져 있는 정보를 일관성 있게 관리함으로써 기업 내 정보 접근 격차를 줄인다.

② CDP는 비즈니스 환경에서의 신속하고 정확한 의사결정이 가능하도록 한다.

③ CDP는 데이터 표준화를 통해 부서 간 데이터 공유 및 협업을 원활하게 한다.

④ CDP는 GDPR을 준수하여 고객의 신뢰도와 조직의 경쟁력을 높이는 통합 관리 시스템이다.

⑤ CDP는 중복되는 데이터를 유지하여 마케팅, 판매 등 다양한 프로젝트에 적용된다.

30 다음 글을 바탕으로 아래 〈보기〉를 이해한 내용으로 적절하지 않은 것을 고르시오.

미생물이 자라는 속도와 범위에 영향을 미치는 핵심 환경 요인은 온도와 습도이다. 온도가 너무 낮으면 미생물의 효소 활동이 저하되어 성장이 억제되며, 대사 활동이 멈출 수 있다. 또한 온도가 너무 높을 경우에도 미생물의 세포 단백질이 변성되어 기능하지 못하고 미생물이 죽을 수 있다. 다음으로, 미생물의 성장을 위해서는 일정량의 수분이 필요한데 이때 사용되는 개념은 수분활성도이다. 물의 이용 가능성을 나타내는 수분활성도는 0과 1 사이의 값을 가지며 삼투압과 반비례한다. 순수한 물의 수분활성도가 1일 때 미생물의 영양소 흡수와 대사가 원활하게 이루어지기 위해서는 0.6 이상의 수분활성도가 필요하며, 이보다 낮을 경우 대사 과정이 저해되고 성장이 억제된다. 미생물의 성장 환경에 대한 이해는 식품의 보존이나 위생 관리에서 중요한 요소로 작용한다.

〈보기〉

별도의 처치 없이 식품을 방치할 경우 수분, 온도, 산소, 미생물의 번식 등의 다양한 요인으로 인해 식품이 변질될 가능성이 높다. 이러한 식품의 성분 손실을 막기 위한 보관 방법 중 하나는 식품에 소금을 뿌리거나 식품을 소금물에 담가 부패하지 않게 하는 방법인 염장법이다. 염장법에서 소금으로 인해 염도가 높아진 식품 외부 환경은 식품 내부와의 염도의 차이를 만들어낸다. 상대적으로 염분이 적은 식품 내부의 수분은 삼투압에 의해 외부로 이동하면서 식품의 부피가 줄어들고, 내부의 수분활성도가 낮아지며 미생물의 성장을 억제하는 환경이 형성된다. 이와 같은 변화는 식품을 신선하게 유지하는 효과적인 방법이 된다.

① 염장법은 미생물의 성장 환경에 대한 이해를 통해 식품의 성분 손실을 막는 방식이다.
② 염장법에서 식품 내외부의 염도 차이와 미생물의 자라는 속도는 상관관계가 있다.
③ 염장법에서 식품의 변질 가능성을 낮추는 핵심 요인은 식품 외부의 온도 상승이다.
④ 염장법이 진행된 식품 내부의 삼투압은 식품 외부의 삼투압보다 높다.
⑤ 염장법이 진행된 후의 식품 내부의 수분활성도는 진행 전의 수분활성도보다 낮다.

약점 보완 해설집 p.91

GLOBAL
SAMSUNG
APTITUDE
TEST

GLOBAL SAMSUNG APTITUDE TEST

해커스 **GSAT 삼성직무적성검사** 실전모의고사

부록

수리·추리 핵심 공략집

수리 핵심개념정리 & 핵심 공략 Quiz

추리 핵심개념정리 & 핵심 공략 Quiz

수리 핵심개념정리

수리는 빈출 이론 및 공식, 자료 해석법을 먼저 학습하여 기본적인 연산 능력 및 자료해석 능력을 향상시켜야 한다.
응용계산은 출제 빈도가 높은 방정식과 경우의 수, 확률 등의 이론 및 공식을 암기하고 문제에 적용하는 연습을 통해 문제 풀이 시간을 단축시킬 수 있다.
또한, 자료해석은 자료에 대한 설명의 옳고 그름을 판별하는 문제의 출제 비중이 높으므로 자료 해석법을 먼저 학습한 후, 빈출 계산식을 암기하여 문제 풀이에 적용하면 정답률을 높일 수 있다.

1. 수와 식

1 약수와 배수

□ 약수와 배수의 정의	• 자연수 A가 B로 나누어 떨어질 때, B는 A의 약수, A는 B의 배수이다. $\underset{\text{배수}}{A} = \underset{\text{약수}}{B} \times \underset{\text{약수}}{Q}$ 예 $18=3\times6$ → 18의 약수: 3, 6 3과 6의 배수: 18
□ 소인수분해	• 자연수 N을 소인수들의 곱으로 나타내는 것이다. $N=a^x\times b^y\times c^z$ (단, a, b, c는 서로 다른 소인수) 예 $18=2\times3\times3=2^1\times3^2$
□ 약수의 개수	• 자연수 N이 $a^x\times b^y\times c^z$으로 소인수분해될 때, 약수의 개수는 $(x+1)(y+1)(z+1)$개이다. 예 18의 약수의 개수: $(1+1)\times(2+1)=6$개
□ 최대공약수와 최소공배수	• 서로소는 1 이외에 다른 공약수를 갖지 않는 둘 이상의 자연수이다. • 최대공약수는 각 자연수를 소인수분해한 후, 공통 인수만을 곱하여 구한다. • 최소공배수는 각 자연수를 소인수분해한 후, 적어도 어느 한 자연수에 포함된 인수를 모두 곱하여 구한다. GSAT 기출 예 $18=2\times3^2$, $60=2^2\times3\times5$ → 18과 60의 최대공약수: $2\times3=6$, 최소공배수: $2^2\times3^2\times5=180$ • 두 자연수 A, B의 최대공약수를 G, 최소공배수를 L이라고 하면, A=aG, B=bG, L=abG (단, a, b는 서로소) 예 $12=\underset{a}{3}\times\underset{G}{(2\times2)}$, $44=\underset{b}{11}\times\underset{G}{(2\times2)}$ 12와 44의 최소공배수: $\underset{a}{3}\times\underset{b}{11}\times\underset{G}{(2\times2)}=132$

2 지수법칙과 제곱근

□ 거듭제곱	• 같은 수나 문자를 여러 번 곱한 것이다. • a의 n제곱이란 a를 n번 곱하는 것을 말한다. $a^n=\underbrace{a\times a\times\cdots\times a}_{n\text{개}}$ (n은 지수, a는 밑)
□ 지수법칙	$a\neq0$, $b\neq0$, m, n이 실수일 때, • $a^m\times a^n=a^{m+n}$ • $a^m\div a^n=a^{m-n}$

▫ 지수법칙	• $(a^m)^n=a^{mn}$ • $(ab)^n=a^nb^n$ 예 $2^3\times2^2\div2^4=2^{3+2-4}=2^1$
▫ a의 제곱근	• 어떤 수 x를 제곱하여 a가 되었을 때, x를 a의 제곱근이라고 한다. $x^2=a \Leftrightarrow x=\pm\sqrt{a}$ (단, $a\ge0$) • 양수 a의 $\begin{cases}\text{양의 제곱근 } \sqrt{a} \\ \text{음의 제곱근 } -\sqrt{a}\end{cases}$
▫ 제곱근의 성질	• 0의 제곱근은 0이다. • $a>0$일 때, $(\sqrt{a})^2=a$, $\sqrt{a^2}=a$, $(-\sqrt{a})^2=a$, $\sqrt{(-a)^2}=a$
▫ 제곱근의 연산	$a>0$, $b>0$일 때, • $\sqrt{a}\times\sqrt{b}=\sqrt{ab}$ • $\sqrt{a}\div\sqrt{b}=\frac{\sqrt{a}}{\sqrt{b}}=\sqrt{\frac{a}{b}}$ • $\sqrt{a^2b}=a\sqrt{b}$ • $\sqrt{\frac{a}{b^2}}=\frac{\sqrt{a}}{b}$ • $m\sqrt{a}+n\sqrt{a}=(m+n)\sqrt{a}$ • $m\sqrt{a}-n\sqrt{a}=(m-n)\sqrt{a}$
▫ 분모의 유리화	• 어떤 분수의 분모에 근호가 있을 때, 분모와 분자에 각각 분모와 같은 무리수를 곱하거나, 무리식의 두 항 중 한 항의 부호가 반대인 무리식을 곱하여 분모를 유리수로 고치는 것이다. $a>0$, $b>0$일 때, • $\frac{b}{\sqrt{a}}=\frac{b\times\sqrt{a}}{\sqrt{a}\times\sqrt{a}}=\frac{b\sqrt{a}}{a}$ • $\frac{c}{\sqrt{a}+\sqrt{b}}=\frac{c(\sqrt{a}-\sqrt{b})}{(\sqrt{a}+\sqrt{b})(\sqrt{a}-\sqrt{b})}=\frac{c(\sqrt{a}-\sqrt{b})}{a-b}$ (단, $a\ne b$)

3 로그

▫ 로그의 정의	• $a>0$, $a\ne1$, $N>0$일 때, $a^x=N \Leftrightarrow x=\log_a N$ (N은 진수, a는 밑)
▫ 로그의 성질	$a>0$, $a\ne1$, $b>0$, $x>0$, $y>0$, n은 임의의 실수일 때, • $\log_a a=1$, $\log_a 1=0$ • $\log_a xy=\log_a x+\log_a y$ • $\log_a \frac{x}{y}=\log_a x-\log_a y$ • $\log_a x^n=n\log_a x$ • $\log_a b=\frac{\log_c b}{\log_c a}$ (단, $c>0$, $c\ne1$) 예 $\log_3 3+\log_2 2^2+\log_5 2+\log_5 3=1+2\log_2 2+\log_5(2\times3)=3+\log_5 6$

4 다항식의 연산

▫ 곱셈공식	• 다항식의 곱을 전개할 때 쓰이는 공식이다. • $(a\pm b)^2=a^2\pm2ab+b^2$ • $(a+b)(a-b)=a^2-b^2$ • $(x+a)(x+b)=x^2+(a+b)x+ab$ • $(ax+b)(cx+d)=acx^2+(ad+bc)x+bd$ 예 $(3x+5)(4x-3)=12x^2+(-9+20)x-15=12x^2+11x-15$

□ 인수분해	• 다항식을 2개 이상의 인수의 곱으로 나타내는 것이다. • $a^2 \pm 2ab + b^2 = (a \pm b)^2$ • $a^2 - b^2 = (a+b)(a-b)$ • $x^2 + (a+b)x + ab = (x+a)(x+b)$ • $acx^2 + (ad+bc)x + bd = (ax+b)(cx+d)$ 예 $x^2 - 6x - 16 = (x+2)(x-8)$
□ 비례식의 계산	• a : b = c : d, 즉 $\frac{a}{b} = \frac{c}{d}$일 때 ad = bc • $\frac{a}{b} = \frac{c}{d} = \frac{e}{f} = \frac{a+c+e}{b+d+f} = \frac{la+mc+ne}{lb+md+nf}$ (단, $b+d+f \neq 0$, $lb+md+nf \neq 0$)
□ 유리식의 계산	• 부분분수로의 분해: $\frac{1}{AB} = \frac{1}{B-A}\left(\frac{1}{A} - \frac{1}{B}\right)$ (단, $A \neq 0$, $B \neq 0$, $A \neq B$) • 번분수식의 계산: $\frac{\frac{A}{B}}{\frac{C}{D}} = \frac{A}{B} \div \frac{C}{D} = \frac{A}{B} \times \frac{D}{C} = \frac{AD}{BC}$

5 기수법

□ 십진법	• 0~9까지의 숫자를 이용하여 수를 표시하는 방법으로, 한 자리가 올라갈 때마다 자릿값이 10배씩 커지는 수의 표시 방법이다. • 십진법의 전개식: 십진법의 수를 10의 거듭제곱을 이용하여 나타낸 식이다. 예 $4789 = 4 \times 10^3 + 7 \times 10^2 + 8 \times 10^1 + 9 \times 10^0$
□ 이진법	• 0, 1의 두 숫자를 이용하여 수를 표시하는 방법으로, 한 자리가 올라갈 때마다 자릿값이 2배씩 커지는 수의 표시 방법이다. • 이진법의 전개식: 이진법의 수를 2의 거듭제곱을 이용하여 나타낸 식이다. 예 $11011_{(2)} = 1 \times 2^4 + 1 \times 2^3 + 1 \times 2^1 + 1 \times 2^0$ • 십진법의 수를 이진법으로 변환하는 방법: 십진법의 수를 몫이 0이 될 때까지 계속 2로 나누고 그 나머지를 역순으로 정리한다. 예 2)7 2)3 ⋯ 1 2)1 ⋯ 1 0 ⋯ 1 → $7 = 111_{(2)}$

6 수열

□ 등차수열	• 정의: 어떤 수열 $\{a_n\}$의 연속한 두 항의 차가 일정한 값 d인 수열 GSAT 기출 • 공차: 등차수열에서 연속한 두 항의 차, $a_{n+1} - a_n = d$ • 등차수열의 일반항: $a_n = a + (n-1)d$ (단, 첫째항: a, 공차: d) • 등차수열의 합: $S_n = \frac{n\{2a+(n-1)d\}}{2} = \frac{n(a+l)}{2}$ (단, 첫째항: a, 끝항: l) • 세 수 a, b, c가 차례로 등차수열을 이룰 때, b를 a와 c의 등차중앙이라고 하고 $b = \frac{a+c}{2}$가 성립한다.
□ 등비수열	• 정의: 어떤 수열 $\{a_n\}$의 연속한 두 항 사이의 비가 일정한 값 r인 수열 GSAT 기출 • 공비: 등비수열에서 연속한 두 항의 비, $\frac{a_{n+1}}{a_n} = r$ • 등비수열의 일반항: $a_n = ar^{n-1}$ (단, 첫째항: a, 공비: r) • 등비수열의 합: $S_n = na$ $(r=1)$, $S_n = \frac{a(1-r^n)}{1-r}$ $(r \neq 1)$ • 세 수 a, b, c가 차례로 등비수열을 이룰 때, b를 a와 c의 등비중앙이라고 하고 $b^2 = ac$가 성립한다.

◻ 계차수열	• 정의: 어떤 수열 $\{a_n\}$의 인접하는 두 항의 차로 이루어진 수열 GSAT 기출 • 계차수열의 일반항: $b_n=a_{n+1}-a_n$ • $\{a_n\}$의 일반항: $a_n=a+\sum_{k=1}^{n-1} b_k$ (단, 첫째항: a, $n \geq 2$)
◻ 피보나치 수열	• 정의: 어떤 수열 $\{a_n\}$의 연속한 두 항의 합이 바로 다음 항으로 나타나는 수열 GSAT 기출 • 피보나치 수열의 일반항: $a_n=a_{n-1}+a_{n-2}$ (단, 첫째항: 1, 둘째항: 1, $n \geq 3$)

2. 방정식과 부등식

1 방정식

◻ 이차방정식의 근의 공식	• 이차방정식 $ax^2+bx+c=0(a \neq 0)$의 근은 $x=\frac{-b \pm \sqrt{b^2-4ac}}{2a}$ GSAT 기출
◻ 이차방정식의 근과 계수와의 관계	이차방정식 $ax^2+bx+c=0(a \neq 0)$의 두 근을 α, β라고 하면 • $\alpha+\beta=-\frac{b}{a}$ • $\alpha\beta=\frac{c}{a}$ 예 $2x^2+3x+1=0$의 두 근의 합: $-\frac{3}{2}$
◻ 삼차방정식의 근과 계수와의 관계	삼차방정식 $ax^3+bx^2+cx+d=0(a \neq 0)$의 세 근을 α, β, γ라고 하면 • $\alpha+\beta+\gamma=-\frac{b}{a}$ • $\alpha\beta+\beta\gamma+\gamma\alpha=\frac{c}{a}$ • $\alpha\beta\gamma=-\frac{d}{a}$ 예 $3x^3-7x^2+2x-9=0$의 세 근의 곱: $-\frac{-9}{3}=3$

2 방정식의 활용

◻ 작업량	• 시간당 작업량 $=\frac{작업량}{시간}$ • 작업량 = 시간당 작업량 × 시간 • 시간 $=\frac{작업량}{시간당\ 작업량}$ GSAT 기출 예 3시간 동안 꼬막 165개를 손질하는 윤진이의 시간당 작업량: $\frac{165}{3}=55$개
◻ 거리·시간·속력	• 거리 = 속력 × 시간 GSAT 기출 • 시간 $=\frac{거리}{속력}$ GSAT 기출 • 속력 $=\frac{거리}{시간}$ GSAT 기출 • 평균 속력 $=\frac{총\ 이동거리}{총\ 이동시간}$ 예 시속 60km로 달리는 자동차가 20분 동안 이동한 거리: $60 \times \frac{20}{60}=20$km
◻ 소금물 농도	• 소금물의 농도(%) $=\frac{소금의\ 양}{소금물의\ 양} \times 100$ GSAT 기출 • 소금의 양 = 소금물의 양 $\times \frac{소금물의\ 농도}{100}$ GSAT 기출 • 소금물의 양 = 물의 양 + 소금의 양 GSAT 기출 예 물 80g과 소금 20g을 섞어 만든 소금물의 농도: $\frac{20}{80+20} \times 100=20$%

ㅁ 정가·이익·할인율·할인가	• 정가=원가×(1+이익률) GSAT 기출 • 이익=정가−원가 (정가>원가) GSAT 기출 • 할인율(%)=$\left(\frac{\text{정가}-\text{할인가}}{\text{정가}}\right)\times 100$ GSAT 기출 • 할인가=정가×(1−할인율) GSAT 기출 예 원가가 8만 원인 시계에 35%의 이익을 붙인 정가(판매가): 8×1.35=10.8만 원
ㅁ 시침과 분침의 각도	• 시침이 움직이는 각도: 12시간에 360°, 1시간에 30°, 1분에 0.5° • 분침이 움직이는 각도: 1시간에 360°, 1분에 6° • a시 b분일 때, 시침과 분침이 이루는 각도: |(30°×a+0.5°×b)−6°×b|=|30°a−5.5°b| • 시침과 분침이 겹쳐질 조건: 30°×a+0.5°×b=6°×b 예 10시 30분에 시침과 분침이 이루는 각도: |30°×10−5.5°×30|=135°
ㅁ 연속한 수	• 연속한 두 정수: x, $x+1$ • 연속한 세 정수: $x-1$, x, $x+1$ • 연속한 두 홀수: $2x-1$, $2x+1$ • 연속한 세 홀수(짝수): $x-2$, x, $x+2$ 예 연속한 두 짝수의 곱이 48일 때, 연속한 두 짝수: $x\times(x+2)=48 \rightarrow x=6$이므로 연속한 두 짝수는 6, 8
ㅁ 간격	• a 길이의 일직선상 도로에 b 간격으로 심을 수 있는 최대 나무의 수: (a÷b)+1 예 1m 길이의 식탁 위에 20cm 간격으로 컵을 놓으려고 할 때, 놓을 수 있는 컵의 최대 개수: (100÷20)+1=6개

3 부등식

ㅁ 부등식의 정의	• 부등호를 사용하여 두 수 또는 두 식의 대소관계를 나타낸 식이다.
ㅁ 부등식의 성질	• $a<b$일 때, $a+c<b+c$, $a-c<b-c$ • $a<b$, $c>0$일 때, $ac<bc$, $\frac{a}{c}<\frac{b}{c}$ • $a<b$, $c<0$일 때, $ac>bc$, $\frac{a}{c}>\frac{b}{c}$
ㅁ 부등식의 사칙연산	$a<x<b$, $c<y<d$일 때, • 덧셈: $a+c<x+y<b+d$ • 뺄셈: $a-d<x-y<b-c$ • 곱셈: 경계값들의 계산 결과, ac, bc, ad, bd 중 가장 큰 값과 가장 작은 값 • 나눗셈: 경계값들의 계산 결과, $\frac{a}{c}$, $\frac{b}{c}$, $\frac{a}{d}$, $\frac{b}{d}$ 중 가장 큰 값과 가장 작은 값

3. 도형

1 도형의 기본 성질

ㅁ 평행선의 성질

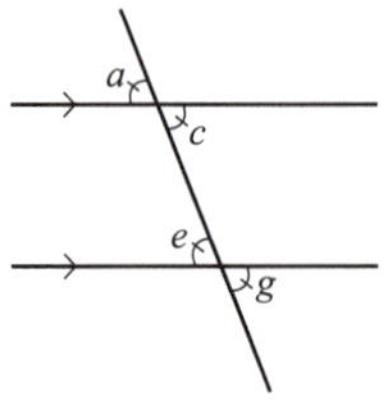

서로 평행인 두 직선이 다른 한 직선과 만날 때,
• 동위각 ∠a와 ∠e, 동위각 ∠c와 ∠g의 크기는 각각 같다.
• 맞꼭지각 ∠a와 ∠c, 맞꼭지각 ∠e와 ∠g의 크기는 각각 같다.
• 엇각 ∠c와 ∠e의 크기는 같다.

□ 평행선 사이의 선분 길이의 비

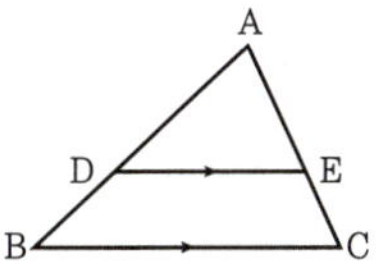

△ABC의 $\overline{BC}$와 평행한 직선이 $\overline{AB}$, $\overline{AC}$와 만나는 점을 각각 D, E라 할 때,

- $\overline{AB}:\overline{AD}=\overline{AC}:\overline{AE}=\overline{BC}:\overline{DE}$

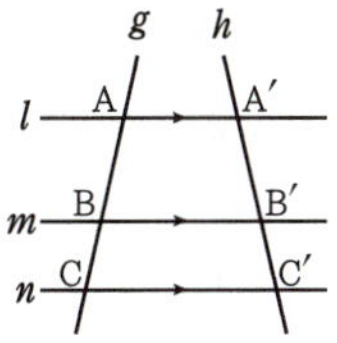

서로 평행한 세 직선 l, m, n이 다른 두 직선 g, h와 만나는 점을 각각 A, A′, B, B′, C, C′이라 할 때,

- $\overline{AB}:\overline{BC}=\overline{A'B'}:\overline{B'C'}$

□ 다각형의 대각선

- n각형의 한 꼭짓점에서 그을 수 있는 대각선의 수 $=n-3$
- n각형의 대각선의 수 $=\frac{n\times(n-3)}{2}$

예 육각형의 대각선의 수: $\frac{6\times(6-3)}{2}=9$개

□ 다각형의 각도

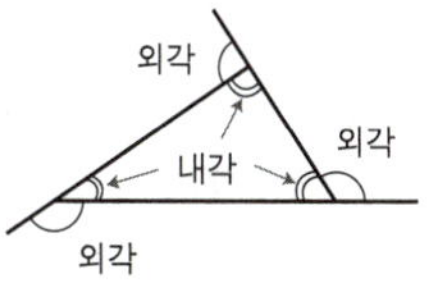

- n각형의 내각의 크기의 합 $=180°\times(n-2)$
- n각형의 외각의 크기의 합 $=360°$
- 정n각형의 한 내각의 크기 $=\frac{180°\times(n-2)}{n}$
- 정n각형의 한 외각의 크기 $=\frac{360°}{n}$

예 정오각형의 한 내각의 크기와 한 외각의 크기: $\frac{180°\times(5-2)}{5}=108°$, $\frac{360°}{5}=72°$

□ 사각형의 넓이

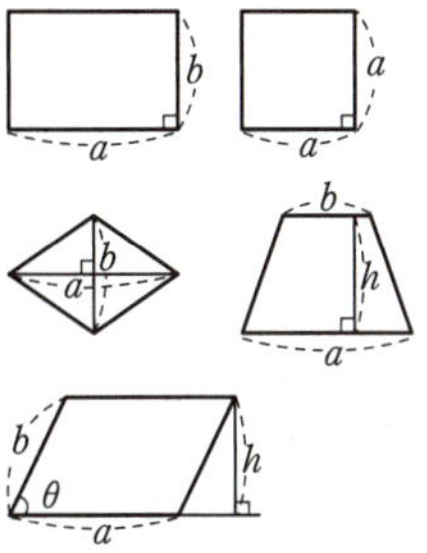

- 직사각형의 넓이: $S=a\times b$
- 정사각형의 넓이: $S=a^2$
- 마름모의 넓이: $S=\frac{1}{2}\times a\times b$
- 사다리꼴의 넓이: $S=\frac{1}{2}\times(a+b)\times h$
- 평행사변형의 넓이: $S=a\times h=a\times b\times \sin\theta$

2 삼각형

□ 삼각형의 합동조건

두 개의 삼각형이 있을 때,

- 대응하는 세 변의 길이가 모두 같을 경우
- 대응하는 두 변의 길이와 그 끼인각의 크기가 같을 경우
- 대응하는 한 변의 길이와 양 끝각의 크기가 각각 같을 경우

□ 삼각형의 닮음조건

두 개의 삼각형이 있을 때,

- 세 쌍의 대응변의 길이의 비가 같을 경우
- 두 쌍의 대응변의 길이의 비와 그 끼인각의 크기가 같을 경우
- 두 쌍의 대응각의 크기가 같을 경우

□ 특수한 직각삼각형의 세 변의 길이

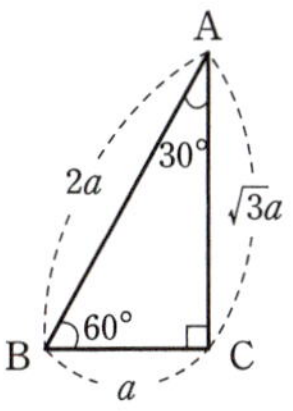

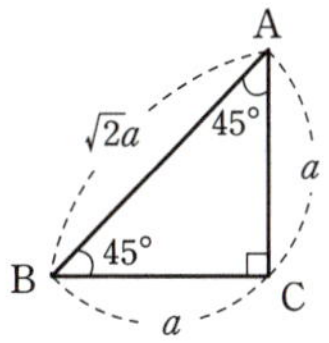

- 세 각의 크기가 각각 30°, 60°, 90°인 직각삼각형
  $\overline{AB}:\overline{BC}:\overline{CA}=2:1:\sqrt{3}$
- 세 각의 크기가 각각 45°, 45°, 90°인 직각이등변삼각형
  $\overline{AB}:\overline{BC}:\overline{CA}=\sqrt{2}:1:1$

□ 피타고라스의 정리

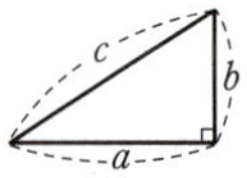

직각삼각형의 빗변이 c이고, 나머지 두 변을 각각 a, b라고 하면

- $a^2+b^2=c^2$

예 빗변이 아닌 두 변의 길이가 각각 5, 12인 직각삼각형의 빗변의 길이를 제곱한 값: $5^2+12^2=169=13^2$

□ 피타고라스의 정리의 활용

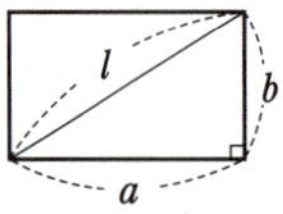

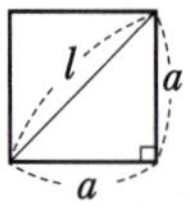

- 직사각형의 대각선의 길이: $l=\sqrt{a^2+b^2}$
- 정사각형의 대각선의 길이: $l=\sqrt{2}a$

□ 삼각형의 내심의 특징

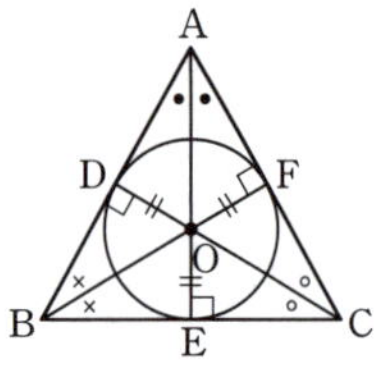

- 내심이란 삼각형의 내접원의 중심이다.
- 삼각형의 세 내각의 이등분선은 내심에서 만난다.
- 내심에서 삼각형의 각 변에 내린 수선의 길이는 내접원의 반지름의 길이와 같다.

$\overline{OD}=\overline{OE}=\overline{OF}=r$ (내접원의 반지름)

□ 삼각형의 외심의 특징

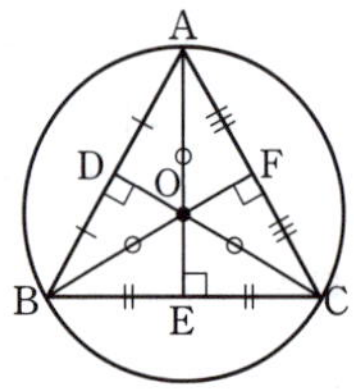

- 외심이란 삼각형의 외접원의 중심이다.
- 삼각형의 세 변의 수직이등분선은 외심에서 만난다.
- 외심에서 삼각형의 각 꼭짓점에 이르는 거리는 외접원의 반지름의 길이와 같다.

$\overline{OA}=\overline{OB}=\overline{OC}=R$ (외접원의 반지름)

□ 삼각형의 중선의 특징

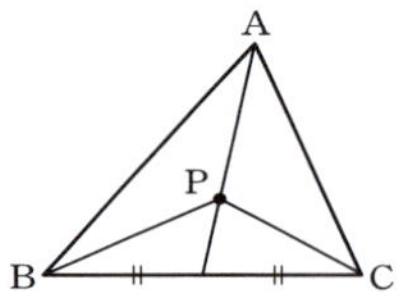

- 중선이란 한 꼭짓점과 대변의 중점을 이은 선분이다.
- 중선은 삼각형의 넓이를 이등분한다.
- 중선은 중선 위의 임의의 점 P와 다른 두 꼭짓점으로 만들어진 △PBC의 넓이를 이등분한다.

□ 삼각형의 무게중심의 특징

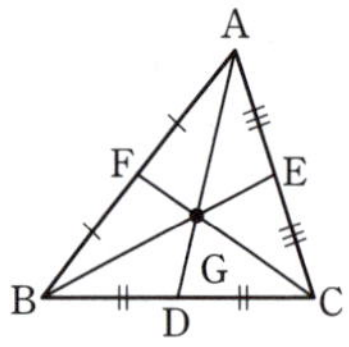

- 무게중심이란 삼각형의 세 중선이 만나는 점이다.
- 삼각형의 무게중심은 각 중선을 꼭짓점으로부터 2 : 1로 나눈다.
- 삼각형의 세 중선에 의하여 삼각형의 넓이가 6등분된다.

$\triangle GAF=\triangle GFB=\triangle GBD=\triangle GDC=\triangle GCE=\triangle GEA=\frac{1}{6}\triangle ABC$

□ 삼각형의 중점연결선의 특징

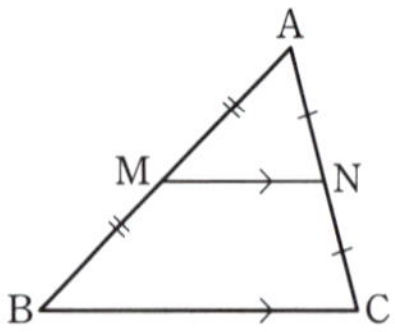

△ABC에서 점 M, N이 각각 $\overline{AB}$와 $\overline{AC}$의 중점이라고 하면

- $\overline{MN}$과 $\overline{BC}$는 평행하다.
- $\overline{MN}$의 길이는 $\overline{BC}$의 길이의 절반이다.

□ 정삼각형의 높이와 넓이

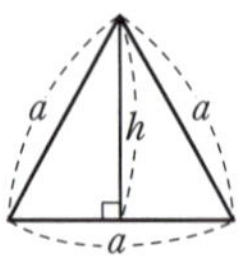

한 변의 길이가 a인 정삼각형에서

- 높이: $h=\frac{\sqrt{3}}{2}a$
- 넓이: $S=\frac{\sqrt{3}}{4}a^2$

예 한 변의 길이가 4인 정삼각형의 높이와 넓이:

$h=\frac{\sqrt{3}}{2}\times 4=2\sqrt{3}$, $S=\frac{\sqrt{3}}{4}\times 4^2=4\sqrt{3}$

□ 삼각형의 넓이

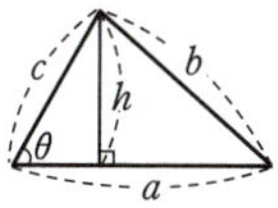

- 밑변의 길이와 높이를 이용하여 구하는 삼각형의 넓이:
  $S=\frac{1}{2}ah$
- 두 변의 길이와 그 끼인각을 이용하여 구하는 삼각형의 넓이:
  $S=\frac{1}{2}ac\sin\theta$ (단, $0°<\theta<90°$)
- 세 변의 길이를 이용하여 구하는 삼각형의 넓이:
  $S=\sqrt{s(s-a)(s-b)(s-c)}$ $\left(\text{단, } s=\frac{a+b+c}{2}\right)$

□ 삼각비

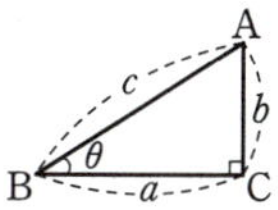

직각삼각형의 빗변이 c이고 나머지 두 변을 각각 a, b라고 하면

• $\sin\theta=\frac{b}{c}$	• $\sin30°=\frac{1}{2}$	• $\sin45°=\frac{\sqrt{2}}{2}$	• $\sin60°=\frac{\sqrt{3}}{2}$
• $\cos\theta=\frac{a}{c}$	• $\cos30°=\frac{\sqrt{3}}{2}$	• $\cos45°=\frac{\sqrt{2}}{2}$	• $\cos60°=\frac{1}{2}$
• $\tan\theta=\frac{b}{a}$	• $\tan30°=\frac{\sqrt{3}}{3}$	• $\tan45°=1$	• $\tan60°=\sqrt{3}$

3 원

□ 현의 특징

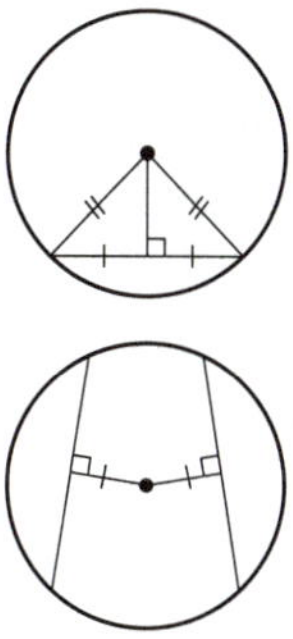

- 현이란 원 위의 두 점을 직선으로 잇는 선분이다.
- 원의 중심에서 현에 내린 수선은 항상 그 현을 이등분한다.
- 현의 수직이등분선은 항상 그 원의 중심을 지난다.
- 원의 중심에서 같은 거리에 있는 현의 길이는 같다.
- 원에서 길이가 같은 두 현은 원의 중심으로부터 같은 거리에 있다.

□ 원의 접선과 반지름의 특징

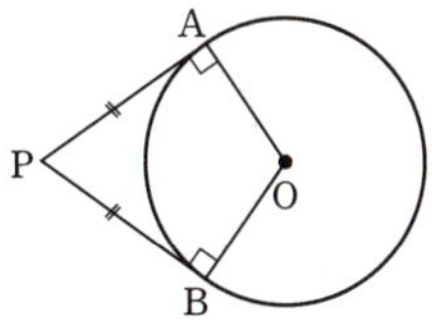

- 접선이란 원과 한 점에서 만나는 직선이다.
- 원 밖의 한 점에서 원에 그은 두 접선의 길이는 서로 같다.
- 원 밖의 한 점에서 원의 접선을 그었을 때, 원의 접선은 그 접점을 한 끝점으로 하는 반지름에 수직이다.

□ 원주각의 특징

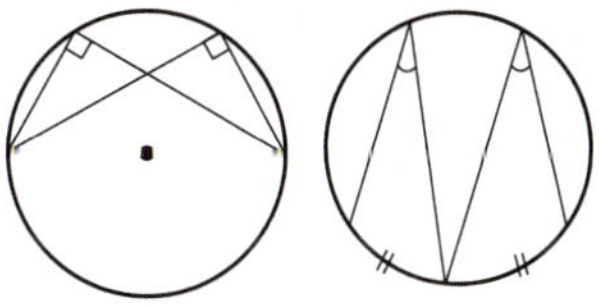

- 원주각이란 원주 위의 한 점에서 그은 서로 다른 두 현 사이의 각이다.
- 반원의 원주각은 90°이다.
- 길이가 같은 호에 대한 원주각의 크기는 서로 같다.
- 크기가 같은 원주각에 대한 호의 길이는 서로 같다.

□ 원의 내접사각형의 특징

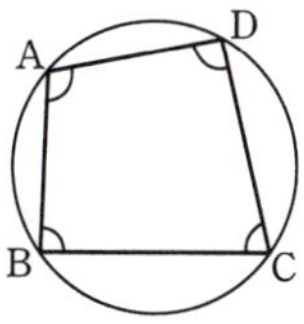

- 원에 내접하는 사각형에서 대각의 합은 180°이다.
  $\angle A+\angle C=\angle B+\angle D=180°$

□ 원의 외접사각형의 특징

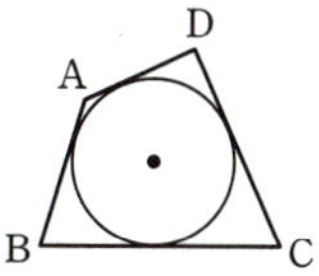

- 원에 외접하는 사각형에서 두 대변의 길이의 합은 같다.
  $\overline{AD}+\overline{BC}=\overline{AB}+\overline{DC}$

□ 원의 둘레와 넓이

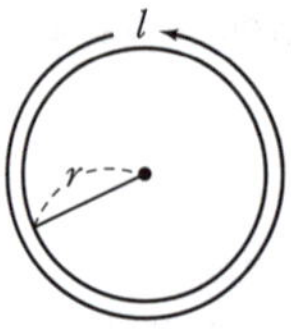

반지름의 길이가 r인 원에서

- 둘레: $l=2\pi r$
- 넓이: $S=\pi r^2$

예 반지름의 길이가 2인 원의 둘레: $2\times\pi\times2=4\pi$

□ 부채꼴의 호의 길이와 넓이

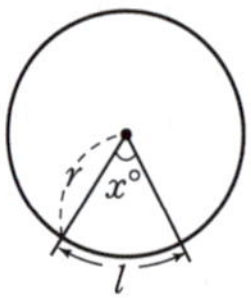

반지름의 길이가 r, 중심각의 크기가 $x°$인 부채꼴에서

- 호의 길이: $l=2\pi r\times\frac{x°}{360°}$
- 넓이: $S=\pi r^2\times\frac{x°}{360°}=\frac{1}{2}rl$

예 반지름의 길이가 3, 중심각의 크기가 60°인 부채꼴의 넓이: $\pi\times3^2\times\frac{60°}{360°}=\frac{3}{2}\pi$

4 입체도형

□ 입체도형의 꼭짓점의 수와 모서리의 수

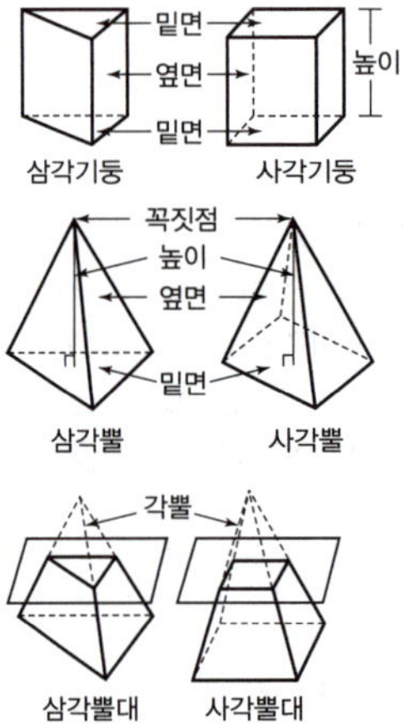

밑면이 n각형인 도형에서

- 기둥의 꼭짓점의 수: 2n, 모서리의 수: 3n

  예 사각기둥의 모서리의 수: 3×4=12개
- 뿔의 꼭짓점의 수: n+1, 모서리의 수: 2n

  예 삼각뿔의 꼭짓점의 수: 3+1=4개
- 각뿔대의 꼭짓점의 수: 2n, 모서리의 수: 3n

  예 오각뿔대의 꼭짓점의 수: 2×5=10개

□ 입체도형의 부피

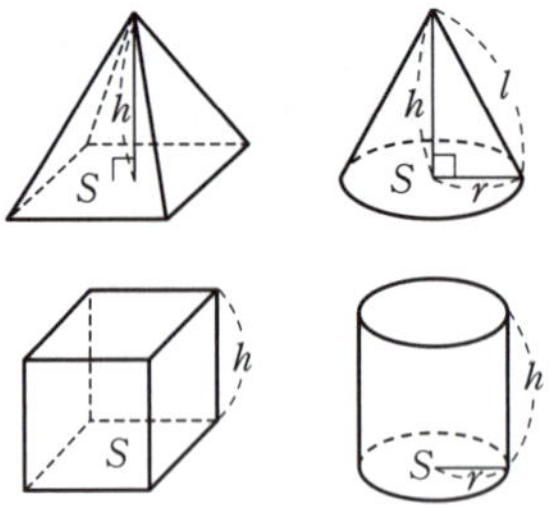

밑넓이가 S, 높이가 h인 뿔에서

- 부피: $V=\frac{1}{3}Sh$

밑넓이가 S, 높이가 h인 기둥에서

- 부피: $V=Sh$

  예 밑넓이가 6, 높이가 7인 사각뿔의 부피: $V=\frac{1}{3}\times6\times7=14$

□ 구의 겉넓이와 부피

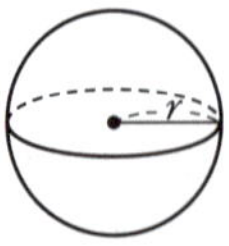

반지름의 길이가 r인 구에서

- 겉넓이: $S=4\pi r^2$
- 부피: $V=\frac{4}{3}\pi r^3$

예 반지름의 길이가 5인 구의 겉넓이: $S=4\times\pi\times5^2=100\pi$

ㅁ 정사면체의 높이와 부피	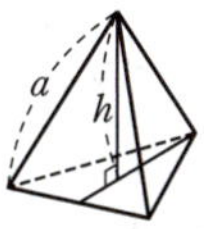 모서리의 길이가 a인 정사면체에서 • 높이: $h=\frac{\sqrt{6}}{3}a$ • 부피: $V=\frac{\sqrt{2}}{12}a^3$ 예 모서리의 길이가 3인 정사면체의 높이: $h=\frac{\sqrt{6}}{3}\times3=\sqrt{6}$
ㅁ 닮은 도형의 비	닮은 도형의 닮음비가 m : n이면 • 겉넓이의 비는 $m^2 : n^2$ • 부피의 비는 $m^3 : n^3$ 예 닮음비가 1 : 3인 정육면체의 겉넓이의 비는 1 : 9 닮음인 두 원뿔의 닮음비가 2 : 5이면 부피의 비는 $2^3 : 5^3 = 8 : 125$ 겉넓이의 비가 9 : 16인 두 원기둥의 부피의 비는 27 : 64

4. 경우의 수와 확률

1 경우의 수

ㅁ 두 사건의 경우의 수	어떤 사건 A가 일어나는 경우의 수를 m, 어떤 사건 B가 일어나는 경우의 수를 n이라고 하면 • 두 사건 A, B가 동시에 일어나지 않을 때, 사건 A 또는 B가 일어나는 경우의 수: m+n GSAT 기출 • 두 사건 A, B가 서로 영향을 주지 않을 때, 두 사건 A, B가 동시에 일어나는 모든 경우의 수: m×n GSAT 기출 예 어떤 사건 A가 일어나는 경우의 수는 2가지, 어떤 사건 B가 일어나는 경우의 수는 3가지일 때, 두 사건 A, B가 동시에 일어날 수 있는 모든 경우의 수: 2×3=6가지
ㅁ 동전, 주사위를 던질 때 경우의 수	• n개의 동전을 던질 때의 경우의 수: 2^n • n개의 주사위를 던질 때의 경우의 수: 6^n
ㅁ 줄 세울 때 경우의 수	• n명을 줄 세우는 경우의 수: $n\times(n-1)\times(n-2)\times\cdots\times2\times1=n!$ GSAT 기출 • n명 중 k명만 줄 세우는 경우의 수: $n\times(n-1)\times(n-2)\times\cdots\times(n-k+1)$ 예 여자 5명 중 3명을 줄 세우는 경우의 수: 5×4×3=60가지
ㅁ 대표를 선출할 때 경우의 수	• n명 중 자격이 다른 2명의 대표를 선출할 때의 경우의 수: $n\times(n-1)$ • n명 중 자격이 같은 2명의 대표를 선출할 때의 경우의 수: $\frac{n\times(n-1)}{2}$ 예 5명 중 자격이 같은 2명의 대표를 선출할 때의 경우의 수: $\frac{5\times4}{2}=10$가지

2 확률

□ 확률	어떤 사건 A가 일어날 확률을 p, 어떤 사건 B가 일어날 확률을 q라고 하면 • 사건 A가 일어날 확률: $\frac{\text{사건 A가 일어날 경우의 수}}{\text{모든 경우의 수}}$ GSAT 기출 예 주사위 한 개를 던졌을 때, 2의 배수가 나올 확률: $\frac{3}{6}=\frac{1}{2}$ • 두 사건 A, B가 동시에 일어나지 않을 때, 사건 A 또는 B가 일어날 확률: $p+q$ GSAT 기출 • 두 사건 A, B가 서로 영향을 주지 않을 때, 두 사건 A, B가 동시에 일어날 확률: $p\times q$ GSAT 기출 • 사건 A가 일어나지 않을 확률: $1-p$ • '적어도…'의 확률: 1−(반대 사건의 확률) GSAT 기출 예 3개의 동전을 동시에 던졌을 때, 뒷면이 적어도 한 개 나올 확률: 1−(모두 앞면이 나올 확률)$=1-\frac{1}{8}=\frac{7}{8}$
□ 확률의 기댓값	어떤 사건 A가 일어날 확률을 p, 이때의 상금을 a라고 하면 • 1번 시행할 때, 상금의 기댓값: $p\times a$ • n번 시행할 때, 상금의 기댓값: $\underbrace{(p\times a)+(p\times a)+\cdots+(p\times a)}_{(p\times a)\text{가 }n\text{개}}=(p\times a)\times n$ 예 주사위 한 개를 던져서 소수가 나오면 300원을 받게 될 때, 주사위를 3번 던졌을 때의 기댓값: $\left(\frac{3}{6}\times300\right)\times3=450$원
□ 조건부확률	• 조건부확률이란 두 사건 A, B에 대하여 A가 일어났다고 가정하였을 때, B가 일어날 확률이다. • 사건 A가 일어났을 때의 사건 B의 조건부확률: $P(B\mid A)=\frac{P(A\cap B)}{P(A)}$ (단, $P(A)\neq0$) GSAT 기출
□ 독립사건의 조건	• 독립사건이란 두 사건 A, B에 대하여 한 사건이 일어날 확률이 다른 사건이 일어날 확률에 영향을 주지 않는 것이다. • 두 사건 A와 B가 서로 독립이기 위한 필요충분조건: $P(A\cap B)=P(A)\times P(B)$

3 순열과 조합

□ 순열	• 순열이란 서로 다른 n개에서 중복을 허락하지 않고 r개를 택하여 한 줄로 배열하는 경우의 수이다. ${}_nP_r=\underbrace{n\times(n-1)\times(n-2)\times\cdots\times(n-r+1)}_{r\text{개}}$ (단, $0<r\leq n$) GSAT 기출 예 6명의 학생 중 3명을 뽑아서 일렬로 세우는 경우의 수: $6\times5\times4=120$가지
□ 중복순열	• 서로 다른 n개에서 중복을 허락하여 r개를 택하는 순열: n^r 예 1~9까지의 숫자 중 중복을 허락하여 세 자리 숫자를 만드는 순열: $9^3=729$가지
□ 같은 것이 있는 순열	• n개 중 같은 것이 각각 p개, q개, r개일 때, n개를 모두 사용하여 한 줄로 배열하는 경우의 수: $\frac{n!}{p!q!r!}$ (단, $p+q+r=n$) GSAT 기출 예 a, a, b, c, c, c, d를 일렬로 나열하는 경우의 수: $\frac{7!}{2!1!3!1!}=420$가지
□ 원순열	• 서로 다른 n개를 원형으로 배열하는 방법의 수: $\frac{{}_nP_n}{n}=\frac{n!}{n}=(n-1)!$ GSAT 기출 예 네 사람이 원형 모양의 식탁에 둘러앉는 방법의 수: $(4-1)!=3!=6$가지 • 서로 다른 n개에서 r개를 택하여 원형으로 배열하는 경우의 수: $\frac{{}_nP_r}{r}$
□ 조합	• 조합이란 서로 다른 n개에서 순서를 고려하지 않고 r개를 뽑는 경우의 수이다. ${}_nC_r=\frac{n\times(n-1)\times(n-2)\times\cdots\times(n-r+1)}{r!}=\frac{n!}{r!(n-r)!}$ (단, $0<r\leq n$) GSAT 기출 예 동아리 회원 7명 중 2명의 대표를 뽑는 경우의 수: ${}_7C_2=\frac{7!}{2!5!}=21$가지

5. 통계

□ 도수분포	(표: 계급 / 도수) • 변량: 자료의 특성을 수량으로 나타낸 것 • 도수: 각 계급에 속하는 변량의 수 • 계급: 변량을 일정한 간격으로 나눈 구간 • 계급값: 각 계급의 양 끝값의 합을 2로 나눈 값
□ 평균	• 평균 $=\frac{\text{변량의 총합}}{\text{변량의 개수}}$ • 도수분포표 평균 $=\frac{(\text{계급값}\times\text{도수})\text{의 총합}}{\text{도수의 총합}}$ 예 A반 학생들의 영어 성적이 각각 60점, 70점, 100점, 50점일 때, A반 영어 성적의 평균: $\frac{60+70+100+50}{4}=70$점
□ 표준편차	• 편차 = 변량 − 평균 • 표준편차 $=\sqrt{\text{분산}}=\sqrt{\frac{(\text{편차})^2\text{의 총합}}{\text{변량의 개수}}}$ • 도수분포표에서 표준편차 $=\sqrt{\text{분산}}=\sqrt{\frac{\{(\text{편차})^2\times\text{도수}\}\text{의 총합}}{\text{도수의 총합}}}$

계급 / 도수

몸무게(kg)	학생 수(명)
35이상~40미만	2
40~45	3
45~50	6
50~55	8
55~60	6
60~65	5
합계	30

6. 집합

□ 합집합의 원소의 개수	원소의 수가 한정되어 있는 유한집합 A, B, C에서 • A∪B의 원소의 수: $n(A\cup B)=n(A)+n(B)-n(A\cap B)$ GSAT 기출 • A∪B∪C의 원소의 수: $n(A\cup B\cup C)=n(A)+n(B)+n(C)-n(A\cap B)-n(B\cap C)-n(A\cap C)+n(A\cap B\cap C)$ 예 $n(A)=3$, $n(B)=5$, $n(A\cup B)=5$일 때, A∩B의 원소의 수는 $5=3+5-n(A\cap B)$이므로 $n(A\cap B)=3$
□ 부분집합의 개수	원소의 수가 n개인 집합 A에서 • A의 부분집합의 수: 2^n 예 A={1, 2, 3}일 때, A의 부분집합의 수: $2^3=8$개 • 특정한 원소 m개를 반드시 포함하는 부분집합의 개수: 2^{n-m} • 특정한 원소 m개를 포함하지 않는 부분집합의 개수: 2^{n-m}

7. 자료해석

1 빈출 계산 식

□ 변화량	• 기준연도 대비 비교연도 A의 변화량 = 비교연도 A − 기준연도 A GSAT 기출 예 2018년 심사 처리 건수가 379,574건이고, 2019년 심사 처리 건수가 433,562건일 때, 2018년 대비 2019년의 심사 처리 건수의 변화량: 433,562 − 379,574 = 53,988건
□ 증감률	• 기준연도 대비 비교연도 A의 증감률(%) = {(비교연도 A − 기준연도 A)/기준연도 A} × 100 GSAT 기출 예 2018년 심사 처리 건수가 379,574건이고, 2019년 심사 처리 건수가 433,562건일 때, 2018년 대비 2019년의 심사 처리 건수의 증감률: {(433,562 − 379,574) / 379,574} × 100 ≒ 14.2%
□ 비중	• 전체에서 A가 차지하는 비중(%) = (A / 전체) × 100 GSAT 기출 예 2019년 특허·실용신안의 심사 처리 건수는 193,934건이고, 전체 심사 처리 건수는 433,562건일 때, 전체에서 특허·실용신안의 심사 처리 건수가 차지하는 비중: (193,934 / 433,562) × 100 ≒ 44.7%
□ 평균	• 산술평균 = 변량의 총합 / 변량의 개수 GSAT 기출 예 2019년 특허·실용신안의 심사 처리 건수는 193,934건, 상표 심사 처리 건수는 172,606건일 때, 두 심사 처리 건수의 평균: (193,934 + 172,606) / 2 = 183,270건

2 자료 해석법

□ 자료 해석법	• 문제를 풀기 전 자료의 소재를 미리 확인한다. • 자료의 소재 및 내용을 먼저 확인하면 문제를 미리 추론할 수 있으므로 풀이 시간을 단축할 수 있다. 단, 추론을 하되 제시된 자료 이외에 자신이 알고 있는 지식을 덧붙여 문제를 풀이해서는 안 된다.
	• 문제를 풀기 전 자료의 형태를 파악한다. • 시계열 형태의 자료가 제시된 경우 항목별 추세를 파악한다. • 시계열이 아닌 형태의 자료가 제시된 경우 항목 간의 관계를 파악한다.
	• 자료의 단위가 비율인 경우 문제 풀이에 주의한다. • 제시된 비율을 통해 또 다른 정보를 도출할 수 있음을 명심한다. 예 여성의 비율과 전체 인원수가 제시된 경우 여성의 인원수를 구할 수 있다. • 한정된 정보만으로 문제를 풀이한다는 사실에 명심한다. 예 여성의 비율 이외에 추가 정보가 제시되지 않는 경우 구체적인 수치 즉, 여성의 인원수에 대한 정보는 알 수 없다.
	• 보기를 확인할 때에는 계산이 필요한 보기를 가장 마지막에 확인한다. • 계산이 필요 없는 보기가 정답이 될 수도 있으므로 계산이 필요한 보기를 가장 마지막에 확인하여 문제 풀이 시간을 단축한다.
	• 계산이 필요한 보기는 계산 과정을 최소한으로 줄여서 풀이한다. • 보기에 제시된 숫자의 일의 자리 수가 모두 다를 경우 일의 자리 수만을 계산한다. • 보기에 제시된 숫자 간의 크기 차이가 클 경우 십의 자리 또는 백의 자리에서 반올림하여 근삿값으로 계산한다.

수리 핵심 공략 Quiz

1회

학습날짜: ____________
맞힌 개수: ________ /8

01 자연수 36의 약수의 개수를 고르시오.

02 다음 빈칸에 들어갈 알맞은 값을 구하시오.

(1) $x^2-9x+18=(x+\square)(x+\square)$

(2) $x^2+6x-27=(x-\square)(x-\square)$

03 일정한 규칙으로 나열된 수를 통해 빈칸에 들어갈 알맞은 숫자를 고르시오.

2 4 8 14 22 □

[04-08] 다음 물음에 답하시오.

04 갑이 집에서 목적지까지 평균 20km/h의 속력으로 45분 동안 이동하여 목적지에 도착했을 때, 집에서 목적지까지의 거리를 구하시오.

05 원가가 1,000원인 제품에 30% 이익이 남도록 정가를 책정했을 때, 제품의 정가를 구하시오.

06 어떤 일을 정수가 혼자 하면 1시간이 걸리고, 선진이가 혼자 하면 1시간 30분이 걸릴 때, 이 일을 정수와 선진이가 함께 했을 때 걸리는 시간을 구하시오.

07 어느 학교의 남자 선생님은 30명, 여자 선생님은 90명일 때, 전체 선생님에서 여자 선생님이 차지하는 비중을 구하시오.

08 K 지역 세대 수는 2020년에 250가구이고, 2021년에 205가구일 때, 2021년 K 지역 세대 수의 전년 대비 감소율을 구하시오.

정답 p.314

2회

학습날짜: ____________
맞힌 개수: ____________ /8

01 다음 빈칸에 들어갈 알맞은 값을 구하시오.

(1) $90=2^{\square}\times3^{\square}\times5^{\square}$

(2) $765=3^{\square}\times5^{\square}\times\square^{1}$

02 다음 빈칸에 들어갈 알맞은 식을 쓰시오.

- 평균 = $\frac{\text{변량의 총합}}{(\quad\quad)}$
- 편차 = 변량 − (　　　)
- 표준편차 = $\sqrt{(\quad\quad)}=\sqrt{\frac{(\quad\quad)^2\text{의 총합}}{\text{변량의 개수}}}$

03 일정한 규칙으로 나열된 수를 통해 빈칸에 들어갈 알맞은 숫자를 고르시오.

14　20　26　32　38　□

[04-08] 다음 물음에 답하시오.

04 농도가 30%인 소금물 300g에 소금을 더 넣었더니 소금물의 농도가 40%가 되었다. 더 넣은 소금의 양을 구하시오.

05 주사위를 3번 던졌을 때, 나온 주사위 눈의 합이 8일 확률을 구하시오.

06 어느 신발 가게에서 50,000원인 A 신발을 37,500원에 할인하여 판매하였다. A 신발의 할인율을 구하시오.

07 어느 매장에서 정가가 6,500원인 H 제품을 300개 판매하여 210,000원의 이익을 보았다. H 제품의 원가를 구하시오.

08 T 서점의 책 판매량은 2019년에 13,200권, 2020년에 16,500권, 2021년에 11,700권일 때, 2019년부터 2021년까지 T 서점의 책 판매량의 평균을 구하시오.

정답 p.314

3회

학습날짜: ____________
맞힌 개수: ________ /8

01 다음 빈칸에 들어갈 알맞은 식을 구하시오.

(1) 서로 다른 n개를 원형으로 배열하는 방법의 수: (　　　　)

(2) 서로 다른 n개에서 r개를 택하여 원형으로 배열하는 경우의 수: (　　　　)

(3) 서로 다른 n개에서 중복을 허락하여 r개를 택하는 순열: (　　　　)

02 등차수열의 합 공식과 등비수열의 합 공식을 완성하시오.

등차수열의 합	등비수열의 합
$S_n=\frac{n(\quad\quad)}{2}=\frac{n(\quad\quad)}{2}$ (단, 첫째항: a, 끝항: l, 공차: d)	$S_n=na$ $(r=1)$, $S_n=\frac{a(\quad\quad)}{1-r}$ $(r\neq1)$ (단, 첫째항: a, 공비: r)

03 일정한 규칙으로 나열된 수를 통해 빈칸에 들어갈 알맞은 숫자를 고르시오.

4　2　6　8　14　□　36　58　94

[04-08] 다음 물음에 답하시오.

04 현재 수정이의 나이는 어머니의 나이보다 25살 어리고, 5년 뒤에는 어머니의 나이가 수정이의 나이의 2배일 때, 현재 수정이의 나이를 구하시오.

05 갑은 주사위를 던져서 나온 눈의 수만큼 점수를 얻는다. 갑이 주사위를 한 번 던졌을 때 얻을 수 있는 점수의 기댓값을 구하시오.

06 동전을 세 번 던져서 앞면이 두 번 나올 확률을 구하시오.

07 S 농장 오리 수는 2020년에 87,450마리이고, 2021년에 94,280마리일 때, 2021년 S 농장 오리 수의 전년 대비 증가량을 구하시오.

08 P 지역의 어린이집 수는 45개이고, 어린이집 교사 수는 720명일 때, 어린이집 1개당 어린이집 교사 수를 구하시오.

정답 p.314

4회

학습날짜: ______
맞힌 개수: ______ /8

01 자연수 24, 60의 최대공약수와 최소공배수를 구하시오.

02 다음 식을 보고 옳은 것은 O, 옳지 않은 것은 X로 표시하시오.

(1) $2^{18} \div 2^3 = 2^6$ (　　)　　(2) $(7^2)^3 = 7^5$ (　　)　　(3) $\left(\frac{2}{3}\right)^2 \times 3^4 = 6^2$ (　　)

03 다음 빈칸에 들어갈 알맞은 항을 쓰시오.

(1) $(ax-b)^2 = a^2x^2 + \square x + b^2$　　(2) $acx^2 + (ad+bc)x + bd = (ax - \square)(\square + d)$

04 이차방정식의 근의 공식을 완성하고, 이를 이용하여 제시된 방정식의 근을 도출하시오.

근의 공식	풀이
$x = \dfrac{\quad \pm\sqrt{\quad\quad}}{2a}$	$3x^2 - 15x + 8 = 0$ $\rightarrow x =$

[05-08] 다음 물음에 답하시오.

05 주아와 형진이가 서류를 함께 정리하면 4시간이 걸리고, 형진이가 혼자 정리하면 5시간이 걸린다. 주아가 혼자 서류를 정리할 때 걸리는 시간을 구하시오.

06 영민이가 90km/h의 속력으로 달리는 자동차를 타고 30분간 이동한 후, 6km/h의 속력으로 10분간 걸어서 목적지에 도착하였다. 영민이가 이동한 거리를 구하시오.

07 농도가 20%인 소금물 150g에 물 50g을 추가했을 때의 소금물의 농도를 구하시오.

08 입구부터 직선 거리가 30m인 주차장에 3m 간격으로 자동차를 주차하려고 할 때, 주차할 수 있는 자동차는 최대 몇 대인지 구하시오. (단, 입구에는 주차하지 않는다.)

정답 p.314

학습날짜: ________
맞힌 개수: ______ /8

01 다음 중 삼각형의 닮음조건에 위배되는 것을 고르시오. ($\triangle ABC$, $\triangle DEF$에서)

① $\angle A = \angle D$, $\angle B = \angle E$

② $\overline{AC} : \overline{DF} = \overline{AB} : \overline{DE}$

③ $\overline{AB} : \overline{DE} = \overline{BC} : \overline{EF} = \overline{CA} : \overline{FD}$

④ $\overline{BC} : \overline{EF} = \overline{CA} : \overline{FD}$, $\angle C = \angle F$

02 다음 빈칸에 들어갈 알맞은 식을 쓰시오.

- 한 변의 길이가 a인 정삼각형의 높이는 (　　　)이고, 넓이는 (　　　)이다.
- 한 모서리의 길이가 a인 정사면체의 높이는 (　　　)이고, 부피는 (　　　)이다.

03 다음 입체도형의 꼭짓점의 수와 모서리의 수를 쓰시오.

	꼭짓점의 수	모서리의 수		꼭짓점의 수	모서리의 수
(1) 삼각기둥			(4) 삼각뿔		
(2) 사각기둥			(5) 사각뿔		
(3) 오각기둥			(6) 오각뿔		

04 다음 식의 값을 구하시오.

(1) $\sin 30°$　　(2) $\tan 45°$　　(3) $3!$　　(4) ${}_5P_2$

[05-08] 다음 물음에 답하시오.

05 1개의 동전과 서로 다른 2개의 주사위를 던졌을 때 나올 수 있는 경우의 수를 구하시오.

06 6개 팀이 리그전으로 경기를 진행하는 경우의 수를 구하시오.

07 A, B, C, D의 신발 사이즈가 다음과 같을 때, 평균과 분산을 구하시오.

	A	B	C	D
신발 사이즈	235mm	270mm	250mm	245mm

08 X 상품과 Y 상품만 생산하는 Z 회사에서는 올해 X 상품 38만 개와 Y 상품 42만 개를 생산할 예정이다. 올해 Z 회사 생산품 중 Y 상품이 차지하는 비중을 구하시오.

정답 p.314

추리는 최근 출제 유형을 파악한 후, 관련 이론 및 기출 규칙을 학습하여 문제 해결 능력을 향상시켜야 한다.
언어추리는 명제, 삼단논법과 같은 기초적인 논리 이론을 학습한 후, 명제나 조건의 논리 구조를 정확히 이해하고 문제를 빠르게 푸는 연습을 한다.
도형추리는 출제되는 규칙이 다양하므로 기출 규칙을 학습하고 이를 바탕으로 문제 풀이 원리를 익히도록 한다.
도식추리는 출제되는 규칙이 한정적이므로 기출 규칙을 암기하고 문자를 빠르게 숫자로 변환하는 연습을 한다.
문단배열은 선택지를 비교하여 첫 문단을 찾고 글의 전개방식을 유추한 뒤 접속어와 지시어를 통해 문단 간의 순서를 파악하는 연습을 한다.
논리추론은 글의 중심 화제를 찾고 핵심어 위주로 내용을 파악하는 연습을 하면 문제 풀이 속도를 높일 수 있다.

1. 언어추리

1 명제

ㅁ 명제의 정의	• 가정과 결론으로 구성되어 참과 거짓을 명확히 판별할 수 있는 문장이다. 예 독일어를 할 수 있는 사람은(가정) / 스페인어를 할 수 있다(결론).
ㅁ 명제의 '역', '이', '대우'	• 명제: P이면 Q이다. 예 축구를 할 수 있는 사람은 야구도 할 수 있다. • 명제의 '역': Q이면 P이다. 예 야구를 할 수 있는 사람은 축구도 할 수 있다. • 명제의 '이': P가 아니면 Q가 아니다. 예 축구를 할 수 없는 사람은 야구도 할 수 없다. • 명제의 '대우': Q가 아니면 P가 아니다. 예 야구를 할 수 없는 사람은 축구도 할 수 없다.
ㅁ 명제 사이의 관계	• 명제와 '대우' 사이의 관계: 주어진 명제가 참일 때 그 명제의 '대우'만이 참인 것을 알 수 있고, 주어진 명제가 거짓일 때 그 명제의 '대우'만이 거짓인 것을 알 수 있다. • 명제와 '역', '이' 사이의 관계: 주어진 명제의 참과 거짓을 판별할 수 있더라도 그 명제의 '역'과 '이'의 참과 거짓은 판별할 수 없다.
ㅁ 명제의 분리	• 분리된 명제가 참인 경우 (아래 표 1) • 분리된 명제의 참과 거짓을 판별할 수 없는 경우 (아래 표 2)

• 분리된 명제가 참인 경우

(S or P) → Q	S → Q (참) P → Q (참)
S → (P and Q)	S → P (참) S → Q (참)

• 분리된 명제의 참과 거짓을 판별할 수 없는 경우

S → (P or Q)	S → P (알 수 없음) S → Q (알 수 없음)
(S and P) → Q	S → Q (알 수 없음) P → Q (알 수 없음)

□ 명제의 집합관계

- 모든 S는 P이다. GSAT 기출

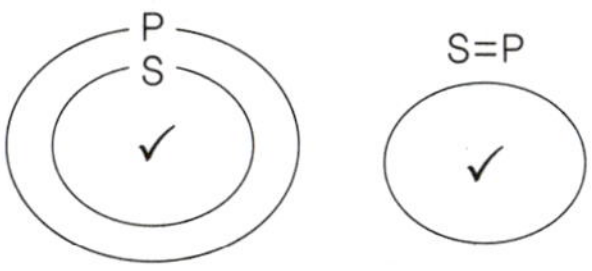

- 어떤 S는 P이다. GSAT 기출

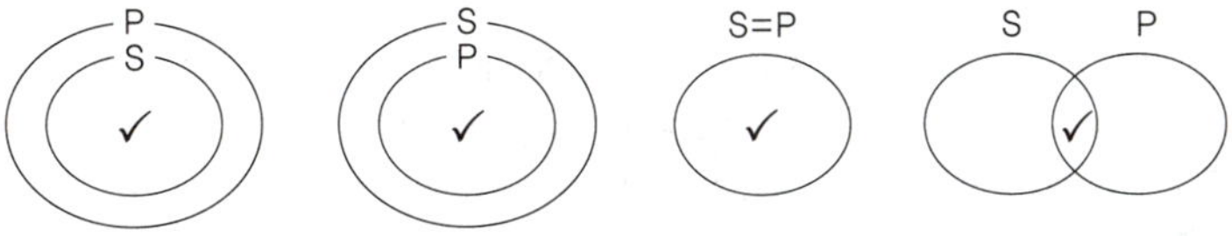

- 모든 S는 P가 아니다. / 어떤 S도 P가 아니다. GSAT 기출

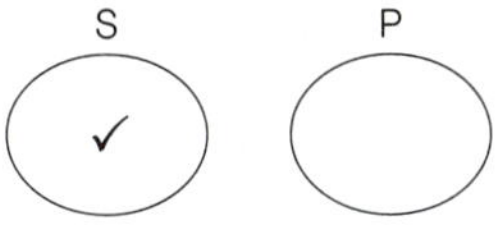

- 어떤 S는 P가 아니다. GSAT 기출

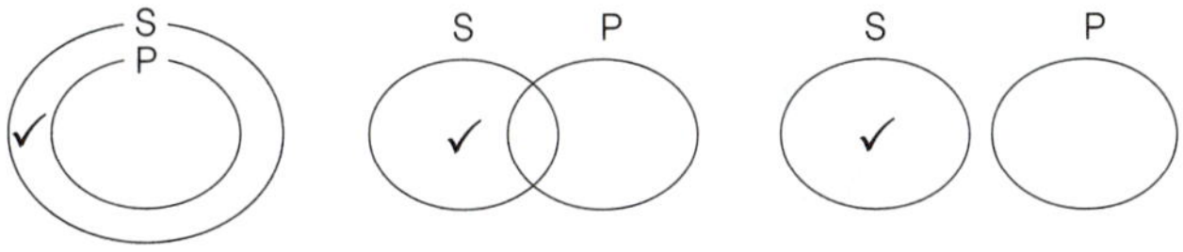

2 삼단논법

□ 삼단논법의 정의

- 명제로 구성된 두 개의 전제로부터 하나의 결론을 도출하는 추리 방법이다.

대전제	모든 동물은 잠을 잔다.
소전제	모든 다람쥐는 동물이다.
결론	모든 다람쥐는 잠을 잔다.

- 대전제: 결론의 술어 개념인 '대개념'을 포함한 전제
- 소전제: 결론의 주어 개념인 '소개념'을 포함한 전제
- 매개념: 결론의 중개 역할을 하면서 전제에만 나오는 개념

□ 타당성 증명 규칙

- 긍정명제: 긍정의 관계를 나타내는 명제
  예 모든 동물은 잠을 잔다.
- 부정명제: 부정 판단을 나타내는 명제
  예 모든 동물은 다람쥐가 아니다.
- 대전제와 소전제 모두 긍정명제라면 결론도 긍정명제여야 한다.
- 대전제와 소전제 중 하나라도 부정명제라면 결론은 반드시 부정명제여야 한다.
- 삼단논법에서 두 개의 전제가 모두 부정명제일 수는 없다.

구분	경우 1	경우 2	경우 3
대전제(전제 1)	긍정명제	긍정명제	부정명제
소전제(전제 2)	긍정명제	부정명제	긍정명제
결론	긍정명제	부정명제	부정명제

□ 타당한 논증

- 전제를 참으로 받아들일 경우에 결론도 틀림없이 참이 된다면 타당한 논증이다.

예 1. 전제 1: 모든 정치가는 공무원이다.
전제 2: 어떤 사업가도 공무원은 아니다.
결론: 어떤 사업가도 정치가는 아니다.

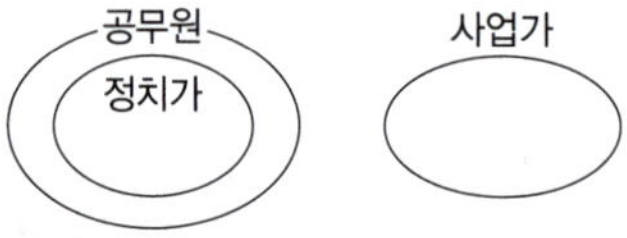

2. 전제 1: 어떤 정치가도 사업가가 아니다.
전제 2: 어떤 공무원은 정치가이다.
결론: 어떤 공무원은 사업가가 아니다.

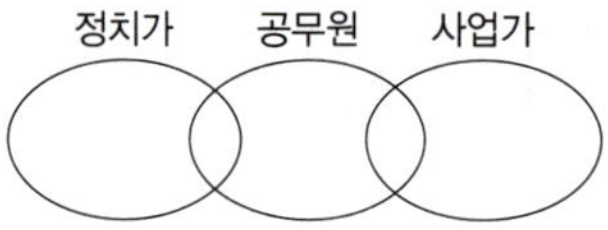

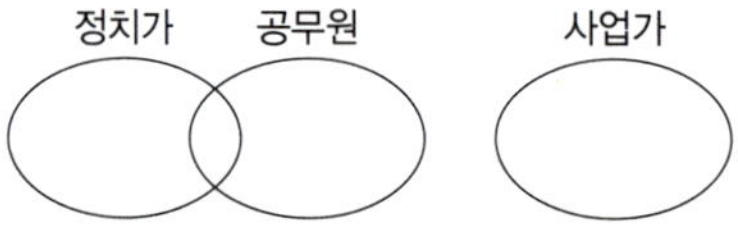

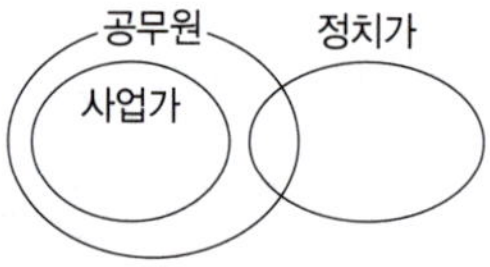

□ 타당하지 않은 논증

- 반례가 한 가지라도 존재한다면 타당하지 않은 논증이다.

예 1. 전제 1: 어떤 공무원은 사업가이다.
전제 2: 모든 정치가는 공무원이다.
결론: 어떤 정치가는 사업가이다.
→ 아래의 반례와 같이 모든 정치가는 사업가가 아닐 수도 있으므로 타당하지 않은 결론이다.

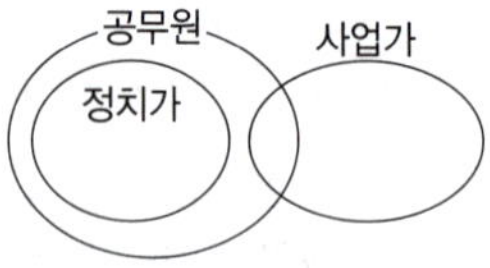

2. 전제 1: 모든 정치가는 공무원이다.
전제 2: 어떤 사업가도 정치가는 아니다.
결론: 어떤 사업가도 공무원은 아니다.
→ 아래의 반례와 같이 공무원인 사업가가 존재할 수도 있으므로 타당하지 않은 결론이다.

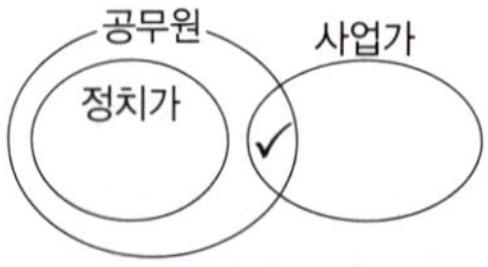

3. 전제 1: 어떤 공무원도 사업가는 아니다.
전제 2: 어떤 공무원은 정치가이다.
결론: 어떤 정치가는 사업가이다.
→ 아래의 반례와 같이 모든 정치가는 사업가가 아닐 수도 있으므로 타당하지 않은 결론이다.

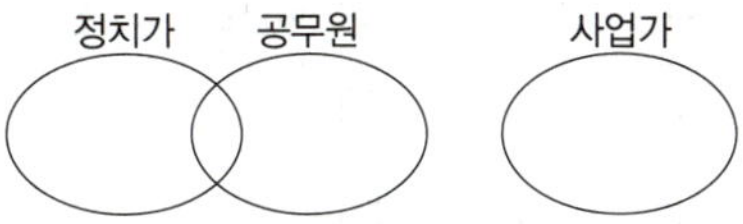

□ 타당하지 않은 논증

4. 전제 1: 모든 정치가는 공무원이다.
전제 2: 모든 정치가는 사업가이다.
결론: 모든 사업가는 공무원이다.
→ 아래의 반례와 같이 공무원이 아닌 사업가가 존재할 수도 있으므로 타당하지 않은 결론이다.

2. 도형추리

1 도형 변환 규칙

□ 도형 회전

• 제시된 도형이 시계 방향이나 반시계 방향으로 회전하는 규칙 GSAT 기출

예

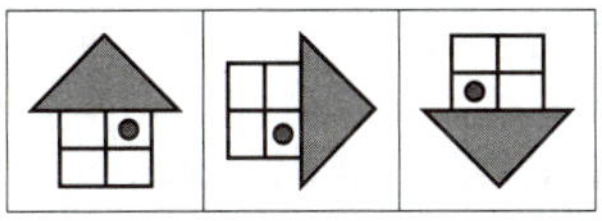

제시된 도형은 시계 방향으로 90도씩 회전한 형태이다.

□ 내부도형 이동

• 제시된 도형의 내부도형이 시계 방향이나 반시계 방향으로 일정하게 이동하는 규칙 GSAT 기출

예

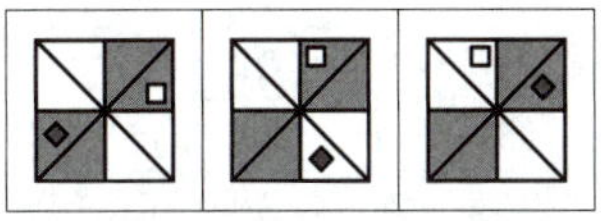

제시된 도형은 백색 내부도형이 반시계 방향으로 한 칸씩, 회색 내부도형이 반시계 방향으로 두 칸씩 이동한 형태이다.

□ 도형 색반전

• 제시된 도형을 색반전하는 규칙 GSAT 기출

예

두 번째에 제시된 도형은 첫 번째에 제시된 도형을 색반전한 형태이고, 세 번째에 제시된 도형은 두 번째에 제시된 도형을 색반전한 형태이다.

□ 선 삭제하기 (선 합치기)

• 제시된 도형의 선 일부를 삭제하거나 합치는 규칙 GSAT 기출

예

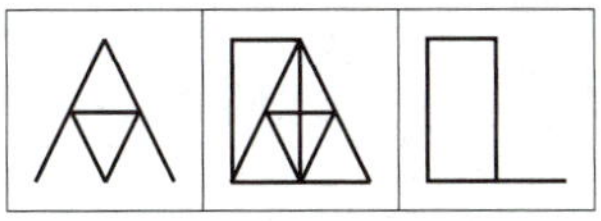

세 번째에 제시된 도형은 두 번째에 제시된 도형에서 첫 번째에 제시된 도형의 선을 삭제한 형태이다. (두 번째에 제시된 도형은 첫 번째와 세 번째에 제시된 도형의 선을 합친 형태이다.)

□ 면 자르기

- 제시된 도형의 면을 가로 방향이나 세로 방향으로 자르는 규칙

예

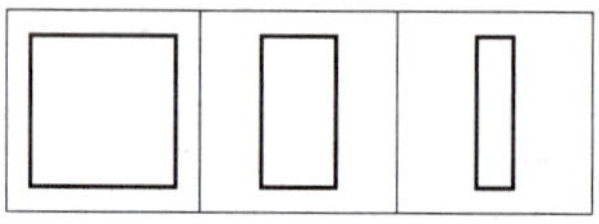

두 번째에 제시된 도형은 첫 번째에 제시된 도형을 세로 방향으로 자른 후 하나의 모양만 나타낸 형태이고, 세 번째에 제시된 도형은 두 번째에 제시된 도형을 세로 방향으로 자른 후 하나의 모양만 나타낸 형태이다.

3. 도식추리

1 변환 규칙

□ 문자 변환/증감

- 문자의 순서에 따라 문자를 다른 문자로 변환시키는 규칙 [GSAT 기출]

  예 abcd → acde (a, b+1, c+1, d+1)

- 제시된 각 숫자의 크기를 증가시키거나 감소시키는 규칙 [GSAT 기출]

  예 2857 → 1948 (2−1, 8+1, 5−1, 7+1)

□ 자리 변환

- 문자나 숫자를 특정 자리로 이동시키거나 자리를 서로 바꾸는 규칙 [GSAT 기출]

  예 abcd → dcba, 1254 → 4521

2 문자 순서

□ 알파벳

- 오름차순에 따른 알파벳 순서 [GSAT 기출]

…	X	Y	Z	A	B	C	D	E	F	G	H	I
…	−2	−1	0	1	2	3	4	5	6	7	8	9
J	K	L	M	N	O	P	Q	R	S	T	U	V
10	11	12	13	14	15	16	17	18	19	20	21	22
W	X	Y	Z	A	B	C	…					
23	24	25	26	27	28	29	…					

□ 한글 자음

- 오름차순에 따른 한글 자음 순서

…	ㅌ	ㅍ	ㅎ	ㄱ	ㄴ	ㄷ	ㄹ	ㅁ	ㅂ	ㅅ
…	−2	−1	0	1	2	3	4	5	6	7
ㅇ	ㅈ	ㅊ	ㅋ	ㅌ	ㅍ	ㅎ	ㄱ	ㄴ	ㄷ	…
8	9	10	11	12	13	14	15	16	17	…

□ 한글 모음

- 오름차순에 따른 한글 모음 순서

…	ㅠ	ㅡ	ㅣ	ㅏ	ㅑ	ㅓ	ㅕ	ㅗ
…	−2	−1	0	1	2	3	4	5
ㅛ	ㅜ	ㅠ	ㅡ	ㅣ	ㅏ	ㅑ	ㅓ	…
6	7	8	9	10	11	12	13	…

4. 문단배열

□ 논리적 구조 파악하기	• 선택지를 바탕으로 첫 번째 또는 마지막 순서에 올 수 있는 문단을 확인한다. – 첫 번째 문단에서는 중심 화제를 포함하는 큰 범주의 내용을 설명하는 경우가 많고, 마지막 문단에서는 글 전체의 내용을 요약 및 마무리하는 경우가 많다. – 첫 번째 문단에서는 대부분 흥미를 유발하거나 관심을 유도하는 문장, 문제나 논제를 제시하는 문장, 앞으로의 전개 방법이나 서술 방법을 소개하는 문장 등이 나타난다. • 중심 화제를 토대로 핵심 문장을 찾고, 핵심 문장을 부연 설명하는 문장을 찾는다. – 중심 화제와 관련된 용어의 정의에 해당하는 문장은 첫 문단에 위치할 확률이 높다. – 글의 핵심 문장은 대부분 첫 문단 또는 마지막 문단에 위치하며, 핵심 문장을 설명하는 문장은 핵심 문장이 포함된 문단의 뒤 또는 앞에 위치한다. 예 핵심 문장 – 부연 설명 문장: 중심 문장의 진술 – 뒷받침 문장의 진술, 요약 진술 – 부연 진술, 추상적 진술 – 구체적 진술, 포괄적 진술 – 구체적 진술, 단정적 진술 – 비유적 진술 • 상황에 따라 사용되는 접속어를 고려하며 문단 간 순서를 파악한다. – 순접: 앞의 내용을 심화하면서 다른 내용을 추가할 때 사용하는 접속어 예 그러나, 그러하니, 그래서, 그러면, 그렇다고 하면, 이리하여, 그리하여, 이러하니, 이와 같이 하여, 그리고는, 그리고서, 그리고 등 – 역접: 앞의 내용과 뒤의 내용이 상반될 때 사용하는 접속어 예 그러나, 그렇지만, 다만, 그렇더라도, 그렇다고 해서, 하지만, 그렇건마는, 그래도, 그럴지라도, 그러되, 반면에 등 – 전환: 앞의 내용과 다른 새로운 내용을 전개할 때 사용하는 접속어 예 그런데, 그는 그렇고, 그러면, 다음으로, 각설, 한편, 헌데 등 – 인과: 앞의 내용과 뒤의 내용이 원인과 결과 관계를 이룰 때 사용하는 접속어 예 그러므로, 따라서, 그렇다면, 드디어, 마침내, 그러니까, 그런즉, 그런 만큼, 그래서, 한즉, 하니까, 그런 고로, 그런 까닭에, 그렇기 때문에, 왜냐하면 등 – 첨가/보충: 앞의 내용과 관련 있는 내용을 추가할 때 사용하는 접속어 예 오히려, 그리고, 더구나, 그리고는, 그리고서, 또한, 또, 더욱, 그 위에, 및, 게다가, 그뿐 아니라, 다시, 아울러 등 – 환연/요약: 앞의 내용을 다른 말로 바꾸어 정리할 때 사용하는 접속어 예 바꾸어 말하면, 곧, 즉, 결국, 그것은, 전자는, 후자는, 요컨대, 다시 말하면, 말하자면 등 – 비유/예시: 앞의 내용에 대한 예시를 들 때 사용하는 접속어 예 이를테면, 예컨대, 비교하건대 등 • 지시어가 가리키는 대상이 무엇인지 찾는다. – 이(것), 그(것), 저(것), 이러한, 그러한, 이런 점에서 등과 같은 지시어는 반드시 지시하는 대상이 앞에 있어야 한다. • 중복 사용되는 핵심어를 찾는다. – 같은 어휘를 반복하여 사용하는 문단끼리는 서로 앞뒤로 바로 연결될 확률이 높으므로 배열의 선후 관계가 확실한 문단으로 묶는다.

□ 시간의 흐름 파악하기	• 제시된 문단별 내용을 통해 글의 전개 과정을 추측한다. – 문단별 내용을 시간의 흐름에 따라 자연스럽게 연결할 수 있는 글의 전개 과정을 파악한다. – 과거형 어휘를 사용하는 문단과 현재형 어휘를 사용하는 문단, 전망 및 바람 등 미래지향적인 내용을 설명하는 문단이 복합적으로 제시돼 있다면, 과거–현재–미래 순으로 글이 전개될 확률이 높다. – 문제를 다루고 있는 문단과 해결 방안을 다루고 있는 문단이 복합적으로 제시돼 있다면, 문제를 다루고 있는 문단–해결 방안을 다루고 있는 문단 순으로 배열한다. – 중심 화제의 원인에 해당하는 문단과 결과에 해당하는 문단이 복합적으로 제시돼 있다면, 원인을 다루는 문단–결과를 다루는 문단 순으로 배열한다. – 설명문에 해당한다면, 중심 화제의 정의나 뜻풀이 등이 앞문단에, 중심 화제에 대한 구체적인 설명이 뒷문단에 위치한다.

5. 논리추론

□ 세부 정보 파악하기	• 각 선택지의 핵심어를 찾아 표시하고, 글에서 그 핵심어를 설명하는 문장을 찾는다. – 선택지의 핵심어를 고를 때는 고유명사, 숫자와 같이 글에서 쉽게 찾을 수 있는 말을 우선적으로 고려한다. – 선택지의 핵심어를 고를 때는 글이나 선택지에 자주 반복되는 말을 제외하는 것이 좋다. 왜냐하면 여러 선택지에 공통적으로 나오는 말은 그 선택지만 대표하는 것으로 보기 어렵기 때문이다. – 선택지의 핵심어가 글에 그대로 등장하지 않는다면, 글에 나온 말이 유의어로 바뀐 것은 아닌지, 글에 나온 말의 상위개념을 사용해 일반적인 진술로 바뀐 것은 아닌지 확인해본다. • 반드시, 절대, 전혀, 뿐, 만 등과 같이 단정적인 표현이 포함된 선택지는 글의 내용과 일치하지 않을 확률이 높다. • 글에 나온 정보를 바탕으로 사실적 태도로 내용 일치 여부를 판단해야 하며, 자기 생각과 주관적 판단이 개입되거나 지나치게 확대 해석하지 않도록 해야 한다.
□ 필자의 주장 파악하기	• 글에 반복적으로 등장하는 어휘에 주목하며 제시된 글의 중심 화제를 찾는다. • 중심 화제를 토대로 필자의 주장을 찾는다. – 필자의 주장은 대부분 처음 또는 마지막에 위치하며, 전체 내용을 포괄할 수 있는 일반적이고 추상적인 진술로 표현된다. – 따라서, 그러므로, 요컨대 등과 같이 결론을 제시하거나 요약하는 접속어 뒤에 필자의 주장이 제시되는 경우가 많다. – 예컨대, 왜냐하면, 다시 말해 등과 같이 부연 설명을 덧붙이는 접속어가 나오면 그 앞에 필자의 주장이 제시되는 경우가 많다.

추리 핵심 공략 Quiz

1회

학습날짜: ____________
맞힌 개수: ____________ /8

[01-03] 다음 중 명제인 것은 O, 명제가 아닌 것은 X로 표시하시오.

01 x=3이면 3x=9이다. (　　　)

02 영수는 공부를 잘한다. (　　　)

03 토마토에는 라이코펜이 함유되어 있다. (　　　)

04 다음 명제의 '역', '이', '대우'를 구하시오.

체력이 좋은 사람은 오래달리기를 잘한다.

05 다음 삼단논법에서 대개념, 소개념, 매개념을 분리하여 쓰시오.

전제 1	추리 소설을 읽는 모든 사람은 판타지 영화를 좋아한다.
전제 2	판타지 영화를 좋아하는 모든 사람은 마술을 좋아한다.
결론	추리 소설을 읽는 모든 사람은 마술을 좋아한다.

06 다음 명제가 참일 때, 분리된 명제 중 참과 거짓을 판별할 수 있는 명제를 〈보기〉에서 고르시오.

- 긍정적인 사람은 명상을 하고 정직한 사람이다.
- 정직한 사람은 긍정적이거나 봉사 활동을 한다.

〈보기〉

㉠ 봉사 활동을 하는 사람은 명상을 한다.
㉡ 긍정적인 사람은 봉사활동을 한다.
㉢ 정직하지 않은 사람은 긍정적이지 않다.
㉣ 긍정적인 사람은 명상을 한다.

[07-08] 다음 중 타당한 논증은 O, 타당하지 않은 논증은 X로 표시하시오.

07 어떤 공룡은 육식동물이다. 모든 트리케라톱스는 공룡이다. 따라서 트리케라톱스는 육식동물이다. (　　　)

08 모든 가수는 노래를 잘한다. 어떤 가수는 춤을 잘 춘다. 따라서 어떤 가수는 노래를 잘하면서 춤도 잘 춘다. (　　　)

정답 p.315

2회

학습날짜: ____________
맞힌 개수: ____________ /6

01 제시된 각 문자를 알파벳, 한글 자음 및 한글 모음 순서에 따라 숫자로 변경하시오.

문자	K	ㅍ	F	ㅠ	X	ㅈ	C	ㅕ	R
문자를 변경한 숫자									

[02-04] 다음 각 기호가 나타내는 변환 규칙의 종류를 쓰시오.

02

E54Q → ♡ → F77U

03

89JM → ♤ → 9JM8

04

ㄹㅜㅌㅓ → ♧ → ㄷㅗㅍㅗ

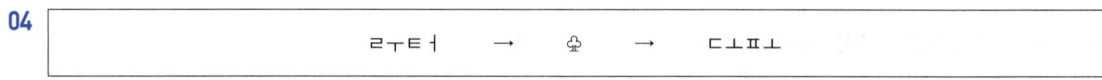

[05-06] 다음 문장을 논리적 순서대로 알맞게 배열하시오.

05

㉠ 갈변현상은 물질이나 에너지의 형태가 변화하는 현상을 의미한다.
㉡ 일반적으로 갈변은 감자의 갈변, 사과의 갈변, 육류의 갈변 등 바람직하지 못한 경우가 대부분이다.
㉢ 이 변화는 일반적으로 온도, 압력, 환경 조건의 변화에 의해 발생한다.
㉣ 그러나 된장, 간장 등에 나타나는 갈변은 성분의 생성, 착색으로, 식품에 있어서 바람직한 성질을 부여하는 경우도 있다.

06

㉠ 이 단계에서는 광각 현미경이나 전자선 리소그래피를 사용하여 마스크의 패턴을 웨이퍼에 전사한다.
㉡ 한편, 체공 단계에서 정확하고 정교하게 형성된 패턴은 반도체 소자의 성능과 품질을 결정하므로 반도체 공정 시 체공 단계는 매우 중요하다.
㉢ 체공 단계는 반도체 소자의 패턴이 웨이퍼 위에 형성되는 과정에 해당한다.
㉣ 이는 마스크가 반도체 소자에 적합한 패턴을 담고 있기 때문으로, 웨이퍼의 표면에 노광 또는 감광 과정을 통해 패턴을 형성한다.

정답 p.315

3회

학습날짜: ____________
맞힌 개수: ____________ /8

[01-02] 다음 중 명제인 것은 O, 명제가 아닌 것은 X로 표시하시오.

01 개와 고양이는 사이가 나쁘다. (　　　)

02 서울은 대한민국의 수도이다. (　　　)

03 다음 명제가 참일 때, 참과 거짓을 판별할 수 있는 명제를 〈보기〉에서 고르시오.

- 봄을 좋아하는 어떤 사람은 겨울을 좋아한다.
- 가을을 좋아하지 않는 모든 사람은 봄을 좋아하지 않는다.

〈보기〉

㉠ 봄을 좋아하는 모든 사람은 가을을 좋아한다.
㉡ 겨울을 좋아하는 어떤 사람은 가을을 좋아한다.
㉢ 가을을 좋아하지 않는 어떤 사람은 겨울을 좋아한다.
㉣ 봄을 좋아하면서 가을을 좋아하는 사람이 있다.

04 다음 명제가 참일 때, 분리된 명제 중 항상 참인 명제를 〈보기〉에서 고르시오.

- 한복을 좋아하거나 기모노를 좋아하는 사람은 치파오를 좋아하지 않는다.

〈보기〉

㉠ 한복을 좋아하는 사람은 치파오를 좋아하지 않는다.
㉡ 치파오를 좋아하는 사람은 한복을 좋아한다.
㉢ 기모노를 좋아하는 사람은 한복을 좋아한다.
㉣ 치파오를 좋아하는 사람은 기모노를 좋아하지 않는다.

[05-08] 다음 중 타당한 논증은 O, 타당하지 않은 논증은 X로 표시하시오.

05 모든 바이러스는 온도에 약하다. 온도에 약한 어떤 것은 변종이 쉽다. 따라서 모든 바이러스는 변종이 쉽다. (　　　)

06 심심한 사람만 게임을 한다. 어떤 심심한 사람은 러닝을 한다. 따라서 게임을 하는 어떤 사람은 러닝을 한다. (　　　)

07 모든 면직물은 약하다. 어떤 지갑은 약하지 않다. 따라서 어떤 지갑은 면직물이 아니다. (　　　)

08 어떤 유리도 도자기가 아니다. 어떤 유리는 그릇이다. 따라서 어떤 그릇은 도자기이다. (　　　)

정답 p.315

01 제시된 각 문자를 알파벳, 한글 자음 및 한글 모음 순서에 따라 숫자로 변경하시오.

문자	V	H	ㅅ	P	J	ㅓ	Y	M	ㅜ
문자를 변경한 숫자									

[02-04] 다음 각 기호가 나타내는 변환 규칙의 종류를 쓰시오.

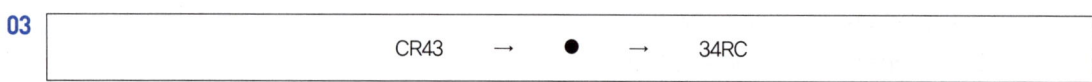

02

4B5N → ☺ → 7D2L

03

CR43 → ● → 34RC

04

ㅁㅣㅋㅑ → △ → ㅂㅡㅌㅏ

[05-06] 다음 문장을 논리적 순서대로 알맞게 배열하시오.

05

㉠ 수박은 박과에 속하는 과일로, 덩굴 식물이다.
㉡ 일반적으로 붉은 수박이 생산되는 시기는 늦은 봄에서 초가을까지로 알려져 있으며, 남쪽 지방에서는 비닐하우스 등에서 주로 재배하고 있다.
㉢ 이처럼 오래전부터 재배가 확산되었던 수박은 다양한 품종으로 생산되지만, 둥글고 표면에 무늬가 넓으며 과육이 붉은 품종이 주로 생산되고 있다.
㉣ 이것이 재배되기 시작한 것은 고대 이집트 시대부터라고 알려져 있으며, 분포되기 시작한 시기는 약 500년 전이다.

06

㉠ 이는 선의 유무에 따라 유선 이어폰과 무선 이어폰으로 나뉜다.
㉡ 이어폰이란 귀의 구멍에 장착이 가능하도록 제작된 소형 수화기를 말한다.
㉢ 반면 선이 존재하지 않는 무선 이어폰은 블루투스 기술을 이용하여 소리를 전달하며, 이것을 사용하기 위해서는 충전이 필수적이라는 특징을 가지고 있다.
㉣ 먼저 유선 이어폰은 선이 존재하는 이어폰으로, 별도의 충전이 필요하지 않고, 기기에 꽂아 연결하면 바로 사용할 수 있다.

정답 p.315

5회

학습날짜: ______________
맞힌 개수: ____________ /8

[01-02] 다음 중 명제인 것은 O, 명제가 아닌 것은 X로 표시하시오.

01 하마는 동물이 아니다. (　　　)

02 백두산은 높다. (　　　)

03 다음 명제의 '역', '이', '대우'를 구하시오.

수학을 좋아하는 사람은 국어를 좋아하지 않는다.

04 다음 삼단논법에서 대개념, 소개념, 매개념을 분리하여 쓰시오.

전제 1	모든 신입사원은 도전적인 사람이다.
전제 2	도전적인 모든 사람은 성공 가능성이 높다.
결론	모든 신입사원은 성공 가능성이 높다.

05 다음 명제가 참일 때, 분리된 명제 중 참과 거짓을 판별할 수 있는 명제를 〈보기〉에서 고르시오.

- 돈이 많고 시간도 많은 사람은 운동을 한다.
- 건강한 사람은 시간이 많고 운동을 한다.

〈보기〉
㉠ 돈이 많은 사람은 운동을 한다.
㉡ 운동을 하지 않는 사람은 돈이 많지 않다.
㉢ 건강한 사람은 운동을 한다.
㉣ 시간이 많지 않은 사람은 건강하다.

[06-08] 다음 중 타당한 논증은 O, 타당하지 않은 논증은 X로 표시하시오.

06 어떤 과일은 시다. 모든 딸기는 과일이다. 따라서 어떤 딸기는 시다. (　　　)

07 마스크를 착용하지 않은 모든 사람은 어린이가 아니다. 마스크를 착용한 모든 사람은 바이러스에 감염되지 않는다. 따라서 모든 어린이는 바이러스에 감염되지 않는다. (　　　)

08 어떤 옷감은 부드럽다. 부드럽지 않은 모든 옷감은 질기다. 따라서 질긴 모든 옷감은 부드럽지 않다. (　　　)

정답 p.315

핵심 공략 Quiz 정답

수리 1회

- **01** 9개
- **02** (1) −3, −6 (2) 3, −9
- **03** 32
- **04** 15km
- **05** 1,300원
- **06** 36분
- **07** 75%
- **08** 18%

수리 2회

- **01** (1) 1, 2, 1 (2) 2, 1, 17
- **02** 변량의 개수, 평균, 분산, 편차
- **03** 44
- **04** 50g
- **05** $\frac{7}{72}$
- **06** 25%
- **07** 5,800원
- **08** 13,800권

수리 3회

- **01** (1) $\frac{{}_nP_n}{n}(=(n-1)!)$ (2) $\frac{{}_nP_r}{r}$ (3) n^r
- **02** $2a+(n-1)d$, $a+l$, $1-r^n$
- **03** 22
- **04** 20살
- **05** 3.5점
- **06** $\frac{3}{8}$
- **07** 6,830마리
- **08** 16명

수리 4회

- **01** 최대공약수: 12, 최소공배수: 120
- **02** (1) X (2) X (3) O
- **03** (1) $-2ab$ (2) $-b$, cx
- **04** $x=\frac{-b\pm\sqrt{b^2-4ac}}{2a}$, $x=\frac{15\pm\sqrt{225-96}}{6}=\frac{15\pm\sqrt{129}}{6}$
- **05** $(\frac{1}{x}+\frac{1}{5})\times4=1 \rightarrow x=20$시간
- **06** $90\times\frac{30}{60}+6\times\frac{10}{60}=46$km
- **07** $\frac{150\times0.20}{150+50}\times100=15\%$
- **08** $(30\div3)=10$대

수리 5회

- **01** ②
- **02** $\frac{\sqrt{3}}{2}a$, $\frac{\sqrt{3}}{4}a^2$, $\frac{\sqrt{6}}{3}a$, $\frac{\sqrt{2}}{12}a^3$
- **03** (1) 6, 9 (2) 8, 12 (3) 10, 15 (4) 4, 6 (5) 5, 8 (6) 6, 10
- **04** (1) $\frac{1}{2}$ (2) 1 (3) $3\times2\times1=6$ (4) $5\times4=20$
- **05** $2\times6\times6=72$가지
- **06** ${}_6C_2=\frac{6!}{2!4!}=\frac{6\times5}{2}=15$가지
- **07** 평균$=\frac{235+270+250+245}{4}=250$mm, 분산$=\frac{(-15)^2+20^2+0+(-5)^2}{4}=162.5$
- **08** $\frac{42}{38+42}\times100=52.5\%$

추리 1회

01 O
02 X
03 O
04 역: 오래달리기를 잘하는 사람은 체력이 좋다.
이: 체력이 좋지 않은 사람은 오래달리기를 잘하지 않는다.
대우: 오래달리기를 잘하지 않는 사람은 체력이 좋지 않다.
05 대개념: 마술을 좋아하는 사람, 소개념: 추리 소설을 읽는 사람, 매개념: 판타지 영화를 좋아하는 사람
06 ㉢, ㉣
07 X
08 O

추리 2회

01 11, 13, 6, 8, 24, 9, 3, 4, 18
02 문자 변환/증감 (abcd → a+1, b+2, c+3, d+4)
03 자리 변환 (abcd → bcda)
04 문자 변환/증감 (abcd → a−1, b−2, c+1, d+2)
05 ㉠ → ㉢ → ㉡ → ㉣
06 ㉢ → ㉠ → ㉣ → ㉡

추리 3회

01 X
02 O
03 ㉠, ㉡, ㉣
04 ㉠, ㉣
05 X
06 X
07 O
08 X

추리 4회

01 22, 8, 7, 16, 10, 3, 25, 13, 7
02 문자 변환/증감 (abcd → a+3, b+2, c−3, d−2)
03 자리 변환 (abcd → dcba)
04 문자 변환/증감 (abcd → a+1, b−1, c+1, d−1)
05 ㉠ → ㉣ → ㉢ → ㉡
06 ㉡ → ㉠ → ㉣ → ㉢

추리 5회

01 O
02 X
03 역: 국어를 좋아하지 않는 사람은 수학을 좋아한다.
이: 수학을 좋아하지 않는 사람은 국어를 좋아한다.
대우: 국어를 좋아하는 사람은 수학을 좋아하지 않는다.
04 대개념: 성공 가능성이 높은 사람, 소개념: 신입사원, 매개념: 도전적인 사람
05 ㉢, ㉣
06 X
07 O
08 X

모의고사의 수리 영역 문제풀이 시 본 문제풀이 용지를 이용하여 풀어보세요.

성명:

수험번호:

① 정답	② 정답
③ 정답	④ 정답
⑤ 정답	

수리

자르는 선

모의고사의 수리 영역 문제풀이 시 본 문제풀이 용지를 이용하여 풀어보세요.

성명:

수험번호:

⑥ 정답	⑦ 정답
⑧ 정답	⑨ 정답
⑩ 정답	

모의고사의 수리 영역 문제풀이 시 본 문제풀이 용지를 이용하여 풀어보세요.

성명:

수험번호:

⑪ 정답	⑫ 정답
⑬ 정답	⑭ 정답
⑮ 정답	

수리

자르는 선

모의고사의 수리 영역 문제풀이 시 본 문제풀이 용지를 이용하여 풀어보세요.

성명:

수험번호:

⑯

정답

⑰

정답

⑱

정답

⑲

정답

⑳

정답

수리

모의고사의 추리 영역 문제풀이 시 본 문제풀이 용지를 이용하여 풀어보세요.

성명:　　　　　　　　수험번호:

추리

① 정답	② 정답
③ 정답	④ 정답
⑤ 정답	⑥ 정답
⑦ 정답	⑧ 정답

자르는 선

모의고사의 추리 영역 문제풀이 시 본 문제풀이 용지를 이용하여 풀어보세요.

성명:

수험번호:

⑨ 정답	⑩ 정답
⑪ 정답	⑫ 정답
⑬ 정답	⑭ 정답
⑮ 정답	⑯ 정답

추리

모의고사의 추리 영역 문제풀이 시 본 문제풀이 용지를 이용하여 풀어보세요.

성명:

수험번호:

추리

⑰ 정답	⑱ 정답
⑲ 정답	⑳ 정답
㉑ 정답	㉒ 정답
㉓ 정답	㉔ 정답

자르는 선

모의고사의 추리 영역 문제풀이 시 본 문제풀이 용지를 이용하여 풀어보세요.

성명: 수험번호:

㉕ 정답	㉖ 정답
㉗ 정답	㉘ 정답
㉙ 정답	㉚ 정답

추리

모의고사의 수리 영역 문제풀이 시 본 문제풀이 용지를 이용하여 풀어보세요.

성명:

수험번호:

① 정답	② 정답
③ 정답	④ 정답
⑤ 정답	

수리

모의고사의 수리 영역 문제풀이 시 본 문제풀이 용지를 이용하여 풀어보세요.

성명:

수험번호:

⑥

정답

⑦

정답

⑧

정답

⑨

정답

⑩

정답

수리

모의고사의 수리 영역 문제풀이 시 본 문제풀이 용지를 이용하여 풀어보세요.

성명:

수험번호:

⑪ 정답	⑫ 정답
⑬ 정답	⑭ 정답
⑮ 정답	

수리

자르는 선

모의고사의 수리 영역 문제풀이 시 본 문제풀이 용지를 이용하여 풀어보세요.

성명:

수험번호:

⑯

정답

⑰

정답

수리

⑱

정답

⑲

정답

⑳

정답

모의고사의 추리 영역 문제풀이 시 본 문제풀이 용지를 이용하여 풀어보세요.

성명:

수험번호:

추리

① 정답	② 정답
③ 정답	④ 정답
⑤ 정답	⑥ 정답
⑦ 정답	⑧ 정답

자르는 선

모의고사의 추리 영역 문제풀이 시 본 문제풀이 용지를 이용하여 풀어보세요.

성명:

수험번호:

⑨ 정답	⑩ 정답
⑪ 정답	⑫ 정답
⑬ 정답	⑭ 정답
⑮ 정답	⑯ 정답

추리

모의고사의 추리 영역 문제풀이 시 본 문제풀이 용지를 이용하여 풀어보세요.

성명: 수험번호:

⑰ 정답	⑱ 정답
⑲ 정답	⑳ 정답
㉑ 정답	㉒ 정답
㉓ 정답	㉔ 정답

추리

자르는 선

모의고사의 추리 영역 문제풀이 시 본 문제풀이 용지를 이용하여 풀어보세요.

성명: 수험번호:

㉕ 정답	㉖ 정답
㉗ 정답	㉘ 정답
㉙ 정답	㉚ 정답

추리

모의고사의 수리 영역 문제풀이 시 본 문제풀이 용지를 이용하여 풀어보세요.

성명:

수험번호:

① 정답	② 정답
③ 정답	④ 정답
⑤ 정답	

수리

자르는 선

모의고사의 수리 영역 문제풀이 시 본 문제풀이 용지를 이용하여 풀어보세요.

성명:

수험번호:

⑥ 정답	⑦ 정답
⑧ 정답	⑨ 정답
⑩ 정답	

수리

모의고사의 수리 영역 문제풀이 시 본 문제풀이 용지를 이용하여 풀어보세요.

성명:

수험번호:

⑪

정답

⑫

정답

⑬

정답

⑭

정답

수리

⑮

정답

자르는 선

모의고사의 수리 영역 문제풀이 시 본 문제풀이 용지를 이용하여 풀어보세요.

성명:

수험번호:

⑯ 정답	⑰ 정답
⑱ 정답	⑲ 정답
⑳ 정답	

수리

모의고사의 추리 영역 문제풀이 시 본 문제풀이 용지를 이용하여 풀어보세요.

성명:

수험번호:

추리

① 정답	② 정답
③ 정답	④ 정답
⑤ 정답	⑥ 정답
⑦ 정답	⑧ 정답

모의고사의 추리 영역 문제풀이 시 본 문제풀이 용지를 이용하여 풀어보세요.

성명:

수험번호:

추리

⑨ 정답	⑩ 정답
⑪ 정답	⑫ 정답
⑬ 정답	⑭ 정답
⑮ 정답	⑯ 정답

모의고사의 추리 영역 문제풀이 시 본 문제풀이 용지를 이용하여 풀어보세요.

성명:

수험번호:

⑰ 정답	⑱ 정답
⑲ 정답	⑳ 정답
㉑ 정답	㉒ 정답
㉓ 정답	㉔ 정답

추리

자르는 선

모의고사의 추리 영역 문제풀이 시 본 문제풀이 용지를 이용하여 풀어보세요.

성명:

수험번호:

㉕

정답

㉖

정답

㉗

정답

㉘

정답

추리

㉙

정답

㉚

정답

모의고사의 수리 영역 문제풀이 시 본 문제풀이 용지를 이용하여 풀어보세요.

성명:

수험번호:

①

정답

②

정답

수리

③

정답

④

정답

⑤

정답

자르는 선

모의고사의 수리 영역 문제풀이 시 본 문제풀이 용지를 이용하여 풀어보세요.

성명:

수험번호:

⑥ 정답	⑦ 정답
⑧ 정답	⑨ 정답
⑩ 정답	

수리

모의고사의 수리 영역 문제풀이 시 본 문제풀이 용지를 이용하여 풀어보세요.

성명:

수험번호:

⑪ 정답	⑫ 정답
⑬ 정답	⑭ 정답
⑮ 정답	

수리

자르는 선

모의고사의 수리 영역 문제풀이 시 본 문제풀이 용지를 이용하여 풀어보세요.

성명:

수험번호:

⑯

정답

⑰

정답

⑱

정답

⑲

정답

⑳

정답

수리

모의고사의 추리 영역 문제풀이 시 본 문제풀이 용지를 이용하여 풀어보세요.

성명:

수험번호:

추리

① 정답	② 정답
③ 정답	④ 정답
⑤ 정답	⑥ 정답
⑦ 정답	⑧ 정답

자르는 선

모의고사의 추리 영역 문제풀이 시 본 문제풀이 용지를 이용하여 풀어보세요.

성명:

수험번호:

추리

⑨

정답

⑩

정답

⑪

정답

⑫

정답

⑬

정답

⑭

정답

⑮

정답

⑯

정답

모의고사의 추리 영역 문제풀이 시 본 문제풀이 용지를 이용하여 풀어보세요.

성명:

수험번호:

⑰ 정답	⑱ 정답
⑲ 정답	⑳ 정답
㉑ 정답	㉒ 정답
㉓ 정답	㉔ 정답

추리

자르는 선

모의고사의 추리 영역 문제풀이 시 본 문제풀이 용지를 이용하여 풀어보세요.

성명:

수험번호:

㉕ 정답	㉖ 정답
㉗ 정답	㉘ 정답
㉙ 정답	㉚ 정답

추리

모의고사의 수리 영역 문제풀이 시 본 문제풀이 용지를 이용하여 풀어보세요.

성명:

수험번호:

①

정답

②

정답

③

정답

④

정답

수리

⑤

정답

자르는 선

모의고사의 수리 영역 문제풀이 시 본 문제풀이 용지를 이용하여 풀어보세요.

성명:

수험번호:

⑥

정답

⑦

정답

⑧

정답

⑨

정답

⑩

정답

수리

모의고사의 수리 영역 문제풀이 시 본 문제풀이 용지를 이용하여 풀어보세요.

성명: 수험번호:

⑪ 정답	⑫ 정답
⑬ 정답	⑭ 정답
⑮ 정답	

자르는 선

모의고사의 수리 영역 문제풀이 시 본 문제풀이 용지를 이용하여 풀어보세요.

성명:

수험번호:

⑯ 정답	⑰ 정답
⑱ 정답	⑲ 정답
⑳ 정답	

수리

모의고사의 추리 영역 문제풀이 시 본 문제풀이 용지를 이용하여 풀어보세요.

성명:　　　　　　　　　　　　　　수험번호:

추리

① 정답	② 정답
③ 정답	④ 정답
⑤ 정답	⑥ 정답
⑦ 정답	⑧ 정답

자르는 선

모의고사의 추리 영역 문제풀이 시 본 문제풀이 용지를 이용하여 풀어보세요.

성명:

수험번호:

⑨ 정답	⑩ 정답
⑪ 정답	⑫ 정답
⑬ 정답	⑭ 정답
⑮ 정답	⑯ 정답

추리

모의고사의 추리 영역 문제풀이 시 본 문제풀이 용지를 이용하여 풀어보세요.

성명: 수험번호:

⑰ 정답	⑱ 정답
⑲ 정답	⑳ 정답
㉑ 정답	㉒ 정답
㉓ 정답	㉔ 정답

추리

자르는 선

모의고사의 추리 영역 문제풀이 시 본 문제풀이 용지를 이용하여 풀어보세요.

성명:

수험번호:

㉕ 정답	㉖ 정답
㉗ 정답	㉘ 정답
㉙ 정답	㉚ 정답

추리

모의고사의 수리 영역 문제풀이 시 본 문제풀이 용지를 이용하여 풀어보세요.

성명:

수험번호:

①

정답

②

정답

③

정답

④

정답

⑤

정답

수리

자르는 선

모의고사의 수리 영역 문제풀이 시 본 문제풀이 용지를 이용하여 풀어보세요.

성명:

수험번호:

⑥ 정답	⑦ 정답
⑧ 정답	⑨ 정답
⑩ 정답	

수리

모의고사의 수리 영역 문제풀이 시 본 문제풀이 용지를 이용하여 풀어보세요.

성명:

수험번호:

수리

⑪ 정답	⑫ 정답
⑬ 정답	⑭ 정답
⑮ 정답	

자르는 선

모의고사의 수리 영역 문제풀이 시 본 문제풀이 용지를 이용하여 풀어보세요.

성명:

수험번호:

⑯

정답

⑰

정답

⑱

정답

⑲

정답

⑳

정답

수리

모의고사의 추리 영역 문제풀이 시 본 문제풀이 용지를 이용하여 풀어보세요.

성명:　　　　　　　　　　수험번호:

추리

① 정답	② 정답
③ 정답	④ 정답
⑤ 정답	⑥ 정답
⑦ 정답	⑧ 정답

자르는 선

모의고사의 추리 영역 문제풀이 시 본 문제풀이 용지를 이용하여 풀어보세요.

성명:

수험번호:

⑨ 정답	⑩ 정답
⑪ 정답	⑫ 정답
⑬ 정답	⑭ 정답
⑮ 정답	⑯ 정답

추리

모의고사의 추리 영역 문제풀이 시 본 문제풀이 용지를 이용하여 풀어보세요.

성명:

수험번호:

추리

⑰

정답

⑱

정답

⑲

정답

⑳

정답

㉑

정답

㉒

정답

㉓

정답

㉔

정답

자르는 선

모의고사의 추리 영역 문제풀이 시 본 문제풀이 용지를 이용하여 풀어보세요.

성명:

수험번호:

추리

㉕ 정답	㉖ 정답
㉗ 정답	㉘ 정답
㉙ 정답	㉚ 정답

2025 하반기 최신판

해커스 GSAT 실전모의고사

삼성직무적성검사

개정 21판 1쇄 발행 2025년 8월 19일

지은이	해커스 GSAT 취업교육연구소
펴낸곳	(주)챔프스터디
펴낸이	챔프스터디 출판팀
주소	서울특별시 서초구 강남대로61길 23 (주)챔프스터디
고객센터	02-537-5000
교재 관련 문의	publishing@hackers.com 해커스잡 사이트(ejob.Hackers.com) 교재 Q&A 게시판
학원 강의 및 동영상강의	ejob.Hackers.com
ISBN	978-89-6965-653-7 (13320)
Serial Number	21-01-01

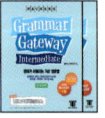

2025 하반기 최신판

해커스 GSAT

실전모의고사

삼성직무적성검사

약점 보완 해설집

해커스잡

해커스

GSAT

실전모의고사

삼성직무적성검사

약점 보완 해설집

해커스잡

GLOBAL SAMSUNG APTITUDE TEST

실전모의고사 1회

정답

I 수리

p.56

01	⑤	응용계산	05	②	자료해석	09	③	자료해석	13	③	자료해석	17	③	자료해석
02	②	응용계산	06	②	자료해석	10	④	자료해석	14	②	자료해석	18	③	자료해석
03	②	자료해석	07	①	자료해석	11	③	자료해석	15	③	자료해석	19	③	자료해석
04	③	자료해석	08	②	자료해석	12	①	자료해석	16	③	자료해석	20	②	자료해석

II 추리

p.73

01	②	언어추리	07	①	언어추리	13	⑤	언어추리	19	④	도식추리	25	⑤	논리추론
02	①	언어추리	08	②	언어추리	14	⑤	언어추리	20	⑤	도식추리	26	②	논리추론
03	④	언어추리	09	⑤	언어추리	15	③	도형추리	21	①	도식추리	27	②	논리추론
04	②	언어추리	10	①	언어추리	16	③	도형추리	22	④	문단배열	28	②	논리추론
05	④	언어추리	11	④	언어추리	17	③	도형추리	23	⑤	문단배열	29	④	논리추론
06	④	언어추리	12	②	언어추리	18	③	도식추리	24	③	논리추론	30	③	논리추론

취약 유형 분석표

유형별로 맞힌 개수, 틀린 문제 번호와 풀지 못한 문제 번호를 적고 나서 취약한 유형이 무엇인지 파악해 보세요.
취약한 유형은 '기출유형공략'으로 복습하고 틀린 문제와 풀지 못한 문제를 다시 한번 풀어보세요.

	유형	맞힌 개수	틀린 문제 번호	풀지 못한 문제 번호
수리	응용계산	/2		
	자료해석	/18		
	TOTAL	/20		

	유형	맞힌 개수	틀린 문제 번호	풀지 못한 문제 번호
추리	언어추리	/14		
	도형추리	/3		
	도식추리	/4		
	문단배열	/2		
	논리추론	/7		
	TOTAL	/30		

	영역	제한 시간 내에 맞힌 문제 수	정답률
합계	수리	/20	%
	추리	/30	%
	TOTAL	/50	%

해설

I 수리

01 응용계산 정답 ⑤

작년 A 팀의 직원 수를 x, B 팀의 직원 수를 y라고 하면 작년 A 팀과 B 팀의 전체 직원 수는 1,500명이므로

$x+y=1,500$ … ⓐ

이에 따라 올해 A 팀의 직원 수는 전년 대비 30% 증가했으므로 올해 증가한 A 팀의 직원 수는 $0.3x$명이고, 올해 B 팀의 직원 수는 전년 대비 20% 감소했으므로 올해 감소한 B 팀의 직원 수는 $0.2y$이다.

이때 올해 A 팀과 B 팀의 전체 직원 수는 전년 대비 120명 증가하였으므로

$0.3x-0.2y=120$ … ⓑ

0.3ⓐ－ⓑ에서 $0.5y=330 \rightarrow y=660$

따라서 작년 B 팀의 직원 수는 660명이다.

02 응용계산 정답 ②

사건 A가 일어났을 때의 사건 B의 조건부 확률 $P(B|A)=\frac{P(A\cap B)}{P(A)}$임을 적용하여 구한다.

갑이 3점짜리와 7점짜리 총 두 문제 중 한 문제를 틀린 사건을 A, 틀린 문제의 배점이 3점인 사건을 B라고 하면 갑이 3점짜리와 7점짜리 총 두 문제 중 한 문제를 틀린 경우는 갑이 3점짜리 문제를 틀리고 7점짜리 문제를 맞힌 경우와 7점짜리 문제를 틀리고 3점짜리 문제를 맞힌 경우로 총 2가지이다. 이때 갑이 3점짜리 문제와 7점짜리 문제를 맞힐 확률은 각각 80%, 60%이고, 3점짜리 문제와 7점짜리 문제를 틀릴 확률은 각각 20%, 40%이므로 갑이 3점짜리 문제를 틀리고 7점짜리 문제를 맞힐 확률은 $0.2\times0.6=0.12$이고, 7점짜리 문제를 틀리고 3점짜리 문제를 맞힐 확률은 $0.4\times0.8=0.32$이다. 이에 따라 $P(A)=0.12+0.32=0.44$, $P(A\cap B)=0.12$이다.

따라서 갑이 3점짜리와 7점짜리 총 두 문제 중 한 문제를 틀렸을 때, 틀린 문제의 배점이 3점일 확률은 $\frac{0.12}{0.44}=\frac{3}{11}$이다.

03 자료해석 정답 ②

대도시 전기차 충전소 설치 대수의 전년 대비 증가율은 2023년에 $\{(3,200-2,700)/2,700\}\times100\fallingdotseq18.5\%$, 2024년에 $\{(3,600-3,200)/3,200\}\times100=12.5\%$이므로 옳지 않은 설명이다.

오답 체크

① 2024년 전기차 충전소 설치 대수의 2년 전 대비 증가량은 수도권이 9,000－6,200＝2,800대, 대도시가 3,600－2,700＝900대, 중소도시가 1,900－1,400＝500대, 농어촌이 750－650＝100대로 수도권이 가장 크므로 옳은 설명이다.

③ 2024년 A 국의 전체 전기차 충전소 설치 대수는 9,000＋3,600＋1,900＋750＝15,250대로, 그 중 농어촌이 차지하는 비중은 $(750/15,250)\times100\fallingdotseq4.9\%$로 5% 미만이므로 옳은 설명이다.

④ 수도권 전기차 충전소 설치 대수의 전년 대비 증가율은 2022년에 $\{(6,200-5,000)/5,000\}\times100=24.0\%$, 2023년에 $\{(7,500-6,200)/6,200\}\times100\fallingdotseq21.0\%$, 2024년에 $\{(9,000-7,500)/7,500\}\times100=20.0\%$로 2022년에 가장 높으므로 옳은 설명이다.

⑤ 중소도시의 2024년 전기차 충전소 설치 대수는 2021년의 $1,900/1,200\fallingdotseq1.6$배이므로 옳은 설명이다.

04 자료해석 정답 ③

b. 연구개발비의 전년 대비 증가율은 2021년에 $\{(74.8-68.4)/68.4\}\times100\fallingdotseq9.4\%$, 2022년에 $\{(85.6-74.8)/74.8\}\times100\fallingdotseq14.4\%$, 2023년에 $\{(92.3-85.6)/85.6\}\times100\fallingdotseq7.8\%$, 2024년에 $\{(103.5-92.3)/92.3\}\times100\fallingdotseq12.1\%$로 가장 큰 해는 2022년이므로 옳은 설명이다.

c. 팹(Fab) 1개당 웨이퍼 생산량은 2021년에 $3,580/325\fallingdotseq11.0$개, 2024년에 $4,150/353\fallingdotseq11.8$개로, 2021년이 2024년보다 적으므로 옳은 설명이다.

오답 체크

a. 제시된 기간 중 설비 투자액은 2022년에 190.5십억 달러로 가장 많으므로 옳지 않은 설명이다.

d. 2022년 설비 투자액과 연구개발비의 합은 190.5+85.6=276.1십억 달러로, 2023년 설비 투자액과 연구개발비의 합인 146.7+92.3=239.0십억 달러보다 276.1−239.0=37.1십억 달러 더 많으므로 옳지 않은 설명이다.

05 자료해석 정답 ②

2021년 이후 연구 개발비가 전년 대비 매년 증가한 지역은 E 지역, F 지역, I 지역, K 지역, P 지역이고, 해당 지역의 2024년 연구 개발비의 2020년 대비 증가량은 E 지역이 912−608=304십억 원, F 지역이 627−550=77십억 원, I 지역이 484−368=116십억 원, K 지역이 610−482=128십억 원, P 지역이 1,837−940=897십억 원으로 이 중 가장 적게 증가한 지역은 F 지역이다.

따라서 F 지역의 2024년 연구 개발비의 2020년 대비 증가율은 (77/550)×100=14.0%이다.

06 자료해석 정답 ②

제시된 모든 지역의 경제활동인구가 서로 동일하다면, 2022년 L 국의 평균 실업률은 (3.8+4.0+4.0+3.6+4.2)/5=3.92%이므로 옳은 설명이다.

오답 체크

① 2024년 C 지역의 실업률은 2020년 대비 4.3−3.7=0.6%p 증가하였으므로 옳지 않은 설명이다.

③ 2022년, 2023년에는 D 지역의 실업률이 다른 지역 대비 가장 낮으므로 옳지 않은 설명이다.

④ 2020년 이후 E 지역 실업률의 전년 대비 증감 추이인 감소, 증가, 증가, 증가, 감소와 증감 추이가 동일한 지역은 A 지역 1곳뿐이므로 옳지 않은 설명이다.

⑤ 경제활동인구=(실업자 수/실업률)×100임에 따라 실업률이 4.0%인 2021년 B 지역의 실업자 수가 70.6천 명이라면 경제활동인구는 (70.6/4.0)×100=1,765천 명이므로 옳지 않은 설명이다.

07 자료해석 정답 ①

제시된 기간 중 전체 어린이보호구역 지정 수가 두 번째로 많은 해는 16,896개인 2023년이고, 2023년 어린이보호구역 어린이집 수는 3,220개, 학원 수는 80개이다.

따라서 2023년 어린이보호구역 어린이집 수는 어린이보호구역 학원 수의 3,220/80=40.25배이다.

08 자료해석 정답 ②

제시된 기간 동안 국악 활동 건수가 다른 해에 비해 가장 많은 2022년에 전체 공연예술 활동 건수에서 국악 활동 건수가 차지하는 비중은 {700/(700+3,000+1,400+500)}×100=12.5%이므로 옳지 않은 설명이다.

오답 체크

① 제시된 기간 동안 양악 활동 건수가 가장 많은 해와 무용 공연 횟수가 가장 적은 해는 모두 2024년으로 같으므로 옳은 설명이다.

③ 무용 공연 횟수의 전년 대비 감소량은 2021년에 1,560−1,490=70회, 2022년에 1,490−1,380=110회, 2023년에 1,380−1,260=120회, 2024년에 1,260−1,170=90회로 2023년에 가장 크므로 옳은 설명이다.

④ 2021년 연극 공연 횟수는 국악 공연 횟수의 53,200/860≒61.9배로 60배 이상이므로 옳은 설명이다.

⑤ 연극의 활동 건수 1건당 평균 공연 횟수는 2023년에 51,000/1,900≒26.8회, 2024년에 58,000/2,100≒27.6회로 2024년에 전년 대비 증가하였으므로 옳은 설명이다.

09 자료해석 정답 ③

2019년 전기 전자부품 외 첨단세라믹산업 중 총매출액의 전년 대비 증가율이 가장 큰 항목은 증가율이 유일하게 50% 이상인 분말원료이므로 옳지 않은 설명이다.

오답 체크

① 전기 전자부품 첨단세라믹산업 중 2020년 총매출액이 2018년 대비 감소한 항목은 저항기, 자성부품이므로 옳은 설명이다.

② 2018년과 2020년 전기 전자부품 첨단세라믹산업 중 총매출액 하위 3개 항목은 저항기, 세라믹센서, 자성부품으로 서로 같으므로 옳은 설명이다.

④ 제시된 기간 동안 반도체의 총매출액은 매년 40,000억 원 이상이고, 세라믹 1차 제품의 총매출액은 매년 40,000억 원 미만이므로 옳은 설명이다.

⑤ 2020년 전체 첨단세라믹산업의 총매출액은 295,828+15,750+37,771+84,330=433,679억 원=43.3679조 원이므로 옳은 설명이다.

빠른 문제 풀이 Tip

⑤ 2020년 분말원료의 총매출액은 10,000억 원 이상, 세라믹 1차 제품은 35,000억 원 이상, 기계 및 기타 산업용 부품은 80,000억 원 이상이며, 전기 전자부품 첨단세라믹산업의 총매출액은 295,828억 원으로 2020년 전체 첨단세라믹산업의 총매출액은 295,828+10,000+35,000+80,000=420,828억 원 이상임을 알 수 있다.

[10-11]

10 자료해석 정답 ④

예체능을 제외한 과목 중 2024년 2학기 기말고사 평균 성적이 다른 과목 대비 가장 높은 과목은 남학생은 국어, 여학생은 영어이므로 옳지 않은 설명이다.

오답 체크

① 전체 학생 수는 2021년에 325+315=640명, 2022년에 340+330=670명, 2023년에 358+352=710명, 2024년에 372+368=740명으로 제시된 기간 동안 매년 꾸준히 증가하였으므로 옳은 설명이다.

② 2023년 남학생 수는 358명, 여학생 수는 352명, 전체 학생 수는 358+352=710명으로, 2023년 2학기 전체 학생의 과학 기말고사 평균 성적은 {(358×73)+(352×69)}/710 ≒ 71.02점이므로 옳은 설명이다.

③ 2024년 1학기 영어 기말고사 평균 성적은 여학생이 남학생 대비 {(84−76)/76}×100 ≒ 10.5% 높으므로 옳은 설명이다.

⑤ 제시된 과목 중 2023년 1학기부터 2024년 2학기까지 매년 남학생의 기말고사 평균 성적이 여학생보다 높은 과목은 수학과 과학으로 총 2가지이므로 옳은 설명이다.

11 자료해석 정답 ③

a. 2024년 여학생 수의 3년 전 대비 증가율은 {(368−315)/315}×100 ≒ 16.8%이므로 옳은 설명이다.

c. 전체 학생 수는 2023년에 358+352=710명, 2024년에 372+368=740명으로, 전체 학생의 국어 기말고사 평균 성적은 2023년 1학기에 {(358×80)+(352×84)}/710 ≒ 82.0점, 2024년 2학기에 {(372×81)+(368×82)}/740 ≒ 81.5점이므로 옳은 설명이다.

d. 예체능을 제외한 과목의 2023년 1학기 여학생 기말고사 평균 점수는 (84+73+78+65+70)/5=74점이므로 옳은 설명이다.

오답 체크

b. 2023년 2학기 남학생과 여학생의 영어 기말고사 평균 성적 차이는 80−74=6점이므로 옳지 않은 설명이다.

[12-13]

12 자료해석 정답 ①

제시된 9개 업종은 모두 상용근로자 수가 임시근로자와 기타 근로자 수의 합보다 많으므로 옳지 않은 설명이다.

오답 체크

② A 업종과 C 업종의 상용근로자 수의 합은 1,542+1,437=2,979천 명으로 나머지 업종의 상용근로자 수의 합인 636+663+242+328+459+272+397=2,997천 명보다 작으므로 옳은 설명이다.

③ 제시된 업종 중 임시근로자 수가 상용근로자 수의 25% 이상인 업종은 B 업종, D 업종, H 업종으로 총 3개이므로 옳은 설명이다.

④ I 업종의 30인 미만 규모의 사업장 고용자 수와 빈 일자리의 합은 397+85+223+2=707천 명이고, 사업장은 30인 미만 규모로 I 업종의 30인 미만 규모의 사업장 수는 707,000/30 ≒ 23,567개 이상이므로 옳은 설명이다.

⑤ 빈 일자리가 많은 상위 3개 업종은 A 업종, C 업종, D 업종이고, 임시근로자 수가 많은 상위 5개 업종은 B 업종, D 업종, C 업종, A 업종, I 업종이므로 옳은 설명이다.

13 자료해석 정답 ③

F 업종과 H 업종의 30인 미만 규모의 사업장 전체 고용자 수는 (328+9+10)+(272+68+45)=347+385=732천 명이고, F 업종과 H 업종의 30인 미만 규모의 사업장의 상용근로자 수는 328+272=600천 명이다.
따라서 F 업종과 H 업종의 30인 미만 규모의 사업장 전체 고용자 수에서 상용근로자 수가 차지하는 비중은 (600/732)×100 ≒ 82%이다.

[14-15]

14 자료해석 정답 ②

전체 기업 수는 2023년에 5,800/0.290=20,000개, 2025년에 8,300/0.415=20,000개로 2023년과 2025년이 서로 동일하므로 옳지 않은 설명이다.

오답 체크

① 2021년 산업용 로봇 도입 기업 구성 비율은 전자·반도체 업종이 기타 업종의 42.5/13.1 ≒ 3.2배이고, 2022년에는 43.8/13.8 ≒ 3.2배, 2023년에는 45.2/14.2 ≒ 3.2배, 2024년에는 46.5/14.9 ≒ 3.1배, 2025년에는 48.3/14.4 ≒ 3.4배로 매년 3배 이상이므로 옳은 설명이다.

③ 2023년 자동차 업종의 산업용 로봇 도입 기업 구성 비율은 2021년 대비 28.6 − 26.9 = 1.7%p 감소하였으므로 옳은 설명이다.

④ 공급 로봇 수 대비 산업용 로봇 도입 기업 수의 비율은 2022년에 4,500 / 36,000 ≒ 0.13, 2024년에 7,200 / 53,000 ≒ 0.14로 2024년이 2022년보다 높으므로 옳은 설명이다.

⑤ 2021년부터 2025년까지 시장 규모는 매년 증가한 반면, 자동차 업종의 산업용 로봇 도입 기업 구성 비율은 매년 감소하였으므로 옳은 설명이다.

15 자료해석 정답 ③

a. 2022년 대비 2023년 산업용 로봇 도입 기업 수의 증가율은 {(5,800 − 4,500) / 4,500} × 100 ≒ 28.9%로, 같은 기간 시장 규모의 증가율인 {(9.5 − 7.9) / 7.9} × 100 ≒ 20.3%보다 높으므로 옳은 설명이다.

b. 업종별 산업용 로봇 도입 기업 수 = 산업용 로봇 도입 기업 수 × (산업용 로봇 도입 기업 구성 비율 / 100)임에 따라 2021년 금속·기계 업종의 산업용 로봇 도입 기업 수는 4,000 × 0.158 = 632개이므로 옳은 설명이다.

오답 체크

c. 제시된 기간 동안 산업용 로봇 시장 규모의 총합은 6.4 + 7.9 + 9.5 + 11.8 + 14.2 = 49.8조 원으로 50조 원 미만이므로 옳지 않은 설명이다.

[16-17]

16 자료해석 정답 ③

제시된 기간 동안 지방자치단체가 운영하는 자연휴양림 이용자 수의 연평균은 (10,778 + 9,646 + 10,308 + 9,675 + 10,286 + 6,708 + 9,438) / 7 ≒ 9,548천 명이므로 옳은 설명이다.

오답 체크

① 2024년 개인이 운영하는 자연휴양림 시설 수는 24개소로 2023년과 동일하므로 옳지 않은 설명이다.

② 2021년 중앙정부가 운영하는 자연휴양림의 이용자 수는 전년 대비 4,571 − 4,353 = 218천 명 증가하였으므로 옳지 않은 설명이다.

④ 2019년 전체 산림욕장 운영 시설 수는 전년도와 동일하므로 옳지 않은 설명이다.

⑤ 2022년 전체 산림휴양시설 수에서 지방자치단체가 운영하는 산림휴양시설 수가 차지하는 비중은 (313 / 379) × 100 ≒ 83%이므로 옳지 않은 설명이다.

빠른 문제 풀이 Tip

③ 지방자치단체가 운영하는 자연휴양림 이용자 수는 2018~2022년에 9,500천 명보다 많고, 2023~2024년에 9,500천 명보다 적으며, 연도별 지방자치단체가 운영하는 자연휴양림 이용자 수를 십의 자리에서 내림하여 9,500천 명과의 차이를 계산하면, 2023년에 9,500 − 6,700 ≒ 2,800천 명, 2024년에 100천 명 미만이고, 2018년에 10,700 − 9,500 ≒ 1,200천 명, 2019년에 9,600 − 9,500 ≒ 100천 명, 2020년에 10,300 − 9,500 ≒ 800천 명, 2021년에 9,600 − 9,500 ≒ 100천 명, 2022년에 10,200 − 9,500 ≒ 700천 명으로 9,500천 명보다 적은 연도와의 차이는 2,900천 명 미만이고, 많은 연도와의 차이는 2,900천 명 이상이므로 연평균은 9,500천 명 이상임을 알 수 있다.

17 자료해석 정답 ③

제시된 기간 동안 전체 자연휴양림 이용자 수가 가장 많은 해는 16,713천 명인 2020년이고, 2020년 전체 자연휴양림 운영 시설 수는 166개소이다.

따라서 2020년 전체 자연휴양림 운영 시설 수 1개소당 이용자 수는 16,713 / 166 ≒ 101천 명이다.

18 자료해석 정답 ③

배터리 셀 생산량 = $2{,}000 + a \times \left(\frac{\text{전기 모터 생산량}}{100}\right)^2 - b \times \frac{\text{전기 모터 생산량}}{100}$임을 적용하여 구한다.

A 국의 배터리 셀 생산량은 30,000만 개, 전기 모터 생산량은 5,000만 개이므로

$30{,}000 = 2{,}000 + a \times \left(\frac{5{,}000}{100}\right)^2 - b \times \frac{5{,}000}{100}$

→ $2{,}500a - 50b = 28{,}000$ …ⓐ

B 국의 배터리 셀 생산량은 19,200만 개, 전기 모터 생산량은 4,000만 개이므로

$19{,}200 = 2{,}000 + a \times \left(\frac{4{,}000}{100}\right)^2 - b \times \frac{4{,}000}{100}$

→ $1{,}600a - 40b = 17{,}200$ …ⓑ

4ⓐ − 5ⓑ에서 $(10{,}000 - 8{,}000)a = 112{,}000 - 86{,}000$

→ $a = \frac{26{,}000}{2{,}000}$ → $a = 13$

이를 ⓐ에 대입하여 풀면

$2{,}500 \times 13 - 50b = 28{,}000$ → $50b = 32{,}500 - 28{,}000$

→ $b = 90$

따라서 a는 13, b는 90인 ③이 정답이다.

19 자료해석

정답 ③

제시된 자료에 따르면 A 기계와 B 기계 제품 생산량의 평균=(A 기계의 제품 생산량+B 기계의 제품 생산량)/2이므로 연도별 A 기계와 B 기계 제품 생산량의 평균과 평균의 전년 대비 증감률을 계산하면 다음과 같다.

구분	제품 생산량의 평균(개)	평균의 전년 대비 증감률(%)
2016년	(1,500+2,500)/2=2,000	-
2017년	(1,450+1,750)/2=1,600	{(1,600−2,000)/2,000}×100=−20
2018년	(2,200+1,800)/2=2,000	{(2,000−1,600)/1,600}×100=25
2019년	(1,950+2,050)/2=2,000	{(2,000−2,000)/2,000}×100=0
2020년	(2,650+2,750)/2=2,700	{(2,700−2,000)/2,000}×100=35
2021년	(3,580+2,900)/2=3,240	{(3,240−2,700)/2,700}×100=20

따라서 2017년 이후 A 기계와 B 기계 제품 생산량의 평균의 전년 대비 증감률이 일치하는 ③이 정답이다.

20 자료해석

정답 ②

가 기업 투자자 수의 변화를 나타내면 다음과 같다.

1월	2월	3월	4월	5월
145	160	190	235	295

+15 +30 +45 +60

+15 +15 +15

가 기업 투자자 수의 전월 대비 증가량은 매월 15명씩 증가함을 알 수 있다.
나 기업 투자자 수의 변화를 나타내면 다음과 같다.

1월	2월	3월	4월	5월
2,584	2,456	2,328	2,200	2,072

−128 −128 −128 −128

나 기업 투자자 수는 매월 128명씩 감소함을 알 수 있다.
이에 따라 가 기업과 나 기업의 6~12월 투자자 수를 계산하면 다음과 같다.

구분	가 기업	나 기업
6월	295+75=370	2,072−128=1,944
7월	370+90=460	1,944−128=1,816
8월	460+105=565	1,816−128=1,688
9월	565+120=685	1,688−128=1,560
10월	685+135=820	1,560−128=1,432
11월	820+150=970	1,432−128=1,304
12월	970+165=1,135	1,304−128=1,176

따라서 2025년 12월 가 기업과 나 기업의 투자자 수의 합은 1,135+1,176=2,311명이다.

Ⅱ 추리

01 언어추리 정답 ②

책을 많이 읽는 어떤 사람이 서점을 많이 가고, 책을 많이 읽는 모든 사람이 발표를 잘하면 발표를 잘하면서 서점을 많이 가는 사람이 반드시 존재하게 된다.

따라서 '발표를 잘하는 어떤 사람은 서점을 많이 간다.'가 타당한 결론이다.

오답 체크

책을 많이 읽는 사람을 '책', 서점을 많이 가는 사람을 '서', 발표를 잘하는 사람을 '발'이라고 하면

① 서점을 많이 가는 모든 사람이 발표를 잘할 수도 있으므로 반드시 참인 결론은 아니다.

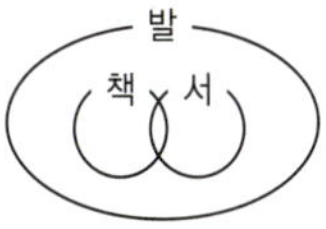

③, ⑤ 발표를 잘하는 모든 사람이 서점을 많이 갈 수도 있으므로 반드시 참인 결론은 아니다.

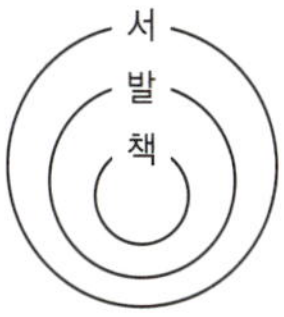

④ 발표를 잘하는 사람 중에 서점을 많이 가지 않는 사람이 있을 수도 있으므로 반드시 참인 결론은 아니다.

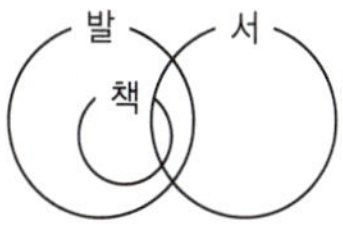

02 언어추리 정답 ①

예능을 좋아하는 모든 사람이 탁구를 좋아하고, 예능을 좋아하는 모든 사람이 인맥이 넓으면 탁구를 좋아하면서 인맥이 넓은 사람이 반드시 존재하게 된다.

따라서 '인맥이 넓은 어떤 사람은 탁구를 좋아한다.'가 타당한 결론이다.

오답 체크

예능을 좋아하는 사람을 '예', 탁구를 좋아하는 사람을 '탁', 인맥이 넓은 사람을 '인'이라고 하면

② 인맥이 넓은 사람 중에 탁구를 좋아하지 않는 사람이 있을 수도 있으므로 반드시 참인 결론은 아니다.

③ 탁구를 좋아하는 사람 중에 인맥이 넓지 않은 사람이 있을 수도 있으므로 반드시 참인 결론은 아니다.

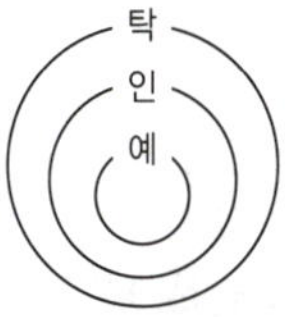

④ 인맥이 넓은 모든 사람이 탁구를 좋아할 수도 있으므로 반드시 참인 결론은 아니다.

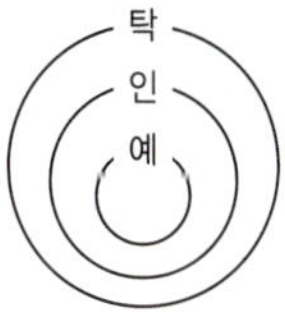

⑤ 인맥이 넓은 사람 중에 탁구를 좋아하는 사람이 적어도 한 명 존재하므로 반드시 거짓인 결론이다.

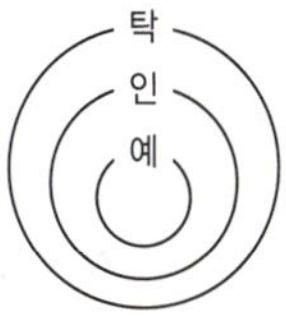

03 언어추리 정답 ④

가시가 있는 모든 꽃이 향기가 좋지 않다는 것은 향기가 좋은 모든 꽃에 가시가 없다는 것이므로 가시가 없는 모든 꽃에 꿀이 있으면 꿀이 있으면서 향기가 좋은 꽃이 반드시 존재하게 된다.

따라서 '가시가 없는 모든 꽃은 꿀이 있다.'가 타당한 전제이다.

오답 체크

가시가 없는 꽃을 '가X', 향기가 좋은 꽃을 '향', 꿀이 있는 꽃을 '꿀'이라고 하면

① 향기가 좋은 모든 꽃에 가시가 없고, 가시가 없는 모든 꽃에 꿀이 없으면 꿀이 있는 모든 꽃은 향기가 좋지 않을 수도 있으므로 결론이 반드시 참이 되게 하는 전제가 아니다.

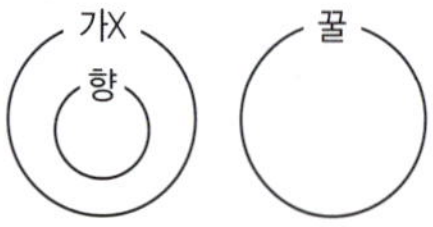

② 향기가 좋은 모든 꽃에 가시가 없고, 꿀이 있는 모든 꽃에 가시가 없으면 꿀이 있는 모든 꽃은 향기가 좋지 않을 수도 있으므로 결론이 반드시 참이 되게 하는 전제가 아니다.

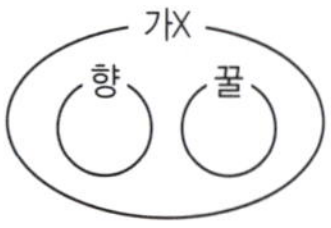

③, ⑤ 향기가 좋은 모든 꽃에 가시가 없고, 가시가 있는 어떤 꽃에 꿀이 있거나 꿀이 있는 어떤 꽃에 가시가 없으면 꿀이 있는 모든 꽃은 향기가 좋지 않을 수도 있으므로 결론이 반드시 참이 되게 하는 전제가 아니다.

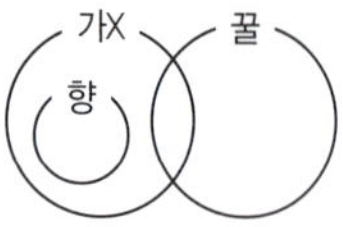

04 언어추리 정답 ②

제시된 조건에 따르면 각 구역에는 최소 1명 이상의 담당자가 배치되고, 가 구역에는 정확히 2명의 담당자가 배치되므로 (가, 나, 다) 구역에 배치되는 담당자 수로 가능한 조합은 (2명, 2명, 1명) 또는 (2명, 1명, 2명)이다. 이때 A와 C는 같은 구역에 배치되고, B는 나 구역에 배치되므로 A와 C는 가 또는 다 구역에 배치된다. 또한 D가 다 구역에 배치되면, E는 가 구역에 배치된다는 조건에 따라 만약 D가 다 구역에 배치되면, A와 C가 배치되는 구역의 담당자 수가 3명이 되어 조건에 모순되므로 D는 다 구역에 배치되지 않음을 알 수 있다. 이에 따라 D가 배치되는 구역에 따라 가능한 경우는 다음과 같다.

구분	가	나	다
경우 1	D, E	B	A, C
경우 2	A, C	B, D	E

따라서 D가 나 구역에 배치되면, 다 구역에는 1명의 담당자가 배치되므로 항상 참인 설명이다.

오답 체크

① D는 E와 같은 구역에 배치되거나, B와 같은 구역에 배치되므로 항상 참인 설명은 아니다.

③ A는 가 구역에 배치되거나 다 구역에 배치되므로 항상 참인 설명은 아니다.

④ B가 나 구역에 배치되는 경우의 수는 2가지이므로 항상 거짓인 설명이다.

⑤ C가 다 구역에 배치되는 경우의 수는 1가지이므로 항상 거짓인 설명이다.

05 언어추리 정답 ④

제시된 조건에 따르면 A는 B보다 먼저 탑승하고, E는 A의 바로 다음 순서로 탑승하므로 A가 탑승하는 순서는 1번째 또는 2번째 또는 3번째이고, E가 탑승하는 순서는 2번째 또는 3번째 또는 4번째이다. 또한, B는 4번째로 탑승하지 않으므로 B가 탑승하는 순서는 3번째 또는 5번째이다. 이때 C가 3번째로 탑승하면, D는 5번째로 탑승한다는 조건에 따라 만약 C가 3번째로 탑승하면 A와 E는 각각 1번째, 2번째 순서로 탑승하고, B는 4번째로 탑승하게 되어 B는 4번째로 탑승하지 않는다는 조건에 모순되므로 C는 3번째로 탑승하지 않음을 알 수 있다. 또한, D가 2번째로 탑승하면, E는 5번째로 탑승한다는 조건에 따라 만약 D가 2번째로 탑승하면 A는 4번째, B는 1번째로 탑승하게 되어 A는 B보다 먼저 탑승한다는 조건에 모순되므로 D는 2번째로 탑승하지 않음을 알 수 있다. 이에 따라 가능한 경우는 다음과 같다.

1번째	2번째	3번째	4번째	5번째
A	E	B	C 또는 D	C 또는 D
A	E	D	C	B
C 또는 D	A	E	C 또는 D	B
D	C	A	E	B

따라서 B가 D보다 늦게 탑승하는 경우의 수는 4가지이므로 항상 참인 설명이다.

오답 체크

① E가 2번째로 탑승하면, C는 4번째 또는 5번째로 탑승하므로 항상 참인 설명은 아니다.

② A가 1번째로 탑승하는 경우의 수는 3가지이므로 항상 거짓인 설명이다.

③ D는 C보다 먼저 탑승하거나 늦게 탑승하므로 항상 참인 설명은 아니다.

⑤ A는 1번째 또는 2번째 또는 3번째로 탑승하므로 항상 거짓인 설명이다.

오답 체크

① D가 마지막 카약에 타고 있다면, 가능한 경우는 2가지이므로 항상 참인 설명이다.

② E는 C보다 앞쪽 카약에 타거나 뒤쪽 카약에 타므로 항상 거짓인 설명은 아니다.

③ B가 세 번째 카약에 타고 있다면, 가능한 경우의 수는 4가지이므로 항상 참인 설명이다.

⑤ A와 E 사이의 카약에 타고 있는 사람은 총 2명 또는 3명 또는 4명이므로 항상 거짓인 설명은 아니다.

06 언어추리 정답 ④

제시된 조건에 따르면 B보다 앞쪽 카약에 타고 있는 사람은 총 2명이므로 B는 두 번째 또는 세 번째 카약에 타고 있음을 알 수 있다. 만약 첫 번째 카약이 2인용 카약이고, B가 두 번째 카약에 타고 있다면 C는 1인용 카약을 타고 있지 않다는 조건에 따라 C가 첫 번째 카약에 탔을 것이고, A는 D보다 앞쪽 카약에 타고 있다는 조건과 F는 A 바로 뒤의 카약에 타고 있다는 조건에 따라 A, F, D는 차례대로 세 번째~다섯 번째 카약에 타야 한다. 하지만 남은 E가 첫 번째 카약에 C와 함께 타게 되어 E는 혼자 카약을 타고 있다는 조건에 모순되므로 첫 번째, 두 번째 카약은 1인용 카약이고, B는 세 번째 카약에 타고 있음을 알 수 있다. 즉, C가 타고 있는 2인용 카약은 세 번째~다섯 번째 카약 중 하나이며, 세 번째~다섯 번째에 타는 사람은 총 4명이 된다. E는 B보다 뒤쪽 카약에 타고 있다는 조건에 따라 4명 중 3명은 B, C, E이다. 이때 D는 A와 F보다 뒤쪽 카약에는 있어야 하므로 A와 F는 세 번째~다섯 번째 카약에 탈 수 없다. 이에 따라 가능한 경우는 다음과 같다.

경우 1. B가 2인용 카약에 타는 경우

첫 번째	두 번째	세 번째	네 번째	다섯 번째
A	F	B, C	D 또는 E	D 또는 E

경우 2. B가 1인용 카약에 타는 경우

첫 번째	두 번째	세 번째	네 번째	다섯 번째
A	F	B	E 또는 (C, D)	E 또는 (C, D)

따라서 E는 F와 인접한 카약에 타고 있지 않으므로 항상 거짓인 설명이다.

07 언어추리 정답 ①

제시된 조건에 따르면 빨간색 볼펜을 사용하는 사람만 거짓을 말하고, 파란색 볼펜을 사용하는 사람은 진실을 말하고 있으므로 빨간색 볼펜을 사용하는 사람보다 파란색 볼펜을 사용하는 사람이 더 적다는 E의 말이 거짓일 경우 거짓을 말하고 있는 사람은 총 1명 또는 2명이어야 한다. 이때 A와 B는 모두 빨간색 볼펜을 사용하고 있다는 D의 말이 진실이라면 거짓을 말하고 있는 사람은 총 3명 이상이 되므로 D의 말은 거짓임을 알 수 있다. 이에 따라 나머지 A, B, C는 모두 진실을 말하고 있어야 하지만 B는 빨간색 볼펜을 사용하고 있다는 A의 말이 거짓이 되어 모순되므로 E는 진실을 말하는 사람이며, 거짓을 말하는 사람은 총 3명 또는 4명, 진실을 말하는 사람은 1명 또는 2명임을 알 수 있다. 이에 따라 빨간색 볼펜을 사용하는 사람은 2명이라는 B의 말은 거짓이 되고, B는 빨간색 볼펜을 사용하지만 E는 파란색 볼펜을 사용하고 있다는 A의 말은 진실이 되어 진실을 말하는 사람은 A와 E, 거짓을 말하는 사람은 B, C, D임을 알 수 있다. 따라서 빨간색 볼펜을 사용하는 사람은 총 3명이다.

오답 체크

② A는 파란색 볼펜을 사용하고 있으므로 항상 거짓인 설명이다.

③ D는 빨간색 볼펜을 사용하고 있으므로 항상 거짓인 설명이다.

④ A와 C는 서로 다른 색의 볼펜을 사용하고 있으므로 항상 거짓인 설명이다.

⑤ B와 E가 서로 다른 색의 볼펜을 사용하는 경우의 수는 1가지이므로 항상 거짓인 설명이다.

08 언어추리

정답 ②

제시된 조건에 따르면 A는 C보다 먼저 방문했고, A와 C 사이에는 정확히 2명의 식물학자가 방문했으므로 A, C는 각각 월요일, 목요일에 방문했거나 화요일, 금요일에 방문했음을 알 수 있다. A, C가 각각 월요일, 목요일에 방문하는 경우 수요일에 방문한 사람은 E가 아니라는 조건에 따라 E는 화요일 또는 금요일에 방문해야 한다. 이때 E가 화요일에 방문했다면 D는 B보다 늦게 방문했다는 조건에 따라 B가 수요일에 방문하게 되어 B와 E는 연속된 날에 방문하지 않았다는 조건에 모순되므로 E는 금요일에 방문했음을 알 수 있다. 또한, A, C가 각각 화요일, 금요일에 방문하는 경우 E는 월요일 또는 목요일에 방문하게 된다. 이에 따라 가능한 경우는 다음과 같다.

구분	월	화	수	목	금
경우 1	A	B	D	C	E
경우 2	E	A	B	D	C
경우 3	B	A	D	E	C

따라서 B가 수요일에 방문했다면, 가능한 경우의 수는 1가지이므로 항상 거짓인 설명이다.

오답 체크

① A와 B는 연속한 날에 방문했으므로 항상 참인 설명이다.
③ A가 화요일에 방문했다면, E는 B보다 먼저 방문했거나 B보다 늦게 방문했으므로 항상 거짓인 설명은 아니다.
④ E가 월요일에 방문한 경우가 존재하므로 항상 참인 설명이다.
⑤ B와 D가 연속된 날에 방문했다면, 가능한 경우의 수는 2가지이므로 항상 참인 설명이다.

09 언어추리

정답 ⑤

제시된 조건에 따르면 이사 전과 이사 후 모두 건물의 각 층에는 1개 부서만 근무하고, 인사부는 1층에서 근무하다가 두 층 더 높은 3층으로 이사하며, 이사 전 영업부와 재무부가 근무하는 층수는 3층 차이가 나고, 영업부가 재무부보다 높은 층에서 근무하므로 이사 전 영업부는 5층, 재무부는 2층에서 근무하는 것을 알 수 있다. 이때 관리부는 한 층 더 낮은 층으로 이사하므로 이사 전 3층에서 근무하고, 이사 후 2층에서 근무한다. 또한, 한 부서를 제외한 각 부서는 이사 전과 이사 후에 근무하는 층수가 다르므로 이사 전과 이사 후 같은 층에서 근무하는 부서에 따라 가능한 경우는 다음과 같다.

경우 1. 영업부가 이사 전/후에 같은 층에서 근무하는 경우

구분	이사 전	이사 후
5층	영업부	영업부
4층	기획부	재무부
3층	관리부	인사부
2층	재무부	관리부
1층	인사부	기획부

경우 2. 기획부가 이사 전/후에 같은 층에서 근무하는 경우

구분	이사 전	이사 후
5층	영업부	재무부
4층	기획부	기획부
3층	관리부	인사부
2층	재무부	관리부
1층	인사부	영업부

따라서 이사 후 관리부는 2층에서 근무하므로 항상 참인 설명이다.

오답 체크

① 이사 전 영업부는 5층에서 근무하므로 항상 거짓인 설명이다.
② 이사 후 기획부는 1층 또는 4층에서 근무하므로 항상 거짓인 설명이다.
③ 이사 후 인사부는 3층에서 근무하고, 재무부는 4층 또는 5층에서 근무하므로 항상 거짓인 설명이다.
④ 이사 전 기획부는 4층에서 근무하므로 항상 거짓인 설명이다.

10 언어추리

정답 ①

제시된 조건에 따르면 태호와 지훈이는 서로 같은 장소에 있으며, 태호는 주연배우가 아니고, 스튜디오에는 주연배우만 있으므로 지훈이도 주연배우가 아니다. 이때 동현이는 감독, 수빈이는 작가이므로 남은 명우가 스튜디오에 있는 주연배우이다. 또한, 수빈이는 세트장에 있지 않다는 조건에 따라 수빈이는 야외에 있음을 알 수 있고, 동현이와 같은 장소에 있는 사람은 없다는 조건에 따라 동현이는 세트장에 있음을 알 수 있다. 스튜디오에는 명우만, 세트장에는 동현이만 있으므로 서로 같은 장소에 있는 태호와 지훈이는 수빈이와 함께 야외에 있다. 이에 따라 가능한 경우는 다음과 같다.

구분	명우	태호	동현	수빈	지훈
역할	주연	조연 또는 PD	**감독**	**작가**	조연 또는 PD
장소	스튜디오	야외	세트장	야외	야외

따라서 야외에 있는 사람은 총 3명이므로 항상 거짓인 설명이다.

오답 체크

② 감독이 세트장에 있는 경우의 수는 2가지이므로 항상 참인 설명이다.

③ 지훈이와 수빈이는 모두 야외에 있으므로 항상 참인 설명이다.

④ 태호가 PD인 경우의 수는 1가지이므로 항상 참인 설명이다.

⑤ 명우가 스튜디오에 있다면 지훈은 조연 또는 PD이므로 항상 거짓인 설명은 아니다.

11 언어추리 정답 ④

제시된 조건에 따르면 A는 2행 2열에 들어있으며, 1행 2열에는 LED 전구가 들어있지 않다. 이때 1열에 들어있는 3개의 LED 전구는 모두 꺼져 있고, B와 C는 1행에 들어있으며, C는 켜져 있으므로 B는 1행 1열에, C는 1행 3열에 들어있다. 또한, 3열에 들어있는 LED 전구 중 2개의 LED 전구만 켜져 있고 E와 G는 같은 열에 들어있으며, 둘 중 하나만 켜져 있으므로 E와 G는 3열에 들어있다. E가 들어있는 위치에 따라 가능한 경우는 다음과 같다.

경우 1. E가 2행 3열에 들어있는 경우

B(꺼짐)	**비어 있음**	C(켜짐)
D(꺼짐) 또는 F(꺼짐)	**A(켜짐)**	E(켜짐 또는 꺼짐)
D(꺼짐) 또는 F(꺼짐)	비어 있음	G(켜짐 또는 꺼짐)

경우 2. E가 3행 3열에 들어있는 경우

B(꺼짐)	**비어 있음**	C(켜짐)
D(꺼짐) 또는 F(꺼짐)	**A(켜짐)**	G(켜짐 또는 꺼짐)
D(꺼짐) 또는 F(꺼짐)	비어 있음	E(켜짐 또는 꺼짐)

따라서 F는 꺼져 있으므로 항상 거짓인 설명이다.

오답 체크

① F와 같은 행에 들어있는 LED 전구는 F를 제외하고 1개 또는 2개이므로 항상 거짓인 설명은 아니다.

② 3행에는 0개 또는 1개의 LED 전구가 켜져 있으므로 항상 거짓인 설명은 아니다.

③ 총 3개의 LED 전구가 켜져 있으므로 항상 참인 설명이다.

⑤ 2열에는 1개의 LED 전구가 들어있으므로 항상 참인 설명이다.

12 언어추리 정답 ②

제시된 조건에 따르면 교육은 매달 한 번만 진행되며, C 사는 3월에 교육을 진행하고, B 사는 두 번 연이어 교육을 진행하지 않으므로 B 사는 1~2월 중 한 번, 4~6월 중 한 번 교육을 진행하거나 4월, 6월에 교육을 진행한다. 이때 A 사는 두 달 연속으로 교육을 진행하므로 가능한 경우는 아래와 같다.

구분	1월	2월	3월	4월	5월	6월
경우 1	A	A	C	B	C	B
경우 2	B	C	C	A	A	B
경우 3	C	B	C	A	A	B
경우 4	B	C	C	B	A	A
경우 5	C	B	C	B	A	A

따라서 A 사가 마지막으로 교육을 진행하면, 4월에 교육을 진행하는 회사는 B 사이므로 항상 거짓인 설명이다.

오답 체크

① 4월에 A 사 또는 B 사가 교육을 진행하므로 항상 참인 설명이다.

③ C 사가 두 달 연속으로 교육을 진행하면, A 사는 4월 이후에 교육을 진행하므로 항상 참인 설명이다.

④ 1월에 A 사가 교육을 진행하면, 5월에는 C 사가 교육을 진행하므로 항상 참인 설명이다.

⑤ 2월에 B 사가 교육을 진행하면, B 사는 4월 또는 6월에 두 번째 교육을 진행하므로 항상 거짓인 설명은 아니다.

13 언어추리 정답 ⑤

제시된 조건에 따르면 A~E는 탐정, 의사, 과학자, 탐험가, 언론인 중 각자 다른 역할을 맡았고, 이들 중 미션을 완료한 한 명만이 거짓을 말한다. 만약 E가 미션을 완료했다는 D의 진술이 참이라면 B가 탐정이거나 미션을 완료한 사람은 D가 아니라는 E의 진술이 거짓이 되어 B는 탐정이 아니고 미션을 완료한 사람은 D가 되어야 한다. 하지만 D와 E가 미션을 완료한 사람이 됨에 따라 한 명만이 미션을 완료했다는 조건과 모순이 생기므로 D의 진술은 거짓이며 D를 제외한 A, B, C, E의 진술이 모두 참임을 알 수 있다. B는 탐정이거나 미션을 완료한 사람은 D가 아니라는 E의 진술이 참이므로 B는 탐정이고, B 또는 D가 의사라는 A의 진술도 참이므로 D는 의사임을 알 수 있다. 또한 언론인은 A 또는 D라는 C의 진술이 참이므로 A는 언론인이 되고, C는 탐험가라는 B의 진술이 참이므로 C는 탐험가가 되어, 남은 E는 과학자가 된다.
따라서 과학자는 E이다.

14 언어추리 정답 ⑤

제시된 조건에 따르면 절전은 취침 바로 아래 행에 이웃하여 배치되고, 공기청정은 취침과 같은 행에 배치되므로 절전은 2행, 공기청정과 취침은 1행에 배치된다. 또한, 제습은 4번에 배치되고, 제습과 예약은 같은 행에 이웃하여 배치되지 않으므로 예약은 5번에 배치되지 않음을 알 수 있다. 절전과 취침이 배치되는 위치에 따라 가능한 경우는 다음과 같다.

경우 1. 절전과 취침이 각각 5번, 2번인 경우

파워냉방 또는 예약	취침	공기청정
제습	절전	파워냉방 또는 예약

공기청정	취침	파워냉방 또는 예약
제습	절전	파워냉방 또는 예약

경우 2. 절전과 취침이 각각 6번, 3번인 경우

공기청정 또는 예약	공기청정 또는 예약	취침
제습	파워냉방	절전

따라서 파워냉방이 배치될 수 있는 버튼의 번호는 1, 3, 5, 6번이다.

15 도형추리 정답 ③

각 행에서 다음 열에 제시된 도형은 이전 열에 제시된 도형을 시계 방향으로 60° 회전하면서 색반전한 형태이다.

[3행 1열] **[3행 2열]**

따라서 '?'에 해당하는 도형은 ③이다.

16 도형추리 정답 ③

각 열에서 다음 행에 제시된 도형은 1행과 2행에 제시된 도형을 결합한 후 공통되는 선을 삭제한 형태이다. 이때 1행 1열과 2행 1열에 제시된 도형은 서로 공통되는 선이 없으므로 3행 1열은 두 도형을 결합한 형태가 된다.

[1행 1열] [2행 1열] [3행 1열]

따라서 '?'에 해당하는 도형은 ③이다.

17 도형추리 정답 ③

각 열에서 2행에 제시된 도형은 1행에 제시된 도형을 상하 대칭한 형태이고, 3행에 제시된 도형은 2행에 제시된 도형을 좌우 대칭한 형태이다.

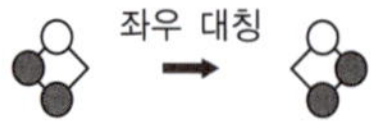

[2행 3열] **[3행 3열]**

따라서 '?'에 해당하는 도형은 ③이다.

[18-21]

♣: 첫 번째, 두 번째 문자(숫자)의 자리를 서로 바꾼다. ex. abcd → bacd □: 문자와 숫자 순서에 따라 두 번째, 네 번째 문자(숫자)를 바로 다음 순서에 오는 문자(숫자)로 변경한다. ex. abcd → acce (a, b+1, c, d+1) ▲: 문자와 숫자 순서에 따라 첫 번째 문자(숫자)를 바로 다음 순서에 오는 문자(숫자)로, 두 번째 문자(숫자)를 다음 두 번째 순서에 오는 문자(숫자)로, 세 번째 문자(숫자)를 다음 세 번째 순서에 오는 문자(숫자)로, 네 번째 문자(숫자)를 다음 네 번째 순서에 오는 문자(숫자)로 변경한다. ex. abcd → bdfh (a+1, b+2, c+3, d+4) ○: 첫 번째, 세 번째 문자(숫자)의 자리를 서로 바꾸고, 두 번째, 네 번째 문자(숫자)의 자리를 서로 바꾼다. ex. abcd → cdab

18 도식추리 정답 ③

APIN → ○ → INAP → ▲ → JPDT

19 도식추리 정답 ④

GSA1 → □ → GTA2 → ▲ → HVD6 → ♣ → VHD6

20 도식추리 정답 ⑤

7231 → ♣ → 2731 → ○ → 3127

21 도식추리 정답 ①

ZKMG → ▲ → AMPK → ○ → PKAM → □ → PLAN

22 문단배열 정답 ④

이 글은 농민을 착취한 지주 대리인이 쫓겨난 사건에서 유래한 '보이콧'은 두 유형으로 구분되며, 두 유형이 모두 병행된 실제 사례를 보여준 후, 보이콧의 올바른 방향성에 대해 설명하는 글이다.

따라서 '(D) 보이콧의 정의와 어원 → (A) 1차·2차 보이콧 유형 구분 → (C) 보이콧의 실제 사례 → (B) 보이콧이 나아갈 방향' 순으로 연결되어야 한다.

23 문단배열 정답 ⑤

이 글은 프톨레마이오스가 천동설을 체계화하였으나 코페르니쿠스와 여러 학자들에 의해 지동설이 확립하는 과정에 대해 설명하는 글이다.

따라서 '(D) 천동설의 성립과 프톨레마이오스 모형 → (C) 관측 오차에 따른 천동설의 한계와 코페르니쿠스의 가설 → (A) 코페르니쿠스의 지동설 체계화 → (B) 갈릴레이·케플러·뉴턴에 의한 지동설 완성' 순으로 연결되어야 한다.

24 논리추론 정답 ③

태아의 뇌가 없어도 태아마다 소뇌가 모두 없는 경우, 상당량의 대뇌반구를 가지는 경우 등 다양하게 나타나지만 확진되기 위해서는 두개골 결손이 반드시 포함되어야 한다고 하였으므로 무뇌증의 증상이 매우 다양해 두개골이 결손되지 않았더라도 무뇌증으로 진단될 수 있다는 것은 옳지 않은 내용이다.

오답 체크

① 무뇌증이라도 뇌간이 존재하여 대부분의 무뇌아는 출산 즉시 사망하지는 않고 몇 시간 혹은 며칠간 생존한다고 하였으므로 옳은 내용이다.
② 임신 전부터 임신 초기까지 엽산을 보충하면 신경관 결손증 발생 확률을 낮춘다고 하였으므로 옳은 내용이다.
④ 기형의 종류는 다양하나 빈도가 가장 높은 것은 무뇌증이라고 하였으므로 옳은 내용이다.
⑤ 무뇌증의 확진은 초음파로 이루어지며, 대개 임신 12주 차에 100% 확진할 수 있다고 하였으므로 옳은 내용이다.

25 논리추론 정답 ⑤

전 세계의 NFT 자산 규모는 2018년 4096만 달러에서 2020년 3억 3803만 달러를 돌파하였다고 하였으므로 2020년 전 세계의 NFT 자산 규모는 2018년과 비교하면 33,803/4,096≒8.25배가 되어 8배 이상임을 추론할 수 있다.

오답 체크

① NFT는 고유의 인식 값을 지니고 있어 복제나 위조는 물론 교환도 불가능하다고 하였으므로 옳지 않은 내용이다.
② NFT는 각각의 토큰이 모두 다르고, 가치 역시 모두 달라 가격이 저마다 다르게 매겨지며 별도의 고유한 인식 값을 보유하고 있어 서로 교환할 수 없다고 하였으므로 옳지 않은 내용이다.
③ 암호화폐 시장이 활성화되고 코인 거래량도 증가하고 있어 NFT의 성장이 암호화폐 산업의 파이 확장에 영향을 미칠 것으로 전망된다고 하였으므로 옳지 않은 내용이다.
④ NFT는 블록체인을 기반으로 해 소유권과 판매 이력 관련 정보가 모두 블록체인에 저장되어 최초 발행자와 소유권자 등을 언제든지 확인할 수 있다고 하였으므로 옳지 않은 내용이다.

26 논리추론 정답 ②

사물인터넷의 발전과 활용에 따라 개인정보 보호 문제가 중요한 사안으로 떠오르고 있다고 하므로 사물인터넷의 발전으로 인한 편리함과 개인정보 유출 위험성은 밀접하게 연결되어 있음을 추론할 수 있다.

오답 체크

① 사물인터넷은 사물에 센서와 프로세서를 장착하여 정보를 수집하고, 이를 제어 및 관리할 수 있도록 인터넷으로 연결하는 시스템이라고 하였으므로 옳지 않은 내용이다.
③ 가정에서의 자동화 시스템은 온도, 조명, 보안 시스템을 원격으로 조정할 수 있도록 하여 사용자 맞춤형 서비스를 제공한다고 하였으므로 옳지 않은 내용이다.
④ 의료 분야에서는 환자의 건강 상태를 실시간으로 체크하고 이를 전문가에게 전송하여 빠른 대응이 가능하도록 하고 있다고 하였으므로 옳지 않은 내용이다.
⑤ 사물인터넷의 개인정보 보호 문제는 기기 측면에서 보안 프로그램 업데이트가 부족하거나 제조사 측면에서의 보안 취약점이 존재할 경우 해킹에 노출될 수 있다고 하였으므로 옳지 않은 내용이다.

27 논리추론 정답 ②

높은 주사율은 주로 TV보다는 온라인 게임과 같이 많은 이미지를 불러오는 경우에 유용하다고 하였으므로 60Hz의 주사율을 가진 디스플레이는 144Hz의 주사율을 가진 디스플레이보다 온라인 게임에 적합하지 않음을 추론할 수 있다.

오답 체크

① 고주사율 화면은 전력 소모가 많다고 하였으므로 옳지 않은 내용이다.
③ GPU 성능이 주사율에 맞춰 동작하지 않아 화면 찢어짐이나 프레임 드랍이 발생할 수 있으며 이 문제를 해결하기 위해 등장한 것이 가변주사율 기술이라고 하였으므로 옳지 않은 내용이다.
④ 가변주사율 기술은 탄력적인 주사율의 적용으로 화질을 선명하게 유지하면서 소비 전력을 최적화한다는 효율성을 가진다고 하였으므로 옳지 않은 내용이다.
⑤ 고주사율 디스플레이는 GPU의 성능이 주사율 속도에 맞춰 동작해야 효과를 볼 수 있다고 하였으므로 옳지 않은 내용이다.

28 논리추론 정답 ②

제시된 글의 필자는 국내 기업의 긱 워커 모집 및 활용 사례에 대한 설문 조사 결과를 토대로 근무 연장 여부를 결정하는 것에 대한 부담이 적다는 것이 긱 워커 모집 시 가장 만족스러운 점으로 대답했다고 설명하며, 이는 기업이 세운 근로자 기준에 미치지 못하는 사람들을 가려낼 수 있는 장점이 있으므로 프로젝트 효율을 높이고 싶은 기업은 긱 워커를 고용하는 것이 도움이 될 수 있다고 주장하고 있다.
따라서 짧은 근로 기간 동안에 근로자의 직무 태도를 온전히 평가할 수는 없다는 반박이 타당하다.

29 논리추론
정답 ④

이 글은 클라우드 AI 추론이 원격 서버를 활용해 정교한 모델을 구동하고 손쉽게 확장할 수 있지만, 네트워크 지연·개인정보 유출 위험·인터넷 의존성·높은 전력 소모라는 한계를 지닌다는 내용이고, <보기>는 엣지 AI 추론이 사용자 장치에서 직접 연산해 실시간 응답과 뛰어난 개인정보 보호, 오프라인 작동, 저전력 운영의 장점을 제공하지만, 기기 성능 한계와 분산 업데이트의 어려움을 수반한다는 내용이다.

따라서 클라우드 AI 추론은 단순한 응답이더라도 인터넷이 없는 환경에서 가능한 것은 아님을 알 수 있다.

30 논리추론
정답 ③

이 글은 비행체의 비행에 부정적인 영향을 줄 수 있는 기상 현상인 난기류와 윈드시어의 특징과 발생 원인에 대해 설명하는 내용이고, <보기>는 상승기류에서는 날씨가 안 좋아지고, 하강기류에서는 날씨가 맑아진다는 내용이다.

따라서 강한 하강기류가 발생하면 날씨가 맑아도 윈드시어가 발생할 수 있어 드론과 같은 비행체가 추락하는 사고가 발생할 수 있음을 알 수 있다.

GLOBAL SAMSUNG APTITUDE TEST

실전모의고사 2회

정답

Ⅰ 수리

p.94

01	①	응용계산	05	⑤	자료해석	09	③	자료해석	13	⑤	자료해석	17	③	자료해석
02	④	응용계산	06	⑤	자료해석	10	②	자료해석	14	③	자료해석	18	③	자료해석
03	④	자료해석	07	②	자료해석	11	②	자료해석	15	②	자료해석	19	③	자료해석
04	②	자료해석	08	①	자료해석	12	②	자료해석	16	⑤	자료해석	20	②	자료해석

Ⅱ 추리

p.110

01	⑤	언어추리	07	⑤	언어추리	13	②	언어추리	19	③	도식추리	25	④	논리추론
02	③	언어추리	08	③	언어추리	14	③	언어추리	20	②	도식추리	26	②	논리추론
03	③	언어추리	09	④	언어추리	15	⑤	도형추리	21	③	도식추리	27	⑤	논리추론
04	③	언어추리	10	①	언어추리	16	②	도형추리	22	②	문단배열	28	④	논리추론
05	①	언어추리	11	①	언어추리	17	②	도형추리	23	③	문단배열	29	⑤	논리추론
06	③	언어추리	12	④	언어추리	18	⑤	도식추리	24	①	논리추론	30	②	논리추론

취약 유형 분석표

유형별로 맞힌 개수, 틀린 문제 번호와 풀지 못한 문제 번호를 적고 나서 취약한 유형이 무엇인지 파악해 보세요.
취약한 유형은 '기출유형공략'으로 복습하고 틀린 문제와 풀지 못한 문제를 다시 한번 풀어보세요.

	유형	맞힌 개수	틀린 문제 번호	풀지 못한 문제 번호
수리	응용계산	/2		
	자료해석	/18		
	TOTAL	/20		

	유형	맞힌 개수	틀린 문제 번호	풀지 못한 문제 번호
추리	언어추리	/14		
	도형추리	/3		
	도식추리	/4		
	문단배열	/2		
	논리추론	/7		
	TOTAL	/30		

	영역	제한 시간 내에 맞힌 문제 수	정답률
합계	수리	/20	%
	추리	/30	%
	TOTAL	/50	%

해설

I 수리

01 응용계산 정답 ①

2023년 S 기업의 바형 스마트폰 판매량을 x, 폴더블형 스마트폰 판매량을 y라고 하면

2023년 폴더블형 스마트폰 판매량은 600십만 대였으므로

$y=600$ … ⓐ

2024년 S 기업의 바형 스마트폰 판매량은 전년 대비 25% 증가하였고, 폴더블형 스마트폰 판매량은 전년 대비 20% 감소하여 2024년 S 기업의 바형과 폴더블형 스마트폰 판매량의 총합은 전년 대비 10% 증가하였으므로

$0.25x-0.2y=0.1(x+y) \rightarrow x=2y$ … ⓑ

ⓑ에 ⓐ를 대입하면 $x=1{,}200 \rightarrow 1.25x=1{,}500$

따라서 2024년 S 기업의 바형 스마트폰 판매량은 1,500십만 대이다.

02 응용계산 정답 ④

서로 다른 n개를 줄 세우는 경우의 수 $n!=n\times(n-1)\times(n-2)\times\cdots\times2\times1$, 서로 다른 n개에서 중복을 허락하지 않고 r개를 택하여 한 줄로 배열하는 경우의 수 ${}_nP_r=n\times(n-1)\times\cdots\times(n-r+1)$, 사건 A가 일어날 확률 $=\frac{\text{사건 A가 일어날 경우의 수}}{\text{모든 경우의 수}}$임을 적용하여 구한다.

남자 3명과 여자 3명이 한 줄로 서는 모든 경우의 수는 6!이고, 여자끼리는 서로 인접하지 않는 경우의 수는 남자 3명이 한 줄로 선 후, 맨 앞쪽, 맨 뒤쪽과 남자 사이사이 총 4곳 중 3곳을 골라 여자 3명이 서는 경우의 수와 같다.

이에 따라 남자 3명이 한 줄로 서는 경우의 수는 $3!=3\times2\times1=6$가지이고, 맨 앞쪽, 맨 뒤쪽과 남자 사이사이 총 4곳 중 3곳을 골라 여자 3명이 서는 경우의 수는 ${}_4P_3=4\times3\times2=24$가지이다.

따라서 6명이 한 줄로 섰을 때, 여자끼리는 서로 인접하지 않을 확률은 $\frac{6\times24}{6!}=\frac{1}{5}$이다.

03 자료해석 정답 ④

a. 2019년 대비 2024년 에너지 소비량의 증가량은 가정이 500−400=100만 TOE, 산업이 900−800=100만 TOE, 교통이 600−500=100만 TOE, 상업이 530−450=80만 TOE, 농업이 250−200=50만 TOE로 100만 TOE 이상인 부문은 가정, 산업, 교통으로 총 3가지이므로 옳은 설명이다.

c. 2021년 에너지 소비량이 두 번째로 많은 상업의 2020년 에너지 소비량은 460만 TOE로 450만 TOE 이상이므로 옳은 설명이다.

d. 제시된 기간 동안 꾸준히 에너지 소비량이 감소한 부문은 없으므로 옳은 설명이다.

오답 체크

b. 2020년부터 2022년까지 에너지 소비량의 평균은 가정이 (420+450+460)/3 ≒ 443만 TOE, 산업이 (820+850+870)/3 ≒ 847만 TOE, 교통이 (450+430+580)/3 ≒ 487만 TOE, 상업이 (460+490+470)/3 ≒ 473만 TOE, 농업이 (210+220+230)/3=220만 TOE로, 480만 TOE 이상인 부문은 산업과 교통이므로 옳지 않은 설명이다.

04 자료해석 정답 ②

30대 신규 가입자 수는 남자가 1,450 × 0.2=290명, 여자가 1,350 × 0.4=540명으로 남자가 여자보다 540−290=250명 더 적으므로 옳지 않은 설명이다.

오답 체크

① 신규 가입자 수가 많은 경로부터 순서대로 나열하면 그 순서는 남자와 여자 모두 SNS, 전단지, 지인 추천, 기타로 동일하므로 옳은 설명이다.

③ 상반기 전체 신규 가입자 수에서 SNS를 통한 신규 가입자 수가 차지하는 비중은 {(560+660)/(1,450+1,350)} × 100 ≒ 43.6%로 45% 미만이므로 옳은 설명이다.

④ 40대 신규 가입자 수 대비 20대 이하 신규 가입자 수의 비율은 남자가 (1,450 × 0.28)/(1,450 × 0.18) ≒ 1.56, 여자가 (1,350 × 0.26)/(1,350 × 0.16) ≒ 1.63으로 여자가 남자보다 크므로 옳은 설명이다.

⑤ 지인 추천을 통한 신규 남자 가입자 수는 395명으로 전단지를 통한 신규 여자 가입자 수의 1.5배인 260 × 1.5 = 390명 이상이므로 옳은 설명이다.

빠른 문제 풀이 Tip

④ 각 성별 내에서의 연령대별 신규 가입자 수는 전체 신규 가입자 수가 동일함을 이용하면 연령대별 신규 가입자 수 구성비만으로 40대 신규 가입자 수 대비 20대 이하 신규 가입자 수의 비율을 구할 수 있다. 이에 따라 40대 신규 가입자 수 대비 20대 이하 신규 가입자 수의 비율은 남자가 $\frac{28}{18}$, 여자가 $\frac{26}{16}$이다. 이때 $\frac{28}{18}$과 $\frac{26}{16}$에서 분자의 배율은 {(28 − 26) / 26} × 100 ≒ 8%로 왼쪽 분수가 약 8%만큼 더 크고, 분모의 배율은 {(18 − 16) / 16} × 100 ≒ 13%로 왼쪽 분수가 약 13%만큼 더 크므로 $\frac{28}{18}$이 $\frac{26}{16}$보다 더 작다. 따라서 40대 신규 가입자 수 대비 20대 이하 신규 가입자 수의 비율은 여자가 남자보다 큼을 알 수 있다.

05 자료해석

정답 ⑤

수입 화물 건수의 전년 대비 증가율은 2021년에 {(1,270 − 655)/655} × 100 ≒ 93.9%, 2022년에 {(2,550 − 1,270) / 1,270} × 100 ≒ 100.8%로 처음으로 100% 이상인 해는 2022년이고, 2022년에 수출 화물 중량 대비 수입 화물 중량의 비율은 71,500 / 27,500 = 2.6으로 2.5 이상이므로 옳지 않은 설명이다.

오답 체크

① 2021년 이후 연도별 화물 중량의 전년 대비 증감 추이는 수출이 감소, 감소, 감소, 증가이고, 수입이 증가, 증가, 증가, 감소로 서로 정반대이므로 옳은 설명이다.

② 수출 화물 건수의 전년 대비 감소율은 2022년에 {(420 − 383) / 420} × 100 ≒ 8.8%, 2023년에 {(383 − 346) / 383} × 100 ≒ 9.7%로 2023년이 2022년보다 더 크므로 옳은 설명이다.

③ 2024년 수입 화물 중량은 4년 전 대비 69,230 − 65,790 = 3,440천 톤 감소하였으므로 옳은 설명이다.

④ 2020년 수출 화물 건수와 수입 화물 건수의 합계에서 수출 화물 건수가 차지하는 비중은 {450 / (450 + 655)} × 100 ≒ 40.7%이므로 옳은 설명이다.

빠른 문제 풀이 Tip

② 분자의 값이 동일할 때, 분모의 값이 작을수록 분수의 크기가 큼을 이용하여 비교한다.
분자에 해당하는 수출 화물 건수의 전년 대비 감소량은 2022년에 420 − 383 = 37만 건, 2023년에 383 − 346 = 37만 건으로 동일하고, 분모에 해당하는 전년도 수출 화물 건수는 2022년이 2021년보다 더 작으므로 전년 대비 감소율은 2023년이 2022년보다 더 큼을 알 수 있다.

⑤ 전년 대비 증가율이 100% 이상인 것은 전년 대비 2배 이상 증가하였음을 이용하여 비교한다.
2021년 수입 화물 건수는 1,270만 건으로 2020년 수입 화물 건수의 2배인 655 × 2 = 1,310만 건보다 작으므로 전년 대비 증가율은 100% 미만이며, 2022년 수입 화물 건수는 2,550만 건으로 2021년 수입 화물 건수의 2배인 1,270 × 2 = 2,540만 건보다 크므로 전년 대비 증가율이 처음으로 100% 이상인 해는 2022년임을 알 수 있다.

06 자료해석

정답 ⑤

2019년 캄보디아 국적의 여성 결혼이민자 수는 전년 대비 감소하였으므로 옳지 않은 설명이다.

오답 체크

① 제시된 국적 중 2020년 여성 결혼이민자 수가 2018년 대비 1,000명 이상 증가한 국적은 타이완뿐이므로 옳은 설명이다.

② 2020년 베트남 국적의 여성 결혼이민자 수는 2018년 대비 증가하였으며, 2020년 결혼이민자 여성 대비 남성 비중도 2018년 대비 증가하여, 2020년 베트남 국적의 전체 결혼이민자 수도 2018년 대비 증가하였으므로 옳은 설명이다.

③ 2019년 중국과 일본 국적의 여성 결혼이민자 수의 합은 32,161 + 12,949 = 45,110명으로 베트남과 타이완 국적의 여성 결혼이민자 수의 합인 41,430 + 5,031 = 46,461명보다 작으므로 옳은 설명이다.

④ 2020년 캄보디아 국적의 남성 결혼이민자 수는 4,172 × 0.112 ≒ 467명이고, 일본 국적의 남성 결혼이민자 수는 13,351 × 0.093 ≒ 1,242명이므로 옳은 설명이다.

07 자료해석

정답 ②

S 사의 전 직원은 5,800명이고, S 사에 재직 중인 20대 직원의 비율은 25%이므로 S 사에 재직 중인 20대 직원 수는 5,800 × 0.25 = 1,450명이고, 20대 직원 중 근무 만족도가 보통인 비율은 18%이다.

따라서 S 사에 재직 중인 20대 직원 중 근무 만족도가 보통인 직원 수는 1,450 × 0.18 = 261명이다.

08 자료해석 　정답 ①

제시된 지역 중 지적장애 취업자 수가 가장 많은 지역은 1,342명인 C 지역이므로 옳지 않은 설명이다.

오답 체크

② 사무업과 서비스업의 전체 활동제약 취업자 수의 합은 (1,866 + 1,603 + 343 + 8,083 + 532) + (1,231 + 1,423 + 214 + 10,613 + 503) = 26,411명으로 단순노무업의 전체 활동제약 취업자 수인 2,876 + 3,944 + 1,002 + 22,239 + 1,651 = 31,712명보다 작으므로 옳은 설명이다.

③ 제시된 지역의 전체 언어장애 취업자 수는 1,052 + 699 + 858 + 439 + 346 = 3,394명, 사무업, 서비스업, 단순노무업의 언어장애 취업자 수는 343 + 214 + 1,002 = 1,559명으로 제시된 지역의 전체 언어장애 취업자 중 사무업, 서비스업, 단순노무업의 취업자 수가 차지하는 비중은 (1,559 / 3,394) × 100 ≒ 45.9%이므로 옳은 설명이다.

④ B 지역의 시각장애와 지적장애 취업자 수의 합은 2,916 + 1,334 = 4,250명으로 청각장애와 언어장애 취업자 수의 합인 3,660 + 699 = 4,359명보다 작으므로 옳은 설명이다.

⑤ 5개 지역의 서비스업 활동제약 취업자 수 대비 사무업 활동제약 취업자 수의 비율은 시각장애가 1,866 / 1,231 ≒ 1.52, 청각장애가 1,603 / 1,423 ≒ 1.13, 언어장애가 343 / 214 ≒ 1.60, 지체장애가 8,083 / 10,613 ≒ 0.76, 지적장애가 532 / 503 ≒ 1.06으로 가장 높은 유형은 언어장애이므로 옳은 설명이다.

빠른 문제 풀이 Tip

② 사무업과 서비스업의 활동제약 취업자 수를 십의 자리에서 올림하여 합하면 청각장애가 1,700 + 1,500 ≒ 3,200명, 언어장애가 400 + 300 ≒ 700명, 지체장애가 8,100 + 10,700 ≒ 18,800명, 지적장애가 600 + 600 ≒ 1,200명으로 모두 단순노무업의 활동제약 취업자 수보다 작고, 사무업과 서비스업의 시각장애 취업자 수의 합은 1,866 + 1,231 = 3,097명으로 단순노무업의 시각장애 취업자 수인 2,876명보다 3,097 − 2,876 = 221명 더 많다. 이에 따라 사무업과 서비스업의 전체 활동제약 취업자 수의 합은 단순노무업의 전체 활동제약 취업자 수보다 작음을 알 수 있다.

09 자료해석 　정답 ③

제시된 철강 중 2024년 상반기 총생산량이 두 번째로 많은 철강은 C 강판이고, 2024년 상반기 C 강판 총생산량은 4,800천 톤, 3월 C 강판 생산량은 840천 톤, 6월 C 강판 생산량은 700천 톤이다. 이에 따라 2024년 상반기 C 강판 총생산량에서 3월 생산량이 차지하는 비중은 (840 / 4,800) × 100 = 17.5%, 6월 생산량이 차지하는 비중은 (700 / 4,800) × 100 ≒ 14.6%이다.

따라서 2024년 상반기 C 강판 총생산량에서 3월 생산량이 차지하는 비중과 6월 생산량이 차지하는 비중의 차이는 17.5 − 14.6 ≒ 2.9%p이다.

빠른 문제 풀이 Tip

3월과 6월 C 강판 생산량의 차이를 먼저 계산한다.
3월과 6월 C 강판 생산량의 차이는 840 − 700 = 140천 톤이므로 2024년 상반기 C 강판 총생산량에서 3월 생산량이 차지하는 비중과 6월 생산량이 차지하는 비중의 차이는 (140 / 4,800) × 100 ≒ 2.9%p임을 알 수 있다.

[10-11]

10 자료해석 　정답 ②

물류산업의 창업 지원금 신청자 수는 3분기에 16,000 × 0.06 = 960명, 4분기에 17,500 × 0.08 = 1,400명으로 4분기에 직전 분기 대비 1,400 − 960 = 440명 증가하였으므로 옳은 설명이다.

오답 체크

① 1~4분기 중 50대 신청자 수와 60대 이상 신청자 수 차이는 1분기에 8,680 − 5,040 = 3,640명, 2분기에 6,150 − 3,850 = 2,300명, 3분기에 6,260 − 3,460 = 2,800명, 4분기에 6,500 − 3,890 = 2,610명으로 두 번째로 큰 분기는 3분기이므로 옳지 않은 설명이다.

③ 1~4분기 분기별 30대 창업 지원금 신청자 수의 평균은 (2,900 + 2,530 + 2,080 + 2,350) / 4 = 2,465명으로 2,400명 이상이므로 옳지 않은 설명이다.

④ 2분기 40대 창업 지원금 신청자 수의 직전 분기 대비 감소율은 {(3,800 − 3,260) / 3,800} × 100 ≒ 14.2%로 15% 미만이므로 옳지 않은 설명이다.

⑤ 2분기에 60대 이상 창업 지원금 신청자 수는 20대 이하 창업 지원금 신청자 수의 6,150 / 2,210 ≒ 2.8배로 3배 미만이므로 옳지 않은 설명이다.

11 자료해석 정답 ②

c. 4분기 기타 업종과 제조업의 창업 지원금 신청자 수 구성비 차이가 44.4−24.4=20%p임에 따라 신청자 수 차이는 17,500×0.2=3,500명이므로 옳은 설명이다.

오답 체크

a. 요식업의 창업 지원금 신청자 수는 2분기에 18,000×0.26=4,680명, 3분기에 16,000×0.28=4,480명으로 3분기에 직전 분기 대비 감소하였으므로 옳지 않은 설명이다.

b. 1분기 전체 창업 지원금 신청자 수에서 50대 이상 창업 지원금 신청자 수가 차지하는 비중은 {(5,040+8,680)/22,400}×100≒61.3%로 60% 이상이므로 옳지 않은 설명이다.

[12-13]

12 자료해석 정답 ②

2020~2023년 연도별 세안제 판매량의 전년 대비 증가율의 평균은 (3.3+5.7+7.7+10.0)/4≒6.7%이므로 옳은 설명이다.

오답 체크

① 2021년 비누의 판매량은 2020년 세안제의 판매량의 32,000/12,300≒2.6배이므로 옳지 않은 설명이다.

③ 2021년 비누의 판매량은 전년 대비 감소하였으므로 옳지 않은 설명이다.

④ 2023년 치약 판매량의 전년 대비 증가량은 38,800−34,600=4,200개로 2021년 치약 판매량의 전년 대비 증가량인 31,800−27,600=4,200개와 동일하므로 옳지 않은 설명이다.

⑤ 세안제 판매량의 전년 대비 증가량은 2022년에 14,000−13,000=1,000개, 2023년에 15,400−14,000=1,400개로 2022년이 2023년보다 작으므로 옳지 않은 설명이다.

13 자료해석 정답 ⑤

제시된 품목 중 2022년 판매량의 전년 대비 증가량이 가장 큰 품목은 3,000개 이상 증가한 비누이므로 옳지 않은 설명이다.

오답 체크

① 제시된 기간 중 비누의 판매량이 전년 대비 감소한 2021년에 치약과 세안제의 판매량은 전년 대비 증가하였으므로 옳은 설명이다.

② 총판매량에서 치약의 판매량이 차지하는 비중은 2020년에 (27,600/73,600)×100=37.5%, 2021년에 (31,800/76,800)×100≒41.4%로 2021년에 전년 대비 증가하였으므로 옳은 설명이다.

③ 비누 판매량의 전년 대비 증가율의 전년 대비 변화량이 가장 큰 해는 기울기가 가장 가파른 2022년이므로 옳은 설명이다.

④ 2023년 세안제 판매량의 전년 대비 증가율은 2022년 대비 10.0−7.7=2.3%p 증가하였으므로 옳은 설명이다.

[14-15]

14 자료해석 정답 ③

직업군인은 시계를 사용하는 사람이 가장 많으므로 옳지 않은 설명이다.

오답 체크

① 전체 응답자 중 의류를 사용하는 사람은 6+6+4+3+6+2=27명으로 운동화 또는 안경을 사용하는 사람의 27/(1+3+5)=3배이므로 옳은 설명이다.

② 직업별 응답자 중 밴드를 사용하는 사람의 비중은 장치·기계 조작 및 조립 종사자가 (6/100)×100=6%, 전문가 및 관련 종사자가 (24/300)×100=8%이므로 옳은 설명이다.

④ 농림어업 종사자 중 시계를 사용하는 사람과 이어폰을 사용하는 사람의 차이는 29−21=8명이므로 옳은 설명이다.

⑤ 기타 직업을 제외하고 의류를 사용하는 사람이 0명인 직업은 관리자, 서비스 종사자, 농림어업 종사자, 장치·기계 조작 및 조립 종사자, 단순 노무 종사자, 직업군인, 전업주부 7개이므로 옳은 설명이다.

빠른 문제 풀이 Tip

② 비교하는 두 분수의 분모와 분자를 각각 비교한다.
직업별 응답자 중 밴드를 사용하는 사람의 비중은 장치·기계 조작 및 조립 종사자가 $\frac{6}{100}\times100$, 전문가 및 관련 종사자가 $\frac{24}{300}\times100$이다. 공통되는 '×100'은 생략하고, 두 분수 $\frac{6}{100}$과 $\frac{24}{300}$를 비교하면 $\frac{24}{300}$가 $\frac{6}{100}$에 비하여 분모는 3배이고, 분자는 3배보다 더 크므로 $\frac{6}{100}<\frac{24}{300}$이다. 이에 따라 직업별 응답자 중 밴드를 사용하는 사람의 비중은 장치·기계 조작 및 조립 종사자가 전문가 및 관련 종사자보다 작은 것을 알 수 있다.

15 자료해석 정답 ②

제시된 직업 중 이어폰을 사용하는 사람이 가장 많은 직업과 두 번째로 많은 직업은 이어폰 사용자가 각각 235명, 234명인 관리자와 학생이고, 전체 웨어러블기기 사용자 수는 500+300+300+100+200+50+100+100+200+200+300+100+200=2,650명이다.
따라서 관리자와 학생의 이어폰 사용자 수 합이 전체 웨어러블기기 사용자 수에서 차지하는 비중은 {(235+234)/2,650}×100 ≒ 17.7%이다.

[16-17]

16 자료해석 정답 ⑤

2020년 승선원 월평균 임금이 가장 낮은 업종의 월평균 임금은 승선원 월평균 임금이 가장 높은 업종의 월평균 임금의 (3,533/6,987)×100 ≒ 50.6%이고, 2021년에 (3,634/7,534)×100 ≒ 48.2%, 2022년에 (3,711/7,565)×100 ≒ 49.1%, 2023년에 (3,792/7,399)×100 ≒ 51.3%, 2024년에 (3,955/7,657)×100 ≒ 51.7%이므로 옳지 않은 설명이다.

오답 체크

① 2021년 이후 외항선과 내항선의 각 승선원 월평균 임금은 모두 매년 전년 대비 증가하였으므로 옳은 설명이다.
② 2021년 이후 원양어선의 승선원 월평균 임금이 전년 대비 감소한 2023년에 해외취업상선의 승선원 월평균 임금은 전년 대비 증가하였으므로 옳은 설명이다.
③ 2021년 업종별 승선원 월평균 임금과 전체 승선원 월평균 임금의 차이가 가장 작은 업종은 4,602−3,709=893천 원 차이 나는 연근해어선이고, 2024년 업종별 승선원 월평균 임금과 전체 승선원 월평균 임금의 차이가 가장 작은 업종도 4,928−4,125=803천 원 차이 나는 연근해어선이므로 옳은 설명이다.
④ 원양어선과 연근해어선의 승선원 월평균 임금 차이는 2021년에 7,534−3,709=3,825천 원, 2022년에 7,565−3,835=3,730천 원, 2023년에 7,399−3,843=3,556천 원, 2024년에 7,627−4,125=3,502천 원으로 2018년 이후 매년 전년 대비 감소하였으므로 옳은 설명이다.

17 자료해석 정답 ③

2021년 승선원 월평균 임금이 전년 대비 감소한 해외취업상선을 제외한 나머지 업종의 전년 대비 증가율은 외항선이 {(5,787−5,698)/5,698}×100 ≒ 1.6%, 내항선이 {(3,634−3,533)/3,533}×100 ≒ 2.9%, 원양어선이 {(7,534−6,774)/6,774}×100 ≒ 11.2%, 연근해어선이 {(3,709−3,701)/3,701}×100 ≒ 0.2%, 해외취업어선이 {(7,073−6,550)/6,550}×100 ≒ 8.0%이다.
따라서 2021년 승선원 월평균 임금의 전년 대비 증가율이 가장 큰 업종은 원양어선이고, 그 증가율은 약 11.2%이다.

빠른 문제 풀이 Tip

제시된 업종 중 2021년 승선원 월평균 임금의 전년 대비 증가액이 100천 원 이상이면서 2020년 승선원 월평균 임금이 다른 업종에 비해 낮은 내항선의 2021년 승선원 월평균 임금의 전년 대비 증가율이 외항선, 연근해어선보다 크다. 이에 따라 내항선과 원양어선, 해외취업어선의 증가율만 비교하면, 2021년 승선원 월평균 임금의 전년 대비 증가액에 10배한 값이 2020년 승선원 월평균 임금보다 큰 업종은 원양어선뿐이므로 증가율은 원양어선이 가장 큼을 알 수 있다.

18 자료해석 정답 ③

차량 평균 속도$=A\times\left(1-\frac{\text{교통량}}{B}\right)$임을 적용하여 구한다.
평일의 교통량은 5,200대, 차량 평균 속도는 28km/h이므로
$28=A\times\left(1-\frac{5{,}200}{B}\right) \rightarrow 28=A-\frac{5{,}200A}{B}$ … ⓐ
주말의 교통량은 7,200대, 차량 평균 속도는 8km/h이므로
$8=A\times\left(1-\frac{7{,}200}{B}\right) \rightarrow 8=A-\frac{7{,}200A}{B}$ … ⓑ
ⓐ−ⓑ에서 $20=\frac{2{,}000A}{B} \rightarrow B=100A$
이를 ⓐ에 대입하여 풀면
$28=A-\frac{5{,}200A}{100A} \rightarrow 28=A-52 \rightarrow A=80,\ B=8{,}000$
따라서 A는 80, B는 8,000인 ③이 정답이다.

19 자료해석 정답 ③

제시된 자료에 따르면 12월 상품 및 서비스수지와 본원·이전소득수지는 모두 11월 대비 감소하여 12월 경상수지는 11월 대비 감소해야 하므로 12월 경상수지가 11월 대비 증가한 ①, ④를 제외한다. 이때, 꺾은선그래프에서 하반기 경상수지의 값이 최대인 9월의 값이 모두 다르게 나타나 있으므로 9월 경상수지만 계산하면 그 값은 10,613+233 =10,846백만 달러이다.

따라서 9월 경상수지가 10,500백만 달러보다 높게 나타나는 그래프인 ③이 정답이다.

20 자료해석 정답 ②

A 미생물 크기의 변화를 나타내면 다음과 같다.

1주 차	2주 차	3주 차	4주 차	5주 차
10	11	12	13	14

+1 +1 +1 +1

A 미생물 크기는 매주 1nm씩 증가함을 알 수 있다.

B 미생물 크기의 변화를 나타내면 다음과 같다.

1주 차	2주 차	3주 차	4주 차	5주 차
5	7	11	19	35

+2 +4 +8 +16

×2 ×2 ×2

B 미생물 크기의 전주 대비 증가량은 매주 2배씩 증가함을 알 수 있다.

이에 따라 6주차 이후 A 미생물과 B 미생물의 크기를 계산하면 다음과 같다.

구분	A 미생물	B 미생물
6주 차	14+1=15	35+(16×2)=67
7주 차	15+1=16	67+(32×2)=131
8주 차	16+1=17	131+(64×2)=259
9주 차	17+1=18	259+(128×2)=515
10주 차	18+1=19	515+(256×2)=1,027
11주 차	19+1=20	1,027+(512×2)=2,051

따라서 B 미생물의 크기가 처음으로 A 미생물의 크기의 100배 이상이 되는 주 차는 11주 차이다.

Ⅱ 추리

01 언어추리 정답 ⑤

청약통장을 개설한 모든 사람이 주식 투자를 하고, 경제학과를 졸업한 어떤 사람이 청약통장을 개설하면 주식 투자를 하는 사람 중에 경제학과를 졸업한 사람이 반드시 존재하게 된다.

따라서 '주식 투자를 하는 어떤 사람은 경제학과를 졸업하였다.'가 타당한 결론이다.

오답 체크

청약통장을 개설한 사람을 '청', 주식 투자를 한 사람을 '주', 경제학과를 졸업한 사람을 '경'이라고 하면

① 경제학과를 졸업한 모든 사람이 주식 투자를 할 수도 있으므로 반드시 참인 결론은 아니다.

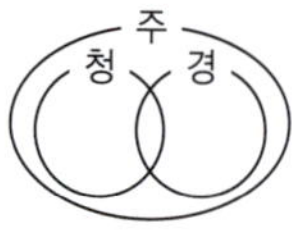

② 주식 투자를 하는 사람 중에 경제학과를 졸업한 사람이 적어도 한 명 존재하므로 반드시 거짓인 결론이다.

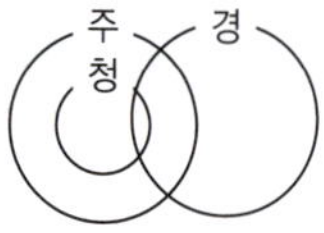

③ 경제학과를 졸업한 사람 중에 주식 투자를 하지 않는 사람이 있을 수도 있으므로 반드시 참인 결론은 아니다.

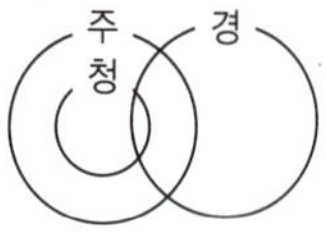

④ 주식 투자를 하지 않는 모든 사람이 경제학과를 졸업하지 않았을 수도 있으므로 반드시 참인 결론은 아니다.

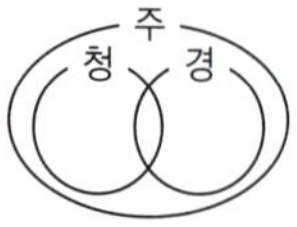

02 언어추리 정답 ③

심장박동이 느린 모든 사람이 긴장을 하지 않는다는 것은 긴장을 하는 모든 사람이 심장박동이 느리지 않다는 것이므로, 긴장을 하는 어떤 사람이 다리를 떨면 심장박동이 느리지 않으면서 다리를 떠는 사람이 반드시 존재하게 된다.

따라서 '심장박동이 느리지 않은 어떤 사람은 다리를 떤다.'가 타당한 결론이다.

오답 체크

긴장을 하는 사람을 '긴', 다리를 떠는 사람을 '다', 심장박동이 느리지 않은 사람을 '심X'라고 하면

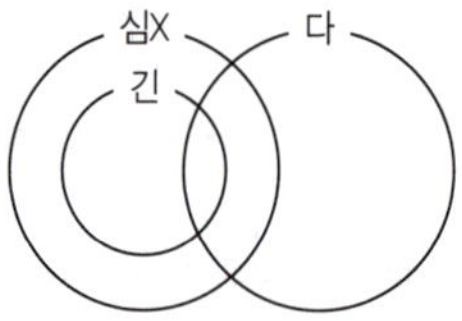

① 다리를 떠는 어떤 사람이 긴장을 하지 않을 수도 있으므로 반드시 참인 결론은 아니다.

② 다리를 떨지 않는 어떤 사람이 심장박동이 느리지 않을 수도 있으므로 반드시 참인 결론은 아니다.

④ 긴장을 하는 모든 사람이 심장박동이 느리지 않으므로 반드시 거짓인 결론이다.

⑤ 다리를 떨지 않는 어떤 사람이 심장박동이 느릴 수도 있으므로 반드시 참인 결론은 아니다.

03 언어추리 정답 ③

휴가를 가지 않는 어떤 사람도 직장인이 아니라는 것은 모든 직장인은 휴가를 간다는 것이고, 휴가를 가는 어떤 직장인이 국내여행을 간다면 휴가를 가는 사람 중에서 국내여행을 가는 사람이 반드시 존재하게 된다.

따라서 '국내여행을 가는 어떤 사람은 직장인이다.'가 타당한 전제이다.

오답 체크

휴가를 가는 사람을 '휴', 직장인을 '직', 국내여행을 가는 사람을 '국', 해외여행을 가는 사람을 '해'라고 하면

①, ②, ④ 모든 직장인이 휴가를 가고, 직장인 중에서 국내여행을 가는 사람이 존재하지 않으면 휴가를 가는 모든 사람이 국내여행을 가지 않을 수도 있으므로 결론이 반드시 참이 되게 하는 전제가 아니다.

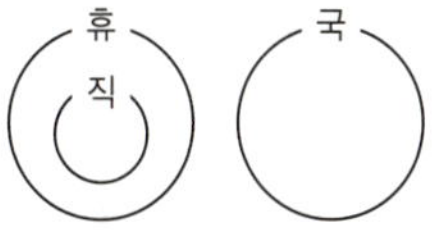

⑤ 모든 직장인이 휴가도 가고, 해외여행도 가면 휴가를 가는 사람 중에서 국내여행을 가는 사람의 존재 여부는 알 수 없으므로 결론의 참/거짓을 판단할 수 없는 전제이다.

04 언어추리

정답 ③

제시된 조건에 따르면 A는 화요일 또는 목요일에 관람하고, B는 A보다 늦은 요일에 관람하며, C와 D는 서로 연속된 요일에 관람하므로 A가 화요일에 관람하면 월요일에 관람하는 사람은 E가 되고, B는 수요일 또는 금요일에 관람하게 된다. 또한, A가 목요일에 관람하면 B는 금요일에 관람하고, E는 월요일 또는 수요일에 관람하게 된다. 이에 따라 가능한 경우는 다음과 같다.

월요일	화요일	수요일	목요일	금요일
E	A	B	C 또는 D	C 또는 D
E	A	C 또는 D	C 또는 D	B
E	C 또는 D	C 또는 D	A	B
C 또는 D	C 또는 D	E	A	B

따라서 B가 수요일에 관람한다면, 가능한 경우의 수는 2가지이므로 항상 참인 설명이다.

오답 체크

① A가 목요일에 관람한다면, 가능한 경우의 수는 4가지이므로 항상 참인 설명은 아니다.

② C가 목요일에 관람한다면, B는 수요일 또는 금요일에 관람하므로 항상 참인 설명은 아니다.

④ D와 E가 연속된 요일에 관람한다면, C는 월요일 또는 수요일에 관람하므로 항상 참인 설명은 아니다.

⑤ B가 금요일에 관람한다면, E는 월요일 또는 수요일에 관람하므로 항상 참인 설명은 아니다.

05 언어추리

정답 ①

제시된 조건에 따르면 기린은 D 또는 E가 담당하고, 사자–기린–코끼리–펭귄–원숭이 순으로 배치되어 있는 방에서 D와 E는 서로 이웃한 방의 동물을 담당하므로 만약 기린을 담당하는 사람이 D라면, E는 사자 또는 코끼리를 담당하여야 하지만 사자는 A 또는 B, 코끼리는 C 또는 D가 담당한다는 조건에 모순되므로 기린을 담당하는 사람은 E이고, D는 코끼리를 담당함을 알 수 있다. 이에 따라 가능한 경우는 다음과 같다.

사자	기린	코끼리	펭귄	원숭이
A	E	D	B	C
A	E	D	C	B
B	E	D	A	C
B	E	D	C	A

따라서 A가 사자를 담당하면, B와 C는 서로 이웃한 방의 동물을 담당하므로 항상 거짓인 설명이다.

오답 체크

② B와 E는 서로 이웃한 방의 동물을 담당하거나, 서로 이웃하지 않은 방의 동물을 담당하므로 항상 거짓인 설명은 아니다.

③ A와 B는 서로 이웃하지 않은 방의 동물을 담당하므로 항상 참인 설명이다.

④ D는 코끼리를 담당하므로 항상 참인 설명이다.

⑤ B가 사자를 담당하는 경우의 수는 2가지이므로 항상 참인 설명이다.

06 언어추리

정답 ③

제시된 조건에 따르면 재혁이는 5과목의 프로그래밍 시험에서 각각 서로 다른 점수를 받았으며, 시험 점수는 최소 1점, 최대 5점이고, 루비 과목과 HTML 과목의 점수 합은 6점이므로 루비와 HTML 과목의 점수는 각각 (1점, 5점) 또는 (5점, 1점) 또는 (2점, 4점) 또는 (4점, 2점)이다. 이때 루비와 HTML 과목의 점수가 (1점, 5점) 또는 (5점, 1점)이라면 C++ 과목과 루비 과목의 점수 차이는 3점이므로 C++ 과목의 점수는 4점 또는 2점이 되어야 하지만, 파이썬 과목과 HTML 과목의 점수 차이는 1점이므로 파이썬 과목의 점수도 4점 또는 2점이 되어 모순된다.

이에 따라 루비와 HTML 과목의 점수는 각각 (2점, 4점) 또는 (4점, 2점)이며 C++ 과목의 점수는 5점 또는 1점, 파이썬 과목의 점수는 3점, 자바 과목의 점수는 1점 또는 5점임을 알 수 있다.

따라서 세 번째로 높은 점수의 과목은 3점을 받은 파이썬이다.

07 언어추리 정답 ⑤

제시된 조건에 따르면 중국 선수는 2위를 기록했고, 한국 선수와 일본 선수의 순위 차이는 2이므로 한국 선수와 일본 선수의 순위는 각각 (1위, 3위) 또는 (3위, 1위) 또는 (3위, 5위) 또는 (5위, 3위)이다. 이때 한국 선수와 미국 선수는 프랑스 선수보다 순위가 높으므로 한국 선수와 미국 선수의 순위는 5위가 아님을 알 수 있다. 이에 따라 가능한 경우는 다음과 같다.

1위	2위	3위	4위	5위
일본 또는 한국	**중국**	일본 또는 한국	미국	프랑스
미국	**중국**	한국	프랑스	일본

따라서 한국 선수가 3위를 기록하는 경우의 수는 2가지이므로 항상 거짓인 설명이다.

오답 체크

① 한국 선수가 1위를 기록했다면, 프랑스 선수는 5위를 기록했으므로 항상 참인 설명이다.

② 프랑스 선수가 4위를 기록했다면, 일본 선수는 5위를 기록했으므로 항상 참인 설명이다.

③ 일본 선수는 1위 또는 3위 또는 5위를 기록했으므로 항상 거짓인 설명은 아니다.

④ 미국 선수가 4위를 기록하는 경우의 수는 2가지이므로 항상 참인 설명이다.

08 언어추리 정답 ③

제시된 조건에 따르면 5명 중 2명은 거짓을 말하고 3명은 진실을 말한다. 만약 B는 거짓말을 하고 있고, A가 비상식량을 옮겼다는 C의 진술이 진실이라면, 본인이 비상식량을 옮기지 않았다는 A의 진술이 거짓이 된다. 이에 따라 거짓을 말하는 2명은 A, B가 되고, 진실을 말하는 3명은 C, D, E가 되어야 하지만, 비상식량을 옮긴 사람은 E 1명뿐이라는 D의 진술이 진실이라면 본인이 비상식량을 옮기지 않았다는 E의 진술이 거짓이 되어 모순되므로 C의 진술은 거짓임을 알 수 있다. 이때 남은 A, B, D, E 중 1명이 거짓을 말하고 있어야 하는데, D의 진술이 진실일 경우에는 E의 진술이 거짓이 되고, E의 진술이 진실일 경우에는 D의 진술이 거짓이 되어, D와 E 중 1명의 진술이 거짓임을 알 수 있다. 이에 따라 가능한 경우는 다음과 같다.

경우 1. C와 D가 거짓을 말한 경우

구분	A(진실)	B(진실)	C(거짓)	D(거짓)	E(진실)
비상식량 옮긴 사람	X	O 또는 X	O	X	X

경우 2. C와 E가 거짓을 말한 경우

구분	A(진실)	B(진실)	C(거짓)	D(진실)	E(거짓)
비상식량 옮긴 사람	X	X	X	X	O

따라서 C는 거짓을 말하고 있으므로 항상 참인 설명이다.

오답 체크

① A와 E가 모두 진실을 말하고 있는 경우가 있으므로 항상 참인 설명은 아니다.

② 진실을 말하는 B가 비상식량을 옮기는 경우의 수가 1가지 있으므로 항상 거짓인 설명이다.

④ C가 비상식량을 옮겼다면, B는 비상식량을 옮겼거나 옮기지 않았으므로 항상 참인 설명은 아니다.

⑤ B와 D가 모두 진실을 말하는 경우의 수가 1가지 있으므로 항상 거짓인 설명이다.

09 언어추리 정답 ④

제시된 조건에 따르면 기획 1팀과 4팀에 배정되는 인턴사원은 여자이며, 석사학위를 취득한 사람은 기획 3팀에 배정된다. 또한, 석사학위를 취득한 사람은 남자가 아닌 여자이므로 기획 1팀, 3팀, 4팀에 배정되는 인턴사원은 모두 여자이다. 이때 B는 남자이므로 기획 2팀에 배정된다.

구분	기획 1팀	기획 2팀	기획 3팀	기획 4팀
인턴사원		B		
최종학위	학사	학사	**석사**	학사
성별	**여자**	남자	여자	**여자**

따라서 A가 기획 4팀에 배정되면, 가능한 경우의 수는 2가지이므로 항상 거짓인 설명이다.

오답 체크

① 석사학위를 취득한 사람이 D라면, A는 기획 1팀 또는 기획 4팀에 배정되므로 항상 거짓인 설명은 아니다.

② B는 기획 2팀에 배정되므로 항상 참인 설명이다.

③ A와 B의 최종학위는 동일하거나 동일하지 않으므로 항상 거짓인 설명은 아니다.

⑤ C가 기획 3팀에 배정되면, 기획 1팀에 배정될 가능성이 있는 사람은 2명이므로 항상 참인 설명이다.

10 언어추리

정답 ①

제시된 조건에 따르면 채식주의자는 진실만을 말하고, 육식주의자는 거짓만을 말하므로 지수와 서희는 둘 다 채식주의자라는 태영의 말이 진실이면 태영, 지수, 서희는 모두 진실을 말하는 채식주의자여야 한다. 하지만 태영이는 육식주의자라는 서희의 말이 거짓이 되어 모순되므로 태영은 거짓을 말하는 육식주의자이고, 서희는 진실을 말하는 채식주의자이다. 이때 태영이는 거짓을 말하는 육식주의자임에 따라 지수와 서희 둘 중 적어도 한 명은 육식주의자여야 하므로 지수는 거짓을 말하는 육식주의자임을 알 수 있다. 강민이는 육식주의자라는 지수의 진술이 거짓이므로 강민은 진실을 말하는 채식주의자가 되어, 강민이 또는 서희는 육식주의자라는 윤재는 거짓을 말하는 육식주의자가 된다. 따라서 채식주의자는 강민이와 서희이다.

11 언어추리

정답 ①

제시된 조건에 따르면 90점 이상은 2명, 80점 이상은 5명, 70점 이상은 7명이므로 90점대 점수는 2명, 80점대 점수는 3명, 70점대 점수는 2명임을 알 수 있다. 또한, 보미는 6위이고, 점수가 같은 사람은 없었으므로 90점인 용준이는 2위이다. 이때 수영이의 점수는 80점대이며 민석이 바로 다음 순위이므로 수영이는 4위 또는 5위임을 알 수 있다. 수영이가 4위일 경우, 수영이보다 순위가 높은 규환이가 1위이며, 창욱이는 5위가 아니므로 유라가 5위이다. 수영이가 5위일 경우, 유라의 점수는 90점 미만이므로 유라는 3위 또는 7위이다.

경우 1. 수영이가 4위일 경우

1위	2위	3위	4위	5위	6위	7위
규환	용준	민석	수영	유라	**보미**	창욱

경우 2. 수영이가 5위일 경우

1위	2위	3위	4위	5위	6위	7위
규환 또는 창욱	용준	유라 또는 규환 또는 창욱	민석	수영	**보미**	유라 또는 창욱

따라서 유라의 순위는 3위 또는 5위 또는 7위로 홀수이므로 항상 거짓인 설명이다.

오답 체크

② 보미의 순위는 6위이고, 수영이의 순위는 4위 또는 5위이므로 항상 거짓인 설명은 아니다.

③ 창욱이는 보미 또는 용준이 바로 다음 순위이거나 1위이므로 항상 거짓인 설명은 아니다.

④ 규환이의 순위는 1위 또는 3위이므로 항상 거짓인 설명은 아니다.

⑤ 보미의 순위는 6위이고 유라의 순위는 3위 또는 5위 또는 7위이므로 항상 거짓인 설명은 아니다.

12 언어추리

정답 ④

제시된 조건에 따르면 B와 D는 서로 다른 장비를 타고 있고, C와 E는 같은 장비를 타고 있다. 이때 3명이 스키를 타고 있으므로 C와 E는 스키, A는 보드를 타고 있음을 알 수 있다. 또한, A 혼자 초급 코스에 있고, B와 D는 서로 다른 코스, C와 E는 서로 다른 코스에 있으므로 B와 D가 있는 코스는 중급 코스 1명, 상급 코스 1명이고, C와 E가 있는 코스도 중급 코스 1명, 상급 코스 1명이다. 상급 코스에서는 보드를 탈 수 없으므로 B가 있는 코스에 따라 가능한 경우는 다음과 같다.

경우 1. B가 중급 코스에 있을 경우

A	B	C	D	E
초급	중급	중급 또는 상급	상급	중급 또는 상급
보드	보드	스키	스키	스키

경우 2. B가 상급 코스에 있을 경우

A	B	C	D	E
초급	상급	중급 또는 상급	중급	중급 또는 상급
보드	스키	스키	보드	스키

따라서 D는 상급 코스에서 스키를 타고 있거나 중급 코스에서 보드를 타고 있으므로 항상 거짓인 설명이다.

오답 체크

① A는 보드, D는 스키 또는 보드를 타고 있으므로 항상 거짓인 설명은 아니다.

② B와 E는 모두 중급 또는 상급 코스에 있으므로 항상 거짓인 설명은 아니다.

③ C는 중급 또는 상급 코스에서 스키를 타고 있으므로 항상 거짓인 설명은 아니다.

⑤ E가 상급 코스에 있다면 C는 중급 코스에 있고, B는 중급 또는 상급 코스에 있으므로 항상 거짓인 설명은 아니다.

13 언어추리 정답 ②

제시된 조건에 따르면 다섯 가지 음식 중 커피보다 먼저 먹은 음식은 없고, 샐러드는 식사 가장 중간에 먹었으므로 첫 번째로 먹은 음식이 커피, 세 번째로 먹은 음식이 샐러드임을 알 수 있다. 또한, 파스타는 샐러드보다 나중에 먹었으므로 파스타는 네 번째 또는 다섯 번째로 먹었다. 이에 따라 다섯 가지 음식을 먹는 순서로 가능한 경우는 다음과 같다.

경우 1. 파스타를 네 번째로 먹었을 경우

첫 번째	두 번째	세 번째	네 번째	다섯 번째
커피	스테이크 또는 아이스크림	샐러드	파스타	스테이크 또는 아이스크림

경우 2. 파스타를 다섯 번째로 먹었을 경우

첫 번째	두 번째	세 번째	네 번째	다섯 번째
커피	스테이크 또는 아이스크림	샐러드	스테이크 또는 아이스크림	파스타

따라서 아이스크림을 두 번째, 파스타를 네 번째, 스테이크를 다섯 번째로 먹었을 경우, 스테이크를 파스타보다 나중에 먹게 되므로 항상 거짓인 설명이다.

오답 체크

① 스테이크를 두 번째, 파스타를 네 번째로 먹었을 경우, 아이스크림을 다섯 번째로 먹게 되므로 항상 거짓인 설명은 아니다.
③ 스테이크를 두 번째, 파스타를 다섯 번째로 먹었을 경우, 아이스크림을 네 번째로 먹게 되므로 항상 거짓인 설명은 아니다.
④ 파스타를 네 번째, 아이스크림을 다섯 번째로 먹었을 경우, 스테이크를 두 번째로 먹게 되므로 항상 거짓인 설명은 아니다.
⑤ 스테이크를 네 번째 또는 다섯 번째로 먹었을 경우, 샐러드는 스테이크보다 먼저 먹게 되므로 항상 거짓인 설명은 아니다.

14 언어추리 정답 ③

제시된 조건에 따르면 금메달 또는 은메달을 획득한 선수는 진실만을 말하고, 동메달을 획득하거나 메달이 없는 선수는 거짓만을 말하므로 태희는 은메달을 획득했고, 민서는 동메달을 획득했다는 현준이의 말이 진실이라면 태희는 은메달을 획득하여 진실을 말하고, 민서는 동메달을 획득하여 거짓을 말하고 있어야 한다. 이 경우, 현준이는 금메달을 획득했고, 준영이는 메달이 없어야 하지만 준영이는 메달이 없다는 민서의 말이 진실이 되어 모순되므로 현준이의 말은 거짓임을 알 수 있다. 이때 준영이는 메달이 없다는 민서의 말이 진실이라면 본인과 준영이는 모두 메달이 있다는 태희의 말과 메달이 없는 준영이의 말은 모두 거짓이 되어야 하지만 거짓을 말하는 사람이 현준, 태희, 준영으로 총 3명이 되어 동메달을 획득하거나 메달이 없는 선수 2명만이 거짓을 말한다는 조건에 모순되므로 민서의 말은 거짓임을 알 수 있다. 이에 따라 준영과 태희의 말은 진실이 되어, 준영은 금메달, 태희는 은메달을 획득했으며, 현준의 말이 거짓임에 따라 민서는 메달이 없다. 따라서 거짓말을 하는 선수는 민서와 현준이다.

15 도형추리 정답 ⑤

각 행에 제시된 도형은 다음 열에서 시계 방향으로 90° 회전하면서 두 열 아래로 이동한 형태이다.

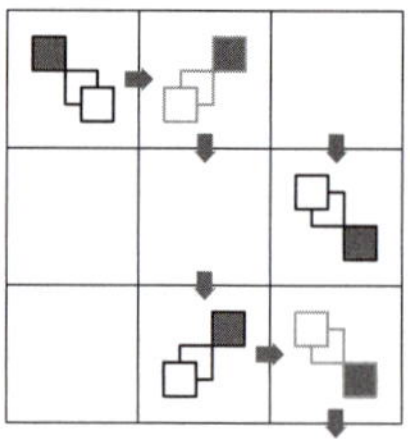

따라서 '?'에 해당하는 도형은 ⑤이다.

16 도형추리 정답 ②

각 열에서 2행에 제시된 도형은 1행과 3행에 제시된 도형을 결합한 형태이다.

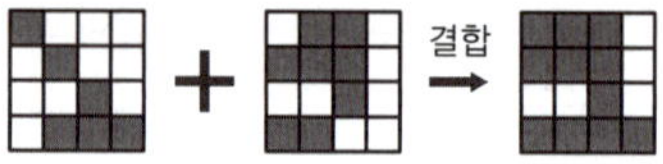

[1행 2열] [3행 2열] **[2행 2열]**

따라서 '?'에 해당하는 도형은 ②이다.

17 도형추리 정답 ②

각 열에서 다음 행에 제시된 도형은 이전 행에 제시된 도형을 시계 방향으로 90° 회전한 후 색반전한 형태이다.

[2행 3열] **[3행 3열]**

따라서 '?'에 해당하는 도형은 ②이다.

[18-21]

♩: 첫 번째, 두 번째 문자(숫자)의 자리를 서로 바꾸고, 세 번째, 네 번째 문자(숫자)의 자리를 서로 바꾼다.
ex. abcd → badc

#: 문자와 숫자 순서에 따라 첫 번째 문자(숫자)를 다음 세 번째 순서에 오는 문자(숫자)로, 두 번째 문자(숫자)를 바로 이전 순서에 오는 문자(숫자)로, 세 번째 문자(숫자)를 이전 세 번째 순서에 오는 문자(숫자)로, 네 번째 문자(숫자)를 바로 다음 순서에 오는 문자(숫자)로 변경한다.
ex. abcd → daze (a+3, b−1, c−3, d+1)

◘: 두 번째 문자(숫자)를 네 번째 자리로, 세 번째 문자(숫자)를 두 번째 자리로, 네 번째 문자(숫자)를 세 번째 자리로 이동시킨다.
ex. abcd → acdb

⊙: 문자와 숫자 순서에 따라 첫 번째 문자(숫자)를 바로 이전 순서에 오는 문자(숫자)로, 두 번째 문자(숫자)를 이전 두 번째 순서에 오는 문자(숫자)로, 세 번째 문자(숫자)를 다음 두 번째 순서에 오는 문자(숫자)로, 네 번째 문자(숫자)를 바로 다음 순서에 오는 문자(숫자)로 변경한다.
ex. abcd → zzee (a−1, b−2, c+2, d+1)

18 도식추리 　정답 ⑤

S5E7 → ⊙ → R3G8 → # → U2D9

19 도식추리 　정답 ③

JL83 → ♩ → LJ38 → ◘ → L38J → ⊙ → K10K

20 도식추리 　정답 ②

3BO4 → ♩ → B34O → ⊙ → A16P

21 도식추리 　정답 ③

9A2F → ◘ → 92FA → ♩ → 29AF → # → 58XG

22 문단배열 　정답 ②

이 글은 원뿔세포의 역할 및 원뿔세포 기능의 이상 시 나타날 수 있는 현상에 대해 설명하는 글이다.

따라서 '(C) 원뿔세포의 역할 → (D) 색 구분에 영향을 미치는 원뿔세포 → (A) 원뿔세포 부족으로 색을 구분하지 못하는 황소 → (B) 원뿔세포 기능 이상 시 나타날 수 있는 색각이상' 순으로 연결되어야 한다.

23 문단배열 　정답 ③

이 글은 패럴림픽의 유래와 패럴림픽 종목 중 대표적인 스포츠 경기인 보치아에 대해 설명하는 글이다.

따라서 '(C) 패럴림픽의 유래 → (B) 패럴림픽에서 볼 수 있는 독자적 경기 중 하나인 보치아 → (D) 보치아의 경기 방식 → (A) 보치아의 스포츠로써의 의미와 가치' 순으로 연결되어야 한다.

빠른 문제 풀이 Tip

각 문단이 어떤 상위 혹은 하위 내용을 담고 있는지 확인한다.

선택지에 제시된 첫 번째 문단은 (A), (C)이다. 이때 (C)는 패럴림픽의 유래에 대해 설명하며, (C)를 제외한 나머지 문단에서 언급하고 있는 보치아는 패럴림픽의 하위 내용이므로 (C)가 첫 번째 문단임을 알 수 있다. 또한, 두 번째 문단이 될 수 있는 (B), (D) 중 (B)에서 패럴림픽의 특징 및 경기 종목에 대해 언급하고 있어 (C)의 내용과 연결되므로, (C) 다음으로 이어지는 문단은 (B)임을 알 수 있다.

따라서 '(C) → (B) → (D) → (A)' 순으로 연결되어야 한다.

24 논리추론 정답 ①

배구 경기에서 랠리 포인트는 공격에 성공하거나 상대 팀이 공을 놓치는 등의 실책을 하게 되면 매번 1득점을 하게 된다고 하였으므로 랠리 포인트가 공격권을 얻은 팀이 공격에 성공할 때만 얻을 수 있다는 것은 옳지 않은 내용이다.

오답 체크

② 수비만을 전문적으로 맡아 하는 리베로는 직접적으로 상대팀에 공격할 수 없고, 후위 지역에서만 경기를 해야 하므로 옳은 내용이다.

③ 국제식 경기에서 마지막 5세트의 경우 25점을 선취해야 하는 1~4세트와 달리 15점을 먼저 얻으면 이기게 되므로 옳은 내용이다.

④ 1966년 아시아 배구 선수권 이후부터 공식 경기에서는 국제식 경기로만 진행된다고 하였으므로 옳은 내용이다.

⑤ 배구 규칙이 변경되면서 2022년부터는 경기 진행 중 세트별로 팀당 2번까지 타임아웃을 30초씩 사용할 수 있다고 하였으므로 팀당 최대 (30 × 2) × 5 = 300초 = 5분을 타임아웃으로 사용할 수 있으므로 옳은 내용이다.

25 논리추론 정답 ④

코르티솔은 에너지 공급을 위해, 세로토닌은 분비 과정에서 포도당을 필요로 하기 때문에, 두 호르몬 모두 음식을 당기게 하는 원인이라고 하였으므로 세로토닌의 분비가 활성화될 때 식욕이 감소한다는 것은 옳지 않은 내용이다.

오답 체크

① 잠자는 동안에는 기초대사량 외에 나머지 열량이 그대로 지방으로 축적되어 야식은 비만을 야기한다고 하였으므로 옳은 내용이다.

② 우리 몸은 스트레스를 받으면 부신에서 코르티솔과 세로토닌이 함께 분비된다고 하였으므로 옳은 내용이다.

③ 아직 정확한 원인이 밝혀지지 않았지만 많은 전문가들은 야식증후군의 원인을 스트레스로 보고 있다고 하였으므로 옳은 내용이다.

⑤ 야식을 먹으면 소화가 다 되지 않은 상태에서 잠이 들게 되는데, 이 경우 식도 근육이 느슨해지고 위장 기능이 떨어져 역류성 식도염이나 위염이 발병할 수 있다고 하였으므로 옳은 내용이다.

26 논리추론 정답 ②

자동차 제조 기업들이 차체의 무게를 줄이기 위해 알루미늄을 사용하고 있으며, 자동차의 강철 부품을 알루미늄으로 대체해 무게를 줄이면 연비가 향상될 수 있다고 하였으므로 알루미늄이 자동차의 연비 개선을 위한 수단으로 이용됨을 추론할 수 있다.

오답 체크

① 알루미늄은 지구상에서 가장 흔한 금속이며, 원소 중에서는 세 번째로 많다고 하였으므로 옳지 않은 내용이다.

③ 철보다 무게가 약 1/3 가벼운 알루미늄을 사용하면 그만큼 차체 무게를 줄일 수 있다고 하였으므로 옳지 않은 내용이다.

④ 대부분은 알루미늄에 다양한 원소를 첨가해 합금으로 만들어 강도를 높여 사용한다고 하였으므로 옳지 않은 내용이다.

⑤ 알루미늄을 재생할 때 필요로 하는 에너지는 신규 생산의 약 5%이며, 재생 과정에서 발생하는 폐기물도 15% 수준에 불과하다고 하였으므로 옳지 않은 내용이다.

27 논리추론 정답 ⑤

과거 우리나라에서는 하수 오니를 바다 속에 매립하거나 건조 후 소각하는 방식을 택하였으나, 현재 오니의 직매립 및 해양 배출은 전면 금지되었다고 하였으므로 오늘날 우리나라에서 수처리 과정에서 발생한 오니를 해양 직매립을 통해 해결하고 있다는 것은 옳지 않은 내용이다.

오답 체크

① 일부 오니는 시멘트의 원료로 사용되기도 한다고 하였으므로 옳은 내용이다.

② 배출된 하수와 폐수에 대한 수처리는 생물학적 처리와 응집 침전 등을 시행해 오니를 빠르게 만들어 낸 뒤 이를 처리하여 물을 정화한다고 하였으므로 옳은 내용이다.

③ 오니는 바다 및 하천 등에서 오염 물질이 중력의 영향을 받아 자연스럽게 만들어지기도 한다고 하였으므로 옳은 내용이다.

④ 오니는 다양하게 재활용되고 있으며, 오니를 숙성시켜 퇴비로 활용하기도 한다고 하였으므로 옳은 내용이다.

28 논리추론

정답 ④

제시된 글의 필자는 첫인상으로 형성된 이미지는 쉽게 바뀌지 않아 첫인상에서 부정적인 이미지가 형성된 사람이 긍정적인 이미지로 바뀌려면 첫인상에서 얻은 정보량의 200배 정도 많은 정보가 필요하므로 대인관계에서 초두 효과가 정설로 받아들여질 필요가 있다고 주장하고 있다.
따라서 첫인상이 좋지 못하더라도 후속 행동 및 태도가 진솔하다고 판단될 경우 점차 좋은 이미지로 바뀔 수 있다는 반박이 타당하다.

29 논리추론

정답 ⑤

이 글은 자연계의 모든 사건과 현상은 필연적 인과로 전개된다는 스피노자의 단일 실체론을 설명하는 내용이고, 〈보기〉는 독립적·비인과적으로 배열된 모나드들 사이의 조화가 신에 의해 설정된 것이라는 라이프니츠의 모나드론을 설명하는 내용이다.
따라서 스피노자의 단일 실체론에서는 모든 사건이 필연적 인과 관계로 연결되지만, 라이프니츠의 모나드들 사이에는 직접적 인과 관계가 존재하지 않음을 알 수 있다.

30 논리추론

정답 ②

이 글은 mRNA 백신이 개발 속도나 대량 생산에 용이하지만 장기 보관을 위해서는 극저온의 환경이 필요하다는 내용이고, 〈보기〉는 바이러스 벡터 백신이 개발 및 생산 과정은 복잡하지만 백신의 지속성이 길고 일반 냉장 온도에서 보관 가능하다는 장점을 설명하는 내용이다.
따라서 유통 인프라가 부족한 개발도상국에서는 바이러스 벡터 백신이 mRNA 백신보다 배포에 더 유리할 수 있음을 알 수 있다.

GLOBAL SAMSUNG APTITUDE TEST

실전모의고사 3회

정답

I 수리

p.130

01	⑤	응용계산	05	⑤	자료해석	09	③	자료해석	13	⑤	자료해석	17	④	자료해석
02	④	응용계산	06	②	자료해석	10	⑤	자료해석	14	③	자료해석	18	②	자료해석
03	④	자료해석	07	②	자료해석	11	⑤	자료해석	15	⑤	자료해석	19	④	자료해석
04	①	자료해석	08	①	자료해석	12	③	자료해석	16	②	자료해석	20	③	자료해석

II 추리

p.148

01	⑤	언어추리	07	⑤	언어추리	13	④	언어추리	19	②	도식추리	25	④	논리추론
02	④	언어추리	08	①	언어추리	14	②	언어추리	20	③	도식추리	26	①	논리추론
03	③	언어추리	09	④	언어추리	15	④	도형추리	21	①	도식추리	27	⑤	논리추론
04	①	언어추리	10	④	언어추리	16	③	도형추리	22	②	문단배열	28	④	논리추론
05	③	언어추리	11	⑤	언어추리	17	⑤	도형추리	23	③	문단배열	29	④	논리추론
06	①	언어추리	12	④	언어추리	18	④	도식추리	24	②	논리추론	30	①	논리추론

취약 유형 분석표

유형별로 맞힌 개수, 틀린 문제 번호와 풀지 못한 문제 번호를 적고 나서 취약한 유형이 무엇인지 파악해 보세요.
취약한 유형은 '기출유형공략'으로 복습하고 틀린 문제와 풀지 못한 문제를 다시 한번 풀어보세요.

	유형	맞힌 개수	틀린 문제 번호	풀지 못한 문제 번호
수리	응용계산	/2		
	자료해석	/18		
	TOTAL	/20		

	유형	맞힌 개수	틀린 문제 번호	풀지 못한 문제 번호
추리	언어추리	/14		
	도형추리	/3		
	도식추리	/4		
	문단배열	/2		
	논리추론	/7		
	TOTAL	/30		

	영역	제한 시간 내에 맞힌 문제 수	정답률
합계	수리	/20	%
	추리	/30	%
	TOTAL	/50	%

해설

I 수리

01 응용계산 정답 ⑤

2023년 A 제품의 판매량을 x, 2023년 B 제품의 판매량을 y라고 하면

2024년 A 제품의 판매량은 전년 대비 20% 증가하였고, 2024년 B 제품의 판매량은 전년 대비 15% 감소하여 2024년 A 제품과 B 제품의 총판매량이 7,050개이므로

$1.2x+0.85y=7{,}050$ … ⓐ

이때 2023년 B 제품의 판매량은 2024년 A 제품 판매량의 2.5배이므로

$1.2x\times2.5=y \rightarrow 3x=y$ … ⓑ

ⓑ를 ⓐ에 대입하여 풀면 $1.2x+2.55x=7{,}050$

$\rightarrow 3.75x=7{,}050 \rightarrow x=1{,}880$

따라서 2024년 A 제품의 판매량은 $1{,}880\times1.2=2{,}256$개이다.

빠른 문제 풀이 Tip

미지수를 한 개만 두고 풀이한다.
2023년 A 제품의 판매량을 x라고 하면 2024년 A 제품의 판매량은 전년 대비 20% 증가하였으므로 $1.2x$이다. 또한, 2023년 B 제품의 판매량은 2024년 A 제품 판매량의 2.5배이므로 $1.2x\times2.5=3x$이고, 2024년 B 제품의 2024년 판매량은 전년 대비 15% 감소하였으므로 $3x\times0.85=2.55x$이다. 이때 2024년 A 제품과 B 제품의 총판매량이 7,050개이므로

$1.2x+2.55x=7{,}050 \rightarrow 3.75x=7{,}050 \rightarrow x=1{,}880$

따라서 2024년 A 제품의 판매량은 $1{,}880\times1.2=2{,}256$개이다.

02 응용계산 정답 ④

6개의 숫자 0, 1, 2, 3, 4, 5 중 서로 다른 2개를 골라 두 자릿수 숫자를 만들었을 때, 이 수가 3의 배수이기 위해서는 각 자리 숫자의 합이 3의 배수이어야 하므로 고른 2개의 숫자는 (0, 3) 또는 (1, 2) 또는 (1, 5) 또는 (2, 4) 또는 (4, 5)이다. 이때 고른 2개의 숫자로 만든 두 자릿수 숫자는 (0, 3)은 1가지, (1, 2), (1, 5), (2, 4), (4, 5)는 각 2가지로 총 8가지이다.

따라서 6개의 숫자 중 서로 다른 2개를 골라 만든 수가 3의 배수인 경우의 수는 1+8=9가지이다.

03 자료해석 정답 ④

B 대학교에서 대중교통 이용 횟수가 1~3회인 학생 수는 $3{,}300\times0.24=792$명으로, C 대학교에서 대중교통 이용 횟수가 4~6회인 학생 수 $2{,}400\times0.34=816$명보다 적으므로 옳지 않은 설명이다.

오답 체크

① A 대학교에서 대중교통 이용 횟수가 7회 이상인 학생 수는 A 대학교 전체 학생 수의 (18+16)%인 $3{,}000\times0.34=1{,}020$명이므로 옳은 설명이다.

② 대중교통 이용 횟수가 7~9회인 학생 수 대비 0회인 학생 수의 비율은 B 대학교가 $(3{,}300\times0.11)/(3{,}300\times0.19)\fallingdotseq0.58$, D 대학교가 $(1{,}500\times0.09)/(1{,}500\times0.16)\fallingdotseq0.56$으로 B 대학교가 D 대학교보다 크므로 옳은 설명이다.

③ 대학교별 대중교통 이용 횟수 비중이 높은 순서대로 대중교통 이용 횟수를 나열하면 그 순위는 A~D 대학교 모두 4~6회, 1~3회, 7~9회, 10회 이상, 0회로 동일하므로 옳은 설명이다.

⑤ C 대학교에서 대중교통 이용 횟수가 10회 이상인 학생 수는 $2{,}400\times0.14=336$명, D 대학교에서 대중교통 이용 횟수가 10회 이상인 학생 수는 $1{,}500\times0.15=225$명으로 총 336+225=561명이므로 옳은 설명이다.

04 자료해석 정답 ①

a. 제시된 기간 동안 연도별 40~49세 퇴직연금 가입 근로자 수의 평균은 남자가 (10,280+10,650+10,930+11,200)/4=10,765백 명, 여자가 (5,240+5,640+5,990+6,330)/4=5,800백 명으로 남자가 여자의 10,765/5,800 ≒ 1.9배이므로 옳은 설명이다.

b. 2023년 전체 퇴직연금 가입 근로자 수의 2년 전 대비 증가 인원은 남자가 35,420−33,230=2,190백 명, 여자가 22,540−19,800=2,740백 명으로 남자가 여자보다 적으므로 옳은 설명이다.

오답 체크

c. 2024년 전체 남자 퇴직연금 가입 근로자 수에서 30~39세 남자가 차지하는 비중은 (11,200/35,000)×100=32%로 전체 여자 퇴직연금 가입 근로자 수에서 30~39세 여자가 차지하는 비중인 (6,050/24,200)×100=25%보다 크므로 옳지 않은 설명이다.

d. 2022년 이후 남자와 여자의 퇴직연금 가입 근로자 수가 모두 매년 전년 대비 증가한 연령대는 40~49세, 50~59세, 60세 이상으로 총 3개이므로 옳지 않은 설명이다.

빠른 문제 풀이 Tip

a. 연도별 남자와 여자의 퇴직연금 가입 근로자 수의 배수를 비교한다.
2021년부터 2024년까지 매년 40~49세 퇴직연금 가입 근로자 수는 남자가 여자의 2배 미만이므로 제시된 기간 동안 연도별 40~49세 퇴직연금 가입 근로자 수의 평균도 남자가 여자의 2배 미만임을 알 수 있다.

05 자료해석 정답 ⑤

사업체 1개당 수소 산업 총투자액은 수소 활용 업종이 19,500/1,300=15억 원, 수소 관련 서비스 업종이 7,350/420=17.5억 원으로 수소 활용 업종이 수소 관련 서비스 업종보다 작으므로 옳지 않은 설명이다.

오답 체크

① 전체 사업체 수에서 수소 매출액이 10억 원 미만인 사업체 수가 차지하는 비중은 {(1,260+810)/2,760}×100=75%로 70% 이상이므로 옳은 설명이다.

② 사업체 수가 1,300개로 가장 많은 업종인 수소 활용 업종의 총투자액은 19,500억 원으로 가장 크므로 옳은 설명이다.

③ 연구개발비와 시설투자비의 차이는 중소기업이 2,670−1,430=1,240억 원, 중견기업이 1,150−530=620억 원으로 중소기업이 중견기업의 1,240/620=2배이므로 옳은 설명이다.

④ 수소 매출액이 10억 원 이상 100억 원 미만인 사업체의 연구개발비 대비 시설투자비의 비율은 4,700/950 ≒ 4.95로 5.0 미만이므로 옳은 설명이다.

06 자료해석 정답 ②

a. 2020년 이후 제시된 모든 직무의 평균 연봉이 꾸준히 증가하였으므로 옳은 설명이다.

c. 2022년 각 직무별 직원 수가 5명으로 동일하다면, V 회사 전 직원의 연봉 합계는 (5,700+4,650+5,100+5,050+4,850)×5=126,750만 원이므로 옳은 설명이다.

오답 체크

b. 2021년 대비 2024년 평균 연봉의 증가율은 연구개발이 {(6,300−5,400)/5,400}×100 ≒ 16.7%, 설비 및 제조가 {(4,950−4,500)/4,500}×100=10.0%, 영업이 {(5,700−4,800)/4,800}×100 ≒ 18.8%, 마케팅이 {(5,350−4,900)/4,900}×100 ≒ 9.2%, 경영지원이 {(5,150−4,700)/4,700}×100 ≒ 9.6%로 영업 직무가 가장 높으므로 옳지 않은 설명이다.

d. 2023년 경영지원 직무의 평균 연봉은 2019년 마케팅 직무 평균 연봉의 5,000/4,700 ≒ 1.06배이므로 옳지 않은 설명이다.

07 자료해석 정답 ②

재고량=정부비축량+석탄 생산업체 및 연탄공장 재고량임을 적용하여 구한다.
제시된 기간 중 석탄 생산량과 소비량의 차이가 100천 톤 미만인 해는 2019년, 2022년, 2023년이고, 석탄 생산량과 소비량의 차이는 2019년에 1,764−1,718=46천 톤, 2022년에 1,202−1,143=59천 톤, 2023년에 1,084−1,044=40천 톤으로, 2023년에 가장 작다.
따라서 2023년 석탄 생산업체 및 연탄공장의 석탄 재고량은 2,649−918=1,731천 톤이다.

08 자료해석 정답 ①

인구밀도=총인구/면적임을 적용하여 구한다.
2023년 인구가 전년 대비 감소한 지역은 A 지역뿐이다.
따라서 2023년 A 지역의 면적은 9,900,000/16,500=600km^{2}이다.

09 자료해석 정답 ③

A 채널 전체 구독자 수는 2분기에 22,380+17,200=39,580명, 3분기에 25,100+20,080=45,180명으로 3분기에 직전 분기 대비 45,180−39,580=5,600명 증가하였으므로 옳은 설명이다.

오답 체크

① 1분기 대비 4분기 내국인 여자 구독자 수는 {(14,350−12,950)/14,350}×100 ≒ 9.8% 감소하였으므로 옳지 않은 설명이다.
② 3분기 외국인 남자 구독자 수 대비 2분기 내국인 남자 구독자 수의 비율은 17,800/5,400 ≒ 3.3으로 4.0 미만이므로 옳지 않은 설명이다.
④ 내국인 남자 구독자 수가 가장 많은 분기는 3분기, 외국인 여자 구독자 수가 가장 많은 분기는 4분기로 서로 다르므로 옳지 않은 설명이다.
⑤ 2분기 A 채널 전체 남자 구독자 수에서 외국인 남자 구독자 수가 차지하는 비중은 (4,580/22,380)×100 ≒ 20.5%로 20% 이상이므로 옳지 않은 설명이다.

[10-11]

10 자료해석 정답 ⑤

1분기 월별 여성 외래객 입국자 수의 평균은 (6,470+14,300+13,050)/3 ≒ 11,273명이므로 옳지 않은 설명이다.

오답 체크

① 3월 E 국적의 외래객 입국자 수의 전월 대비 감소율은 남자가 {(400−150)/400}×100=62.5%, 여자가 {(200−80)/200}×100=60%로 남자가 여자보다 크므로 옳은 설명이다.
② 2월 전체 외래객 입국자 수는 1월 대비 {(34,000−22,580)/22,580}×100 ≒ 50.6% 증가하였으므로 옳은 설명이다.
③ 2월 이후 전체 여성 외래객 입국자 수가 전월 대비 감소한 3월에 여성 외래객 입국자 수가 전월 대비 감소한 국적은 B, C, D, E로 총 4개이므로 옳은 설명이다.
④ A 국적을 제외한 나머지 국적의 남성 외래객 입국자 수의 합은 1월에 16,110−10,600=5,510명, 2월에 19,700−13,800=5,900명, 3월에 24,425−19,300=5,125명으로 A 국적의 남성 외래객 입국자 수는 매달 A 국적을 제외한 나머지 국적의 남성 외래객 입국자 수의 합보다 많으므로 옳은 설명이다.

빠른 문제 풀이 Tip

④ A 국적의 남성 외래객 입국자 수는 매달 전체 남성 외래객 입국자 수의 50% 이상을 차지하므로 A 국적의 남성 외래객 입국자 수는 매달 A 국적을 제외한 나머지 국적의 남성 외래객 입국자 수의 합보다 많음을 알 수 있다.

11 자료해석 정답 ⑤

기타를 제외한 제시된 국적 중 2월 여성 외래객 입국자 수의 전월 대비 증가 인원이 다른 국적에 비해 두 번째로 많은 국적은 2,400−800=1,600명 증가한 C 국적이다.
따라서 C 국적의 2월 여성 외래객 입국자 수의 전월 대비 증가율은 (1,600/800)×100=200%이다.

[12-13]

12 자료해석 정답 ③

2022년 일반냉장고 판매량에서 양문형 냉장고 판매량이 차지하는 비중은 (980/2,800)×100=35%로 40% 미만이므로 옳지 않은 설명이다.

오답 체크

① 연도별 주방가전 총 판매량에서 일반냉장고 판매량이 차지하는 비중은 2021년에 (1,500/2,600)×100 ≒ 57.7%, 2022년에 (2,800/4,300)×100 ≒ 65.1%, 2023년에 (2,400/3,700)×100 ≒ 64.9%, 2024년에 (3,000/4,400)×100 ≒ 68.2%로 매년 50% 이상이므로 옳은 설명이다.
② 2024년 전자레인지 판매량은 전년 대비 {(350−250)/250}×100=40% 증가하였으므로 옳은 설명이다.
④ 2021~2024년 연도별 식기세척기 판매량의 평균은 (100+150+200+250)/4=175천 대이므로 옳은 설명이다.
⑤ 2022~2024년 4도어 냉장고 판매량의 합은 1,680+1,440+1,800=4,920천 대로 5,000천 대 미만이므로 옳은 설명이다.

13 자료해석 정답 ⑤

a. 연도별 일반냉장고 판매량에서 4도어 냉장고 판매량이 차지하는 비중은 2022년에 (1,680/2,800)×100=60%, 2023년에 (1,440/2,400)×100=60%, 2024년에 (1,800/3,000)×100=60%로 2022년 이후 매년 동일하므로 옳은 설명이다.
b. 제시된 기간 중 전자레인지 판매량이 다른 해에 비해 가장 적은 2023년에 업소용 냉장고 판매량은 전년 대비 180−140=40천 대 증가하였으므로 옳은 설명이다.
c. 식기세척기 판매량의 전년 대비 증가량은 2022년에 150−100=50천 대, 2023년에 200−150=50천 대, 2024년에 250−200=50천 대이므로 옳은 설명이다.

[14-15]

14 자료해석 정답 ③

댐의 물 유입량과 방류량의 차이는 2021년에 25,867－25,711＝156백만 m^3이고, 2024년에 11,598－11,329＝269백만 m^3로 가장 작은 해는 2021년이므로 옳지 않은 설명이다.

오답 체크

① 댐의 평균 저수율이 64%로 가장 높은 2021년과 40%로 가장 낮은 2019년의 댐의 물 유입량의 합은 25,867＋12,854＝38,721백만 m^3이므로 옳은 설명이다.

② 댐 유역의 강수량이 전년 대비 증가한 2020년과 2021년에 댐의 물 유입량은 방류량보다 많으므로 옳은 설명이다.

④ I 국 댐의 저수용량 합계＝(평균 저수량 / 평균 저수율)×100임을 적용하여 구하면, 댐의 평균 저수율이 두 번째로 높은 2022년에 I 국 댐의 저수용량 합계는 (7,200 / 60)×100＝12,000백만 m^3이므로 옳은 설명이다.

⑤ 댐의 평균 저수량과 평균 저수율은 2021년까지 매년 전년 대비 증가하다가 2022년부터 매년 전년 대비 감소하여 같은 증감 추이를 보이므로 옳은 설명이다.

15 자료해석 정답 ⑤

a. 2021년부터 2023년까지 연도별 I 국 댐의 물 방류량의 평균은 (25,711＋18,640＋15,985) / 3＝20,112백만 m^3로 20,000백만 m^3 이상이므로 옳은 설명이다.

b. 2023년 댐 유역의 강수량의 전년 대비 감소율은 (1,400－1,200) / 1,400 ≒ 14.3%로 15% 미만이므로 옳은 설명이다.

d. 2021년 I 국 댐의 저수용량 합계는 (7,600 / 64)×100＝11,875백만 m^3로 2020년 I 국 댐의 저수용량 합계인 (6,300 / 56)×100＝11,250백만 m^3 대비 11,875－11,250＝625백만 m^3 증가하였으므로 옳은 설명이다.

오답 체크

c. I 국의 댐의 물 유입량이 19,000백만 m^3 미만인 2019년, 2023년, 2024년에 평균 저수량의 합은 총 5,600＋7,000＋5,700＝18,300백만 m^3이므로 옳지 않은 설명이다.

[16-17]

16 자료해석 정답 ②

2013~2016년 검역 건수 합계 상위 6개국 중 2013~2016년 검역 건수 합계 대비 2017~2020년 검역 건수 합계가 감소한 국가는 필리핀, 중국, 싱가포르이고, 미국은 감소 또는 증가했으며, 감소량은 필리핀이 50,390－39,522＝10,868건, 중국이 50,083－46,487＝3,596건, 싱가포르가 11,350－11,032＝318건, 미국은 감소했다면 최대 9,363건으로 감소량이 가장 큰 국가는 필리핀이므로 옳지 않은 설명이다.

오답 체크

① 일본의 검역 건수는 2013~2016년에는 미국보다 적고, 2017~2020년에는 싱가포르보다 적어 9,363＋11,032＝20,395건보다 적으므로 옳은 설명이다.

③ 2017~2020년 전체 검역 건수는 62,921＋60,547＋61,900＋58,311＝243,679건이며, 러시아의 검역 건수는 12,201건으로 2017~2020년 전체 검역 건수 중 러시아의 검역 건수가 차지하는 비중은 (12,201 / 243,679)×100 ≒ 5.0%이므로 옳은 설명이다.

④ 2015년 이후 전체 검역 건수가 전년 대비 증가한 2015년, 2017년, 2019년의 다음 해에 전체 검역 건수는 모두 전년 대비 감소하였으므로 옳은 설명이다.

⑤ 2013년부터 2020년까지 검역 건수의 합은 태국이 25,824＋27,183＝53,007건, 인도네시아가 46,615＋54,588＝101,203건으로 태국의 검역 건수 합은 인도네시아의 검역 건수 합의 (53,007 / 101,203)×100 ≒ 52.4%이므로 옳은 설명이다.

17 자료해석 정답 ④

2014년 이후 전체 검역 건수가 전년 대비 증가한 2014년, 2015년, 2017년, 2019년의 증가율은 2014년이 {(58,040－55,785) / 55,785}×100 ≒ 4.0%, 2015년이 {(61,855－58,040) / 58,040}×100 ≒ 6.6%, 2017년이 {(62,921－61,083) / 61,083}×100 ≒ 3.0%, 2019년이 {(61,900－60,547) / 60,547}×100 ≒ 2.2%로 2015년이 가장 크다.
따라서 2014년 이후 전체 검역 건수의 전년 대비 증가율이 가장 큰 2015년에 증가율은 약 6.6%이다.

18 자료해석

정답 ②

막 두께(Å) $=\left(\frac{A}{\text{공정 온도}}\right)^2+B$임을 적용하여 구한다.

a 소자의 공정 온도는 250℃, 막 두께는 87Å이므로

$87=\left(\frac{A}{250}\right)^2+B$ … ⓐ

b 소자의 공정 온도는 100℃, 막 두께는 108Å이므로

$108=\left(\frac{A}{100}\right)^2+B$ … ⓑ

ⓑ−ⓐ에서 $21=\left(\frac{A}{100}\right)^2-\left(\frac{A}{250}\right)^2 \rightarrow 21\times62{,}500=6.25A^2-A^2$

$\rightarrow 5.25A^2=21\times62{,}500 \rightarrow A^2=\frac{21\times62{,}500}{5.25}$

$\rightarrow A^2=250{,}000 \rightarrow A=500$ 또는 $A=-500$

이때 A는 양수임에 따라 A=500

이를 ⓐ에 대입하여 풀면

$87=\left(\frac{500}{250}\right)^2+B \rightarrow B=87-2^2 \rightarrow B=83$

따라서 A는 500, B는 83인 ②가 정답이다.

빠른 문제 풀이 Tip

선택지의 수치를 막 두께(Å) $=\left(\frac{A}{\text{공정 온도}}\right)^2+B$에 대입하여 계산한다.

선택지 제시된 A는 500 또는 1,000이므로 이를 a 소자에 대입하면,

A=500일 경우 $87=\left(\frac{500}{250}\right)^2+B \rightarrow B=83$이고,

A=1,000일 경우 $87=\left(\frac{1{,}000}{250}\right)^2+B \rightarrow B=71$이므로 정답은 ② 또는 ④가 된다.

b 소자에 A=500 또는 1,000을 대입하면,

A=500일 경우 $108=\left(\frac{500}{100}\right)^2+B \rightarrow B=83$이고,

A=1,000일 경우 $108=\left(\frac{1{,}000}{100}\right)^2+B \rightarrow B=8$이므로 ②가 정답임을 알 수 있다.

19 자료해석

정답 ④

합격률(%)=(합격자 수/응시자 수)×100임을 적용하여 2022년 합격률을 계산하면 A 시험이 (1,470/3,500)×100=42%, B 시험이 (4,620/10,500)×100=44%, C 시험이 (2,100/5,250)×100=40%로 B 시험의 합격률이 가장 크다.

이에 따라 B 시험의 연도별 합격률을 계산하면 다음과 같다.

구분	합격률
2019년	(2,850/7,500)×100=38%
2020년	(4,320/9,600)×100=45%
2021년	(3,648/6,400)×100=57%
2022년	(4,620/10,500)×100=44%
2023년	(4,032/9,600)×100=42%

따라서 B 시험의 연도별 합격률이 일치하는 ④가 정답이다.

빠른 문제 풀이 Tip

먼저 시험별 2022년 합격률에서 분자의 배율이 분모의 배율보다 더 크면 분수의 크기가 더 큼을 이용하여 비교한다.

합격률에서 분자에 해당하는 합격자 수는 A 시험이 B 시험의 1/3배 미만이고, 분모에 해당하는 응시자 수는 A 시험이 B 시험의 1/3배이므로 합격률은 A 시험이 B 시험보다 작다.

또한, 분자에 해당하는 합격자 수는 B 시험이 C 시험의 2배 이상이고, 분모에 해당하는 응시자 수는 B 시험이 C 시험의 2배이므로 합격률은 B 시험이 C 시험보다 크다. 이에 따라 A~C 시험 중 2022년 합격률이 다른 시험에 비해 가장 큰 시험은 B 시험임을 알 수 있다.

그 다음 B 시험 합격률의 분모에 해당하는 응시자 수가 동일한 2020년과 2023년을 우선적으로 비교한다.

B 시험 합격률의 분자에 해당하는 합격자 수는 2020년에 4,320명, 2023년에 4,032명으로 합격률은 2020년이 2023년보다 더 크므로 ①과 ③을 소거한다. 다음으로, 남은 선택지에 나타난 합격률 수치를 B 시험 응시자 수에 곱하여 합격자 수와 비교한다. B 시험의 2019년 합격자 수는 2,850명으로 응시자 수의 40%인 7,500×0.4=3,000명보다 적으므로 ②를 소거하고, 2021년 합격자 수는 3,648명으로 응시자 수의 55%인 6,400×0.55=3,200×1.1=3,520명보다 크므로 ⑤를 소거한다.

따라서 정답은 ④임을 알 수 있다.

20 자료해석

정답 ③

가 제품 생산에 사용한 a 부품 개수의 변화를 나타내면 다음과 같다.

1일 차	2일 차	3일 차	4일 차	5일 차
4	5	9	14	23

+1 +4 +5 +9

가 제품 생산에 사용한 a 부품 개수는 1일 전과 2일 전에 사용한 a 부품 개수의 합임을 알 수 있다.

나 제품 생산에 사용한 a 부품 개수의 변화를 나타내면 다음과 같다.

1일 차	2일 차	3일 차	4일 차	5일 차
76	75	72	67	60

−1 −3 −5 −7

−2 −2 −2

나 제품 생산에 사용한 a 부품 개수의 전일 대비 감소량은 매일 2개씩 증가함을 알 수 있다.

다 제품 생산에 사용한 a 부품 개수의 변화를 나타내면 다음과 같다.

1일 차	2일 차	3일 차	4일 차	5일 차
3	5	7	9	11

+2 +2 +2 +2

다 제품 생산에 사용한 a 부품 개수는 매일 2개씩 증가함을 알 수 있다.

이에 따라 S 공장에서 6~8일차에 가, 나, 다 제품 생산에 사용한 a 부품 개수의 합을 계산하면 다음과 같다.

구분	가 제품	니 제품	디 제품	합계
6일 차	37	51	13	37+51+13=101
7일 차	60	40	15	60+40+15=115
8일 차	97	27	17	97+27+17=141

8일 차에 가, 나, 다 제품 생산에 사용한 a 부품의 개수는 141개이고, a 부품은 7개 묶음 단위로만 판매하므로 141/7 ≒ 20.1임에 따라 8일 차에 구매한 a 부품은 21묶음이다. 이때 a 부품의 1개당 가격이 30원이므로 1묶음당 가격은 30 × 7 = 210원이다.

따라서 8일 차에 a 부품을 구매하기 위해 사용한 금액은 210 × 21 = 4,410원이다.

Ⅱ 추리

01 언어추리 정답 ⑤

기타를 연주하는 모든 사람이 밴드 음악을 좋아한다는 것은 밴드 음악을 좋아하지 않는 모든 사람이 기타를 연주하지 않는다는 것이므로, 피아노를 연주하는 어떤 사람이 밴드 음악을 좋아하지 않으면 피아노를 연주하면서 기타를 연주하지 않는 사람이 반드시 존재하게 된다.

따라서 '피아노를 연주하는 어떤 사람은 기타를 연주하지 않는다.'가 타당한 결론이다.

오답 체크

기타를 연주하는 사람을 '기', 밴드 음악을 좋아하는 사람을 '밴', 피아노를 연주하는 사람을 '피'라고 하면

①, ② 기타를 연주하지 않는 어떤 사람이 피아노를 연주하지 않거나 피아노를 연주하는 어떤 사람이 기타를 연주할 수도 있으므로 반드시 참인 결론은 아니다.

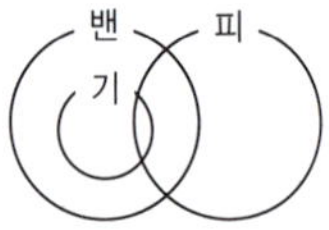

③ 피아노를 연주하는 모든 사람이 기타를 연주하지 않을 수도 있으므로 반드시 참인 결론은 아니다.

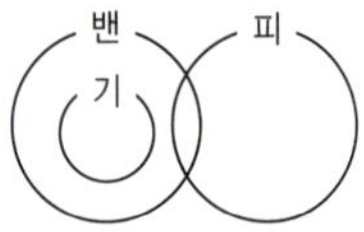

④ 기타를 연주하는 모든 사람이 피아노를 연주할 수도 있으므로 반드시 참인 결론은 아니다.

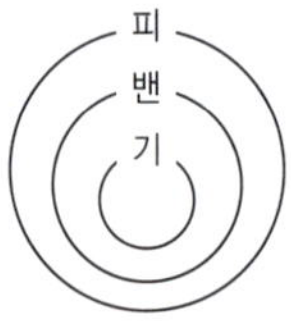

02 언어추리 정답 ④

볼링을 좋아하는 모든 사원이 테니스를 좋아하고, 볼링을 좋아하는 모든 사원이 탁구를 좋아하면 테니스를 좋아하면서 탁구를 좋아하는 사원이 반드시 존재하게 된다.

따라서 '탁구를 좋아하는 어떤 사원은 테니스를 좋아한다.'가 타당한 결론이다.

오답 체크

볼링을 좋아하는 사원을 '볼', 테니스를 좋아하는 사원을 '테', 탁구를 좋아하는 사원을 '탁', 부정형을 X라고 하면

① 테니스를 좋아하는 사원 중에 탁구를 좋아하지 않는 사원이 있을 수도 있으므로 반드시 참인 결론은 아니다.

② 테니스를 좋아하는 모든 사원이 탁구를 좋아할 수도 있으므로 반드시 참인 결론은 아니다.

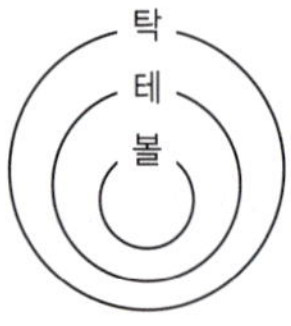

③ 탁구를 좋아하는 사원 중에 테니스를 좋아하지 않는 사원이 있을 수도 있으므로 반드시 참인 결론은 아니다.

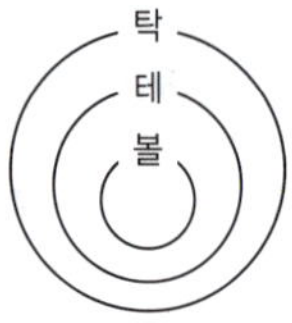

⑤ 탁구를 좋아하지 않는 모든 사원은 테니스를 좋아할 수도 있으므로 반드시 참인 결론은 아니다.

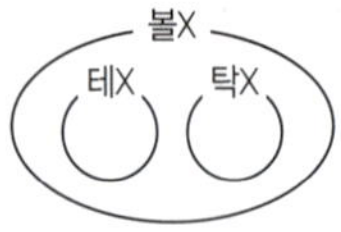

03 언어추리 정답 ③

회화 스터디를 하지 않는 모든 사람이 미국 드라마를 시청하지 않는다는 것은 미국 드라마를 시청하는 모든 사람이 회화 스터디를 한다는 것이므로 영어 공부를 하는 어떤 사람이 미국 드라마를 시청하면 영어 공부를 하면서 회화 스터디를 하는 사람이 반드시 존재하게 된다.

따라서 '회화 스터디를 하지 않는 모든 사람은 미국 드라마를 시청하지 않는다.'가 타당한 전제이다.

오답 체크

영어 공부를 하는 사람을 '영', 미국 드라마를 시청하는 사람을 '미', 회화 스터디를 하는 사람을 '회'라고 하면

① 영어 공부를 하는 어떤 사람이 미국 드라마를 시청하고, 회화 스터디를 하는 모든 사람이 미국 드라마를 시청하면 영어 공부를 하는 모든 사람은 회화 스터디를 하지 않을 수도 있으므로 결론이 반드시 참이 되게 하는 전제가 아니다.

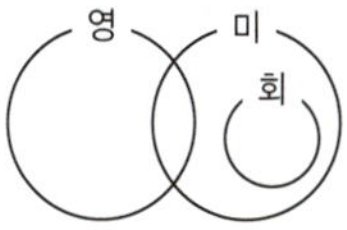

②, ④ 영어 공부를 하는 어떤 사람이 미국 드라마를 시청하고, 미국 드라마를 시청하는 모든 사람이 회화 스터디를 하지 않으면 영어 공부를 하는 모든 사람은 회화 스터디를 하지 않을 수도 있으므로 결론이 반드시 참이 되게 하는 전제가 아니다.

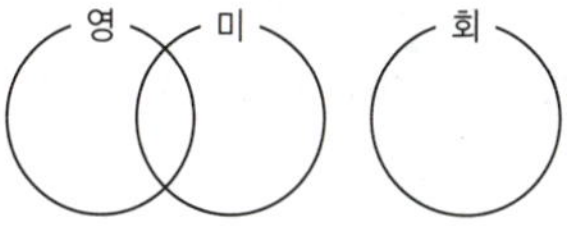

⑤ 영어 공부를 하는 어떤 사람이 미국 드라마를 시청하고, 회화 스터디를 하면서 미국 드라마를 시청하는 사람이 있으면 영어 공부를 하는 모든 사람은 회화 스터디를 하지 않을 수도 있으므로 결론이 반드시 참이 되게 하는 전제가 아니다.

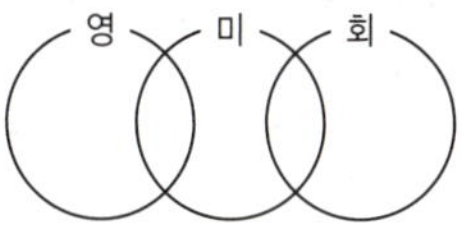

04 언어추리

정답 ①

제시된 조건에 따르면 갑은 2행 2열에, 기는 1행 3열에 주차하고, 신의 바로 왼쪽에 주차하는 사람은 을이므로 신이 1행 2열에 주차하면 을은 1행 1열에 주차하고, 신이 2행 4열에 주차하면 을은 2행 3열에 주차한다. 이때 정과 무는 같은 열에 주차하므로 정과 무는 1열 또는 4열에 주차하고, 병의 바로 앞에 주차하는 사람이 존재하며 그 사람은 기가 아니므로 병은 2행 3열에 주차하지 않는다. 이에 따라 을과 신은 1행에, 병은 2행 1열에 주차하고, 정과 무는 4열에 주차함을 알 수 있다.

	1열	2열	3열	4열
1행	을	신	**기**	정 또는 무
2행	병	**갑**	경	정 또는 무

따라서 1열에 주차하는 사람은 을, 병이다.

05 언어추리

정답 ③

제시된 조건에 따르면 4명이 2명씩 팀을 나눠 5번의 윷놀이를 진행하였으며, 처음 나눈 팀으로 5번의 경기를 모두 진행하였고, B는 두 번째, 세 번째 경기의 승부 결과가 서로 같으므로 A, C, D도 각각 두 번째, 세 번째 경기의 승부 결과가 서로 같다. 또한, D는 첫 번째, 다섯 번째 경기의 승부 결과가 서로 같으므로 A, B, C도 각각 첫 번째, 다섯 번째 경기의 승부 결과가 서로 같다. 이때 A는 첫 번째 경기에서 패배하고, 세 번째 경기에서 승리하였으므로 A는 두 번째 경기에서 승리하고, 다섯 번째 경기에서 패배하였으며, 네 번째 경기가 끝난 후 두 팀의 승리 횟수는 서로 동일하므로 A는 네 번째 경기에서 패배하여 A는 최종 우승하지 못했음을 알 수 있다. C는 네 번째 경기에서 승리하였다는 조건에 따라 A와 C는 다른 팀이었으며, C는 최종 우승을 하였음을 알 수 있다. 이에 따라 가능한 경우는 다음과 같다.

경우 1. 'A와 B', 'C와 D'가 같은 팀인 경우

구분	첫 번째	두 번째	세 번째	네 번째	다섯 번째
A	**패배**	승리	**승리**	패배	패배
B	패배	승리	승리	패배	패배
C	승리	패배	패배	**승리**	승리
D	승리	패배	패배	승리	승리

경우 2. 'A와 D', 'B와 C'가 같은 팀인 경우

구분	첫 번째	두 번째	세 번째	네 번째	다섯 번째
A	**패배**	승리	**승리**	패배	패배
B	승리	패배	패배	승리	승리
C	승리	패배	패배	**승리**	승리
D	패배	승리	승리	패배	패배

따라서 A와 C의 두 번째 경기의 승부 결과는 서로 다르므로 항상 거짓인 설명이다.

오답 체크

① A가 두 번째 경기에서 승리하였다면, 가능한 경우의 수는 2가지이므로 항상 참인 설명이다.

② B는 네 번째 경기에서 승리 또는 패배하였으므로 항상 거짓인 설명은 아니다.

④ D는 세 번째 경기에서 승리 또는 패배하였으므로 항상 거짓인 설명은 아니다.

⑤ B가 최종 우승하였다면, B는 C와 같은 팀이므로 항상 참인 설명이다.

06 언어추리

정답 ①

제시된 조건에 따르면 바이올린을 연습한 사람은 진실을 말하고, 플루트를 연습한 사람은 거짓을 말했으므로 B는 플루트를 연습했다는 D의 말이 진실이면 D는 바이올린을 연습했고, B는 플루트를 연습했다. 이에 따라 B의 말은 거짓이 되어 C는 플루트를 연습했으므로 C의 말도 거짓이 되고, C의 말에 따라 E는 바이올린을 연습했다. 이때 B와 C는 같은 악기를 연습했으므로 A의 말은 거짓이 되어 A는 플루트를 연습했다. 또한, B는 플루트를 연습했다는 D의 말이 거짓이면 D는 플루트를 연습했고, B는 바이올린을 연습했다. 이에 따라 B의 말이 진실이 되어 C는 바이올린을 연습했으므로 C의 말도 진실이 되고, C의 말에 따라 E는 바이올린을 연습했다. 이때 B와 C는 같은 악기를 연습했으므로 A의 말은 거짓이 되어 A는 플루트를 연습했다. D의 말에 따라 가능한 경우는 다음과 같다.

경우 1. D의 말이 진실인 경우

A	B	C	D	E
거짓	거짓	거짓	진실	진실
플루트	플루트	플루트	바이올린	바이올린

경우 2. D의 말이 거짓인 경우

A	B	C	D	E
거짓	진실	진실	거짓	진실
플루트	바이올린	바이올린	플루트	바이올린

따라서 A는 플루트를 연습했으므로 항상 거짓인 설명이다.

오답 체크

② B와 C는 서로 같은 악기를 연습했으므로 항상 참인 설명이다.
③ D는 바이올린 또는 플루트를 연습했으므로 항상 거짓인 설명은 아니다.
④ B는 플루트 또는 바이올린을 연습했고, E는 바이올린을 연습했으므로 항상 거짓인 설명은 아니다.
⑤ C가 플루트를 연습했다면, D는 바이올린을 연습했으므로 항상 참인 설명이다.

07 언어추리

정답 ⑤

제시된 조건에 따르면 약속 시각인 9시가 지나서 기차역에 도착한 사람은 2명이며, D는 8시 50분에 도착했다. 이때 D가 기차역에 도착한 순서는 두 번째도, 세 번째도 아니며, C가 D보다 10분 일찍 도착했으므로 D는 네 번째 순서로 도착했음을 알 수 있다. 또한, E는 B와 F보다 늦게 도착하지 않았고, A와 F는 연달아 도착했으므로 E는 첫 번째 또는 두 번째로 도착했다. E가 기차역에 도착하는 순서에 따라 가능한 경우는 다음과 같다.

경우 1. E가 첫 번째로 도착한 경우

첫 번째	두 번째	세 번째	네 번째	다섯 번째	여섯 번째
E	C 또는 B	C 또는 B	D	A 또는 F	A 또는 F

경우 2. E가 두 번째로 도착한 경우

첫 번째	두 번째	세 번째	네 번째	다섯 번째	여섯 번째
C	E	B	D	A 또는 F	A 또는 F

따라서 E가 두 번째로 도착했다면, 가능한 경우의 수는 2가지이므로 항상 참인 설명이다.

오답 체크

① C와 D 사이에 도착한 사람은 0명 또는 1명 또는 2명이므로 항상 참인 설명은 아니다.
② F는 다섯 번째 또는 여섯 번째 순서로 도착했으므로 항상 참인 설명은 아니다.
③ B가 세 번째로 도착했다면, C는 첫 번째 또는 두 번째로 도착했으므로 항상 참인 설명은 아니다.
④ A가 다섯 번째로 도착했다면, 가능한 경우의 수는 3가지이므로 항상 거짓인 설명이다.

08 언어추리

정답 ①

제시된 조건에 따르면 4명의 요리사가 흑팀 2명, 백팀 2명으로 나누어져 각자 1개씩 요리를 만들어 완성한 순서대로 심사를 받았으며, 첫 번째 순서로 심사를 받은 요리사는 흑팀이고, 백팀 요리사는 2명이 연속하여 심사를 받았으므로 백팀 요리사는 '두 번째, 세 번째' 순서 또는 '세 번째, 네 번째' 순서로 심사를 받았음을 알 수 있다. 또한, 가장 마지막으로 심사를 받은 요리사는 A이고, B와 D는 서로 다른 팀이므로 A와 같은 팀인 요리사는 B 또는 D이며, B는 C보다 먼저 심사를 받았으므로 B는 첫 번째 또는 두 번째 순서로 심사를 받았음을 알 수 있다. 백팀 요리사가 심사를 받은 순서에 따라 가능한 경우는 다음과 같다.

경우 1. 백팀 요리사가 '두 번째, 세 번째' 순서일 경우

첫 번째 (흑팀)	두 번째 (백팀)	세 번째 (백팀)	네 번째 (흑팀)
B 또는 D	B 또는 D	C	A
B	C	D	A

경우 2. 백팀 요리사가 '세 번째, 네 번째' 순서일 경우

첫 번째 (흑팀)	두 번째 (흑팀)	세 번째 (백팀)	네 번째 (백팀)
B	C	D	A

따라서 D가 세 번째 순서로 심사를 받았다면, 가능한 경우의 수는 2가지이므로 항상 거짓인 설명이다.

오답 체크

② 네 번째 순서로 심사를 받은 팀이 흑팀이라면, 가능한 경우의 수는 3가지이므로 항상 참인 설명이다.

③ C는 백팀 또는 흑팀이므로 항상 거짓인 설명은 아니다.

④ B는 첫 번째 순서로 심사를 받은 흑팀이거나 두 번째 순서로 심사를 받은 백팀이므로 항상 거짓인 설명은 아니다.

⑤ A와 D는 서로 같은 팀이거나 서로 다른 팀이므로 항상 거짓인 설명은 아니다.

09 언어추리

정답 ④

제시된 조건에 따르면 A, B, C가 먹은 사탕 개수의 합은 10개이며 A, B, C는 각각 초콜릿을 최소 1개에서 최대 3개, 사탕을 최소 1개에서 최대 4개까지 먹었으므로 3명은 사탕을 각각 (3개, 3개, 4개) 또는 (2개, 4개, 4개)를 먹었음을 알 수 있다. 이에 따라 A와 C가 먹은 초콜릿 개수의 합은 최소 2개에서 최대 6개이고 B와 C가 먹은 사탕 개수의 합은 최소 6개에서 최대 8개이다. 이때 A와 C가 먹은 초콜릿 개수의 합은 B와 C가 먹은 사탕 개수의 합과 같으므로 A와 C는 각각 초콜릿을 3개씩 먹었고, B와 C가 먹은 사탕의 개수는 각각 (3개, 3개) 또는 (2개, 4개) 또는 (4개, 2개), A가 먹은 사탕의 개수는 4개임을 알 수 있다. B와 C가 먹은 사탕의 개수에 따라 가능한 경우는 다음과 같다.

경우 1. B와 C가 사탕을 각각 (3개, 3개) 먹은 경우

구분	A	B	C
초콜릿	**3개**	1개 또는 2개 또는 3개	3개
사탕	**4개**	3개	3개

경우 2. B와 C가 사탕을 각각 (2개, 4개) 또는 (4개, 2개) 먹은 경우

구분	A	B	C
초콜릿	**3개**	1개 또는 2개 또는 3개	3개
사탕	**4개**	2개 또는 4개	2개 또는 4개

따라서 C가 사탕을 2개 먹었다면, 가능한 경우의 수는 3가지이므로 항상 거짓인 설명이다.

오답 체크

① B가 먹은 사탕 개수는 A가 먹은 초콜릿 개수보다 적거나 같거나 많으므로 항상 거짓인 설명은 아니다.

② A가 먹은 초콜릿과 사탕 개수의 합은 C가 먹은 초콜릿과 사탕 개수의 합보다 0개 또는 1개 또는 2개 더 많으므로 항상 거짓인 설명은 아니다.

③ B가 초콜릿을 2개 먹었다면, 가능한 경우의 수는 3가지이므로 항상 참인 설명이다.

⑤ A와 C가 먹은 초콜릿 개수와 A와 B가 먹은 사탕의 개수가 같다면, 가능한 경우의 수는 3가지이므로 항상 참인 설명이다.

빠른 문제 풀이 Tip

항상 참/거짓인 것을 고르는 문제에서 경우의 수를 묻는 선택지는 항상 참이거나 거짓일 수밖에 없으므로 ③, ④, ⑤ 선택지를 우선적으로 확인한다. 또한, 경우의 수를 묻는 선택지에서 '~한다면' 형태의 조건이 제시되는 경우에는 문제에 추가되는 조건이라고 가정하고 풀이한다.

④ A, B, C는 각각 사탕을 최대 4개까지 먹었으며 3명이 먹은 사탕 개수의 합은 10개이므로 C가 사탕을 2개 먹었다면, 먹은 사탕의 개수는 A가 4개, B가 4개, C가 2개이다. 이때 먹은 초콜릿의 개수가 최대 3개씩인 A와 C가 먹은 초콜릿 개수의 합이 B와 C가 먹은 사탕 개수의 합인 4+2=6개와 같으므로 A와 C는 초콜릿을 각각 3개씩 먹었다. B는 초콜릿을 최소 1개에서 최대 3개까지 먹었으므로 C가 사탕을 2개 먹었다면, 가능한 경우의 수는 3가지임을 알 수 있다.

10 언어추리 정답 ④

제시된 조건에 따르면 기우는 지희가 출근한 후 네 번째로 출근했으므로 기우와 지희 사이에 출근한 사람은 3명이다. 이때 지희는 두 번째로 출근하지 않았으므로 지희는 첫 번째, 기우는 다섯 번째로 출근했다. 이에 따라 지우와 기우는 연속한 순서로 출근했으므로 지우는 네 번째 또는 여섯 번째로 출근했다. 또한, 채희는 민아보다 먼저 출근했고, 희라는 민아보다 늦게 출근했으므로 6명이 출근한 순서로 가능한 경우는 다음과 같다.

구분	첫 번째	두 번째	세 번째	네 번째	다섯 번째	여섯 번째
경우 1	지희	채희	민아	지우	기우	희라
경우 2	지희	채희	민아	희라	기우	지우

따라서 민아와 기우 사이에 출근한 사람이 1명 있으므로 항상 거짓인 설명이다.

오답 체크

① 가장 늦게 출근한 사람은 지우 또는 희라이므로 항상 거짓인 설명은 아니다.

② 민아는 세 번째, 지우는 네 번째 또는 여섯 번째로 출근했으므로 항상 참인 설명이다.

③ 세 번째로 출근한 사람은 민아이므로 항상 참인 설명이다.

⑤ 기우는 다섯 번째, 희라는 네 번째 또는 여섯 번째로 출근했으므로 항상 참인 설명이다.

11 언어추리 정답 ⑤

제시된 조건에 따르면 여자 직원 H는 E보다 층수가 4층 높은 층에 거주하고 있고, 1층에는 남자 직원이 거주하므로 여자 직원 E는 2층 또는 4층에 거주하고 있음을 알 수 있다. 이때 B는 E 바로 아래층에 거주하고 있고, 남자 직원 C와 D가 거주하는 층 사이에 거주하고 있는 남자 직원은 A 한 명이므로 C와 D는 3층 또는 7층, A는 5층에 거주하고 있음을 알 수 있다.

8층	F 또는 G
7층	C 또는 D
6층	H
5층	A
4층	F 또는 G
3층	C 또는 D
2층	E
1층	B

따라서 B와 C가 거주하고 있는 층수의 차이는 최대 6개이므로 항상 거짓인 설명이다.

12 언어추리 정답 ④

제시된 조건에 따르면 6명은 원의 가운데를 바라보는 방향으로 같은 간격을 두고 앉아있고, 같은 종류의 도시락을 가져온 사람은 서로 인접해서 앉지 않으므로 샌드위치와 김밥을 가져온 사람이 각각 3명이고, 샌드위치를 가져온 사람과 김밥을 가져온 사람이 서로 번갈아 가며 앉아 있음을 알 수 있다. 이때 A와 B 사이에는 한 사람이 앉아 있다는 조건에 따라 A와 B는 서로 같은 종류의 도시락을 가져왔고, C와 D가 가져온 도시락 종류가 같다는 조건에 따라 남은 E와 F는 서로 다른 종류의 도시락을 가져와야 하는데, 샌드위치를 가져온 F는 E와 마주보고 앉지 않았다는 조건에 따라 F는 샌드위치를 가지고 왔으므로 E는 김밥을 가져왔음을 알 수 있다. 또한 E의 바로 오른쪽에는 B가 앉아있다는 조건에 따라 A, B, F는 샌드위치, C, D, E는 김밥을 가져왔고, E의 바로 왼쪽 자리와 마주보는 자리에는 샌드위치를 가져온 사람인 A 또는 F가 앉아야 한다. F는 E와 마주보고 앉지 않았으므로 F는 E의 바로 왼쪽에 앉아야 한다. 이에 따라 가능한 경우는 다음과 같다.

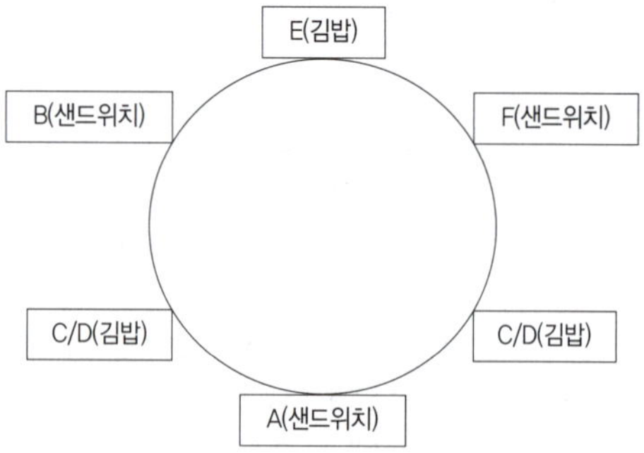

따라서 F와 C가 마주보고 앉았다면, B는 D와 마주보고 앉으므로 항상 거짓인 설명이다.

오답 체크

① C와 E는 같은 종류의 도시락을 가져왔으므로 항상 참인 설명이다.

② B는 C와 마주보고 앉거나 인접해 앉아있으므로 항상 거짓인 설명은 아니다.

③ A는 점심으로 샌드위치를 가져왔으므로 항상 참인 설명이다.

⑤ A와 E는 다른 종류의 도시락을 가져왔으므로 항상 참인 설명이다.

13 언어추리 정답 ④

제시된 조건에 따르면 5명 중 2명은 수학책, 3명은 과학책을 빌렸으며, 5명 중 3명은 진실만을 말하는 A형이고, 2명은 거짓만을 말하는 B형이므로 본인이 B형이고, 수학책을 빌렸다는 가람이의 말이 진실이면 가람이는 A형이 되어 모순되므로 가람이는 거짓을 말하는 B형이고, 과학책을 빌렸음을 알 수 있다. 이에 따라 가람이와 진우는 둘 다 수학책을 빌렸다는 세준이의 말도 거짓이 되어 거짓을 말하는 B형은 가람, 세준이고, 남은 동우, 미래, 진우는 진실을 말하는 A형이 된다. 본인이 과학책을 빌렸다는 진우의 말이 진실임에 따라 진우는 과학책을 빌렸고, 본인과 가람은 같은 종류의 책을 빌렸다는 동우의 말이 진실임에 따라 동우는 가람, 진우와 함께 과학책을 빌렸음을 알 수 있다.

따라서 수학책을 빌린 사람은 미래와 세준이다.

14 언어추리 정답 ②

제시된 조건에 따르면 5명 중 3명은 감자, 2명은 고구마를 가지고 있으며, 감자를 가지고 있는 사람은 진실, 고구마를 가지고 있는 사람은 거짓을 말했으므로 5명 중 3명은 진실, 2명은 거짓을 말했다. 이때 기준이는 고구마를 가지고 있다는 동훈이의 말이 진실이면 기준이의 말은 거짓이고, 동훈이의 말이 거짓이면 기준이의 말은 진실이다. 또한, 지민이의 말이 진실이라는 나라의 말이 거짓이면 지민이의 말도 거짓이고, 나라의 말이 진실이면 지민이의 말도 진실이다. 이때 거짓을 말한 사람은 2명이므로 나라와 지민이의 말은 진실, 수아의 말은 거짓임을 알 수 있다. 수아의 말에 따라 동훈이는 고구마를 가지고 있고, 지민이의 말에 따라 기준이는 감자를 가지고 있으므로 동훈이의 말은 거짓이고, 기준이의 말은 진실이다.

따라서 고구마를 가지고 있는 사람은 수아, 동훈이다.

15 도형추리 정답 ④

각 열에서 3행에 제시된 도형은 1행과 2행에 제시된 도형의 공통되는 음영을 나타낸 후 시계 방향으로 90° 회전한 형태이다.

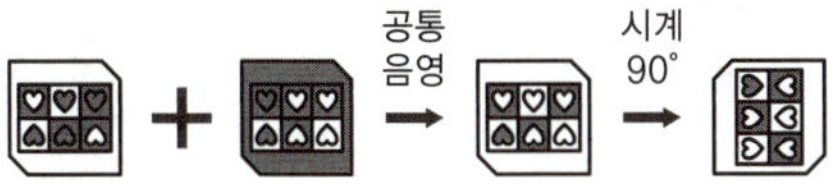

[1행 2열] [2행 2열] **[3행 2열]**

따라서 '?'에 해당하는 도형은 ④이다.

16 도형추리 정답 ③

각 행에서 3열에 제시된 도형은 1열과 2열에 제시된 도형을 결합한 후 공통되는 음영과 대각선을 삭제한 형태이다.

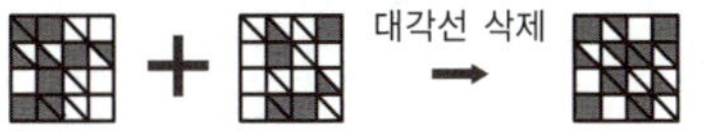

[2행 1열] [2행 2열] **[2행 3열]**

따라서 '?'에 해당하는 도형은 ③이다.

17 도형추리 정답 ⑤

각 열에서 다음 행에 제시된 도형은 이전 행에 제시된 도형의 음영을 좌우 대칭하고, 내부 도형을 반시계 방향으로 90° 회전하면서 시계 방향으로 1칸씩 이동한 형태이다.

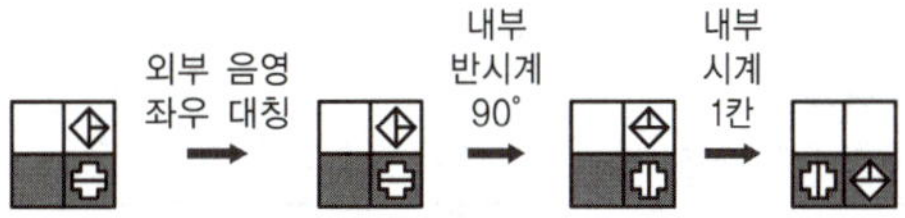

[1행 2열] **[2행 2열]**

따라서 '?'에 해당하는 도형은 ⑤이다.

[18-21]

▲: 문자와 숫자 순서에 따라 첫 번째, 세 번째 문자(숫자)를 다음 두 번째 순서에 오는 문자(숫자)로, 두 번째, 네 번째 문자(숫자)를 이전 두 번째 순서에 오는 문자(숫자)로 변경한다.

ex. abcd → czeb (a+2, b−2, c+2, d−2)

☆: 문자와 숫자 순서에 따라 첫 번째, 세 번째 문자(숫자)를 바로 이전 순서에 오는 문자(숫자)로, 두 번째, 네 번째 문자(숫자)를 바로 다음 순서에 오는 문자(숫자)로 변경한다.

ex. abcd → zcbe (a−1, b+1, c−1, d+1)

○: 두 번째, 네 번째 문자(숫자)의 자리를 서로 바꾼다.

ex. abcd → adcb

■: 세 번째, 네 번째 문자(숫자)의 자리를 서로 바꾼다.

ex. abcd → abdc

18 도식추리
정답 ④

4JA4 → ▲ → 6HC2 → ○ → [62CH]

19 도식추리
정답 ②

PYFC → ■ → PYCF → ☆ → OZBG → ○ → [OGBZ]

20 도식추리
정답 ③

[ㄱㅋㅊㅕ] → ▲ → ㄷㅈㅌㅑ → ■ → ㄷㅈㅑㅌ

21 도식추리
정답 ①

[F742] → ☆ → E833 → ○ → E338 → ■ → E383

22 문단배열
정답 ②

이 글은 대륙이동설과 판 구조론으로 이어진 지질학적 연구에 대해 설명하는 글이다.

따라서 '(B) 대륙의 이동에 대한 연구의 시작 → (C) 대륙이동설의 등장 → (D) 판 구조론의 등장과 대륙이동설과의 연관성 → (A) 판 구조론의 원리' 순으로 연결되어야 한다.

23 문단배열
정답 ③

이 글은 달 표면에 존재하는 달 먼지와 달 먼지가 인류에 미치는 영향에 대해 설명하는 글이다.

따라서 '(D) 달 표면에 존재하는 달 먼지의 특징 → (B) 인체에 유해한 달 먼지(1): 폐 및 뇌세포를 파괴하는 달 먼지 → (A) 인체에 유해한 달 먼지(2): 기관지 염증 및 폐의 상처 유발 → (C) 달 먼지의 긍정적 영향: 달에 건물을 지을 수 있는 달 먼지' 순으로 연결되어야 한다.

24 논리추론
정답 ②

양자 컴퓨터는 복잡하고 방대한 문제를 동시다발적으로 처리함으로써 기존에는 수백 년이 걸릴 일을 몇 초 안에 처리할 수 있을 것이라고 하였으므로 동일한 시간에 처리하는 데이터의 양은 큐비트를 사용하는 양자 컴퓨터가 비트를 사용하는 기존 컴퓨터보다 더 많음을 추론할 수 있다.

오답 체크

① 양자 컴퓨터가 상용화되기 위해서는 해결해야 할 문제가 있다고 하였으므로 옳지 않은 내용이다.
③ 물리학의 양자역학 원리를 기반으로 작동한다고 하였으므로 옳지 않은 내용이다.
④ 큐비트의 상태는 매우 불안정하고 민감해 온도, 전자파, 소음 등의 외부환경에 의해 쉽게 오류가 발생한다고 하였으므로 옳지 않은 내용이다.
⑤ n개의 큐비트로는 2의 n 제곱만큼의 상태를 표현할 수 있음에 따라 5개의 큐비트를 사용하는 경우 $2^5=32$가지의 상태를 표현할 수 있으므로 옳지 않은 내용이다.

25 논리추론
정답 ④

DDoS 공격은 모두 분산된 시스템을 통해 이루어지므로 공격을 예측하거나 공격자의 신원을 추적하기는 어렵지만, 대비할 수 있는 몇 가지 방식이 존재한다고 하였으므로 자원 고갈 방식으로 이루어질 경우 대비가 불가능하다는 것은 옳지 않은 내용이다.

오답 체크

① 침입 차단 시스템을 사용하여 모니터링하고 비정상적인 트래픽을 사전에 차단하는 방식은 DDoS 공격에 대비할 수 있는 몇 가지 방식이므로 옳은 내용이다.
② DDoS 공격의 유형 중 하나인 트래픽 폭주 방식은 과도한 불법 트래픽을 보내 시스템의 대역폭을 소모하게 하여 사이트를 다운시키는 것이므로 옳은 내용이다.
③ DDoS 공격은 주요 정보를 여러 개의 데이터 센터에 분산 배치하고, 네트워크와 분리된 오프라인 백업을 통해 대비할 수 있다고 하였으므로 옳은 내용이다.
⑤ DDoS 공격에 대한 방어를 위해서는 높은 비용과 많은 인력이 소요되지만, 대규모 공격이기에 큰 피해로 이어질 수 있는 만큼 지속적인 대비와 예방 조치가 필요하다고 하였으므로 옳은 내용이다.

26 논리추론 정답 ①

크롤링이 주로 웹 페이지를 순차적으로 탐색하면서 데이터의 위치나 구조를 파악하는 과정인 반면, 스크래핑은 이미 식별된 데이터 소스에서 원하는 정보를 추출하는 과정에 집중한다고 하였으므로 크롤링이 웹사이트를 탐색하지 않고, 이미 식별된 데이터 소스에서만 작동한다는 것은 옳지 않은 내용이다.

오답 체크

② 크롤링은 대량의 정보를 빠르게 처리할 수 있지만, 불법적인 데이터 수집이나 서버에 과부하를 일으킬 위험이 있어 법적 및 윤리적 고려가 필요하다고 하였으므로 옳은 내용이다.

③ 빅데이터 분석에서는 두 기술을 결합하여 활용하는 경우가 많으며 먼저 크롤링을 통해 어떤 웹사이트나 온라인 플랫폼에서 필요한 데이터가 존재하는지 파악하고, 이후 스크래핑을 통해 해당 데이터를 수집하여 분석용 데이터셋으로 변환한다고 하였으므로 옳은 내용이다.

④ 효율적인 크롤링을 위해서는 데이터 전처리와 후처리 기술이 필수적이라고 하였으므로 옳은 내용이다.

⑤ 스크래핑은 웹사이트나 다른 데이터 소스에서 필요한 정보를 자동으로 추출하여 구조화된 형태로 저장하는 작업을 의미한다고 하였으므로 옳은 내용이다.

27 논리추론 정답 ⑤

실리콘은 고온에서도 안정적인 산화막을 형성할 수 있기 때문에 오늘날 대부분의 반도체 소자 원료로 실리콘이 사용되고 있다고 하였으므로 실리콘의 안정적인 산화막 형성이 낮은 온도에서만 가능하다는 것은 옳지 않은 내용이다.

오답 체크

① 질화갈륨을 실리콘 위에 성장시키는 방식의 내구성이 실리콘 반도체의 내구성보다 좋다고 하였으므로 옳은 내용이다.

② 실리콘에 불순물을 첨가하면 전기 전도율을 높일 수 있다고 하였으므로 옳은 내용이다.

③ 실리콘은 무독성이기 때문에 인체에 가하는 해로움이 없다고 하였으므로 옳은 내용이다.

④ 실리콘은 게르마늄에 비해 순도 및 결정 구조가 우수하다고 하였으므로 옳은 내용이다.

빠른 문제 풀이 Tip

제시된 글의 내용과 선택지 내 핵심 키워드를 비교하여 일치 여부를 판단한다.

⑤ 선택지의 핵심 키워드는 '산화막, 안정적, 온도, 낮아야'이며, 제시된 글에서 높은 온도에서도 산화막을 안정적으로 형성할 수 있다고 하였으므로 옳지 않은 내용이다.

28 논리추론 정답 ④

제시된 글의 필자는 마케팅 전략에서 니즈와 원츠를 구분하고, 원츠를 중심으로 전략을 개발하는 것이 중요하다고 주장하고 있다.

따라서 실제 마케팅 시장에서는 니즈와 원츠의 경계는 모호하므로 특정 개념에만 적용되는 전략을 수립하는 것은 현실적으로 어렵다는 반박이 타당하다.

29 논리추론 정답 ④

이 글은 전통적 경험재와 디지털 경험재로 구분되는 경험재는 가격을 차등하게 적용하는 전략으로 수익을 극대화할 수 있다는 내용이고, 〈보기〉는 디지털 경험재의 소비 방식 중 하나인 구독 경제 모델의 특징에 대한 설명이다.

따라서 전통적 경험재와 구독 경제 모델은 모두 가격 차별 전략을 활용해 수익을 극대화할 수 있음을 알 수 있다.

30 논리추론 정답 ①

이 글은 식각 공정 중에서도 건식 식각은 플리즈마를 활용하여 감광액 보호막이 없는 영역을 제거하는 방식으로, 플리즈마 상태로부터 떨어져 나온 반응성 원자가 웨이퍼의 막질 원자와 부딪치면 강한 휘발성을 보인다는 내용의 글이고, 〈보기〉는 플리즈마는 전기 에너지로 형성된 큰 자기장이 기체에 가해질 때 이온화된 기체로 구성되는데, 이때 플리즈마 상태는 추가적인 전자 생성으로 연쇄 반응을 일으켜 이온의 수가 기하급수적으로 증가하는 현상을 일컫는다는 내용이다.

따라서 이온화된 기체가 기하급수적으로 많아지는 상황으로부터 해리된 원자가 막질 원자와 부딪히면 휘발성이 강해짐을 알 수 있다.

GLOBAL SAMSUNG APTITUDE TEST

실전모의고사 4회

정답

Ⅰ 수리

p.168

01	④	응용계산	05	③	자료해석	09	③	자료해석	13	①	자료해석	17	④	자료해석
02	④	응용계산	06	②	자료해석	10	⑤	자료해석	14	⑤	자료해석	18	①	자료해석
03	①	자료해석	07	④	자료해석	11	④	자료해석	15	④	자료해석	19	①	자료해석
04	④	자료해석	08	③	자료해석	12	④	자료해석	16	③	자료해석	20	④	자료해석

Ⅱ 추리

p.185

01	④	언어추리	07	④	언어추리	13	⑤	언어추리	19	①	도식추리	25	①	논리추론
02	⑤	언어추리	08	③	언어추리	14	⑤	언어추리	20	②	도식추리	26	③	논리추론
03	③	언어추리	09	⑤	언어추리	15	③	도형추리	21	③	도식추리	27	③	논리추론
04	③	언어추리	10	③	언어추리	16	②	도형추리	22	③	문단배열	28	④	논리추론
05	⑤	언어추리	11	③	언어추리	17	③	도형추리	23	⑤	문단배열	29	②	논리추론
06	⑤	언어추리	12	③	언어추리	18	②	도식추리	24	⑤	논리추론	30	⑤	논리추론

취약 유형 분석표

유형별로 맞힌 개수, 틀린 문제 번호와 풀지 못한 문제 번호를 적고 나서 취약한 유형이 무엇인지 파악해 보세요.
취약한 유형은 '기출유형공략'으로 복습하고 틀린 문제와 풀지 못한 문제를 다시 한번 풀어보세요.

	유형	맞힌 개수	틀린 문제 번호	풀지 못한 문제 번호
수리	응용계산	/2		
	자료해석	/18		
	TOTAL	/20		

	유형	맞힌 개수	틀린 문제 번호	풀지 못한 문제 번호
추리	언어추리	/14		
	도형추리	/3		
	도식추리	/4		
	문단배열	/2		
	논리추론	/7		
	TOTAL	/30		

	영역	제한 시간 내에 맞힌 문제 수	정답률
합계	수리	/20	%
	추리	/30	%
	TOTAL	/50	%

해설

I 수리

01 응용계산 정답 ④

작년 A 농가의 사과 재배량을 x, 배 재배량을 y라고 하면 작년 A 농가의 사과와 배 재배량의 합은 총 450kg이었으므로

$x+y=450$ … ⓐ

올해 사과 재배량은 전년 대비 15% 증가하였고, 배 재배량은 전년 대비 20% 증가하였으며, 사과와 배 재배량의 합은 전년 대비 70kg 증가하였으므로

$0.15x+0.2y=70$ … ⓑ

0.2ⓐ－ⓑ에서 $0.05x=20 \rightarrow 1.15x=460$

따라서 올해 A 농가의 사과 재배량은 460kg이다.

02 응용계산 정답 ④

서로 다른 n개에서 순서를 고려하지 않고 r개를 뽑는 경우의 수는 ${}_nC_r=\frac{n!}{r!(n-r)!}$임을 적용하여 구한다.

시사 동아리 학생을 연달아 부르지 않도록 상담 순서를 정하기 위해 경제 동아리 학생 4명의 순서를 먼저 정하면 시사 동아리 학생의 상담 순서로 가능한 경우는 ○－경제－○－경제－○－경제－○－경제－○로, ○ 표시한 다섯 가지 순서 중 세 가지 순서이다. 이때 경제 동아리 학생끼리 상담 순서를 정하는 경우의 수는 4!=24가지이고, 시사 동아리 학생의 상담 순서로 가능한 다섯 가지 순서 중 세 가지 순서를 정하는 경우의 수는 ${}_5C_3=\frac{5\times4\times3}{3\times2\times1}=10$가지이며, 시사 동아리 학생끼리 상담 순서를 정하는 경우의 수는 3!=6가지이다.

따라서 시사 동아리 학생은 연달아 부르지 않을 때, 7명의 상담 순서로 가능한 경우의 수는 24×10×6=1,440가지이다.

03 자료해석 정답 ①

B 기업의 자동차 생산 대수 1천 대당 자동차 산업 매출액은 900/1,200=0.75억 원이므로 옳지 않은 설명이다.

오답 체크

② A 기업의 자동차 생산 대수 대비 C 기업의 자동차 생산 대수의 비율은 3,600/1,600=2.25이므로 옳은 설명이다.

③ 제시된 4개 기업의 전체 자동차 생산 대수에서 D 기업이 차지하는 비중은 (1,600/8,000)×100=20%이므로 옳은 설명이다.

④ A~C 기업 중 자동차 산업 매출액이 D 기업과 가장 많이 차이 나는 기업은 1,500－900=600억 원 차이 나는 B 기업이므로 옳은 설명이다.

⑤ 제시된 4개 기업 중 자동차 생산 대수가 가장 많이 차이 나는 B 기업과 C 기업의 자동차 산업 매출액 합은 900+2,000=2,900억 원이므로 옳은 설명이다.

04 자료해석 정답 ④

제시된 정기교육 전체 대상기관 중 전문대학이 차지하는 비중은 {125/(154+125+40+10+4+2)}×100=(125/335)×100≒37.3%이므로 옳은 설명이다.

오답 체크

① 제시된 대학 중 정기교육 대상기관 중 미실시기관의 비중이 가장 높은 대학은 교육대학이므로 옳지 않은 설명이다.

② 제시된 대학 중 정기교육 실시 방법 중 온라인 교육이 차지하는 비중이 가장 높은 대학은 특성화대학과 산업대학이므로 옳지 않은 설명이다.

③ 기타 방법으로 정기교육을 실시한 기관이 포함된 대학의 전체 정기교육 실시기관 수는 149+123=272개이므로 옳지 않은 설명이다.

⑤ 정기교육 실시기관 중 집합교육이 차지하는 비중은 일반대학이 (25/149)×100≒16.8%, 교육대학이 (2/8)×100=25%로 일반대학이 교육대학보다 작으므로 옳지 않은 설명이다.

05 자료해석 정답 ③

건강상태의 행복지수는 30대, 20대, 40대, 50대, 60대 이상, 10대 순으로 높지만, 가정생활 행복지수는 20대, 40대, 30대, 50대, 60대 이상, 10대 순으로 높으므로 옳지 않은 설명이다.

오답 체크

① 남자와 여자의 행복지수 차이는 건강상태가 7.30－7.21＝0.09, 재정상태가 6.12－6.12＝0, 인간관계가 6.80－6.78＝0.02, 가정생활이 6.90－6.89＝0.01, 사회생활이 6.62－6.60＝0.02로 건강상태의 행복지수 차이가 가장 크므로 옳은 설명이다.

② 30대의 종합 행복지수는 (7.73＋6.08＋7.11＋7.07＋6.91)/5＝6.98이고, 40대의 종합 행복지수도 (7.59＋6.33＋7.00＋7.12＋6.86)/5＝6.98로 같으므로 옳은 설명이다.

④ 제시된 연령대 중 10대의 행복지수는 건강상태, 가정생활, 사회생활 항목에서 6위, 재정상태 항목에서 4위, 인간관계 항목에서 5위이므로 옳은 설명이다.

⑤ 인간관계의 행복지수 대비 사회생활의 행복지수 비율은 20대가 6.85/7.11 ≒ 0.96, 50대가 6.68/6.80 ≒ 0.98로 20대가 50대보다 작으므로 옳은 설명이다.

06 자료해석 　　정답 ②

F 국가의 냉장고 판매량 대비 B 국가의 냉장고 판매량의 비율은 2023년에 2,000/1,800 ≒ 1.1, 2024년에 2,700/2,250＝1.2로 2024년이 2023년보다 크므로 옳은 설명이다.

오답 체크

① 2024년 냉장고 판매량의 전년 대비 증가율이 35%로 가장 큰 B 국가의 2024년 냉장고 판매량은 전년 대비 2,700－2,000＝700만 대 증가하였으므로 옳지 않은 설명이다.

③ 제시된 6개 국가의 2023년 전체 냉장고 판매량에서 A 국가의 냉장고 판매량이 차지하는 비중은 (1,550/12,500)×100＝12.4%이므로 옳지 않은 설명이다.

④ 2023년 E 국가의 인구수가 2억 명이면 2023년 E 국가의 인구수 대비 냉장고 판매율은 (3,000/20,000)×100＝15%이므로 옳지 않은 설명이다.

⑤ 2024년 냉장고 판매량의 전년 대비 변화량이 가장 큰 국가는 2024년 냉장고 판매량이 전년 대비 2,700－2,000＝700만 대 증가한 B 국가이므로 옳지 않은 설명이다.

07 자료해석 　　정답 ④

2021년 이후 감전 사고 사상자 수의 전년 대비 증가율은 다음과 같다.

구분	사상자 수(명)	전년 대비 증가율(%)
2020년	57＋278＝335	－
2021년	63＋337＝400	{(400－335)/335}×100 ≒ 19.4
2022년	87＋393＝480	{(480－400)/400}×100＝20.0
2023년	68＋467＝535	{(535－480)/480}×100 ≒ 11.5
2024년	75＋575＝650	{(650－535)/535}×100 ≒ 21.5

이에 따라 2021년 이후 감전 사고 사상자 수의 전년 대비 증가율이 가장 큰 해는 2024년이다.
따라서 2024년 누전으로 인한 감전 사고 사상자 수는 650×0.12＝78명이다.

08 자료해석 　　정답 ③

계열사 매출액 비중(%)＝(계열사 매출액/Z 기업 전체 매출액)×100임에 따라 Z 기업의 전체 매출액은 2022년에 2,120/0.2＝3,180/0.3＝10,600백만 원, 2023년에 2,088/0.18＝2,900/0.25＝11,600백만 원으로 2023년이 2022년보다 크므로 옳은 설명이다.

오답 체크

① 제시된 기간 중 A 계열사의 매출액 비중이 가장 작은 해는 2021년이고, B 계열사의 매출액이 가장 작은 해는 2023년이므로 옳지 않은 설명이다.

② 2022년 A 계열사의 매출액은 전년 대비 {(2,120－1,680)/1,680}×100 ≒ 26.2% 증가하였으므로 옳지 않은 설명이다.

④ 2021년 A 계열사와 B 계열사의 매출액 합계가 Z 기업 전체 매출액에서 차지하는 비중은 12＋27＝39%로 40% 미만이므로 옳지 않은 설명이다.

⑤ A 계열사와 B 계열사 매출액의 비중 차이는 2021년에 27－12＝15%p, 2022년에 30－20＝10%p, 2023년에 25－18＝7%p, 2024년에 34－25＝9%p로 두 번째로 작은 해는 2024년이고, 2024년에 Z 기업의 전체 매출액은 2,400/0.25＝3,264/0.34＝9,600백만 원＝96억 원이므로 옳지 않은 설명이다.

빠른 문제 풀이 Tip

③ 계열사 매출액 비중(%)＝(계열사 매출액/Z 기업 전체 매출액)×100으로 도출되는 연도별 Z 기업 전체 매출액은 A 계열사와 B 계열사 모두 동일하므로 두 계열사 중 하나의 계열사만 선택하여 계산한다.
이때 A 계열사의 매출액 비중은 2022년에 20%, 2023년에 18%로 2023년에 전년 대비 {(20－18)/20}×100＝10% 감소하였고, A 계열사의 매출액은 2022년에 2,120백만 원, 2023년에 2,088백만 원으로 2023년에 전년 대비 {(2,120－2,088)/2,120}×100 ≒ 2% 감소하였으므로 (계열사 매출액/계열사 매출액 비중)×100으로 계산하는 Z 기업의 전체 매출액은 2023년이 2022년보다 큼을 알 수 있다.

09 자료해석

정답 ③

남성의 총 전입 인구수에서 취직 전입 인구수가 차지하는 비중은 (3,393 / 5,850) × 100 = 58.0%이고, 여성의 총 전입 인구수에서 취직 전입 인구수가 차지하는 비중은 (1,287 / 3,960) × 100 = 32.5%이다.

따라서 남성의 총 전입 인구수에서 취직 전입 인구수가 차지하는 비중과 여성의 총 전입 인구수에서 취직 전입 인구수가 차지하는 비중의 차이는 58.0 − 32.5 = 25.5%p이다.

[10-11]

10 자료해석

정답 ⑤

제시된 기간 중 의·약·보건학 전공 연구원 수가 가장 많은 2021년에 직무 교육비의 전년 대비 증가율은 {(8,470 − 7,690) / 7,690} × 100 ≒ 10.1%이므로 옳은 설명이다.

오답 체크

① 2024년 전체 연구원 수는 전년 대비 증가하였지만 직무 교육비는 전년 대비 감소하였으므로 옳지 않은 설명이다.

② 2024년 전체 연구원 수에서 이학 전공 연구원 수가 차지하는 비중은 (85 / 585) × 100 ≒ 14.5%이므로 옳지 않은 설명이다.

③ 2024년 직무 교육비는 4년 전 대비 8,685 − 7,690 = 995천만 원 = 99.5억 원 증가하였으므로 옳지 않은 설명이다.

④ 제시된 기간 동안 연도별 공학 전공 연구원 수의 평균은 (242 + 247 + 270 + 245 + 276) / 5 = 256명이므로 옳지 않은 설명이다.

11 자료해석

정답 ④

b. 전체 연구원 수에서 사회과학 전공 연구원 수가 차지하는 비중은 2022년에 (115 / 610) × 100 ≒ 18.9%, 2023년에 (95 / 540) × 100 ≒ 17.6%로 2023년에 전년 대비 감소하였으므로 옳은 설명이다.

c. 인문학 전공 연구원 수의 전년 대비 증가 인원이 42 − 27 = 15명으로 가장 많은 2022년에 전체 연구원 1명당 직무 교육비는 9,520 / 610 ≒ 15.6천만 원 ≒ 1.56억 원이므로 옳은 설명이다.

오답 체크

a. 제시된 기간 동안 연도별로 연구원 수가 많은 전공부터 순서대로 나열하면 2020년부터 2023년까지는 공학, 사회과학, 이학, 의·약·보건학, 인문학 순이지만, 2024년에는 이학 전공 연구원 수가 사회과학 전공 연구원 수보다 많으므로 옳지 않은 설명이다.

[12-13]

12 자료해석

정답 ④

외래진료 서비스를 13회 이상 이용한 인원수는 2,000 × 0.18 = 360명으로 입원진료 서비스를 3회 이용한 인원수인 2,000 × 0.08 = 160명의 360 / 160 = 2.25배이므로 옳지 않은 설명이다.

오답 체크

① 외래진료 서비스의 평균 이용 횟수는 10.3회이며, 외래진료 서비스를 1~3회 이용한 인원수와 4~7회 이용한 인원수의 합은 2,000 × (0.36 + 0.30) = 1,320명으로 평균 이용 횟수보다 적게 이용한 인원수는 1,300명 이상이므로 옳은 설명이다.

② 입원진료 서비스를 평균 이용 횟수보다 적게 이용한 인원수는 입원진료 서비스를 1회 이용한 2,000 × 0.65 = 1,300명으로 평균 이용 횟수보다 많이 이용한 인원수인 2회 이상 이용한 2,000 − 1,300 = 700명보다 1,300 − 700 = 600명 더 많으므로 옳은 설명이다.

③ 외래진료 서비스를 4~12회 이용한 인원수는 4~7회 이용한 인원수와 8~12회 이용한 인원수의 합으로 2,000 × (0.30 + 0.16) = 920명이므로 옳은 설명이다.

⑤ 입원진료 서비스의 평균 이용 횟수는 1.7회이며, 이보다 많은 이용 횟수의 비율은 이용 횟수가 2회 이상인 비율의 합인 100 − 65 = 35%이고, 이보다 적은 이용 횟수의 비율은 이용 횟수가 1회인 65%로 입원진료 서비스의 평균 이용 횟수보다 많은 이용 횟수의 비율과 적은 이용 횟수의 비율의 차이는 65 − 35 = 30%p이므로 옳은 설명이다.

빠른 문제 풀이 Tip

④ 각 조사에 응답한 인원수는 같으므로 비율의 배수를 계산한다.
외래진료 서비스를 13회 이상 이용한 비율은 18%로 입원진료 서비스를 3회 이용한 비율인 8%의 18 / 8 = 2.25배이므로 2배 이상임을 알 수 있다.

13 자료해석

정답 ①

외래진료 서비스를 1~3회 이용한 인원수는 2,000 × 0.36 = 720명이고, 입원진료 서비스를 1~3회 이용한 인원수는 2,000 × (0.65 + 0.20 + 0.08) = 1,860명이다.

따라서 외래진료 서비스를 1~3회 이용한 인원수와 입원진료 서비스를 1~3회 이용한 인원수의 차이는 1,860 − 720 = 1,140명이다.

[14-15]

14 자료해석 　　정답 ⑤

b. 2020년 전국의 총 지진 발생 횟수 대비 체감지진횟수의 비율은 17/68=0.25이므로 옳은 설명이다.

c. 2019년 전국의 규모 3 이상 지진 발생 횟수는 전년 대비 {(14−5)/5}×100=180% 증가하였으므로 옳은 설명이다.

오답 체크

a. 제시된 기간 중 전국의 총 지진 발생 횟수가 가장 많은 해는 2016년이고, 체감지진횟수가 가장 많은 해는 2017년이므로 옳지 않은 설명이다.

15 자료해석 　　정답 ④

제시된 기간 중 전국의 총 지진 발생 횟수가 세 번째로 적은 해는 56회인 2012년이고, 2012년 전국의 규모 3 이상 지진 발생 횟수는 9회이다.

따라서 2012년 전국의 총 지진 발생 횟수 대비 규모 3 이상 지진 발생 횟수의 비율은 9/56≒0.16이다.

[16-17]

16 자료해석 　　정답 ③

차종별 자동차 한 대당 탑재되는 반도체 소자 개수 중 두 번째로 많이 탑재되는 소자는 가 자동차와 나 자동차가 B 소자이고, 다 자동차는 D 소자이므로 옳지 않은 설명이다.

오답 체크

① 차종별 자동차 한 대당 탑재되는 C 소자의 개수는 나 자동차가 가 자동차의 90/50=1.8배이므로 옳은 설명이다.

② 2024년 다 자동차의 총 판매 대수는 35+45=80천 대로 같은 해 가 자동차의 총 판매 대수인 85+65=150천 대의 (80/150)×100≒53.3%이므로 옳은 설명이다.

④ 2024년 판매된 나 자동차에 탑재된 D 소자의 총 개수는 (40+60)×150=15,000천 개이므로 옳은 설명이다.

⑤ 가 자동차 한 대당 탑재되는 A 소자 개수 대비 다 자동차 한 대당 탑재되는 A 소자 개수의 비율은 500/60≒8.3이므로 옳은 설명이다.

17 자료해석 　　정답 ④

b. 2024년 자동차 총 판매 대수는 상반기에 85+40+35=160천 대, 하반기에 65+60+45=170천 대로 하반기에 상반기 대비 10천 대 증가하였으므로 옳은 설명이다.

c. 2024년 하반기에 판매된 다 자동차에 탑재된 반도체 소자의 총 개수는 C 소자가 D 소자보다 45×(200−120)=3,600천 개 더 적으므로 옳은 설명이다.

오답 체크

a. 나 자동차에 탑재되는 전체 반도체 소자 개수 중 B 소자 개수가 차지하는 비중은 (260/800)×100=32.5%로 35% 미만이므로 옳지 않은 설명이다.

18 자료해석 　　정답 ①

스트레스 지수 $=\left(\frac{a}{\text{휴식 시간}}\right)^2+\frac{\text{학업 시간}}{b}$임을 적용하여 구한다.

A 학생의 휴식 시간은 10시간, 학업 시간은 3시간, 스트레스 지수는 60점이므로

$60=\left(\frac{a}{10}\right)^2+\frac{3}{b} \rightarrow 60=\frac{a^2}{100}+\frac{2}{b}$ 　　… ⓐ

B 학생의 휴식 시간은 15시간, 학업 시간은 2시간, 스트레스 지수는 32점이므로

$32=\left(\frac{a}{15}\right)^2+\frac{2}{b} \rightarrow 32=\frac{a^2}{255}+\frac{2}{b}$ 　　… ⓑ

2ⓐ−3ⓑ에서 $120-96=\frac{450-300}{22,500}a^2$

$\rightarrow a^2=3,600 \rightarrow a=60$

이를 ⓐ에 대입하여 풀면

$60=\frac{60^2}{100}+\frac{3}{b} \rightarrow \frac{3}{b}=60-36 \rightarrow b=\frac{3}{24} \rightarrow b=0.125$

따라서 a는 60, b는 0.125인 ①이 정답이다.

빠른 문제 풀이 Tip

제시된 선택지의 a 값을 공식에 대입하여 계산한다.

휴식 시간이 10시간, 학업 시간이 3시간, 스트레스 지수가 60점인 A 학생의 경우 a=60을 대입하면 ①, ②, ③ 선택지의 $60=\left(\frac{60}{10}\right)^2+\frac{3}{b} \rightarrow 24=\frac{3}{b} \rightarrow b=0.125$이므로 ②, ③ 선택지는 정답에서 소거된다.

다음으로 ④, ⑤ 선택지의 a=80을 대입하면

$60=\left(\frac{80}{10}\right)^2+\frac{3}{b} \rightarrow -4=\frac{3}{b} \rightarrow b=-0.75$이므로 ④, ⑤ 선택지도 정답에서 소거된다.

따라서 ①이 정답임을 알 수 있다.

19 자료해석

정답 ①

지역별 광산 1개당 광량을 계산하면 다음과 같다.

구분	광산 1개당 광량(천 톤)
A 지역	7,750 / 31 = 250
B 지역	2,125 / 17 = 125
C 지역	5,104 / 22 = 232
D 지역	4,560 / 24 = 190
E 지역	6,216 / 28 = 222

따라서 지역별 광산 1개당 광량이 일치하는 ①이 정답이다.

20 자료해석

정답 ④

A 회사의 직원 수의 변화를 나타내면 다음과 같다.

2015년	2016년	2017년	2018년	2019년
83	84	86	90	98

+1 +2 +4 +8

A 회사 직원 수의 전년 대비 증가량은 매년 2배씩 증가함을 알 수 있다.

B 회사 직원 수의 변화를 나타내면 다음과 같다.

2015년	2016년	2017년	2018년	2019년
105	102	99	96	93

−3 −3 −3 −3

B회사 직원 수는 매년 3명씩 감소함을 알 수 있다.

이에 따라 2020년 이후 A, B 회사 직원 수의 합을 계산하면 다음과 같다.

구분	A 회사	B 회사	합계
2020년	98 + 16 = 114명	93 − 3 = 90명	114 + 90 = 204명
2021년	114 + 32 = 146명	90 − 3 = 87명	146 + 87 = 233명
2022년	146 + 64 = 210명	87 − 3 = 84명	210 + 84 = 294명
2023년	210 + 128 = 338명	84 − 3 = 81명	338 + 81 = 419명

따라서 A, B 회사 직원 수의 합이 처음으로 400명을 초과하는 연도는 2023년이다.

Ⅱ 추리

01 언어추리 정답 ④

개발팀에 지원한 모든 사람이 코딩교육을 수강하였고, 개발팀에 지원한 모든 사람이 공인 영어 성적을 보유하고 있다면 코딩교육을 수강하였으면서 공인 영어 성적을 보유하고 있는 사람이 반드시 존재하게 된다.

따라서 '공인 영어 성적을 보유하고 있는 어떤 사람은 코딩교육을 수강하였다.'가 타당한 결론이다.

오답 체크

개발팀에 지원한 사람을 '개', 코딩교육을 수강한 사람을 '코', 공인 영어 성적을 보유하고 있는 사람을 '공', 부정형을 'X'라고 하면

① 코딩교육을 수강한 어떤 사람이 공인 영어 성적을 보유하고 있지 않을 수도 있으므로 반드시 참인 결론은 아니다.

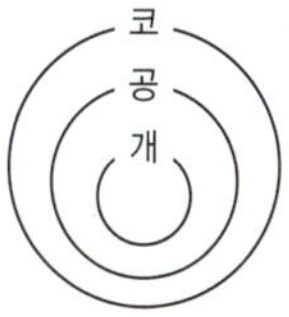

②, ③ 코딩교육을 수강한 모든 사람이 공인 영어 성적을 보유하고 있거나 공인 영어 성적을 보유하고 있는 어떤 사람은 코딩교육을 수강하지 않았을 수도 있으므로 반드시 참인 결론은 아니다.

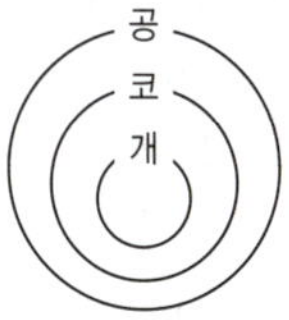

⑤ 공인 영어 성적을 보유하고 있지 않은 모든 사람이 코딩교육을 수강하였을 수도 있으므로 반드시 참인 결론은 아니다.

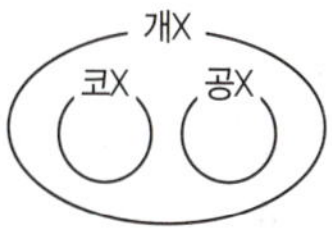

02 언어추리 정답 ⑤

친화력이 좋은 모든 사람이 인기가 많고, SNS를 좋아하지 않는 어떤 사람이 친화력이 좋으면 SNS를 좋아하지 않는 사람 중에 친화력이 좋으면서 인기가 많은 사람이 반드시 존재하게 된다.

따라서 '인기가 많은 어떤 사람은 SNS를 좋아하지 않는다.'가 타당한 결론이다.

오답 체크

친화력이 좋은 사람을 '친', 인기가 많은 사람을 '인', SNS를 좋아하지 않는 사람을 'SX'라고 하면

① SNS를 좋아하지 않는 사람 중에 인기가 많지 않은 사람이 있을 수도 있으므로 반드시 참인 결론은 아니다.

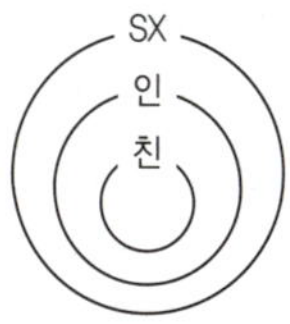

② SNS를 좋아하는 모든 사람이 인기가 많지 않을 수도 있으므로 반드시 참인 결론은 아니다.

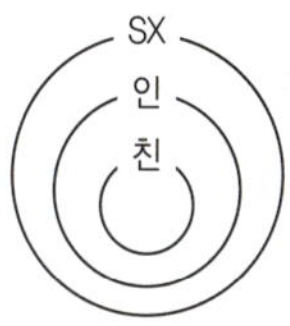

③ 인기가 많은 모든 사람이 SNS를 좋아하지 않을 수도 있으므로 반드시 참인 결론은 아니다.

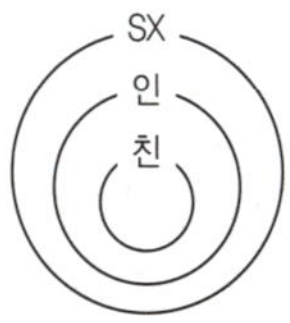

④ 인기가 많은 사람 중에 SNS를 좋아하는 사람이 있을 수도 있으므로 반드시 참인 결론은 아니다.

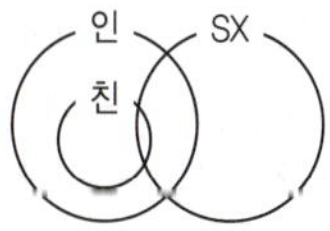

03 언어추리 정답 ③

어떤 동물이 건강하고, 겨울잠을 자는 모든 동물이 건강하지 않으면 겨울잠을 자지 않는 동물이 반드시 존재하게 된다.

따라서 '겨울잠을 자는 모든 동물은 건강하지 않다.'가 타당한 전제이다.

오답 체크

동물을 '동', 건강한 것을 '건', 겨울잠을 자는 것을 '겨', 부정형을 'X'라고 하면

① 어떤 동물이 건강하고, 건강한 모든 동물이 겨울잠을 자면 모든 동물은 겨울잠을 잘 수도 있으므로 결론이 반드시 참이 되게 하는 전제가 아니다.

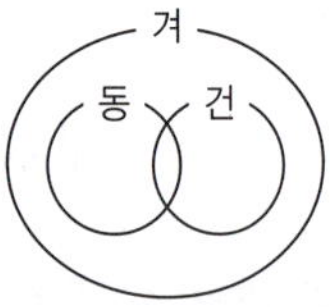

②, ⑤ 어떤 동물이 건강하고, 겨울잠을 자는 어떤 동물이 건강하거나 건강하지 않으면 모든 동물은 겨울잠을 잘 수도 있으므로 결론이 반드시 참이 되게 하는 전제가 아니다.

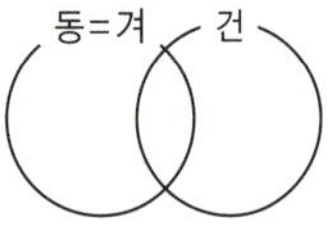

④ 어떤 동물이 건강하고, 건강하지 않은 모든 동물이 겨울잠을 자면 모든 동물은 겨울잠을 잘 수도 있으므로 결론이 반드시 참이 되게 하는 전제가 아니다.

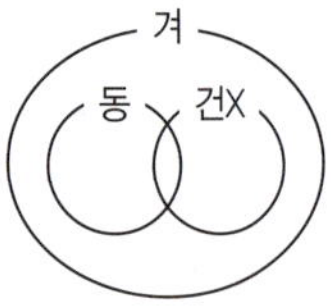

04 언어추리

정답 ③

제시된 조건에 따르면 4번 구역에는 전자레인지 또는 청소기가 배치되고, 청소기와 세탁기는 서로 마주보도록 배치되며, TV는 1번 구역 또는 2번 구역에 배치되므로 4번 구역에 전자레인지가 배치된다면 청소기와 세탁기는 각각 2번 구역 또는 5번 구역, TV는 1번 구역, 스타일러는 3번 구역에 배치됨을 알 수 있다. 또한, 4번 구역에 청소기가 배치된다면 1번 구역에는 세탁기가 배치되고, TV는 2번 구역에 배치된다. 이때 스타일러와 청소기는 나란히 붙어 배치될 수 없으므로 스타일러는 3번 구역, 전자레인지는 5번 구역에 배치된다. 4번 구역에 배치되는 가전제품에 따라 가능한 경우는 다음과 같다.

경우 1. 4번 구역에 전자레인지가 배치되는 경우

	1번	2번
	TV	청소기 또는 세탁기
3번		
스타일러		
	4번	5번
	전자레인지	청소기 또는 세탁기

경우 2. 4번 구역에 청소기가 배치되는 경우

	1번	2번
	세탁기	TV
3번		
스타일러		
	4번	5번
	청소기	전자레인지

따라서 세탁기가 1번 구역에 배치된다면, 가능한 경우의 수는 1가지이므로 항상 거짓인 설명이다.

오답 체크

① TV는 전자레인지와 서로 마주보도록 배치되므로 항상 참인 설명이다.

② 청소기는 2번 구역 또는 4번 구역 또는 5번 구역에 배치되므로 항상 거짓인 설명은 아니다.

④ 전자레인지가 4번 구역에 배치된다면, 가능한 경우의 수는 2가지이므로 항상 참인 설명이다.

⑤ 세탁기는 TV 또는 전자레인지와 나란히 붙어 배치되므로 항상 거짓인 설명은 아니다.

05 언어추리

정답 ⑤

제시된 조건에 따르면 홀수 점수를 획득한 사람은 거짓을 말했고, 짝수 점수를 획득한 사람은 진실을 말했다. C는 짝수 점수를 획득했다는 B의 말이 진실이면 C의 말도 진실이고, C의 말에 따라 A의 말도 진실이 되며 B의 말이 거짓이면 C의 말도 거짓이고, C의 말에 따라 A의 말도 거짓이 되므로 A, B, C의 말은 모두 진실이거나 모두 거짓이다. 이때 A, B, C의 말이 모두 거짓이면, D와 E의 말은 진실이고 짝수 점수를 획득했으므로 D와 E의 말에 따라 D와 E가 획득한 점수는 모두 4점이 되므로 모두 서로 다른 점수를 획득했다는 조건에 모순된다. 이에 따라 A, B, C의 말은 모두 진실이고, D와 E의 말은 거짓임을 알 수 있다. A의 말에 따라 A가 획득한 점수는 6점이고, B와 C는 각각 2점 또는 4점을 획득했다. 또한, D의 말에 따라 D가 획득한 점수는 1점 또는 3점이고, E의 말에 따라 E가 획득한 점수는 3점 또는 5점이다.
따라서 A가 획득한 점수는 6점이다.

06 언어추리

정답 ⑤

제시된 조건에 따르면 수진이는 수학 수업을 듣지 않고, 민지는 영어 또는 국어 수업을 들으며, 윤아는 과학 또는 사회 수업을 들으므로 현아와 지은이 중 1명이 수학 수업을 들어야 한다. 이때 교실 배치는 수학-영어-과학-사회-국어 순이고, 현아와 지은이는 서로 이웃하는 교실에서 수업을 들으므로 영어 수업을 듣는 사람은 현아 또는 지은이가 된다. 또한, 민지는 영어 또는 국어 수업을 들으므로 민지는 국어 수업을 듣게 된다. 이에 따라 가능한 경우는 다음과 같다.

수학	영어	과학	사회	국어
현아 또는 지은	현아 또는 지은	윤아 또는 수진	윤아 또는 수진	민지

따라서 지은이와 윤아가 서로 이웃하는 교실에서 수업을 듣는 경우의 수는 1가지이므로 항상 거짓인 설명이다.

오답 체크

① 현아가 수학 수업을 들으면, 지은이는 영어 수업을 들으므로 항상 참인 설명이다.
② 지은이가 수학 수업을 듣는 경우의 수는 2가지이므로 항상 참인 설명이다.
③ 수진이와 민지는 서로 이웃하는 교실에서 수업을 듣거나 이웃하지 않는 교실에서 수업을 들으므로 항상 거짓인 설명은 아니다.
④ 민지가 국어 수업을 듣는 경우의 수는 4가지이므로 항상 참인 설명이다.

07 언어추리

정답 ④

제시된 조건에 따르면 다형이는 1일, 나연이는 2일, 라진이는 7일에 출장을 가고, 가장 마지막 날 출장을 가는 사람은 라진이므로 라진이는 10일에 출장을 간다. 이에 따라 마리가 출장을 가는 두 날짜의 차이는 3일이므로 마리는 (3일, 6일) 또는 (5일, 8일) 또는 (6일, 9일)에 출장을 간다. 이때 가희가 출장을 가는 날짜는 모두 짝수일이고, 다형이가 두 번째로 출장을 가는 날짜보다 모두 늦으므로 마리는 3일, 6일에 출장을 가지 않음을 알 수 있다. 마리가 출장을 가는 날짜에 따라 가능한 경우는 다음과 같다.

경우 1. 마리가 5일, 8일에 출장을 가는 경우

1일	2일	3일	4일	5일	6일	7일	8일	9일	10일
다형	**나연**	다형	가희	마리	가희	**라진**	마리	나연	**라진**

경우 2. 마리가 6일, 9일에 출장을 가는 경우

1일	2일	3일	4일	5일	6일	7일	8일	9일	10일
다형	**나연**	다형	가희	나연	마리	**라진**	가희	마리	**라진**

따라서 마리가 6일에 출장을 가면, 나연이는 2일, 5일에 출장을 가고, 출장을 가는 두 날짜의 차이는 3일이므로 항상 거짓인 설명이다.

오답 체크

① 가희는 4일에 출장을 가므로 항상 참인 설명이다.
② 다형이는 3일에 출장을 가므로 항상 참인 설명이다.
③ 나연이는 2일, 5일에 출장을 가거나 2일, 9일에 출장을 가므로 항상 거짓인 설명은 아니다.
⑤ 나연이와 라진이가 연이어 9일, 10일에 출장을 가면, 5일에 출장을 가는 사람은 마리이므로 항상 참인 설명이다.

08 언어추리

정답 ③

제시된 조건에 따르면 경기를 치르지 않고 부전승을 거둔 사람은 B와 D 2인이므로 5인 중 2인이 부전승을 거둔 토너먼트의 대진표는 부전승이 예선전에 1회, 준결승전에 1회로 구성되는 형태만 가능하며, 이와 같은 대진표에서 한 사람당 치를 수 있는 최대 경기 수는 3회가 된다. 이때 가장 많은 경기를 치른 사람은 C이므로 C는 3회의 경기를 치르고 결승전까지 올랐으며, 최종 순위는 B가 C보다 높으므로 B가 1등, C가 2등, 부전승으로 준결승에 올라온 D가 3등임을 알 수 있다. 이에 따라 A, B, C, D, E 5인이 치른 사격 대회의 토너먼트 대진표는 다음과 같다.

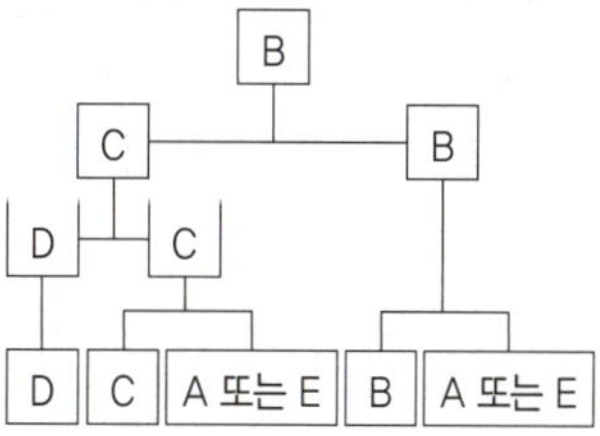

따라서 메달을 받은 사람은 B, C, D이므로 항상 거짓인 설명이다.

오답 체크

① 경기를 한 번만 치른 사람은 A, D, E 3인이므로 항상 참인 설명이다.
② B의 예선전 상대는 A 또는 E이므로 항상 거짓인 설명은 아니다.
④ A의 예선전 상대는 B 또는 C이므로 항상 거짓인 설명은 아니다.
⑤ 동메달을 받은 사람은 최종 순위가 3위인 D이므로 항상 참인 설명이다.

09 언어추리 정답 ⑤

제시된 조건에 따르면 갑, 을, 병, 정 각각의 두 가지 진술 중 한 가지 진술은 진실, 다른 한 가지 진술은 거짓이다. 먼저 갑의 첫 번째 진술을 진실이라고 가정했을 경우, 갑의 두 번째 진술은 거짓이 되고 서로 모순되는 진술을 통해 을, 병, 정 모두 첫 번째 진술이 진실이고, 두 번째 진술이 거짓임을 알 수 있다. 이에 따라 현직 야구선수는 을, 정임을 알 수 있다.

두 번째로 갑의 첫 번째 진술을 거짓이라고 가정했을 경우, 갑의 두 번째 진술은 진실이 되고 서로 모순되는 진술을 통해 을, 병, 정 모두 첫 번째 진술이 거짓이고, 두 번째 진술이 진실임을 알 수 있다. 이에 따라 현직 야구선수는 갑, 병임을 알 수 있다.

따라서 첫 번째 경우와 두 번째 경우에서 서로 다른 결과가 나왔기 때문에 갑, 을, 병, 정 중 현직 야구선수인 사람은 알 수 없다.

10 언어추리 정답 ③

제시된 조건에 따르면 풍경 사진을 출품한 사람은 지상이고, 수진이는 음식 사진을 출품하지 않았으며, 용무는 인물 사진 또는 건축물 사진을 출품했으므로 음식 사진을 출품한 사람은 원호 또는 동민이어야 한다. 이때 원호가 출품한 사진이 야생동물 사진이라면, 동민이는 인물 사진을 출품했다는 조건에 따라 원호가 야생동물 사진을, 동민이가 인물 사진을 출품했다면 음식 사진을 출품한 사람이 없어 5명은 각자 다른 주제의 사진을 출품하였다는 조건에 모순되므로 원호가 출품한 사진은 야생동물 사진이 아님을 알 수 있다. 이에 따라 가능한 경우는 다음과 같다.

지상	수진	용무	원호	동민
풍경	야생동물	인물	건축물	음식
풍경	인물 또는 건축물	인물 또는 건축물	음식	야생동물
풍경	야생동물	건축물	인물 또는 음식	인물 또는 음식

따라서 동민이가 인물 사진을 출품했다면, 용무는 건축물 사진을 출품했으므로 항상 참인 설명이다.

오답 체크

① 용무가 인물 사진을 출품했다면, 원호는 건축물 또는 음식 사진을 출품했으므로 항상 참인 설명은 아니다.

② 원호는 인물 또는 건축물 또는 음식 사진을 출품했으므로 항상 거짓인 설명이다.

④ 수진이가 야생동물 사진을 출품했다면, 가능한 경우의 수는 3가지이므로 항상 거짓인 설명이다.

⑤ 원호가 음식 사진을 출품했다면, 동민이는 야생동물 또는 인물 사진을 출품했으므로 항상 참인 설명은 아니다.

11 언어추리 정답 ③

제시된 조건에 따르면 A~D 4명은 서로 다른 종류의 음료를 주문하며, D는 라떼 또는 콜드브루를 주문하고, A 또는 B는 에스프레소를 주문한다. 이때 C가 콜드브루를 주문하면 B는 에스프레소를 주문하지 않으므로 A가 에스프레소를 주문한다. D가 주문하는 음료에 따라 가능한 경우는 다음과 같다.

경우 1. D가 라떼를 주문하는 경우

A	B	C	D
에스프레소	아메리카노 또는 콜드브루	아메리카노 또는 콜드브루	라떼
콜드브루	에스프레소	아메리카노	라떼

경우 2. D가 콜드브루를 주문하는 경우

A	B	C	D
에스프레소	라떼 또는 아메리카노	라떼 또는 아메리카노	콜드브루
라떼 또는 아메리카노	에스프레소	라떼 또는 아메리카노	콜드브루

따라서 A가 에스프레소를 주문하는 경우의 수는 4가지, B가 에스프레소를 주문하는 경우의 수는 3가지이므로 항상 거짓인 설명이다.

오답 체크

① B가 에스프레소를 주문하면, A는 라떼 또는 아메리카노 또는 콜드브루를 주문하므로 항상 거짓인 설명은 아니다.

② C가 콜드브루를 주문하면, B는 아메리카노를 주문하므로 항상 참인 설명이다.

④ C가 주문하는 음료로 가능한 경우는 3가지이므로 항상 참인 설명이다.

⑤ D가 콜드브루를 주문하면, 가능한 경우의 수는 4가지이므로 항상 참인 설명이다.

12 언어추리

정답 ③

제시된 조건에 따르면 5명은 5개의 항목 중 서로 다른 항목에서 하나씩 최고점을 받았으며, 성과 중심 계열에는 업무성과, 직무역량 항목이, 성장 중심 계열에는 태도, 협업능력, 잠재력 항목이 포함되어 있으므로 성과 중심 계열의 항목에서 최고점을 받은 사람은 2명이어야 한다. 이때 태연과 윤아는 성장 중심 계열의 항목에서 최고점을 받았고, 효연과 유리는 같은 계열의 항목에서 최고점을 받았으므로 만약 효연과 유리가 성장 중심 계열의 항목에서 최고점을 받았다면 성과 중심 계열의 항목에서 최고점을 받은 사람은 서현 1명뿐이게 되어 모순되므로 효연과 유리가 최고점을 받은 항목은 업무성과 또는 직무역량 항목이다. 또한, 직무역량에서 최고점을 받은 사람은 서현 또는 효연이라는 조건에 따라 효연은 직무역량, 유리는 업무성과에서 최고점을 받았다. 제시된 조건 중 서현이 태도에서 최고점을 받지 않았다면, 유리는 잠재력에서 최고점을 받았다는 말은 유리가 잠재력에서 최고점을 받지 않았다면, 서현은 태도에서 최고점을 받았다는 의미와 동일하다. 유리는 잠재력이 아닌 업무성과에서 최고점을 받았으므로 서현은 태도에서 최고점을 받았다.

따라서 태도에서 최고점을 받은 사람은 서현이다.

13 언어추리

정답 ⑤

제시된 조건에 따르면 갑은 을보다 먼저 등교했으며, 갑과 을 사이에 등교한 사람은 2명이고, 을은 병보다 먼저 등교했으므로 갑과 을은 각각 '첫 번째, 네 번째' 또는 '두 번째, 다섯 번째'로 등교했음을 알 수 있다. 이때 무는 첫 번째 또는 세 번째로 등교했고 정은 무보다 늦게 등교했으므로 갑이 등교한 순서에 따라 가능한 경우는 다음과 같다.

경우 1. 갑이 첫 번째로 등교한 경우

첫 번째 (8시 30분)	두 번째 (8시 40분)	세 번째 (8시 50분)	네 번째 (9시 00분)	다섯 번째 (9시 10분)	여섯 번째 (9시 20분)
갑	기	무	을	병 또는 정	병 또는 정

경우 2. 갑이 두 번째로 등교한 경우

첫 번째 (8시 30분)	두 번째 (8시 40분)	세 번째 (8시 50분)	네 번째 (9시 00분)	다섯 번째 (9시 10분)	여섯 번째 (9시 20분)
무	갑	정 또는 기	정 또는 기	을	병
기	갑	무	정	을	병

따라서 9시 정각에 등교한 사람으로 가능한 것은 을, 정, 기이다.

14 언어추리

정답 ⑤

제시된 조건에 따르면 4명의 배우 중 2명은 춘향전, 2명은 흥부전 연극에서 각각 1명은 남성, 1명은 여성 배역을 하고 있으며, 남성 배역을 하고 있는 배우는 진실을 말하고, 여성 배역을 하고 있는 배우는 거짓을 말하므로 진실을 말하는 사람은 각 연극에서 1명씩 총 2명임을 알 수 있다. 이때 본인이 D와 함께 춘향전 연극을 하고 있다는 A의 말이 진실이면 A는 춘향전 연극에서 남성 배역을 하고, D는 춘향전 연극에서 여성 배역을 하게 되어 B는 흥부전 연극을 하고 있다는 D의 말은 거짓이 되므로 B는 춘향전 연극을 하고 있어야 하지만, 춘향전 연극을 하는 사람이 A, B, D 총 3명이 되어 모순되므로 A의 말은 거짓이며, A는 여성 배역을 하고 있음을 알 수 있다. 이에 따라 거짓을 말하는 여성 배역을 하는 사람은 B, C, D 중 1명이 된다. 이때 C는 남성 배역을 하고 있고, D는 춘향전 연극을 하고 있다는 B의 말이 진실이면 남성 배역을 하고 있는 C의 말도 진실이 되어 A는 여성 배역을 하고 있고, B와 D는 춘향전 연극, A와 C는 흥부전 연극을 하게 된다. 또한, B의 말이 거짓이면 C와 D의 말은 진실이 되어 B와 D는 흥부전 연극, A와 C는 춘향전 연극을 하게 된다. 이에 따라 가능한 경우는 다음과 같다.

경우 1. B의 말이 진실일 경우

A	B	C	D
흥부전	춘향전	흥부전	춘향전
여성	남성	남성	여성

경우 2. B의 말이 거짓일 경우

A	B	C	D
춘향전	흥부전	춘향전	흥부전
여성	여성	남성	남성

따라서 A가 춘향전 연극을 하고 있다면, 가능한 경우의 수는 1가지이므로 항상 참인 설명이다.

오답 체크

① A가 여성 배역을 하고 있다면, C는 춘향전 또는 흥부전 연극을 하고 있으므로 항상 참인 설명은 아니다.

② B와 C가 같은 성별의 배역을 하고 있다면, 가능한 경우의 수는 1가지이므로 항상 거짓인 설명이다.

③ D는 춘향전 또는 흥부전 연극을 하고 있으므로 항상 참인 설명은 아니다.

④ B는 춘향전 연극에서 남성 배역을 하고 있거나 흥부전 연극에서 여성 배역을 하고 있으므로 항상 거짓인 설명이다.

15 도형추리 정답 ③

각 행에서 다음 열에 제시된 도형은 이전 열에 제시된 도형에서 외부 도형은 시계 방향으로 45° 회전하고, 내부 도형은 좌우 대칭한 형태이다.

[3행 1열] **[3행 2열]**

따라서 '?'에 해당하는 도형은 ③이다.

16 도형추리 정답 ②

각 행에서 3열에 제시된 도형은 1열과 2열에 제시된 도형의 서로 다른 음영을 나타낸 형태이다.

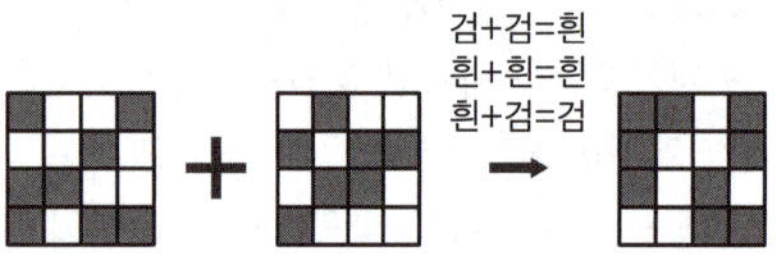

[3행 1열] [3행 2열] **[3행 3열]**

따라서 '?'에 해당하는 도형은 ②이다.

17 도형추리 정답 ③

각 행에서 다음 열에 제시된 도형은 이전 열에 제시된 도형의 외부 도형을 시계 방향으로 한 칸씩 이동하고, 내부 도형을 반시계 방향으로 한 칸씩 이동한 형태이다.

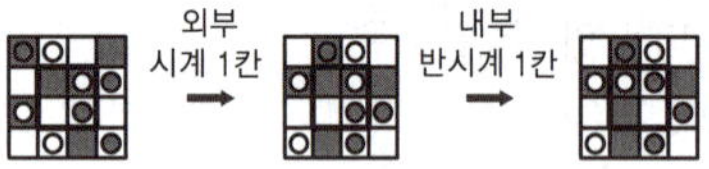

[3행 2열] **[3행 3열]**

따라서 '?'에 해당하는 도형은 ③이다.

[18-21]

☎: 첫 번째, 세 번째 문자(숫자)의 자리를 서로 바꾸고, 두 번째, 네 번째 문자(숫자)의 자리를 서로 바꾼다.
ex. abcd → cdab

◑: 문자와 숫자 순서에 따라 첫 번째 문자(숫자)를 다음 네 번째 순서에 오는 문자(숫자)로, 두 번째 문자(숫자)를 다음 세 번째 순서에 오는 문자(숫자)로, 세 번째 문자(숫자)를 다음 두 번째 순서에 오는 문자(숫자)로, 네 번째 문자(숫자)를 바로 다음 순서에 오는 문자(숫자)로 변경한다.
ex. abcd → eeee (a+4, b+3, c+2, d+1)

☻: 문자와 숫자 순서에 따라 첫 번째, 세 번째 문자(숫자)를 바로 이전 순서에 오는 문자(숫자)로, 두 번째, 네 번째 문자(숫자)를 바로 다음 순서에 오는 문자(숫자)로 변경한다.
ex. abcd → zcbe (a−1, b+1, c−1, d+1)

◀: 첫 번째, 두 번째 문자(숫자)의 자리를 서로 바꾼다.
ex. abcd → bacd

18 도식추리 정답 ②

57CQ → ☻ → 48BR → ☎ → BR48

19 도식추리 정답 ①

8W3I → ◀ → W83I → ◑ → A15J

20 도식추리 정답 ②

V2Z7 → ☎ → Z7V2 → ◀ → 7ZV2 → ◑ → 1CX3

21 도식추리 정답 ③

R7K2 → ☻ → Q8J3 → ◀ → 8QJ3 → ☎ → J38Q

22 문단배열

정답 ③

이 글은 노르망디 상륙작전의 배경과 과정 그리고 결과에 대해 설명하는 글이다.

따라서 '(B) 노르망디 상륙작전의 배경 및 디데이의 유래 → (A) 종합적인 전략 수립 및 디데이 설정 → (C) 노르망디 상륙작전의 과정: 악천후에도 불구하고 작전 강행 → (D) 노르망디 상륙작전의 결과 및 의의' 순으로 연결되어야 한다.

23 문단배열

정답 ⑤

이 글은 에드윈 허블에 의해 발견된 허블의 법칙 이론과 의의에 대해 설명하는 글이다.

따라서 '(B) 허블 법칙의 발견 → (D) 도플러 효과와 적색편이 → (A) 허블 법칙과 우주 팽창 → (C) 허블 법칙의 의의' 순으로 연결되어야 한다.

24 논리추론

정답 ⑤

게임의 이스터에그는 재미를 위해 게임 속에 몰래 숨겨 놓은 메시지나 기능으로, 정상적인 기능과 관련이 없으며 게임 플레이에 전혀 영향을 주지 않는다고 하였으므로 이스터에그를 찾았다고 해서 게임을 더 쉽고 빠르게 완료할 수 있다는 것은 옳지 않은 내용이다.

오답 체크

① 영화 제작진은 개봉된 영화와 관련된 다른 작품이나 제작 스튜디오의 특징을 이스터에그로 심어 놓는다고 하였으므로 옳은 내용이다.

② 개발자가 의도한 조작을 시행한 게이머는 모두 같은 형태의 이스터에그를 확인할 수 있다고 하였으며, 낮은 난도의 이스터에그는 게임이 출시되자마자 발견되기도 하는 반면 오랜 시간이 지나고 발견되는 이스터에그도 적지 않다고 하였으므로 옳은 내용이다.

③ 부활절에 어린아이들이 숨겨진 계란을 찾는 놀이에서 유래된 이스터에그는 개발자가 재미를 위해 게임 속에 몰래 숨겨놓은 메시지나 기능이라고 하였으므로 옳은 내용이다.

④ 아타리의 경영진이 게이머의 제보로 이스터에그의 존재를 알아차렸을 당시에는 워렌 로비넷이 이미 퇴사한 상태였다고 하였으므로 옳은 내용이다.

25 논리추론

정답 ①

저전력 반도체는 데이터 센터의 전력 소비량을 줄이고 발열량을 감소시켜 데이터 관리 시 전체적인 전력 효율을 최적화할 수 있는 방법이라고 하였으므로 데이터 센터에서 데이터를 저장할 때 저전력 반도체를 적용하더라도 발열량을 줄일 수 없다는 것은 옳지 않은 내용이다.

오답 체크

② 데이터 센터에서 처리해야 하는 데이터의 양이 늘어나면서 데이터 센터를 운영하는 데 사용되는 전력 또한 증가하고 있다고 하였으므로 옳은 내용이다.

③ 전 세계 데이터 센터 서버의 HDD를 모두 SSD로 교체하면, 연간 3TWh의 전력을 절약할 수 있으며, 여기에 더해 D램을 DDR4에서 최신 DDR5로 업그레이드하면 연간 약 1TWh의 전력량을 줄일 수 있고, 데이터 센터 운영에 필요한 전력 3TWh를 추가로 절감할 수 있다고 하였으므로 옳은 내용이다.

④ 데이터 센터는 안정적인 데이터 환경을 제공하는 시설이라고 하였으므로 옳은 내용이다.

⑤ 데이터 센터 운영에 필요한 전력량이 증가하면서 지구 온난화의 원인이 되는 온실가스 배출량이 늘어나고 있지만, 저전력 반도체를 적용하면 에너지 절약 및 온실가스 배출량을 줄이는 데 큰 도움이 될 수 있다고 하였으므로 옳은 내용이다.

26 논리추론

정답 ③

벽면에 다양한 보강 설비를 갖춘 건물은 지진에 대한 저항력을 강화해 내구성을 높였다고 하였으므로 건물을 지을 때 벽면에 충격 완화 자재를 설치할 경우 건물의 내구성을 강화할 것임을 추론할 수 있다.

오답 체크

① 내진 설계는 세 가지 목표 달성을 위한 설계가 이루어지며, 작은 규모의 지진 발생 시에는 구조부재와 비구조부재가 모두 손상받지 않아야 한다고 하였으므로 옳지 않은 내용이다.

② 건축물 내부 구조가 ㄴ자형 또는 T자형인 경우 지진에 대한 저항력을 강화할 수 있다고 하였으므로 지진 취약 지역에 세워질 건물의 내부 구조가 ㅁ자형으로 설계될 필요가 있다는 것은 옳지 않은 내용이다.

④ 내진 설계의 세 가지 목표에 따르면 대규모 지진에서는 구조부재와 비구조부재의 손상은 허용되나 건축물의 붕괴에 따른 인명 피해가 발생하지 않아야 한다고 하였으므로 옳지 않은 내용이다.

⑤ 우리나라의 경우 2층 이상이면서 면적이 200m^2 이상인 건축물에는 내진 설계가 의무화된다고 하였으므로 옳지 않은 내용이다.

27 논리추론 정답 ③

1930년대 유성영화 시대에 접어들면서, 청각적 표현을 통해 특정 인물이 화면 밖에 존재하는 듯한 효과가 사용되었으며 이로 인해 인물 간의 관계나 이야기의 전개가 확장되었다고 하였으므로 유성영화 시대의 외화면은 영화의 서사적 확장성을 높이는 데 기여하였음을 추론할 수 있다.

오답 체크

① 외화면은 장면의 시간적, 심리적 깊이를 더하는 중요한 연출 기법으로 사용되고 있으며 '볼 수 없음'의 미학을 통해 관객의 궁금증과 긴장감을 유발한다고 하였으므로 옳지 않은 내용이다.

② 외화면이 현실적, 사회적 맥락을 전달하는 도구로 사용된 것은 현실주의 영화가 출현하면서라고 하였으므로 옳지 않은 내용이다.

④ 외화면이 기술적 제약으로 인해 간접적인 방식으로 활용된 것은 무성영화가 상영되던 시대라고 하였으므로 옳지 않은 내용이다.

⑤ 영화 기술은 발전을 거듭하며 외화면을 더욱 정교하게 활용하였다고 하였으므로 옳지 않은 내용이다.

28 논리추론 정답 ④

제시된 글의 필자는 금융 규제 업무를 효율적으로 관리하는 레그테크를 기술적으로 데이터화하는 과정에서 오류가 발생할 가능성이 있기는 하지만, 복잡해지는 금융 환경과 요구되는 기업 경쟁력을 고려할 때 가장 효율적인 기술이라는 주장을 하고 있다.

따라서 레그테크 활용 시 발생한 오류에 대해서는 책임의 주체가 존재하지 않는다는 반박이 가장 타당하다.

빠른 문제 풀이 Tip

해당 유형의 문제는 지문의 소재와 필자의 주장을 파악한 후 주장의 근거에서 보이는 한계를 분석해야 한다.

제시된 글의 필자는 레그테크의 장점과 필요성에 대해 주장하고 있으며, 아직까지는 인공지능이 규제와 법을 기술적으로 적용할 수 있게 데이터를 디지털화하는 과정에서의 오류가 발생할 수 있다는 내용을 언급하고 있다.

따라서 레그테크 활용 시 발생한 오류에 대해서는 책임의 주체가 존재하지 않는다는 내용이 필자의 주장에 대한 반박으로 가장 타당하다.

29 논리추론 정답 ②

이 글은 특정 사건의 발생 원인이 자연법칙에 근거해 나타났다고 판단하거나 앞서 부정적인 사건이 연속적으로 발생했을 때 '도박사의 오류'에 빠질 수 있다는 내용이고, 〈보기〉는 '뜨거운 손 오류'가 이전의 성공이 다음번의 성공으로 이어진다는 인지적 편향을 의미하며, 특정 현상 관찰 시 판단자가 해당 현상의 발생 원인이 인간의 의지에 달려 있다고 판단할 때 '뜨거운 손 오류'에 빠지게 된다는 내용이다.

따라서 같은 상황을 보더라도 판단자가 관점을 어디에 두었는지에 따라 도박사의 오류 또는 뜨거운 손 오류에 빠질 수 있음을 알 수 있다.

30 논리추론 정답 ⑤

이 글은 DNA 메틸화, 히스톤 수정과 같은 후성유전학적 작용을 통해 염기 서열의 변화 없이 유전자의 활성 조절이 이루어진다는 내용이고, 〈보기〉는 유전자 구조가 동일하게 태어난 일란성 쌍둥이더라도 외부 환경에 따라 유전자가 변화할 수 있다는 내용이다.

따라서 DNA 염기 서열 변형 현상을 통해 일란성 쌍둥이의 신체적, 심리적 차이에 대한 과학적 설명이 가능한 것은 아님을 알 수 있다.

오답 체크

① 글에 따르면 DNA 메틸화는 DNA의 특정 부위에 메틸기가 첨가되어 해당 유전자가 비활성화되거나 억제되는 과정이며, 〈보기〉에 따르면 흡연을 한다면 발암 유전자가 촉진되거나 종양 억제 유전자가 비활성화될 수 있다고 하였으므로 흡연자에게 종양 억제 유전자가 비활성화되는 현상은 후성유전학적 작용 중 DNA 메틸화에 해당한다는 것은 적절한 내용이다.

② 글에 따르면 후성유전학은 다양한 생물학적 과정이 염기 서열의 변화 없이 유전자의 활성 조절을 통해 세대를 넘어 변화된다는 유전학 변혁의 핵심이 되며, 〈보기〉에 따르면 유전자 자체가 변한 것이 아니라 환경 요인이나 생활 습관이 각 쌍둥이의 유전자에 영향을 미친 것이라고 해석할 수 있으므로 유전자의 활성 조절은 유전자 자체가 변하지 않더라도 세대를 넘어 진행될 수 있다는 것은 적절한 내용이다.

③ 글에 따르면 후성유전학적 작용들은 염기 서열의 변화를 일으키지 않고 외부 환경, 생활 습관, 스트레스 수준, 영양 상태 등 다양한 요인들의 영향으로 유전자 발현의 양상을 변화시킬 수 있으며, 〈보기〉에 따르면 일란성 쌍둥이는 하나의 수정란이 분열하여 두 개의 배아로 성장하며 염기 서열과 유전자 구성이 동일하므로 일란성 쌍둥이는 유전자 구성이 동일하게 태어나더라도 유전자가 다르게 활성화될 수 있다는 것은 적절한 내용이다.

④ 글에 따르면 히스톤 수정은 DNA가 감겨 있는 히스톤 단백질에 화학적 변형이 가해져 유전자 발현을 촉진하는 방식으로 유전자 조절이 이루어지며, 〈보기〉에 따르면 스트레스를 더 많이 받는다면 스트레스 반응에 중요한 유전자 발현이 증가하여 민감도가 높아지는 현상이 발생할 수도 있으므로 스트레스 반응에 중요한 유전자 발현이 증가하는 것은 후성유전학적 작용 중 히스톤 수정에 해당한다는 것은 적절한 내용이다.

GLOBAL SAMSUNG APTITUDE TEST

실전모의고사 5회_고난도

정답

I 수리

p.206

01	①	응용계산	05	④	자료해석	09	②	자료해석	13	③	자료해석	17	③	자료해석
02	②	응용계산	06	③	자료해석	10	①	자료해석	14	③	자료해석	18	⑤	자료해석
03	②	자료해석	07	④	자료해석	11	⑤	자료해석	15	④	자료해석	19	③	자료해석
04	④	자료해석	08	④	자료해석	12	④	자료해석	16	④	자료해석	20	①	자료해석

II 추리

p.224

01	③	언어추리	07	④	언어추리	13	③	언어추리	19	③	도식추리	25	⑤	논리추론
02	②	언어추리	08	②	언어추리	14	①	언어추리	20	④	도식추리	26	①	논리추론
03	⑤	언어추리	09	③	언어추리	15	①	도형추리	21	⑤	도식추리	27	④	논리추론
04	④	언어추리	10	④	언어추리	16	①	도형추리	22	②	문단배열	28	④	논리추론
05	②	언어추리	11	④	언어추리	17	④	도형추리	23	②	문단배열	29	②	논리추론
06	①	언어추리	12	⑤	언어추리	18	①	도식추리	24	⑤	논리추론	30	④	논리추론

취약 유형 분석표

유형별로 맞힌 개수, 틀린 문제 번호와 풀지 못한 문제 번호를 적고 나서 취약한 유형이 무엇인지 파악해 보세요.
취약한 유형은 '기출유형공략'으로 복습하고 틀린 문제와 풀지 못한 문제를 다시 한번 풀어보세요.

	유형	맞힌 개수	틀린 문제 번호	풀지 못한 문제 번호
수리	응용계산	/2		
	자료해석	/18		
	TOTAL	/20		

	유형	맞힌 개수	틀린 문제 번호	풀지 못한 문제 번호
추리	언어추리	/14		
	도형추리	/3		
	도식추리	/4		
	문단배열	/2		
	논리추론	/7		
	TOTAL	/30		

	영역	제한 시간 내에 맞힌 문제 수	정답률
합계	수리	/20	%
	추리	/30	%
	TOTAL	/50	%

해설

Ⅰ 수리

01 응용계산 정답 ①

올해 Z 부장이 보유한 A 계좌와 B 계좌의 금액은 작년 대비 전체 16억 원 증가하여 총 66억 원이므로 작년 Z 부장이 보유한 A 계좌와 B 계좌의 금액은 66−16=50억 원이다.

작년 Z 부장이 보유한 B 계좌의 금액을 x라고 하면

작년 A 계좌의 금액은 50−x이다. 이때 A 계좌의 금액은 작년 대비 20% 증가하였고, B 계좌의 금액은 작년 대비 50% 증가했으므로

$(50-x)\times1.2+x\times1.5=66 \rightarrow 60-1.2x+1.5x=66$

$\rightarrow 0.3x=6 \rightarrow x=20$

이에 따라 작년 Z 부장이 보유한 B 계좌의 금액은 20억 원이므로 올해 Z 부장이 보유한 B 계좌의 금액은 20×1.5=30억 원이다.

따라서 올해 B 계좌 금액의 작년 대비 증가액은 30−20=10억 원이다.

02 응용계산 정답 ②

서로 다른 n개에서 순서를 고려하지 않고 r개를 뽑는 경우의 수 ${}_nC_r=\frac{n!}{r!(n-r)!}$임을 적용하여 구한다.

선정된 3명의 신입사원 중 기획팀이 1명인 경우의 수는 ${}_4C_1\times{}_6C_2=4\times15=60$가지, 기획팀이 2명인 경우의 수는 ${}_4C_2\times{}_6C_1=6\times6=36$가지, 기획팀이 3명인 경우의 수는 ${}_4C_3=4$가지로 총 60+36+4=100가지이며, 기획팀 4명, 개발팀 6명 총 10명 중 무작위로 3명을 선정하는 전체 경우의 수는 ${}_{10}C_3=\frac{10!}{3!(10-3)!}=120$가지이다.

따라서 선정된 3명의 신입사원 중 기획팀이 적어도 1명 포함될 확률은 $\frac{100}{120}=\frac{5}{6}$이다.

빠른 문제 풀이 Tip

어떤 사건 A가 일어날 확률을 p라고 하면 사건 A가 일어나지 않을 확률은 1−p임을 적용하여 구한다.

선정된 3명의 신입사원 중 기획팀이 적어도 1명 포함될 확률은 1−(선정된 3명의 신입사원이 모두 개발팀일 확률)과 같다. 이때 선정된 3명의 신입사원이 모두 개발팀일 경우의 수는 ${}_6C_3=\frac{6!}{3!(6-3)!}=20$가지이며, 기획팀 4명, 개발팀 6명 총 10명 중 무작위로 3명을 선정하는 전체 경우의 수는 ${}_{10}C_3=\frac{10!}{3!(10-3)!}=120$가지이다.

따라서 선정된 3명의 신입사원 중 기획팀이 적어도 1명 포함될 확률은 $1-\frac{20}{120}=1-\frac{1}{6}=\frac{5}{6}$이다.

03 자료해석 정답 ②

A 지역의 응답인구는 2018년에 10,665/0.27=39,500명, 2020년에 11,438/0.28=40,850명으로 2020년에 2년 전 대비 증가하였으므로 옳지 않은 설명이다.

오답 체크

① 2022년 A 지역의 비만인구는 2016년 B 지역 비만인구의 14,200/4,685 ≒ 3.03배이므로 옳은 설명이다.

③ 2024년 B 지역 비만인구의 4년 전 대비 증가율은 {(5,300−4,250)/4,250}×100 ≒ 24.7%로 20% 이상이므로 옳은 설명이다.

④ 제시된 기간 중 연도별 A 지역의 비만율이 다른 해에 비해 가장 큰 2022년에 B 지역의 응답인구는 4,760/0.4=11,900명이므로 옳은 설명이다.

⑤ 제시된 기간 중 연도별 B 지역의 비만율이 다른 해에 비해 두 번째로 작은 2016년에 A 지역과 B 지역의 비만인구 차이는 9,325−4,685=4,640명이므로 옳은 설명이다.

04 자료해석 정답 ④

2024년 국지도의 전체 일평균 교통량이 9,152대이고 이 중 화물차가 차지하는 비중이 2023년 국지도의 전체 일평균 교통량에서 화물차가 차지하는 비중인 (2,247 / 8,988) × 100 = 25%와 동일하면 2024년 국지도의 화물차 일평균 교통량은 9,152 × 0.25 = 2,288대이다.
따라서 2024년 국지도의 승용차와 버스 일평균 교통량의 합은 9,152 − 2,288 = 6,864대이다.

빠른 문제 풀이 Tip

전체 일평균 교통량에서 승용차와 버스가 차지하는 비중을 이용하여 계산한다.
2023년 국지도의 전체 일평균 교통량에서 화물차가 차지하는 비중이 25%이므로 승용차와 버스가 차지하는 비중은 100 − 25 = 75%이다. 이에 따라 2024년 국지도의 승용차와 버스의 일평균 교통량은 9,152 × 0.75 = 6,864대임을 알 수 있다.

05 자료해석 정답 ④

국가별 2023년 총예산은 A 국이 7,200 / 1.2 = 6,000억 원, C 국이 4,050 / 1.125 = 3,600억 원으로 A 국이 C 국의 6,000 / 3,600 ≒ 1.7배로 2배 미만이므로 옳지 않은 설명이다.

오답 체크

① 2024년 제시된 A~D 국 모두 국방부의 예산이 다른 부처의 예산에 비해 가장 많으므로 옳은 설명이다.
② 2024년 B 국 환경부 예산 대비 2024년 D 국 환경부 예산의 비율은 45 / 130 ≒ 0.35로 0.4 미만이므로 옳은 설명이다.
③ 제시된 국가 중 2024년 총예산이 전년 대비 감소한 B 국의 2023년 총예산은 456 / 0.95 = 480억 원이므로 옳은 설명이다.
⑤ 2024년 D 국의 총예산에서 과학기술부의 예산이 차지하는 비중은 (105 / 340) × 100 ≒ 30.9%로 30% 이상이므로 옳은 설명이다.

06 자료해석 정답 ③

전자책의 전체 평균 독서량과 독서자의 평균 독서량의 차이는 20대가 7.7 − 3.0 = 4.7권, 30대가 6.3 − 2.0 = 4.3권, 40대가 7.1 − 1.0 = 6.1권, 50대가 5.3 − 0.3 = 5.0권, 60대 이상이 11.4 − 0.2 = 11.2권으로 30대가 가장 작다. 이때 30대의 오디오북의 전체 평균 독서량은 0.4권, 독서자의 평균 독서량은 5.7권이다.
따라서 30대의 오디오북의 전체 평균 독서량과 독서자의 평균 독서량의 차이는 5.7 − 0.4 = 5.3권이다.

07 자료해석 정답 ④

2024년 한국인 수가 3,000명 미만인 A, F, G 동의 2024년 한국인 수의 평균은 (2,000 + 1,100 + 1,000) / 3 ≒ 1,367명이므로 옳은 설명이다.

오답 체크

① 2024년 Z 지역 전체 인구 수의 2년 전 대비 감소율은 {(45,800 − 44,100) / 45,800} × 100 ≒ 4%이므로 옳지 않은 설명이다.
② 2023년 외국인 수가 200명 이상인 A, B, D, E, G, H, I 동 중 2023년 외국인 수의 전년 대비 증가 인원이 가장 많은 동은 200 − 80 = 120명 증가한 I 동이므로 옳지 않은 설명이다.
③ 2023년 D 동의 전체 인구 수는 H 동의 전체 인구 수의 10,200 / 5,350 ≒ 1.9배이므로 옳지 않은 설명이다.
⑤ 전체 외국인 수의 전년 대비 증가율은 2023년에 {(2,000 − 1,900) / 1,900} × 100 ≒ 5.3%, 2024년에 {(2,200 − 2,000) / 2,000} × 100 = 10%로 2024년이 2023년보다 크므로 옳지 않은 설명이다.

08 자료해석 정답 ④

2021년 A 제품 판매량은 345 + 180 + 460 + 215 = 1,200천 대, B 제품 판매량은 525 + 1,080 + 1,250 + 645 = 3,500천 대이므로 2022년 A 제품 판매량은 1,200 × 0.75 = 900천 대, 2024년 B 제품 판매량은 3,500 × 0.9 × 1.2 × 1.25 = 4,725천 대이다.
따라서 2022년 A 제품 판매량 대비 2024년 B 제품 판매량의 비율은 4,725 / 900 = 5.25이다.

09 자료해석

정답 ②

2024년 상반기 경제활동인구의 전년 동반기 대비 증가율은 B 지역이 {(130－120)/120}×100≒8.3%, F 지역이 {(580－550)/550}×100≒5.5%로 B 지역이 F 지역보다 크므로 옳은 설명이다.

오답 체크

① 2023년 하반기 경제활동인구가 직전 반기 대비 감소한 A, C, E 지역의 2023년 하반기 경제활동인구의 합은 55+260+475=790천 명이므로 옳지 않은 설명이다.

③ 2024년 E 지역 경제활동인구는 520+475=995천 명으로 B 지역 경제활동인구의 4배인 (130+118)×4=992천 명 이상이므로 옳지 않은 설명이다.

④ 2024년 하반기 C 지역 경제활동인구 대비 A 지역 경제활동인구의 비율은 60/260≒0.23으로 0.25 미만이므로 옳지 않은 설명이다.

⑤ C 지역의 경제활동인구가 2024년 상반기에는 D 지역보다 적고, 2024년 하반기에는 D 지역보다 많으므로 옳지 않은 설명이다.

빠른 문제 풀이 Tip

③ 상반기와 하반기 경제활동인구를 합하여 연도별 경제활동인구를 계산하는 과정을 거치지 않고, 반기별로 E 지역과 B 지역 경제활동인구를 비교한다.
B 지역 경제활동인구의 4배는 2023년 상반기에 120×4=480천 명, 2023년 하반기에 128×4=512천 명, 2024년 상반기에 130×4=520천 명, 2024년 하반기에 118×4=472천 명으로 2023년에는 상반기와 하반기 모두 E 지역 경제활동인구가 B 지역 경제활동인구의 4배 미만이고, 2024년에는 상반기와 하반기 모두 E 지역 경제활동인구가 B 지역 경제활동인구의 4배 이상이므로 2024년 E 지역 경제활동인구는 같은 해 B 지역 경제활동인구의 4배 이상임을 알 수 있다.

[10-11]

10 자료해석

정답 ①

a. 2019년 소방공무원 수가 다른 지역에 비해 가장 많은 지역은 경기이고, 소방공무원 1인당 담당 주민 수가 다른 지역에 비해 가장 많은 지역은 서울이므로 옳지 않은 설명이다.

c. 2019년 세종의 소방공무원 1인당 담당 주민 수는 2년 전 대비 {(824－744)/824}×100≒9.7% 감소하였으므로 옳지 않은 설명이다.

오답 체크

b. 2017년 전체 주민 수는 대전이 1,340×1,120=1,500,800명, 광주가 1,300×1,130=1,469,000명으로 대전이 광주보다 1,500,800－1,469,000=31,800명 더 많으므로 옳은 설명이다.

d. 2018년 대구의 소방서 1개서당 담당 주민 수는 대구의 소방공무원 1인당 담당 주민 수의 307,721/980≒314배이므로 옳은 설명이다.

11 자료해석

정답 ⑤

2017년 인천의 소방공무원 1인당 담당 주민 수는 1,113명, 소방서 1개서당 담당 주민 수는 294,945명이다. 이때 지역별 소방공무원 1인당 담당 주민 수=지역별 전체 주민 수/지역별 소방공무원 수, 지역별 소방서 1개서당 담당 주민 수=지역별 전체 주민 수/지역별 소방서 개수이며, 인천의 소방공무원이 모두 소방서에서 근무한다면 인천의 소방서 1개서당 평균 소방공무원 수=인천의 소방공무원 수/인천의 소방서 개수이므로

인천의 소방서 1개서당 평균 소방공무원 수
=인천의 소방공무원 수/인천의 소방서 개수
=(인천의 전체 주민 수/인천의 소방서 개수)/(인천의 전체 주민 수/인천의 소방공무원 수)
=인천의 소방서 1개서당 담당 주민 수/인천의 소방공무원 1인당 담당 주민 수

따라서 2017년 인천의 소방서 1개서당 평균 소방공무원 수는 294,945/1,113=265명이다.

[12-13]

12 자료해석

정답 ④

11월 미주 여성 외래객 입국자 수의 전월 대비 감소율은 {(7,362－6,701)/7,362}×100≒9%로 10% 미만이므로 옳지 않은 설명이다.

오답 체크

① 12월 아시아주 외래객 입국자 수는 남성이 여성보다 22,234－9,038=13,196명 더 많으므로 옳은 설명이다.

② 8월 이후 전체 외래객 입국자 수와 구주 외래객 입국자 수의 전월 대비 증감 추이는 증가, 감소, 증가, 증가, 감소로 동일하므로 옳은 설명이다.

③ 10월 전체 외래객 입국자 수 중 승무원 외래객 입국자 수가 차지하는 비중은 (39,175/92,416)×100≒42%로 40% 이상이므로 옳은 설명이다.

⑤ 2024년 하반기 월별 교포 외래객 입국자 수의 평균은 (1,250+1,198+1,328+1,728+1,404+1,042)/6=1,325명이므로 옳은 설명이다.

13 자료해석 정답 ③

a. 전체 남성 외래객 입국자 수 중 구주 남성 외래객 입국자 수가 차지하는 비중은 10월에 (6,288/35,211)×100 ≒ 17.9%이고, 12월에 (3,609/32,854)×100 ≒ 11.0%이므로 옳은 설명이다.

b. 10월 아프리카 전체 외래객 입국자 수 중 남성 입국자 수가 차지하는 비중은 (362/1,086)×100 ≒ 33.3%이고, 7월 미주 전체 외래객 입국자 수 중 남성 외래객 입국자 수가 차지하는 비중이 이와 동일하다면, 7월 미주 남성 외래객 입국자 수는 24,555×0.333 ≒ 8,177명으로 8,300명 이하이므로 옳은 설명이다.

오답 체크

c. 대양주 외래객 입국자 수의 전월 대비 증가량은 10월에 498−392=106명, 11월에 835−498=337명으로 10월이 11월보다 작으므로 옳지 않은 설명이다.

[14-15]

14 자료해석 정답 ③

2021년 C 지역 민간 아파트 신규 분양 세대 수는 11월에 570−30=540백 세대, 12월에 440−50=390백 세대로 2021년 12월 C 지역 민간 아파트 신규 분양 세대 수의 전월 대비 감소율은 {(540−390)/540}×100 ≒ 27.8%로 30% 미만이므로 옳지 않은 설명이다.

오답 체크

① 2022년 8월 이후 B 지역의 민간 아파트 신규 분양 세대 수가 처음으로 전월 대비 증가한 달은 10월이고, 10월 A 지역의 민간 아파트 신규 분양 세대 수는 전년 동월 대비 30백 세대 증가하였으므로 옳은 설명이다.

② 2022년 7월 A 지역의 민간 아파트 신규 분양 세대 수 대비 2022년 8월 B 지역의 민간 아파트 신규 분양 세대 수의 비율은 90/120=0.75이므로 옳은 설명이다.

④ 2021년 4분기 B 지역의 평균 민간 아파트 신규 분양 세대 수는 {(130−10)+(60+20)+(50+40)}/3 ≒ 96.7백 세대로 100백 세대 미만이므로 옳은 설명이다.

⑤ A 지역의 민간 아파트 신규 분양 세대 수는 2022년 8월이 100백 세대로 2021년 10월의 110−30=80백 세대보다 100−80=20백 세대=2천 세대 더 많으므로 옳은 설명이다.

15 자료해석 정답 ④

b. A, B, C 지역의 2021년 4분기 민간 아파트 신규 분양 세대 수는 10월에 (110−30)+(130−10)+(520+20)=740백 세대, 11월에 (120−40)+(60+20)+(570−30)=700백 세대, 12월에 (100+10)+(50+40)+(440−50)=590백 세대로 A, B, C 지역의 2021년 4분기 전체 민간 아파트 신규 분양 세대 수에서 2021년 10월 전체 민간 아파트 신규 분양 세대 수가 차지하는 비중은 {740/(740+700+590)}×100 ≒ 36.5%이므로 옳지 않은 설명이다.

c. 2022년 A, B, C 지역의 평균 민간 아파트 신규 분양 세대 수는 8월에 (100+90+130)/3 ≒ 106.7백 세대, 11월에 (120+60+570)/3=250백 세대로 11월이 8월의 250/106.7 ≒ 2.3배이므로 옳지 않은 설명이다.

오답 체크

a. 2021년 12월 B 지역의 민간 아파트 신규 분양 세대 수는 같은 해 11월 C 지역의 민간 아파트 신규 분양 세대 수의 {(50+40)/(570−30)}×100 ≒ 16.7%로 20% 미만이므로 옳은 설명이다.

[16-17]

16 자료해석 정답 ④

2020년 메밀 구매 금액의 전년 대비 감소율은 {(870−800)/870}×100 ≒ 8.0%로 같은 해 보리가루 구매 금액의 전년 대비 감소율인 {(400−350)/400}×100=12.5%보다 작으므로 옳은 설명이다.

오답 체크

① 2018년부터 2021년까지 구매 금액이 매년 전년 대비 증가한 곡류 및 곡분은 옥수수, 쌀가루, 소맥분 총 3개이므로 옳지 않은 설명이다.

② 2020년 옥수수의 구매 금액은 2년 전 대비 {(79,500−70,400)/70,400}×100 ≒ 12.9% 증가하였으므로 옳지 않은 설명이다.

③ 2019년 쌀 구매 금액의 전년 대비 증가량은 71,100−68,700=2,400천만 원으로 2021년 소맥분 구매 금액의 전년 대비 증가량인 121,000−117,100=3,900천만 원보다 적으므로 옳지 않은 설명이다.

⑤ 2018년과 2020년 메밀가루의 구매 금액은 옥수수가루 구매 금액의 50% 이상이므로 옳지 않은 설명이다.

17 자료해석 정답 ③

b. 제시된 기간 동안 구매 금액이 많은 상위 3개 곡류 및 곡분은 2017년에 쌀, 밀, 소맥분이고, 2018~2021년에 옥수수, 밀, 소맥분이므로 옳지 않은 설명이다.

c. 2020년 쌀가루 구매 금액의 2년 전 대비 증가율은 {(8,300−5,600) / 5,600} × 100 ≒ 48.2%로 2021년 보리 구매 금액의 4년 전 대비 증가율인 {(25,900−17,800) / 17,800} × 100 ≒ 45.5%보다 크므로 옳지 않은 설명이다.

오답 체크

a. 2017년 전체 곡류 및 곡분 구매 금액은 62,200+17,800+57,000+277,200+740+4,400+250+3,100+93,300+1,300=517,290천만 원으로 520,000천만 원 미만이므로 옳은 설명이다.

d. 2018년 전체 곡류 및 곡분 구매 금액에서 밀 구매 금액이 차지하는 비중은 {221,900 / (68,700+12,800+70,400+221,900+900+5,600+300+3,000+98,300+1,800)} × 100 ≒ 45.9%로 45% 이상이므로 옳은 설명이다.

빠른 문제 풀이 Tip

c. 비교하는 두 분수의 분자와 분모를 각각 비교한다.
2020년 쌀가루 구매 금액의 2년 전 대비 증가율은 $\frac{2,700}{5,600}$ × 100이고, 2021년 보리 구매 금액의 4년 전 대비 증가율은 $\frac{8,100}{17,800}$ × 100이다. 공통되는 부분을 제거해 보면 $\frac{27}{56}$과 $\frac{81}{178}$이고, 분자는 3배 차이 나지만 분모는 3배 이상 차이 나므로 $\frac{27}{56}$이 더 큼을 알 수 있다.

18 자료해석 정답 ⑤

총 수익=(원가+a) × $\frac{a+b}{b}$임을 적용하여 구한다.

A 물품의 원가는 1,640달러, 총 수익은 11,400달러이므로

11,400=(1,640+a) × $\frac{a+b}{b}$

→ 11,400=(1,640 × $\frac{a+b}{b}$)+(a × $\frac{a+b}{b}$) … ⓐ

B 물품의 원가는 1,420달러, 총 수익은 10,300달러이므로

10,300=(1,420+a) × $\frac{a+b}{b}$

→ 10,300=(1,420 × $\frac{a+b}{b}$)+(a × $\frac{a+b}{b}$) … ⓑ

ⓐ−ⓑ에서 1,100=220 × $\frac{a+b}{b}$ → 5=$\frac{a+b}{b}$ → a=4b

이를 ⓐ에 대입하여 풀면

11,400=(1,640+4b) × 5 → 1,640+4b=2,280

→ b=160, a=640

따라서 a는 640, b는 160인 ⑤가 정답이다.

19 자료해석 정답 ③

제시된 자료에 따라 A~E 오토바이의 2022년 판매 대수를 계산하면 다음과 같다.

구분	2022년 판매 대수(대)
A	923 / (1+0.3)=710
B	722 / (1−0.05)=760
C	578 / (1−0.15)=680
D	492 / (1−0.2)=615
E	885 / (1+0.25)=708

따라서 A~E 오토바이의 2022년 판매 대수가 일치하는 ③이 정답이다.

20 자료해석

정답 ①

사진 용량의 변화를 나타내면 다음과 같다.

2020년	2021년	2022년	2023년	2024년
10	15	20	25	30

+5 +5 +5 +5

사진 용량은 매년 5GB씩 증가함을 알 수 있다.
동영상 용량의 변화를 나타내면 다음과 같다.

2020년	2021년	2022년	2023년	2024년
9	13	18	24	31

+4 +5 +6 +7

+1 +1 +1

동영상 용량의 전년 대비 증가량은 매년 1GB씩 증가함을 알 수 있다.
이에 따라 2025년 이후 사진과 동영상의 용량을 계산하면 다음과 같다.

구분	사진	동영상	합계
2025년	30+5=35GB	31+8=39GB	74GB
2026년	35+5=40GB	39+9=48GB	88GB
2027년	40+5=45GB	48+10=58GB	103GB
2028년	45+5=50GB	58+11=69GB	119GB
2029년	50+5=55GB	69+12=81GB	136GB
2030년	55+5=60GB	81+13=94GB	154GB

따라서 사진과 동영상 용량의 합이 처음으로 150GB 이상이 되는 해는 2030년이다.

Ⅱ 추리

01 언어추리 정답 ③

음료를 마시는 모든 사람이 치킨을 먹는다는 것은 치킨을 먹지 않는 모든 사람이 음료를 마시지 않는다는 것이므로 야구를 보는 사람 중에 치킨을 먹지 않는 사람이 있으면 야구를 보면서 음료를 마시지 않는 사람이 반드시 존재하게 된다.

따라서 '야구를 보는 어떤 사람은 음료를 마시지 않는다.'가 타당한 결론이다.

오답 체크

야구를 보는 사람을 '야', 치킨을 먹는 사람을 '치', 음료를 마시는 사람을 '음'이라고 하면

① 야구를 보는 사람 중에 음료를 마시는 사람이 있을 수도 있으므로 반드시 참인 결론은 아니다.

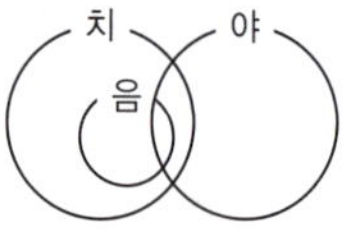

② 음료를 마시는 모든 사람이 야구를 보지 않을 수도 있으므로 반드시 참인 결론은 아니다.

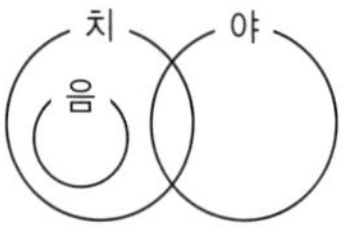

④ 야구를 보는 모든 사람이 음료를 마시지 않을 수도 있으므로 반드시 참인 결론은 아니다.

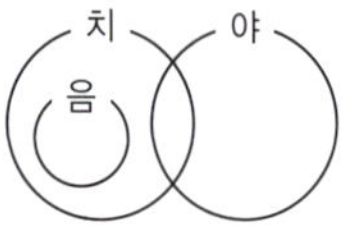

⑤ 음료를 마시지 않는 사람 중에 야구를 보는 사람이 적어도 한 명 존재하므로 반드시 거짓인 결론이다.

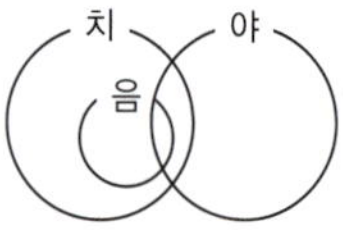

02 언어추리 정답 ②

버스를 타고 출근하는 모든 사람이 아침 식사를 거르지 않는다는 것은 아침 식사를 거르는 모든 사람이 버스를 타고 출근하지 않는다는 것이므로, 아침 식사를 거르는 어떤 사람이 간식을 먹으면 버스를 타고 출근하지 않으면서 간식을 먹는 사람이 반드시 존재하게 된다.

따라서 '버스를 타고 출근하지 않는 어떤 사람은 간식을 먹는다.'가 타당한 결론이다.

오답 체크

버스를 타고 출근하는 사람을 '버', 아침 식사를 거르지 않는 사람을 '아X', 간식을 먹는 사람을 '간'이라고 하면

① 버스를 타고 출근하는 모든 사람이 간식을 먹을 수도 있으므로 반드시 참인 결론은 아니다.

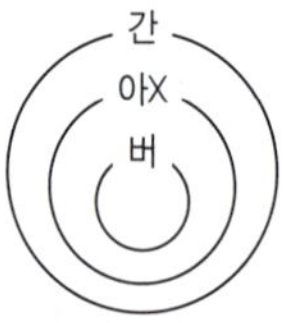

③ 버스를 타고 출근하는 모든 사람이 간식을 먹지 않을 수도 있으므로 반드시 참인 결론은 아니다.

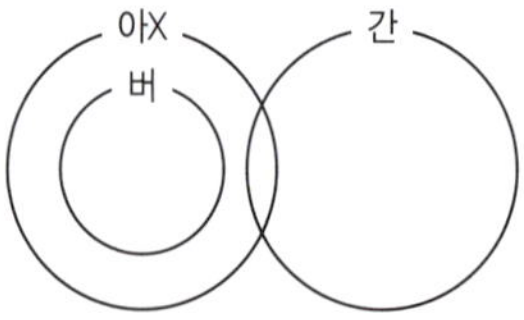

④ 간식을 먹는 어떤 사람이 버스를 타고 출근할 수도 있으므로 반드시 참인 결론은 아니다.

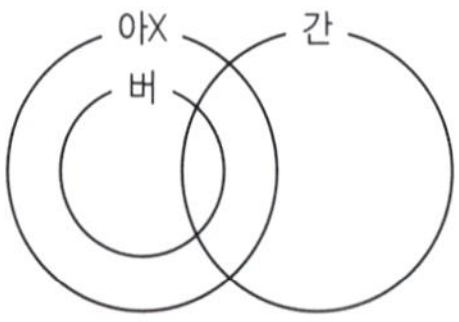

⑤ 간식을 먹는 모든 사람이 버스를 타고 출근하지 않을 수도 있으므로 반드시 참인 결론은 아니다.

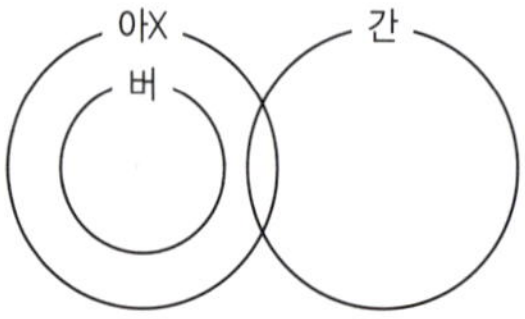

빠른 문제 풀이 Tip

'모든'이 들어간 명제는 대우가 성립하므로, 제시된 전제 중 부정문을 대우로 바꿔 풀이한다.
버스를 타고 출근하는 사람을 A, 아침 식사를 거르는 사람을 B, 간식을 먹는 사람을 C, 부정형을 ~라고 하여 제시된 전제를 간략하게 정리하면

- 전제 1: 모든 A는 ~B이다. → 대우: 모든 B는 ~A이다.
- 전제 2: 어떤 B는 C이다.

따라서 '어떤 ~A는 C이다.' 또는 '어떤 C는 ~A이다.'가 반드시 참이 되는 명제임을 알 수 있다.

03 언어추리 정답 ⑤

해외 출장을 가는 사람 중에 업무 성과가 좋지 않은 사람이 없다는 것은 해외 출장을 가는 모든 사람이 업무 성과가 좋다는 것이므로 시장 조사를 하지 않는 어떤 사람이 해외 출장을 가면 업무 성과가 좋으면서 시장 조사를 하지 않는 사람이 반드시 존재하게 된다.
따라서 '시장 조사를 하지 않는 어떤 사람은 해외 출장을 간다.'가 타당한 전제이다.

오답 체크

해외 출장을 가는 사람을 '해', 업무 성과가 좋은 사람을 '업', 시장 조사를 하는 사람을 '시'라고 하면

①, ④ 해외 출장을 가는 모든 사람이 업무 성과가 좋고, 시장 조사를 하지 않는 어떤 사람이 해외 출장을 가지 않거나 해외 출장을 가지 않는 모든 사람이 시장 조사를 하지 않으면 업무 성과가 좋은 모든 사람은 시장 조사를 할 수도 있으므로 결론이 반드시 참이 되게 하는 전제가 아니다.

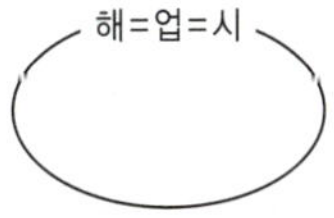

②, ③ 해외 출장을 가는 모든 사람이 업무 성과가 좋고, 시장 조사를 하는 어떤 사람이 해외 출장을 가거나 해외 출장을 가는 모든 사람이 시장 조사를 하면 업무 성과가 좋은 모든 사람은 시장 조사를 할 수도 있으므로 결론이 반드시 참이 되게 하는 전제가 아니다.

04 언어추리 정답 ④

제시된 조건에 따르면 5명은 서로 다른 무기를 선택하였고, 2명의 공격형 캐릭터가 검이나 활을 사용한다는 조건에 따라 검이나 활을 사용하는 캐릭터는 공격형 캐릭터가 된다. 이때 방패를 사용하는 캐릭터는 반드시 방어형 캐릭터이고, 지원형 캐릭터를 선택한 다솜이는 단검을 사용하지 않으므로 다솜이는 지팡이를 사용하게 된다. 또한 방어형 캐릭터를 선택한 태현이는 지팡이를 사용하지 않으므로 태현이는 방패 또는 단검을 사용하게 된다. 방어형 캐릭터와 공격형 캐릭터를 선택한 사람은 각각 2명이므로 다솜이와 태현이를 제외한 미나, 재현, 준호 중 2명은 공격형 캐릭터, 1명은 방어형 캐릭터를 선택했다. 이때 미나와 준호는 서로 다른 역할의 캐릭터를 선택했다는 조건에 따라 공격형 캐릭터를 선택한 2명 중 1명은 재현임을 알 수 있다. 이에 따라 가능한 경우는 다음과 같다.

경우 1. 미나가 공격형 캐릭터를 선택한 경우

구분	다솜	미나	재현	준호	태현
역할	**지원형**	공격형	공격형	방어형	**방어형**
무기	지팡이	검	활	방패	단검
	지팡이	검 또는 활	검 또는 활	단검	방패

경우 2. 준호가 공격형 캐릭터를 선택한 경우

구분	다솜	미나	재현	준호	태현
역할	**지원형**	방어형	공격형	공격형	**방어형**
무기	지팡이	방패	활	검	단검
	지팡이	단검	검 또는 활	검 또는 활	방패

따라서 준호의 캐릭터가 활을 사용하는 경우의 수는 1가지이므로 항상 거짓인 설명이다.

오답 체크

① 미나가 방어형 캐릭터를 선택했다면, 준호의 캐릭터는 검 또는 활을 사용하므로 항상 거짓인 설명은 아니다.
② 다솜이의 캐릭터는 지팡이를 사용하므로 항상 참인 설명이다.
③ 단검을 사용하는 캐릭터는 방어형 캐릭터이므로 항상 참인 설명이다.
⑤ 미나의 캐릭터가 단검을 사용하는 경우의 수는 2가지이므로 항상 참인 설명이다.

05 언어추리 정답 ②

제시된 조건에 따르면 3등은 스마트워치를 받았고, 노트북을 받은 사람과 이어폰을 받은 사람은 서로 연속된 등수이므로 노트북과 이어폰을 받은 사람은 각각 (1등, 2등) 또는 (2등, 1등) 또는 (4등, 5등) 또는 (5등, 4등)이다. 이때 노트북과 이어폰을 받은 사람이 각각 (1등, 2등) 또는 (2등, 1등)이라면, 태블릿을 받은 사람은 이어폰을 받은 사람보다 등수가 높다는 조건에 모순되므로 노트북과 이어폰을 받은 사람은 각각 (4등, 5등) 또는 (5등, 4등)임을 알 수 있다. 또한, 스마트폰을 받은 사람은 2등 또는 4등이라는 조건에 따라 스마트폰을 받은 사람은 2등이 되고, 태블릿을 받은 사람은 1등이 된다.

1등	2등	3등	4등	5등
태블릿	스마트폰	**스마트워치**	노트북 또는 이어폰	노트북 또는 이어폰

따라서 이어폰을 받은 사람은 4등 또는 5등이므로 항상 거짓인 설명이다.

오답 체크

① 노트북을 받은 사람은 4등 또는 5등이므로 항상 거짓인 설명은 아니다.
③ 태블릿을 받은 사람과 스마트폰을 받은 사람의 등수가 서로 연속되는 경우의 수는 2가지이므로 항상 참인 설명이다.
④ 스마트워치를 받은 사람과 이어폰을 받은 사람의 등수가 서로 연속되는 경우의 수는 1가지이므로 항상 참인 설명이다.
⑤ 노트북을 받은 사람의 등수는 스마트워치를 받은 사람의 등수보다 낮으므로 항상 참인 설명이다.

06 언어추리 정답 ①

제시된 조건에 따르면 B와 C의 말이 진실인 경우 빨간색 핸드폰을 구매한 사람이 3명이므로, B와 C 중 한 명은 진실, 다른 한 명은 거짓을 말하거나 둘 다 거짓을 말한다. 이때 E의 말이 진실이라는 D의 말이 거짓이면 E의 말도 거짓이 되고, 이는 거짓을 말한 사람이 2명이라는 조건에 모순되므로 D와 E의 말은 진실이다. E의 말에 따라 A와 B는 검은색 핸드폰을 구매했으므로 B의 말은 거짓이다. A의 말이 진실이면 C의 말이 거짓이어야 하지만, C는 빨간색 핸드폰을 구매하여 진실이 되므로 A의 말은 거짓임을 알 수 있다. 이에 따라 5명 중 진실을 말한 사람은 C, D, E이고 거짓을 말한 사람은 A, B이다.

A(거짓)	B(거짓)	C(진실)	D(진실)	E(진실)
검은색	검은색	빨간색	빨간색	파란색

따라서 검은색 핸드폰을 구매한 사람은 A, B이다.

07 언어추리 정답 ④

제시된 조건에 따르면 신입사원 5명은 각자 선호하는 메뉴를 한 가지씩 주문했으며, 신입사원 5명 중 2명은 튀김을 선호하고, 튀김을 선호하는 사람을 제외한 나머지는 서로 다른 메뉴를 선호하므로 나머지 3명은 각각 라면, 만두, 김밥을 주문했음을 알 수 있다. 또한, 남자는 라면을 선호하지 않으므로 라면을 주문한 사람은 여자이며, 만두를 선호하는 사람은 남자이므로 만두를 주문한 사람은 남자이다. 이때, 남자와 여자는 각각 1명 이상이고, 남자가 여자보다 더 많으므로 신입사원의 성별은 남자 3명, 여자 2명인 경우와 남자 4명 여자 1명인 경우가 있다. 김밥을 주문한 사람의 성별에 따라 가능한 경우는 다음과 같다.

경우 1. 김밥을 주문한 사람이 남자인 경우

튀김	튀김	라면	만두	김밥
남자	남자 또는 여자	여자	남자	남자

경우 2. 김밥을 주문한 사람이 여자인 경우

튀김	튀김	라면	만두	김밥
남자	남자	여자	남자	여자

따라서 남자가 주문한 메뉴가 3개이면, 가능한 경우는 2가지이므로 항상 거짓인 설명이다.

오답 체크

① 여자가 2명인 경우, 김밥을 주문한 사람은 여자일 수도 있으므로 항상 거짓인 설명은 아니다.
② 김밥을 주문한 사람이 남자인 경우, 튀김을 주문한 사람이 남자 2명 또는 남자 1명, 여자 1명이므로 항상 참인 설명이다.
③ 남자가 4명인 경우, 튀김을 주문한 사람은 모두 남자이므로 항상 참인 설명이다.
⑤ 튀김을 주문한 사람의 성별이 다른 경우, 남자가 여자보다 1명 더 많으므로 항상 참인 설명이다.

08 언어추리 정답 ②

제시된 조건에 따르면 사원 3명은 같은 줄에 옆으로 나란히 앉고, 가장 뒷 좌석에는 한 명만 앉으며, C의 좌석 번호는 D의 좌석 번호보다 3만큼 크므로 A 사원, B 사원, C 사원은 두 번째 줄에 앉음을 알 수 있다. 이때 B가 1인석에 앉으므로 B는 4번 좌석에 앉으며, 부장은 1인석에 앉으므로 F 부장은 1번 또는 7번 좌석에 앉는다. F가 앉는 좌석에 따라 가능한 경우는 다음과 같다.

경우 1. F가 1번 좌석에 앉는 경우

빈자리	E 또는 빈자리	E 또는 빈자리
B	A	C
F	빈자리	D

빈자리	E 또는 빈자리	E 또는 빈자리
B	C	A
F	D	빈자리

경우 2. F가 7번 좌석에 앉는 경우

F	빈자리	빈자리
B	A	C
빈자리	E	D

F	빈자리	빈자리
B	C	A
빈자리	D	E

따라서 E가 9번 좌석에 앉는다면, F는 1번 좌석에 앉으므로 항상 참인 설명이다.

오답 체크

① 대리 2명은 같은 줄에 옆으로 나란히 앉거나 다른 줄에 앉으므로 항상 참인 설명은 아니다.

③ D가 3번 좌석에 앉는다면, 2번 좌석에는 E가 앉거나 아무도 앉지 않으므로 항상 참인 설명은 아니다.

④ F가 7번 좌석에 앉는다면, 가능한 경우의 수는 2가지이므로 항상 거짓인 설명이다.

⑤ F가 1번 좌석에 앉는다면, 가능한 경우의 수는 4가지이므로 항상 거짓인 설명이다.

09 언어추리 정답 ③

제시된 조건에 따르면 5명은 각자 2만 원 이상 6만 원 이하의 돈을 만 원 단위로 가지고 있고, 5명이 가지고 있는 돈의 총합은 20만 원이며, 가장 큰 금액을 가지고 있는 사람만 거짓을 말하므로 C의 말은 진실이다. 이에 따라 5명이 가진 금액은 모두 다르므로 5명은 각자 2만 원, 3만 원, 4만 원, 5만 원, 6만 원을 가지고 있다. 이때 가장 큰 금액을 가지고 있는 사람만 거짓을 말하므로 거짓을 말하는 사람이 가진 금액은 6만 원이고, E가 거짓을 말할 경우 D와 E가 가진 돈의 합이 5만 원이라는 D의 말도 거짓이 되어, E의 말은 진실이다. 거짓을 말하는 사람에 따라 가능한 경우는 아래와 같다.

경우 1. A가 거짓을 말하는 경우

A	B	C	D	E
거짓	진실	진실	진실	진실
6만 원	4만 원 또는 5만 원	4만 원 또는 5만 원	3만 원	2만 원

경우 2. B가 거짓을 말하는 경우

A	B	C	D	E
진실	거짓	진실	진실	진실
5만 원	6만 원	4만 원	3만 원	2만 원

경우 3. D가 거짓을 말하는 경우

A	B	C	D	E
진실	진실	진실	거짓	진실
5만 원	3만 원 또는 4만 원	3만 원 또는 4만 원	6만 원	2만 원

따라서 E가 가진 돈은 2만 원이므로 항상 참인 설명이다.

오답 체크

① 거짓을 말하는 사람은 A 또는 B 또는 D이므로 항상 거짓인 설명이다.

② A와 C가 가진 돈의 차이는 1만 원 또는 2만 원이므로 항상 참인 설명은 아니다.

④ B가 가진 돈이 4만 원이면, D는 진실 또는 거짓을 말하므로 항상 참인 설명은 아니다.

⑤ A의 말이 거짓이면 B와 C가 가진 돈의 차이는 1만 원이므로 항상 거짓인 설명이다.

10 언어추리

정답 ④

제시된 조건에 따르면 각 자리 숫자는 1~9 중 하나이고, 만의 자리 숫자와 천의 자리 숫자의 합은 5이므로 (만의 자리 숫자, 천의 자리 숫자)로 가능한 경우는 (1, 4), (2, 3), (3, 2), (4, 1)이다. 이때 백의 자리 숫자는 만의 자리 숫자와 일의 자리 숫자의 합의 두 배이므로 (4, 1)인 경우는 불가능하다. 이에 따라 십의 자리 숫자는 나머지 모든 자리의 숫자 중 가장 작은 숫자보다 작거나 같으므로 가능한 경우는 다음과 같다.

구분	만의 자리	천의 자리	백의 자리	십의 자리	일의 자리	총합
경우 1	1	4	4	1	1	11
경우 2	1	4	6	1	2	14
경우 3	1	4	8	1	3	17
경우 4	2	3	6	1	1	13
경우 5	2	3	8	1	2	16
경우 6	2	3	8	2	2	17
경우 7	3	2	8	1	1	15

따라서 일의 자리 숫자가 십의 자리 숫자보다 크면, 가능한 경우의 수는 3가지이므로 항상 참인 설명이다.

오답 체크

① 내선번호 다섯 자리 중 가장 큰 숫자는 4 또는 6 또는 8이므로 항상 참인 설명은 아니다.
② 내선번호에 같은 숫자가 2개 또는 3개 존재하므로 항상 참인 설명은 아니다.
③ 내선번호의 각 자리 숫자의 합이 15 이상이면, 가능한 경우의 수는 4가지이므로 항상 거짓인 설명이다.
⑤ 백의 자리 숫자가 5 이하이면, 만의 자리 숫자와 일의 자리 숫자는 같으므로 항상 거짓인 설명이다.

11 언어추리

정답 ④

제시된 조건에 따르면 일렬로 앉은 5명 중 양 끝에 앉은 사람은 진실을 말하므로 자신의 양옆 자리에 앉은 사람이 있고, 둘 중 한 명은 A 또는 B라는 C의 말은 거짓이 된다. 이에 따라 C는 끝자리에 앉지 않았으며, C의 양옆에는 D와 E가 앉았음을 알 수 있다. 이때 E의 말이 거짓이면 E－C－D 순으로 앉았고, 이 경우 D가 끝자리에 앉았다면 D의 말은 진실임에 따라 A와 B의 말은 거짓이 되고, D가 끝자리에 앉지 않았다면 D의 말이 거짓임에 따라 B의 말도 거짓이 되므로 E의 말은 진실이다. E의 말에 따라 D－C－E 순으로 앉았고, E가 끝자리에 앉았으므로 A의 말은 거짓, B의 말은 진실이 된다.

순서	1	2	3	4	5
용의자	B	A	D	C	E

따라서 양 끝에 앉은 용의자는 B, E이다.

12 언어추리

정답 ⑤

제시된 조건에 따르면 사진 파일은 동영상 파일보다 1개 더 많으므로 동영상 파일이 1개이면 사진 파일은 2개, 동영상 파일이 2개이면 사진 파일은 3개이다. 이때 맨 앞에 배열되어 있는 파일은 동영상 파일이고, 맨 뒤에 배열되어 있는 파일은 문서 파일이므로 동영상 파일이 1개, 사진 파일이 2개, 문서 파일이 2개임을 알 수 있다. 또한, B와 D는 같은 종류의 파일이고 A와 종류가 같은 파일은 없으므로 C와 E가 같은 종류의 파일이며, A는 동영상 파일이다. 같은 종류의 파일은 연달아 배열되어 있지 않으므로 B와 D 파일의 종류에 따라 가능한 경우는 다음과 같다.

경우 1. B와 D가 사진 파일인 경우

첫 번째	두 번째	세 번째	네 번째	다섯 번째
A	B 또는 D	C 또는 E	B 또는 D	C 또는 E
동영상	사진	문서	사진	**문서**

경우 2. B와 D가 문서 파일인 경우

첫 번째	두 번째	세 번째	네 번째	다섯 번째
A	C 또는 E	B 또는 D	C 또는 E	B 또는 D
동영상	사진	문서	사진	**문서**

따라서 C가 앞에서 세 번째 순서로 배열되어 있다면, E는 앞에서 다섯 번째 순서로 배열되어 있으므로 항상 거짓인 설명이다.

오답 체크

① 5개의 파일이 배열되는 위치로 가능한 경우의 수는 총 8가지이므로 항상 참인 설명이다.
② A는 동영상 파일이므로 항상 참인 설명이다.
③ B가 앞에서 두 번째 순서로 배열되어 있다면, C는 앞에서 세 번째 또는 다섯 번째 순서로 배열되어 있으므로 항상 거짓인 설명은 아니다.
④ C는 문서 파일 또는 사진 파일이므로 항상 거짓인 설명은 아니다.

13 언어추리 정답 ③

제시된 조건에 따르면 5명 중 2명은 진실만을 말하고, 3명은 거짓만을 말하므로 예진이의 말은 거짓이라는 현우의 말이 진실이라면 예진이의 말은 거짓이고, 현우의 말이 거짓이라면 예진이의 말은 진실이 되어, 진실만을 말하는 2명 중 1명은 예진 또는 현우이다. 이때 소연이의 말은 진실이라는 주호의 말이 진실이라면 진실을 말하는 사람은 총 3명이 되어 5명 중 2명은 진실만을 말한다는 조건에 모순되므로 소연이와 주호의 말은 거짓임을 알 수 있다. 이에 따라 거짓을 말하는 3명은 (예진 또는 현우), 소연, 주호가 되어 본인은 콘서트에 참석했다는 민준의 말은 진실이 된다. 또한, 민준이와 주호는 둘 다 콘서트에 참석했다는 소연이의 말이 거짓임에 따라 민준이와 주호 둘 중 적어도 1명은 콘서트에 참석하지 않아야 하므로 주호는 콘서트에 참석하지 않는다. 진실을 말하는 나머지 1명이 예진 또는 현우 중 누구인지에 따라 가능한 경우는 다음과 같다.

경우 1. 예진의 말이 진실인 경우

구분	민준 (진실)	소연 (거짓)	예진 (진실)	주호 (거짓)	현우 (거짓)
콘서트 참석 여부	O	O	X	X	X

경우 2. 현우의 말이 진실인 경우

구분	민준 (진실)	소연 (거짓)	예진 (거짓)	주호 (거짓)	현우 (진실)
콘서트 참석 여부	O	X	O	X	X
	O	X	X	X	O

따라서 주호는 콘서트에 참석하지 않았으므로 항상 참인 설명이다.

오답 체크

① 예진이는 콘서트에 참석했거나 참석하지 않았으므로 항상 참인 설명은 아니다.

② 콘서트에 참석하지 않은 사람 중 거짓을 말하는 사람은 2명 또는 3명이므로 항상 참인 설명은 아니다.

④ 소연이가 콘서트에 참석하지 않는 경우의 수는 2가지이므로 항상 거짓인 설명이다.

⑤ 현우가 콘서트에 참석하는 경우의 수는 1가지이므로 항상 거짓인 설명이다.

14 언어추리 정답 ①

제시된 조건에 따르면 세 번째로 휴가를 가는 1명만 거짓을 말한다. 이때 D의 말이 거짓인 경우 세 번째로 휴가를 가는 사람은 D이지만 자신이 첫 번째로 휴가를 가는 사람이 아니라는 D의 말이 진실이 되어 모순되므로 D의 말은 진실이다. 또한, B의 말이 거짓인 경우 세 번째로 휴가를 가는 사람은 B이고, 자신이 D 바로 다음에 휴가를 간다는 A의 말과 자신이 첫 번째로 휴가를 가는 사람이 아니라는 D의 말이 진실이 되어 D는 네 번째, A는 다섯 번째로 휴가를 가지만 이는 자신이 A보다 늦게 휴가를 간다는 E의 말에 모순되므로 B의 말은 진실이다. C의 말이 거짓인 경우에도 마찬가지로 A와 D의 진술에 의해 D는 네 번째, A는 다섯 번째로 휴가를 가지만 이는 자신이 C보다 늦게 휴가를 간다는 B의 진술에 모순되므로 C의 말은 진실이다. 거짓을 말하는 사람에 따라 가능한 경우는 다음과 같다.

경우 1. A의 말이 거짓인 경우

첫 번째	두 번째	세 번째	네 번째	다섯 번째
C	B	A	D 또는 E	D 또는 E

경우 2. E의 말이 거짓인 경우

첫 번째	두 번째	세 번째	네 번째	다섯 번째
C	B	E	D	A

따라서 A는 세 번째 또는 다섯 번째로 휴가를 가므로 항상 거짓인 설명이다.

오답 체크

② B는 C 바로 다음 순서로 휴가를 가므로 항상 참인 설명이다.

③ D는 E보다 먼저 휴가를 가거나 E보다 늦게 휴가를 가므로 항상 거짓인 설명은 아니다.

④ A가 세 번째로 휴가를 간다면, 가능한 경우의 수는 2가지이므로 항상 참인 설명이다.

⑤ C가 첫 번째로 휴가를 간다면, 가능한 경우의 수는 3가지이므로 항상 참인 설명이다.

15 도형추리 정답 ①

각 행에서 3열에 제시된 도형은 1열과 2열에 제시된 도형을 결합한 후 상하 대칭한 형태이다.

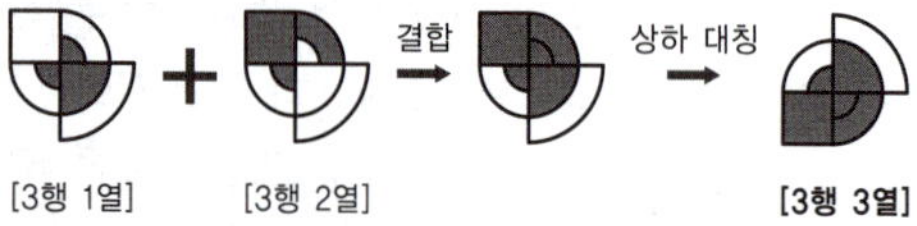

따라서 '?'에 해당하는 도형은 ①이다.

빠른 문제 풀이 Tip

먼저 선택지를 확인하면 사각형의 음영과 위치가 서로 다르므로 사각형만 확인하여 열과 열 사이의 규칙인지, 행과 행 사이의 규칙인지 확인한다.

규칙이 열과 열 사이에 적용된다면 1행에서 사각형의 음영은 모두 검정색이고, 2행에서 사각형의 음영은 모두 흰색이므로, 모두 같은 음영으로 통일하는 규칙이거나 음영을 결합하는 등의 규칙일 수 있다. 그러나 규칙이 행과 행 사이에 적용된다면 1열과 2열에서 사각형의 음영은 공통된 규칙이 없으므로 규칙은 열과 열 사이에 적용됨을 알 수 있다. 이때 열과 열 사이에 적용된 규칙이 모두 같은 음영으로 통일하는 규칙이라면 3행 1열과 3행 2열의 사각형 음영이 동일해야 하지만 서로 다르므로 음영을 결합하는 규칙임을 알 수 있다.

그 다음 1열과 2열의 전체 도형을 결합한 후 3열의 도형과 비교하여 규칙을 찾는다.

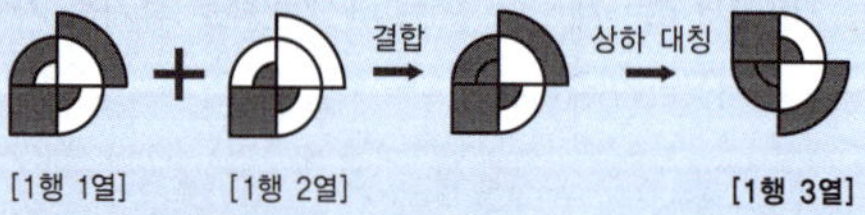

따라서 3행에 제시된 사각형에 규칙을 적용하면 정답은 ①임을 알 수 있다.

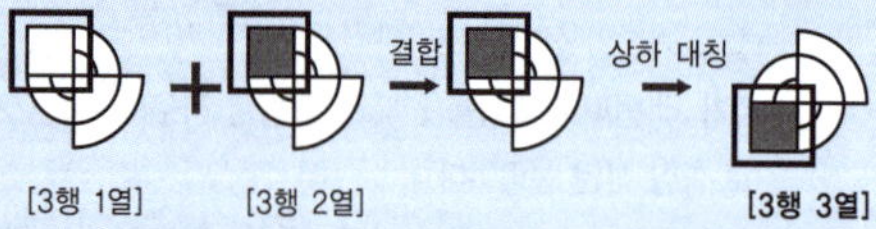

16 도형추리 정답 ①

각 행에서 2열에 제시된 도형은 1열에 제시된 도형에서 내부 음영을 시계 방향으로 3칸씩 이동, 외부 도형을 반시계 방향으로 2칸씩 이동한 형태이고, 3열에 제시된 도형은 1열과 2열에 제시된 도형의 공통되는 내부 음영과 같은 위치에 있는 외부 도형을 나타낸 형태이다.

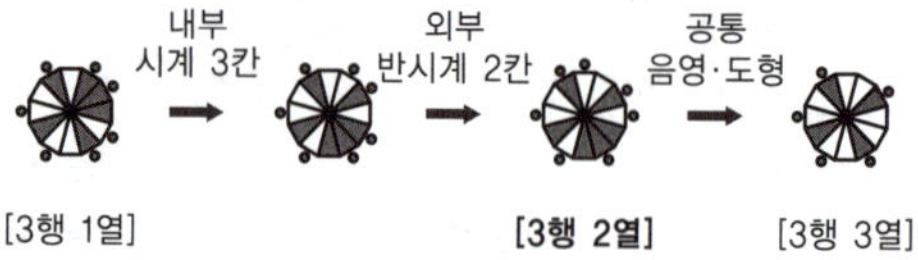

따라서 '?'에 해당하는 도형은 ①이다.

17 도형추리 정답 ④

각 행에서 다음 열에 제시된 도형은 이전 열에 제시된 도형에서 내부 도형은 시계 방향으로 90°, 외부 도형은 반시계 방향으로 90° 회전한 후 전체 도형을 색반전한 형태이다.

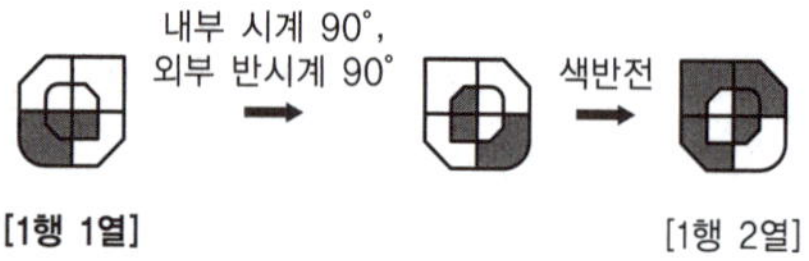

따라서 '?'에 해당하는 도형은 ④이다.

[18-21]

○: 첫 번째, 세 번째 문자(숫자)의 자리를 서로 바꾼다.
ex. abcd → cbad

■: 문자와 숫자 순서에 따라 각 자리의 문자(숫자)를 다음 두 번째 순서에 오는 문자(숫자)로 변경한다.
ex. abcd → cdef (a+2, b+2, c+2, d+2)

△: 첫 번째 문자(숫자)를 네 번째 자리로, 두 번째 문자(숫자)를 첫 번째 자리로, 세 번째 문자(숫자)를 두 번째 자리로, 네 번째 문자(숫자)를 세 번째 자리로 이동시킨다.
ex. abcd → bcda

★: 문자와 숫자 순서에 따라 첫 번째, 세 번째 문자(숫자)를 바로 다음 순서에 오는 문자(숫자)로, 두 번째, 네 번째 문자(숫자)를 바로 이전 순서에 오는 문자(숫자)로 변경한다.
ex. abcd → badc (a+1, b−1, c+1, d−1)

18 도식추리 정답 ①

AZQR → △ → ZQRA → ○ → RQZA

19 도식추리 정답 ③

1364 → ★ → 2273 → ○ → 7223 → ■ → 9445

20 도식추리 정답 ④

KB2S → ■ → MD4U → ★ → NC5T

21 도식추리 정답 ⑤

5E2J → ○ → 2E5J → △ → E5J2 → ★ → F4K1

22 문단배열 정답 ②

이 글은 원자력 발전의 초기 도입 배경부터 대형 사고를 거쳐 안전성 강화 과제에 이르기까지의 과정에 대해 설명하는 글이다.

따라서 '(A) 원자력 발전의 도입과 기대 → (C) 스리마일섬 사고로 위험성 부각 → (B) 체르노빌과·후쿠시마 사고로 위험 심화 확인 → (D) 원자력계 과제: 안전성 강화하여 사회적 신뢰 회복' 순으로 연결되어야 한다.

23 문단배열 정답 ②

이 글은 무선랜, 즉 와이파이의 변천 과정에 따라 달라지는 전송 속도에 대해 설명하는 글이다.

따라서 '(C) 무선랜(와이파이)의 시대에 따른 변화 양상에 대한 궁금증 → (A) 1세대 와이파이의 등장 → (D) 1세대 와이파이에 이어 개발된 IEEE 802.11b와 IEEE 802.11g의 전송 속도 → (B) 현재 사용되고 있는 6세대 와이파이와 개발 중에 있는 7세대 와이파이' 순으로 연결되어야 한다.

24 논리추론 정답 ⑤

하이드로겔 기반 DDS는 수소 농도가 높은 암세포에서만 반응하여 약물이 퍼지도록 하므로 정상세포까지 공격하여 발생하는 부작용을 낮춘다.

따라서 모든 상황에 동일한 방식으로 작용하여 부작용이 적다는 것은 옳지 않은 내용이다.

오답 체크

① 하이드로겔 기반 DDS는 항암 치료에서 부작용을 최소화하는 데 기여한다고 하였으므로 옳은 내용이다.

② 하이드로겔 기반 DDS는 수소 농도가 높은 암세포에 반응하여 약물을 선택적으로 방출한다고 하였으므로 옳은 내용이다.

③ 하이드로겔은 수분을 유지하면서도 가벼운 형태로 되어 있으며 강도, 점도 등을 조절하는 등 다양한 형태로 제작이 가능하다고 하였으므로 옳은 내용이다.

④ 하이드로겔은 생체 친화적이며 인체에 무해한 천연 성분으로 구성되어 신체 거부 반응이 거의 없다고 하였으므로 옳은 내용이다.

빠른 문제 풀이 Tip

진술이 모두 참이라고 할 때 반드시 거짓일 수밖에 없는 내용을 선택하는 유형의 문제는 제시된 글과 일치하지 않는 내용을 찾아내는 방식으로 풀어내야 한다.

25 논리추론 정답 ⑤

물보다 끓는점이 낮은 알코올은 분자 사이에 작용하는 인력이 약한 탓에 증발하기 쉽다고 하였으므로 물질의 끓는점이 높을수록 분자 간의 인력이 약해 증발하기 어려워진다는 것은 옳지 않은 내용이다.

오답 체크

① 냉장고 내부의 증발기로 들어간 액화 가스는 주변의 열을 흡수하여 기체로 변하면서 냉장고 내부의 온도를 급격히 떨어뜨린다고 하였으므로 옳은 내용이다.

② 고압 상태의 액화 가스는 끓는점이 높아 기체화되기 어렵다고 하였으므로 옳은 내용이다.

③ 베르누이의 정리는 유체의 속력이 빠를수록 압력이 낮아진다는 내용이라고 하였으므로 옳은 내용이다.

④ 냉매 가스가 응축기를 통과하면서 열이 방출되어 액화 가스가 만들어지는데, 이 과정에서 응축기가 내뿜은 열로 인해 냉장고 뒷부분이 뜨거워진다고 하였으므로 옳은 내용이다.

26 논리추론

정답 ①

포토레지스트는 빛에 보이는 반응에 따라 빛을 받지 않은 부분이 남는 양성형과 빛을 받은 부분이 남는 음성형으로 구분된다고 하였으므로 포토레지스트가 빛에 노출된 부분이 남는 양성형과 노출되지 않은 부분이 남는 음성형으로 구분된다는 것은 옳지 않은 내용이다.

오답 체크

② 회로 패턴이 새겨진 웨이퍼에는 용해되거나 응고되지 않은 부분이 존재하는데, 이를 선택적으로 제거하는 과정을 거쳐 포토 공정이 마무리된다고 하였으므로 옳은 내용이다.

③ 포토레지스트는 반도체 공정 과정에서 미세 회로의 기본적인 패턴이 새겨지는 데 주요 역할을 담당한다고 하였으므로 옳은 내용이다.

④ 반도체 공정 과정에서 사용되는 포토레지스트는 웨이퍼에 얇은 두께로 고르게 도포된다고 하였으므로 옳은 내용이다.

⑤ 포토레지스트에 빛을 조사하면 용해와 응고와 같은 반응이 나타나고 이로 인한 빛의 접촉 여부를 기준으로 분리되는 영역을 형성한다고 하였으므로 옳은 내용이다.

27 논리추론

정답 ④

우리나라의 한 연구팀에서 두께가 250μm인 최적의 복사 냉각 페인트를 제작했으며, 공정이 어렵지 않고 가격 역시 저렴하다고 하였으므로 최고의 효과를 낼 수 있는 복사 냉각 페인트 제작에는 큰 비용이 소모되어 쉽게 상용화되기는 어렵다는 것은 옳지 않은 내용이다.

오답 체크

① 가을철에는 구름이 없는 청명한 날씨가 이어져 낮에는 지표면에서 흡수하는 태양 복사 에너지가 증가한다고 하였으므로 옳은 내용이다.

② 복사 냉각 페인트는 주위의 온도보다 9.1도를 낮춰주며, 건물 외벽이나 비행기 등에 적용할 수 있다고 하였으므로 옳은 내용이다.

③ 복사 냉각이란 낮 시간 동안 지표면에 가해진 태양광선이 밤 시간에 열 에너지를 적외선 형태로 방출함에 따라 냉각되는 현상이라고 하였으므로 옳은 내용이다.

⑤ 복사 냉각이 잘 발생하는 밤 시간대라도 구름이 많을 경우 구름에서 방출된 복사 에너지가 지표면에 흡수되어 잘 발생하지 않는다고 하였으므로 옳은 내용이다.

28 논리추론

정답 ④

제시된 글의 필자는 심리부검이 자살자의 주변인 관리 대책 마련은 물론 국가적 차원의 자살 예방 대책을 마련하는 데에도 도움이 되기 때문에 심리부검을 제도화해야 한다고 주장하고 있다.

따라서 자살자의 개인정보를 수집하는 심리부검이 고인의 명예와 사생활을 침해해 윤리적으로 문제가 될 수 있다는 반박이 타당하다.

29 논리추론

정답 ②

이 글은 재사용 발사체는 발사 뒤 회수가 가능하여 발사 비용과 준비 기간을 단축할 수 있지만 유효 탑재량 감소·복잡한 회수 절차·안전성 관리 필수·고궤도 발사 제약 등의 한계를 지닌다는 내용이고, 〈보기〉는 우주견인선이 위성 수명 연장·궤도 변경·우주 쓰레기 제거 등을 수행할 수 있지만, 높은 비용과 어려운 기술 표준화의 단점이 있다는 내용이다.

따라서 특수 임무를 목적으로 하는 우주선을 고궤도에 올리기 위해서는 재사용 발사체보다 우주견인선이 더 적합함을 알 수 있다.

30 논리추론

정답 ④

이 글은 에어컨이 제습 운전을 하면 증발기를 거쳐 차가워진 건조한 공기가 그대로 실내로 유입된다는 내용의 글이고, 〈보기〉는 제습기 중에서도 수증기를 액체로 변화시켜 습기를 제거하는 방식의 냉각식 제습기는 제습된 건조한 공기를 재가열하여 실내로 방출하기 때문에 실내 온도가 높아진다는 내용이다.

따라서 실내 습도와 온도를 동시에 낮추기 위해서는 제습기보다 에어컨을 사용하는 것이 좋음을 알 수 있다.

GLOBAL SAMSUNG APTITUDE TEST

실전모의고사 6회_고난도

정답

Ⅰ 수리

p.244

01	②	응용계산	05	③	자료해석	09	④	자료해석	13	④	자료해석	17	④	자료해석
02	③	응용계산	06	①	자료해석	10	⑤	자료해석	14	①	자료해석	18	④	자료해석
03	④	자료해석	07	⑤	자료해석	11	⑤	자료해석	15	⑤	자료해석	19	②	자료해석
04	③	자료해석	08	④	자료해석	12	②	자료해석	16	①	자료해석	20	②	자료해석

Ⅱ 추리

p.263

01	①	언어추리	07	④	언어추리	13	①	언어추리	19	①	도식추리	25	⑤	논리추론
02	④	언어추리	08	③	언어추리	14	④	언어추리	20	①	도식추리	26	③	논리추론
03	①	언어추리	09	⑤	언어추리	15	②	도형추리	21	②	도식추리	27	⑤	논리추론
04	⑤	언어추리	10	④	언어추리	16	③	도형추리	22	②	문단배열	28	③	논리추론
05	⑤	언어추리	11	④	언어추리	17	②	도형추리	23	③	문단배열	29	⑤	논리추론
06	③	언어추리	12	④	언어추리	18	⑤	도식추리	24	①	논리추론	30	③	논리추론

취약 유형 분석표

유형별로 맞힌 개수, 틀린 문제 번호와 풀지 못한 문제 번호를 적고 나서 취약한 유형이 무엇인지 파악해 보세요.
취약한 유형은 '기출유형공략'으로 복습하고 틀린 문제와 풀지 못한 문제를 다시 한번 풀어보세요.

	유형	맞힌 개수	틀린 문제 번호	풀지 못한 문제 번호
수리	응용계산	/2		
	자료해석	/18		
	TOTAL	/20		

	유형	맞힌 개수	틀린 문제 번호	풀지 못한 문제 번호
추리	언어추리	/14		
	도형추리	/3		
	도식추리	/4		
	문단배열	/2		
	논리추론	/7		
	TOTAL	/30		

	영역	제한 시간 내에 맞힌 문제 수	정답률
합계	수리	/20	%
	추리	/30	%
	TOTAL	/50	%

해설

I 수리

01 응용계산 정답 ②

업로드 1개월 차에 A 동영상의 조회수를 x, B 동영상의 조회수를 y라고 하면
업로드 1개월 차에 A 동영상과 B 동영상의 조회수 합은 총 8,500회였으므로
$x+y=8,500$ … ⓐ
2개월 차에 A 동영상의 조회수는 전월 대비 30% 증가하였고, B 동영상의 조회수는 전월 대비 10% 증가하여 A 동영상과 B 동영상의 조회수 합은 전월 대비 총 17% 증가하였으므로
$0.3x+0.1y=8,500\times0.17 \rightarrow 0.3x+0.1y=1,445$ … ⓑ
0.3ⓐ－ⓑ에서 $0.2y=1,105 \rightarrow y=5,525$
따라서 업로드 1개월 차에 B 동영상의 조회수는 5,525회이다.

02 응용계산 정답 ③

$n(A\cup B)=n(A)+n(B)-n(A\cap B)$이고, $n((A\cup B)^c)=n(U)-n(A\cup B)$임을 적용하여 구한다.
옷 가게에 온 손님의 집합을 U, 티셔츠를 구매한 손님의 집합을 A, 바지를 구매한 손님의 집합을 B라고 하면
$n(U)=64,\ n(A)=\frac{64}{2}=32,\ n(B)=19,\ n(A\cap B)=\frac{64}{4}=16$이다.
이때 $n(A\cup B)=n(A)+n(B)-n(A\cap B)$이므로
$n(A\cup B)^c=n(U)-(n(A)+n(B)-n(A\cap B)) \rightarrow$
$n(A\cup B)^c=64-(32+19-16) \rightarrow n(A\cup B)^c=29$
따라서 구경만 하고 나간 손님의 수는 29명이다.

03 자료해석 정답 ④

a. 중앙아시아의 한국 귀화자 수는 2019년에 유럽의 한국 귀화자 수보다 처음으로 많았으며, 2020년 중앙아시아의 한국 귀화자 수는 유럽의 한국 귀화자 수보다 1,534－1,403=131명 더 많으므로 옳은 설명이다.

c. 2016년부터 2020년까지 연도별 중앙아시아의 한국 귀화자 수는 최소 987명, 최대 1,534명으로, 동남아시아 국적 중 한국 귀화자 수의 합이 중앙아시아의 한국 귀화자 수의 합보다 많은 국적은 베트남, 필리핀, 캄보디아로 총 3개이므로 옳은 설명이다.

오답 체크

b. 2020년 북미의 한국 귀화자 수는 전년 대비 980－894=86명 증가하였으며, 이는 2019년 북미의 한국 귀화자 수의 전년 대비 감소 인원의 절반인 (1,166－894)/2=136명보다 적으므로 옳지 않은 설명이다.

빠른 문제 풀이 Tip

b. 2019년 북미의 한국 귀화자 수의 전년 대비 감소 인원은 200명 이상이며, 2020년 북미의 한국 귀화자 수의 전년 대비 증가 인원은 100명 미만으로 2020년 북미의 한국 귀화자 수는 2019년 북미의 한국 귀화자 수의 전년 대비 감소 인원의 절반 미만 증가하였음을 알 수 있다.

04 자료해석 정답 ③

2022년 사회복무요원 소집 인원의 전년 대비 증가율은 1급이 {(1,020－950)/950}×100 ≒ 7.4%, 2급이 {(3,200－2,800)/2,800}×100 ≒ 14.3%, 3급이 {(1,650－1,400)/1,400}×100 ≒ 17.9%, 4급이 {(9,600－8,800)/8,800}×100 ≒ 9.1%로 3급이 가장 크므로 옳지 않은 설명이다.

오답 체크

① 2020년 대비 2023년 4급 사회복무요원 소집 인원은 10,850－7,250=3,600명 증가하였으므로 옳은 설명이다.
② 3급 사회복무요원 소집 인원이 다른 해에 비해 두 번째로 적은 해와 4급 사회복무요원 소집 인원이 다른 해에 비해 가장 적은 해는 2020년으로 같으므로 옳은 설명이다.
④ 2022년 이후 사회복무요원 소집 인원이 매년 전년 대비 증가한 1급과 3급의 2024년 사회복무요원 소집 인원의 합은 1,520+1,880=3,400명이므로 옳은 설명이다.

⑤ 1급과 3급 사회복무요원 소집 인원의 합은 2020년에 1,100+1,500=2,600명, 2021년에 950+1,400=2,350명, 2022년에 1,020+1,650=2,670명, 2023년에 1,380+1,750=3,130명, 2024년에 1,520+1,880=3,400명으로 2급 사회복무요원 소집 인원은 1급과 3급 사회복무요원 소집 인원의 합보다 매년 많으므로 옳은 설명이다.

05 자료해석

정답 ③

2024년 연령대별 평균 성과금과 연령대별 평균 성과금의 전년 대비 증감률을 이용하여 2021~2023년 연령대별 평균 성과금을 계산하면 다음과 같다.

구분	2024년	2023년	2022년	2021년
20대	5,280	5,280/1.6=3,300	3,300/1.5=2,200	2,200/1.1=2,000
30대	6,930	6,930/1.5=4,620	4,620/1.4=3,300	3,300/1.1=3,000
40대	9,180	9,180/1.7=5,400	5,400/1.2=4,500	4,500/0.9=5,000
50대	3,600	3,600/1.5=2,400	2,400/0.5=4,800	4,800/1.2=4,000
60대	7,920	7,920/1.5=5,280	5,280/0.8=6,600	6,600/1.1=6,000

따라서 2024년 평균 성과금의 2021년 대비 증가액이 가장 큰 연령대는 40대이다.

06 자료해석

정답 ①

a. 2020년 '혐의 없음' 이외 처분을 받은 불기소자 수는 7,930+25+716=8,671명이고, '혐의 없음' 이외 처분을 받은 불기소자가 모두 사기로 입건되었다고 하면 사기로 입건된 불기소자 중 13,264−8,671=4,593명은 '혐의 없음' 처분을 받아 4,000명 이상이 '혐의 없음' 처분을 받았으므로 옳은 설명이다.

b. 2021년 이후 절도로 입건된 불기소자 수가 전년 대비 가장 적게 감소한 해는 3,035−3,018=17명 감소한 2023년이므로 옳은 설명이다.

오답 체크

c. 제시된 기간 동안 재산범죄 불기소자 중 횡령으로 입건된 불기소자 수는 매년 10% 이상이므로 옳지 않은 설명이다.

d. 재산범죄 불기소자 수는 2020년에 3,341+13,264+2,044+447+1,113=20,209명, 2024년에 2,979+9,615+2,079+598+1,183=16,454명으로 2024년에 2020년 대비 감소하였으므로 옳지 않은 설명이다.

빠른 문제 풀이 Tip

d. 2024년 '기소유예' 처분을 받은 불기소자와 '혐의 없음' 처분을 받은 불기소자는 2020년 대비 3,500명 이상 감소하였고, 나머지 처분 결과별 불기소자는 200명 미만 증가하였으므로 2024년 재산범죄 불기소자 수는 2020년 대비 감소하였음을 알 수 있다.

07 자료해석

정답 ⑤

제시된 기간 중 항공 운항 건수가 가장 적은 3월에 지연율은 (13,600/68,000)×100=20%로 2월의 지연율인 (16,060/73,000)×100=22% 대비 감소하였으므로 옳지 않은 설명이다.

오답 체크

① 제시된 기간 중 연결로 인한 지연 건수가 다른 달에 비해 두 번째로 많은 4월에 항공 운항 건수는 70,500건으로 7만 건 이상이므로 옳은 설명이다.

② 항공 교통 흐름으로 인한 지연 건수는 1분기에 1,430+1,380+1,300=4,110건, 2분기에 950+1,450+1,800=4,200건으로 2분기가 1분기보다 많으므로 옳은 설명이다.

③ 월별로 지연 건수가 많은 순서대로 지연 원인을 나열하면 그 순서는 2월과 3월 모두 연결, 공항 및 출입국절차, 항공 교통 흐름, 정비, 기타, 기상으로 동일하므로 옳은 설명이다.

④ 기상으로 인한 지연 건수의 전월 대비 증가율은 4월에 {(390−360)/360}×100=(1/12)×100%, 6월에 {(490−420)/420}×100=(1/6)×100%로 6월이 4월의 {(1/6)×100}/{(1/12)×100}=2배이므로 옳은 설명이다.

08 자료해석

정답 ④

2024년 기관 수의 전년 대비 증가율은 A 기관이 {(168−120)/120}×100=40%, B 기관이 {(240−150)/150}×100=60%, C 기관이 {(290−200)/200}×100=45%, D 기관이 {(510−340)/340}×100=50%, E 기관이 {(363−220)/220}×100=65%, F 기관이 {(648−400)/400}×100=62%이다. 이에 따라 2024년 기관 수의 전년 대비 증가율이 가장 큰 기관은 E 기관이다.

따라서 E 기관의 2024년 연구원 수의 전년 대비 증가율은 {(2,080−1,300)/1,300}×100=60%이다.

09 자료해석 정답 ④

감축 분야 중 기술성장기의 기술 건수가 다른 분야에 비해 가장 많은 분야는 에너지 수요이며, 에너지 수요 분야의 기술도입기의 기술 건수는 100건이므로 옳은 설명이다.

오답 체크

① 전체 기후기술 중 기술성장기의 기술 건수가 차지하는 비중은 (5,550 / 7,394) × 100 ≒ 75%이므로 옳지 않은 설명이다.

② 감축 분야에 속하는 기후기술 중 기술쇠퇴기에 해당하는 건수는 총 18건이므로 옳지 않은 설명이다.

③ 기술개발기와 기술쇠퇴기 단계에서 물관리 분야의 기술 건수는 농업 및 축산 분야의 기술 건수보다 적으므로 옳지 않은 설명이다.

⑤ 기술개발기에서 적응 분야의 기술 건수 대비 융복합 분야의 기술 건수의 비율은 38 / 90 ≒ 0.42이므로 옳지 않은 설명이다.

[10-11]

10 자료해석 정답 ⑤

a. 10km와 30km 구간의 비첨두시 대중교통 통행 시간의 차이는 D 지역이 111 − 47 = 64분, C 지역이 116 − 49 = 67분으로 D 지역이 C 지역보다 작으므로 옳지 않은 설명이다.

b. B 지역의 모든 구간에서 승용차의 오후첨두시 통행 시간은 오전첨두시 통행 시간보다 길지만, 대중교통의 오후첨두시 통행 시간은 오전첨두시 통행 시간보다 짧으므로 옳지 않은 설명이다.

c. 제시된 지역 중 20km 구간에서 대중교통의 오전첨두시 통행 시간이 승용차의 오전첨두시 통행 시간의 2배 이상인 권역은 대중교통의 오전첨두시 통행 시간이 승용차의 오전첨두시 통행 시간의 78 / 30 = 2.6배인 D 지역이므로 옳지 않은 설명이다.

11 자료해석 정답 ⑤

각 지역의 30km 구간에서 승용차와 대중교통의 오후첨두시 통행 시간 차이는 A 지역이 83 − 68 = 15분, B 지역이 107 − 53 = 54분, C 지역이 112 − 57 = 55분, D 지역이 111 − 38 = 73분, E 지역이 87 − 55 = 32분, F 지역이 103 − 46 = 57분으로, D 지역이 가장 크다. 이때 D 지역의 30km 구간에서 오전첨두시 통행 시간은 승용차가 36분, 대중교통이 111분이다.

따라서 D 지역의 30km 구간에서 승용차와 대중교통의 오전첨두시 통행 시간 차이는 111 − 36 = 75분이다.

[12-13]

12 자료해석 정답 ②

1일 B 영화의 관객 수는 21.7천 명으로 C~F 영화의 관객 수 합인 4.9 + 6.0 + 6.9 + 3.8 = 21.6천 명보다 많고, 2일 B 영화의 관객 수는 17.6천 명으로 C~F 영화의 관객 수 합인 4.7 + 4.8 + 4.6 + 3.3 = 17.4천 명보다 많으므로 옳은 설명이다.

오답 체크

① 좌석판매율(%) = (관객 수 / 배정 좌석 수) × 100임을 적용하여 구하면, 2일 D 영화의 좌석판매율은 (4.8 / 96) × 100 = 5%로, 1일 D 영화의 좌석판매율인 (6.0 / 96) × 100 = 6.25% 대비 6.25 − 5 = 1.25%p 감소하였으므로 옳지 않은 설명이다.

③ 1일 A 영화의 매출액 대비 B 영화의 매출액 비율은 191 / 1,283 ≒ 0.15로, 1일 B 영화의 매출액 대비 F 영화의 매출액 비율인 35 / 191 ≒ 0.18보다 작으므로 옳지 않은 설명이다.

④ 2일 E 영화 관객 수의 전일 대비 감소율은 {(6.9 − 4.6) / 6.9} × 100 ≒ 33.3%로 30% 이상이므로 옳지 않은 설명이다.

⑤ 제시된 영화의 관객 수는 1일에 A 영화, B 영화, E 영화, D 영화, C 영화, F 영화 순으로 많고, 2일에 A 영화, B 영화, D 영화, C 영화, E 영화, F 영화 순으로 많아 관객 수의 순위는 서로 다르므로 옳지 않은 설명이다.

13 자료해석 정답 ④

2일 A 영화 관객 수의 전일 대비 증가율은 {(142.5 − 135.8) / 135.8} × 100 ≒ 4.9%로, 매출액의 전일 대비 증가율인 {(1,357 − 1,283) / 1,283} × 100 ≒ 5.8%보다 작으므로 옳지 않은 설명이다.

오답 체크

① A 영화의 2일 관객 수는 전일 대비 증가하였고, B~F 영화의 2일 관객 수는 모두 전일 대비 감소하였으므로 옳은 설명이다.

② 좌석판매율(%) = (관객 수 / 배정 좌석 수) × 100임을 적용하여 구하면, 1일 F 영화의 좌석판매율은 (3.8 / 60) × 100 ≒ 6.3%이므로 옳은 설명이다.

③ 국내 영화관 좌석 수 = (배정 좌석 수 / 좌석점유율) × 100임을 적용하여 구하면, A 영화의 국내 영화관 좌석 수는 1일에 (1,368 / 57.0) × 100 = 2,400천 개, 2일에 (1,404 / 58.5) × 100 = 2,400천 개로 서로 동일하므로 옳은 설명이다.

⑤ 2일 B 영화의 좌석점유율은 전일 대비 11.5 − 10.5 = 1.0%p 감소하였으므로 옳은 설명이다.

빠른 문제 풀이 Tip

③ F 영화의 좌석점유율과 배정 좌석 수가 1일과 2일에 서로 동일하므로 1일과 2일의 국내 영화관 좌석 수는 서로 동일함을 알 수 있다. 이에 따라 1일과 2일 중 하나의 계산값만 확인한다.

[14-15]

14 자료해석 정답 ①

a. 2022년 전체 심판 처리 건수에서 특허 심판 처리 건수가 차지하는 비중은 (5,200 / 11,200) × 100 ≒ 46.4%이므로 옳지 않은 설명이다.

c. 2019년부터 2023년까지 특허·실용신안의 연도별 평균 심판 처리 기간의 합인 9.4+7.2+10.0+11.9+15.6=54.1개월과 디자인·상표의 연도별 평균 심판 처리 기간의 합인 7.3+6.4+8.9+9.1+9.0=40.7개월의 차이는 54.1−40.7=13.4개월이므로 옳지 않은 설명이다.

오답 체크

b. 제시된 기간 중 상표의 심판 청구 건수와 심판 처리 건수가 다른 해에 비해 가장 많은 해는 2023년으로 동일하므로 옳은 설명이다.

d. 2020년 이후 실용신안 심판 청구 건수의 전년 대비 증감 추이는 증가−증가−감소−증가이고, 실용신안 심판 처리 건수의 전년 대비 증감 추이는 감소−감소−증가−감소로 서로 정반대이므로 옳은 설명이다.

15 자료해석 정답 ⑤

전체 심판 청구 건수가 두 번째로 적은 2022년에 특허·실용신안의 평균 심판 처리 기간의 전년 대비 증가율은 {(11.9−10.0) / 10.0} × 100=19%이므로 옳은 설명이다.

오답 체크

① 실용신안 심판 청구 건수의 전년 대비 증가율은 2021년이 {(300−260) / 260} × 100 ≒ 15.4%, 2023년이 {(250−200) / 200} × 100=25%로 2021년이 2023년보다 낮으므로 옳지 않은 설명이다.

② 제시된 기간 동안 디자인 심판 처리 건수의 평균은 (550+400+420+540+550) / 5=492건이므로 옳지 않은 설명이다.

③ 제시된 기간 중 특허·실용신안과 디자인·상표의 평균 심판 처리 기간의 차이가 가장 작은 해는 7.2−6.4=0.8개월 차이 나는 2020년이므로 옳지 않은 설명이다.

④ 2020년 이후 전체 심판 청구 건수의 전년 대비 변화량이 가장 작은 해는 2023년이고, 전체 심판 처리 건수의 전년 대비 변화량이 가장 작은 해는 2022년이므로 옳지 않은 설명이다.

[16-17]

16 자료해석 정답 ①

a. 경기도 구급대원 수의 전년 대비 증가 인원은 2017년에 1,499−1,336=163명, 2018년에 1,582−1,499=83명, 2019년에 1,867−1,582=285명, 2020년에 1,912−1,867=45명으로 2019년에 가장 많으므로 옳지 않은 설명이다.

오답 체크

b. 2019년 수도권 전체 구급차 대수에서 인천광역시 구급차 대수가 차지하는 비중은 {69 / (151+69+251)} × 100 ≒ 14.6%이므로 옳은 설명이다.

c. 2020년 출동건수 1건당 이송건수는 인천광역시가 907 / 1,476 ≒ 0.61건, 경기도가 3,659 / 6,361 ≒ 0.58건이므로 옳은 설명이다.

빠른 문제 풀이 Tip

a. 그래프의 기울기를 비교한다.
전년 대비 증가량이 클수록 그래프의 기울기가 가파르므로 제시된 기간 중 그래프의 기울기가 가장 가파르게 증가한 2019년의 전년 대비 증가 인원이 가장 많음을 알 수 있다.

17 자료해석 정답 ④

제시된 기간 중 수도권 전체 구급대원 수가 가장 적은 해는 서울특별시, 인천광역시, 경기도의 구급대원 수가 모두 다른 해에 비해 가장 적은 2020년이다.
따라서 2016년 수도권 3개 지역의 평균 이송인원 수는 (3,435+975+4,110) / 3=2,840백 명이다.

18 자료해석

정답 ④

재구매율(%) $=\left(\frac{B}{A}-\frac{고객\ 불만\ 건수 \times A}{주문\ 건수}\right) \times 100$임을 적용하여 구한다.

2021년 주문 건수는 750건, 고객 불만 건수는 150건, 재구매율은 20%이므로

$20=\left(\frac{B}{A}-\frac{150 \times A}{750}\right) \times 100 \rightarrow 0.2=\frac{B}{A}-0.2A$ … ⓐ

2022년 주문 건수는 760건, 고객 불만 건수는 190건, 재구매율은 5%이므로

$5=\left(\frac{B}{A}-\frac{190 \times A}{760}\right) \times 100 \rightarrow 0.05=\frac{B}{A}-0.25A$ … ⓑ

ⓐ－ⓑ에서 $0.15=(0.25-0.2) \times A \rightarrow A=\frac{0.15}{0.05} \rightarrow A=3$

이를 ⓐ에 대입하여 풀면

$0.2=\frac{B}{3}-0.2 \times 3 \rightarrow \frac{B}{3}=0.8 \rightarrow B=2.4$

따라서 A는 3, B는 2.4인 ④가 정답이다.

19 자료해석

정답 ②

제시된 자료에 따르면 C 국, D 국, E 국 반도체 특허 출원 건수의 총합은 2018년에 5+15+175=195건, 2019년에 30+40+305=375건, 2020년에 270+75+450=795건, 2021년에 210+70+430=710건, 2022년에 145+10+600=755건, 2023년에 75+20+195=290건으로 2020년에 가장 크다. 이에 따라 2020년 국가별 반도체 특허 출원 건수 비중을 계산하면 다음과 같다.

구분	반도체 특허 출원 건수 비중
A 국	(480 / 1,500) × 100 = 32%
B 국	(195 / 1,500) × 100 = 13%
C 국	(270 / 1,500) × 100 = 18%
D 국	(75 / 1,500) × 100 = 5%
E 국	(450 / 1,500) × 100 = 30%
기타	(30 / 1,500) × 100 = 2%

따라서 2020년 국가별 반도체 특허 출원 건수 비중이 일치하는 ②가 정답이다.

20 자료해석

정답 ②

공급의 변화를 나타내면 다음과 같다.

2024년			2025년	
10월	11월	12월	1월	2월
150	250	350	450	550

+100 +100 +100 +100

공급은 매월 100만 개씩 증가함을 알 수 있다.

수요의 변화를 나타내면 다음과 같다.

2024년			2025년	
10월	11월	12월	1월	2월
20	50	100	170	260

+30 +50 +70 +90

+20 +20 +20

수요의 전월 대비 증가량은 매월 20만 개씩 증가함을 알 수 있다.

이에 따라 2025년 3월 이후 공급과 수요를 계산하면 다음과 같다.

구분	공급	수요
2025년 3월	550+100=650	260+110=370
2025년 4월	650+100=750	370+130=500
2025년 5월	750+100=850	500+150=650
2025년 6월	850+100=950	650+170=820
2025년 7월	950+100=1,050	820+190=1,010
2025년 8월	1,050+100=1,150	1,010+210=1,220

따라서 수요가 처음으로 공급보다 많아지는 달은 2025년 8월이다.

Ⅱ 추리

01 언어추리 정답 ①

면역력이 강하지 않은 모든 사람이 백신을 맞은 사람이 아니라는 것은 백신을 맞은 모든 사람이 면역력이 강한 사람이라는 것이므로 해열제를 복용한 모든 사람이 백신을 맞은 사람이면 해열제를 복용한 모든 사람은 면역력이 강한 사람이 된다.
따라서 '해열제를 복용한 모든 사람은 면역력이 강한 사람이다.'가 타당한 결론이다.

오답 체크

면역력이 강한 사람을 '면', 백신을 맞은 사람을 '백', 해열제를 복용한 사람을 '해'라고 하면

② 면역력이 강한 사람 중에 해열제를 복용하지 않은 사람이 있을 수도 있으므로 반드시 참인 결론은 아니다.

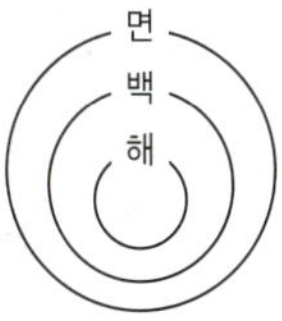

③ 해열제를 복용한 모든 사람이 면역력이 강한 사람이므로 반드시 거짓인 결론이다.

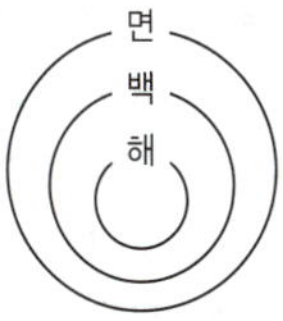

④ 해열제를 복용하지 않은 사람 중에 면역력이 강하지 않은 사람이 적어도 한 명 존재하므로 반드시 거짓인 결론이다.

⑤ 면역력이 강하지 않은 모든 사람이 해열제를 복용하지 않은 사람이므로 반드시 거짓인 결론이다.

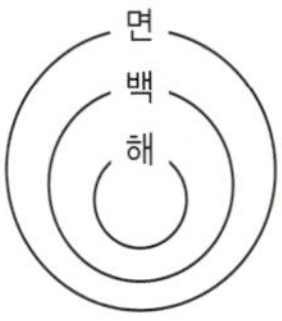

02 언어추리 정답 ④

실전 경험이 풍부한 모든 사람이 실수를 많이 하지 않고, 사전 준비를 철저히 하는 어떤 사람이 실전 경험이 풍부하면 사전 준비를 철저히 하면서 실수를 많이 하지 않는 사람이 반드시 존재하게 된다.
따라서 '사전 준비를 철저히 하면서 실수를 많이 하지 않는 사람이 있다.'가 타당한 결론이다.

오답 체크

실전 경험이 풍부한 사람을 '경', 실수를 많이 하지 않는 사람을 '실X', 사전 준비를 철저히 하는 사람을 '사'라고 하면

① 사전 준비를 철저히 하는 사람 중에 실수를 많이 하는 사람이 있을 수도 있으므로 반드시 참인 결론은 아니다.

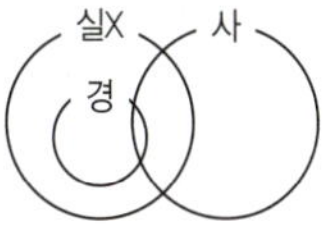

② 실수를 많이 하는 모든 사람이 사전 준비를 철저히 하지 않을 수도 있으므로 반드시 참인 결론은 아니다.

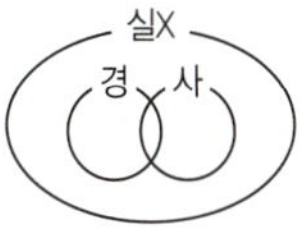

③ 실수를 많이 하지 않는 사람 중에 사전 준비를 철저히 하지 않는 사람이 있을 수도 있으므로 반드시 참인 결론은 아니다.

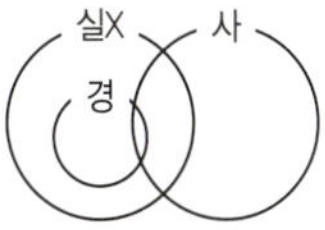

⑤ 실수를 많이 하지 않는 모든 사람이 사전 준비를 철저히 할 수도 있으므로 반드시 참인 결론은 아니다.

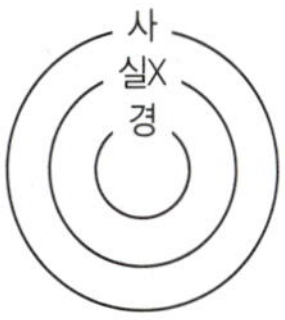

03 언어추리

정답 ①

반도체 회사에 다니지 않는 모든 사람이 자동차에 관심이 많지 않다는 것은 자동차에 관심이 많은 모든 사람이 반도체 회사에 다닌다는 것이므로, 반도체 회사에 다니는 모든 사람이 기계공학과를 전공했다면 자동차에 관심이 많은 모든 사람은 기계공학과를 전공했다. 이에 따라 기계공학과를 전공하지 않은 모든 사람은 자동차에 관심이 많지 않게 된다.

따라서 '반도체 회사에 다니는 모든 사람은 기계공학과를 전공했다.'가 타당한 전제이다.

오답 체크

반도체 회사에 다니는 사람을 '반', 자동차에 관심이 많은 사람을 '자', 기계공학과를 전공한 사람을 '기', 부정형을 'X'라고 하면

② 자동차에 관심이 많은 모든 사람이 반도체 회사에 다니고, 반도체 회사에 다니는 모든 사람이 기계공학과를 전공하지 않았다면 기계공학과를 전공하지 않은 모든 사람은 자동차에 관심이 많을 수도 있으므로 결론이 반드시 참이 되게 하는 전제가 아니다.

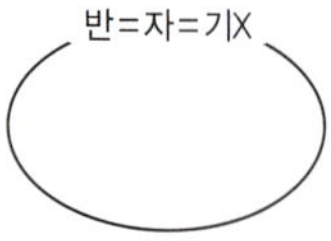

③ 반도체 회사에 다니지 않는 모든 사람이 자동차에 관심이 많지 않고, 반도체 회사에 다니는 어떤 사람이 기계공학과를 전공했다면 기계공학과를 전공하지 않은 모든 사람은 자동차에 관심이 많을 수도 있으므로 결론이 반드시 참이 되게 하는 전제가 아니다.

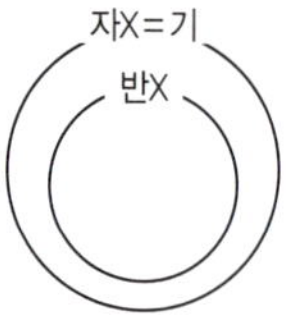

④ 반도체 회사에 다니지 않는 모든 사람이 자동차에 관심이 많지 않고, 기계공학과를 전공한 어떤 사람이 반도체 회사에 다니지 않으면 기계공학과를 전공하지 않은 모든 사람은 자동차에 관심이 많을 수도 있으므로 결론이 반드시 참이 되게 하는 전제가 아니다.

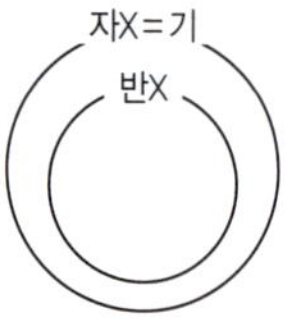

⑤ 자동차에 관심이 많은 모든 사람이 반도체 회사에 다니고, 기계공학과를 전공하지 않은 어떤 사람이 반도체 회사에 다니면 기계공학과를 전공하지 않은 모든 사람은 자동차에 관심이 많을 수도 있으므로 결론이 반드시 참이 되게 하는 전제가 아니다.

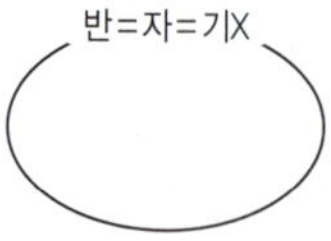

04 언어추리

정답 ⑤

제시된 조건에 따르면 B와 C의 몸무게 순서는 서로 연속하고, B는 청팀이므로 C는 백팀이다. 이때 A는 D와 같은 팀이고, E와 다른 팀이며, 몸무게가 가장 많이 나가는 순서대로 1번째, 3번째, 5번째 사람은 청팀, 2번째, 4번째, 6번째 사람은 백팀이고, D는 2번째로 몸무게가 많이 나가므로 A와 D는 백팀, E는 청팀이다. 이에 따라 A, C, D는 백팀, B, E, F는 청팀이 되는데, D는 F보다 몸무게가 많이 나가므로 F는 3번째 또는 5번째로 몸무게가 많이 나가는 것을 알 수 있다. 또한, 청팀인 B는 C와 몸무게 순서가 서로 연속하고, D는 2번째로 몸무게가 많이 나간다는 조건에 따라 B도 F와 같이 3번째 또는 5번째로 몸무게가 많이 나가므로 청팀인 B, E, F 중 남은 E가 1번째로 몸무게가 많이 나가는 것을 알 수 있다. B는 A보다 몸무게가 많이 나가므로 A는 4번째 또는 6번째이지만 A가 4번째일 경우 B가 3번째, C가 6번째가 되어 B와 C의 몸무게 순서는 서로 연속한다는 조건에 모순되므로 A는 6번째로 몸무게가 많이 나간다. 이에 따라 가능한 경우는 다음과 같다.

1번째 (청팀)	2번째 (백팀)	3번째 (청팀)	4번째 (백팀)	5번째 (청팀)	6번째 (백팀)
E	D	B	C	F	A
E	D	F	C	B	A

따라서 D와 F의 몸무게 순서가 서로 연속하는 경우의 수는 1가지이므로 항상 거짓인 설명이다.

오답 체크

① E는 청팀이므로 항상 참인 설명이다.

② A와 F의 몸무게 순서는 서로 연속하거나 연속하지 않으므로 항상 거짓인 설명은 아니다.

③ C는 4번째로 몸무게가 많이 나가므로 항상 참인 설명이다.

④ B가 E보다 몸무게가 적게 나가는 경우의 수는 2가지이므로 항상 참인 설명이다.

05 언어추리 정답 ⑤

제시된 조건에 따르면 첫 번째 중국 출장에서 돌아온 바로 다음 날 미국으로 출장을 가고, 4월 3주 차에 미국 출장에서 돌아오면 돌아온 다음 날의 이틀 후 바로 일본으로 출장을 가며 일본 출장에서 4월 3주 차에 돌아오므로 중국이 첫 출장지임을 알 수 있다. 이에 따라 4월 2주 차 월요일에 첫 출장지로 출발하므로 4월 2주 차 월요일부터 수요일까지 중국으로 출장을 다녀오고, 4월 2주 차 목요일부터 4월 3주 차 월요일까지 미국으로 출장을 다녀온다. 미국 출장에서 돌아온 다음 날의 이틀 후인 4월 3주 차 목요일부터 토요일까지 일본으로 출장을 다녀온다. 또한, 최소 2일의 간격을 두고 출장을 가고 4월 4주 차 토요일에는 한국 본사에서 진행하는 회의에 참석하므로 두 번째 중국 출장은 4월 4주 차 화요일 또는 수요일에 출발한다. 두 번째 중국 출장을 가는 요일에 따라 가능한 경우는 아래와 같다.

경우 1. 두 번째 중국 출장을 4월 4주 차 화요일에 가는 경우

구분	월	화	수	목	금	토	일
4월 2주 차	중국			미국			
4월 3주 차	미국			일본			
4월 4주 차		중국					

경우 2. 두 번째 중국 출장을 4월 4주 차 수요일에 가는 경우

구분	월	화	수	목	금	토	일
4월 2주 차	중국			미국			
4월 3주 차	미국			일본			
4월 4주 차			중국				

따라서 일본 출장에서 4월 3주 차 토요일에 돌아오므로 항상 거짓인 설명이다.

오답 체크

① 미국 출장은 4월 2주 차 목요일에 출발하고, 일본 출장은 4월 3주 차 목요일에 출발하므로 항상 참인 설명이다.
② 4월 3주 차 수요일에는 한국에 있으므로 항상 참인 설명이다.
③ 4월 4주 차 목요일 또는 금요일에 중국 출장에서 돌아오므로 항상 거짓인 설명은 아니다.
④ 4월 2주 차 일요일에는 미국에, 4월 3주 차와 4월 4주 차 일요일에는 한국에 있으므로 항상 참인 설명이다.

06 언어추리 정답 ③

제시된 조건에 따르면 다빈이는 교양 수업으로 로봇공학, 미술, 토론, 음악 수업 중 1개 이상을 들었고, 친구 5명 중 정확히 1명만 거짓을 말하고 나머지 4명은 진실을 말한다. 로봇공학 수업을 듣고 토론 수업을 듣지 않았다는 A의 진술이 참이라면, 다빈이가 로봇공학 수업을 들었다는 E의 진술도 참이 되어 B, C, D 중 한 명이 거짓을 말하고 있음을 알 수 있다. 이때 다빈이가 로봇공학 수업을 듣지 않았거나 미술 수업을 듣지 않았다는 D의 진술이 참이라면 다빈이는 로봇공학 수업을 들었으므로 미술 수업을 듣지 않아야 하고, A의 진술에 따라 토론 수업도 듣지 않아야 하므로 B의 진술이 거짓이 된다. 반면 D의 진술이 거짓이라면 다빈이는 로봇공학 수업과 함께 미술 수업도 들었고, B와 C의 진술이 진실임에 따라 음악 수업도 들었음을 알 수 있다. 만약 A의 진술이 거짓이라면 B, C, D, E의 진술이 모두 참이므로 C와 E의 진술에 따라 다빈이는 로봇공학, 음악 수업을 들었으며, B와 D의 진술에 따라 다빈이는 미술 수업은 듣지 않고 토론 수업을 들었음을 알 수 있다. 이에 따라 가능한 경우는 다음과 같다.

경우1. A가 진실을 말하는 경우

거짓말 하는 사람	로봇공학	미술	토론	음악
B	O	X	X	O
D	O	O	X	O

경우2. A가 거짓을 말하는 경우

거짓말 하는 사람	로봇공학	미술	토론	음악
A	O	X	O	O

따라서 다빈이가 반드시 들은 수업은 로봇공학과 음악 수업이다.

07 언어추리

정답 ④

제시된 조건에 따르면 에어컨 판매실적이 가장 적고, A와 D의 판매실적은 E보다 좋으므로 A와 D는 에어컨 담당이 아니다. 또한, A는 TV 또는 청소기 담당이 아니고, 냉장고 담당은 B나 C 중 한 명이므로 A는 판매실적이 가장 많은 세탁기 담당임을 알 수 있다. 이때 TV 판매실적은 청소기 판매실적보다 많다는 조건에 따라 TV 판매실적은 2번째 또는 3번째로 많다. 또한, E는 에어컨 담당이 아니며, B의 판매실적은 C보다 많고, A와 D의 판매실적은 E보다 많으며, E는 에어컨 담당이 아니라는 조건에 따라 판매실적이 가장 적은 에어컨은 C가 담당임을 알 수 있다. 이에 따라 가능한 경우는 다음과 같다.

구분	첫 번째	두 번째	세 번째	네 번째	다섯 번째
경우 1	**세탁기**	TV	청소기	냉장고	**에어컨**
	A	D	E	B	C
경우 2	**세탁기**	TV	냉장고	청소기	**에어컨**
	A	D	B	E	C
경우 3	**세탁기**	냉장고	TV	청소기	**에어컨**
	A	B	D	E	C

따라서 TV 판매실적이 두 번째로 많은 경우의 수는 2가지이므로 항상 참인 설명이다.

오답 체크

① 냉장고 판매실적은 청소기 판매실적보다 많거나 적으므로 항상 참인 설명은 아니다.

② D의 판매실적은 두 번째 또는 세 번째로 많으므로 항상 참인 설명은 아니다.

③ E의 판매실적은 B 또는 D 바로 다음으로 많으므로 항상 참인 설명은 아니다.

⑤ C가 에어컨 담당인 경우의 수는 3가지이므로 항상 거짓인 설명이다.

08 언어추리

정답 ③

제시된 조건에 따르면 발표를 하는 사람만 정장을 입었으며 교수는 정장을 입지 않았고 G는 발표를 하지 않으므로 A, B, G는 정장을 입지 않았다. 또한, 정장을 입은 두 사람은 통로 쪽 좌석에 앉았으므로 C, D, E, F 4명 중 정장을 입은 2명이 통로 쪽 좌석인 2번 또는 11번 좌석에 앉는다. 이때 A는 짝수 번 좌석에 앉았으며, E의 좌석번호는 A의 좌석번호보다 1만큼 작으므로 A는 12번, E는 11번 좌석에 앉았고, C와 F는 홀수 번 좌석에 앉았으므로 각각 5번 또는 13번 좌석에 앉았다. 이에 따라 D가 2번 좌석에 앉았음을 알 수 있다.

따라서 정장을 입은 사람은 D와 E이다.

09 언어추리

정답 ⑤

제시된 조건에 따르면 김 씨인 조원이 맡은 역할은 PPT 제작이고, 발표는 학점이 가장 낮은 조원이 맡았으며 자료 준비는 기계과인 조원이 맡았다. 이때 정 씨인 조원의 학 점이 두 번째로 높으므로 맡은 역할은 자료 준비이고, 전공은 기계과이다. 이에 따라 발표를 맡은 조원은 한 씨이고, 한 씨의 학점이 가장 낮으므로 김 씨인 조원의 학점이 가장 높음을 알 수 있다.

구분	정	김	한
전공	기계과	국어국문학과 또는 아동교육학과	국어국문학과 또는 아동교육학과
역할	자료 준비	PPT 제작	발표
학점 순위	2	1	3

따라서 학점이 가장 높은 조원인 김 씨가 PPT 제작을 맡았으므로 항상 거짓인 설명이다.

오답 체크

① 정 씨인 조원이 맡은 역할은 자료 준비이므로 항상 참인 설명이다.

② 전공이 아동교육학과인 조원이 맡은 역할은 PPT 제작 또는 발표이므로 항상 거짓인 설명은 아니다.

③ 발표를 맡은 조원의 성은 한 씨이므로 항상 참인 설명이다.

④ 학점이 가장 높은 조원은 김 씨이며, 김 씨의 전공은 국어국문학과 또는 아동교육학과이므로 항상 거짓인 설명은 아니다.

10 언어추리

정답 ④

제시된 조건에 따르면 동혁은 경찰 또는 소방관 역할을 맡고, (의사, 소방관)과 (경찰, 변호사)는 서로 협력하는 역할이며, 민준과 세현은 서로 협력하는 역할을 맡으므로 만약 동혁이 경찰을 맡는다면 민준과 세현이는 각각 의사 또는 소방관의 역할을 맡게 된다. 이때 지호는 의사 또는 교사 역할을 맡으므로 지호는 교사 역할을 맡게 되어 승우는 남은 변호사 역할을 맡아야 하지만 승우는 변호사 역할을 맡지 않는다는 조건에 모순되므로 동혁은 소방관 역할을 맡음을 알 수 있다. 이에 따라 가능한 경우는 다음과 같다.

동혁	민준	세현	지호	승우
소방관	경찰 또는 변호사	경찰 또는 변호사	의사 또는 교사	의사 또는 교사

따라서 지호가 교사 역할을 맡으면, 민준은 경찰 또는 변호사 역할을 맡으므로 항상 거짓인 설명이다.

오답 체크

① 세현이가 변호사 역할을 맡으면, 지호는 의사 또는 교사 역할을 맡으므로 항상 거짓인 설명은 아니다.

② 동혁은 소방관 역할을 맡으므로 항상 참인 설명이다.

③ 동혁이와 승우가 서로 협력하는 역할을 맡는 경우의 수는 2가지이므로 항상 참인 설명이다.

⑤ 세현이가 경찰 역할을 맡는 경우의 수는 2가지이므로 항상 참인 설명이다.

11 언어추리 정답 ④

제시된 조건에 따르면 민규와 진우는 서로 다른 서점에 방문하고, 민규가 방문한 서점은 B 서점이 아니므로 민규는 A 서점, 진우는 B 서점을 방문하며, B 서점을 방문하는 사람은 단어장을 구매하지 않으므로 참고서 또는 연습장을 구매한다. 이때 호규는 참고서를 구매하며, 찬호와 호규는 서로 다른 서점에 방문하므로 찬호가 방문하는 서점에 따라 가능한 경우는 아래와 같다.

경우 1. 찬호가 A 서점을 방문하는 경우

구분	찬호	호규	진우	민규
서점	A 서점	B 서점	B 서점	A 서점
상품	참고서 또는 단어장 또는 연습장	참고서	참고서 또는 연습장	참고서 또는 단어장 또는 연습장

경우 2. 찬호가 B 서점을 방문하는 경우

구분	찬호	호규	진우	민규
서점	B 서점	A 서점	B 서점	A 서점
상품	참고서 또는 연습장	참고서	참고서 또는 연습장	단어장

따라서 민규와 찬호가 단어장을 구매하면, 진우는 연습장을 구매하므로 항상 거짓인 설명이다.

오답 체크

① 진우가 참고서를 구매하면, 민규는 단어장 또는 연습장을 구매하므로 항상 거짓인 설명은 아니다.

② 호규가 A 서점, 진우가 B 서점을 방문하면, 호규는 참고서를 구매하고, 진우는 참고서 또는 연습장을 구매하므로 항상 거짓인 설명은 아니다.

③ 민규가 참고서를 구매하면, 진우는 연습장을 구매하므로 항상 참인 설명이다.

⑤ 찬호와 진우가 B 서점을 방문하면, 찬호가 참고서를 구매할 때 진우는 연습장을 구매하고, 찬호가 연습장을 구매할 때 진우는 참고서 또는 연습장을 구매하므로 항상 거짓인 설명은 아니다.

12 언어추리 정답 ④

제시된 조건에 따르면 감귤은 월요일에 할인하고, 멜론은 화요일이나 금요일에 할인하지 않으므로 멜론은 수요일 또는 목요일에 할인한다. 이때 포도는 화요일에 할인하지 않는다는 조건에 따라 만약 포도가 수요일 또는 목요일에 할인한다면 수요일과 목요일에는 멜론 또는 포도를 할인하고, 남은 화요일과 금요일에는 레몬 또는 파인애플을 할인해야 한다. 하지만 레몬 할인하는 날 바로 다음날에는 파인애플을 할인한다는 조건에 모순되므로 포도는 금요일에 할인함을 알 수 있다. 또한, 수요일에 레몬, 목요일에 파인애플을 할인한다면 멜론을 할인할 수 있는 날이 없어 5일간 5개의 과일은 각각 한 번씩 할인을 한다는 조건에 모순되므로 화요일에 레몬, 수요일에 파인애플, 목요일에 멜론을 할인한다.

따라서 수요일에 할인하는 과일은 파인애플이다.

13 언어추리 정답 ①

제시된 조건에 따르면 A~E 5명 중 2명은 태양 탐사대, 3명은 달 탐사대에 소속되어 있으며, 각 탐사대마다 한 명만 거짓을 말하므로 거짓을 말하는 사람은 총 2명이다. 만약 B가 거짓말쟁이라는 E의 진술이 진실이라면 E가 거짓말쟁이라는 D의 진술이 거짓이 되어 B와 D가 거짓을 말하는 사람이므로 A와 C는 진실을 말하는 사람임을 알 수 있다. C 또는 D가 태양 탐사대 소속이라는 B의 진술이 거짓임에 따라 C와 D는 달 탐사대 소속이고, 나머지 A, B, E 중 1명은 달 탐사대, 2명은 태양 탐사대 소속이 된다. 이때 B와 본인이 같은 탐사대 소속이라는 A의 진술은 진실이므로 A와 B는 태양 탐사대, E는 달 탐사대 소속이다. 반면 E의 진술이 거짓이라면 B는 진실을 말하는 사람이며, 본인은 E와 다른 탐사대 소속이라는 D의 진술이 거짓일 경우 거짓을 말하는 D와 E가 같은 탐사대 소속이 되어 각 탐사대마다 한 명만 거짓을 말한다는 조건에 모순되므로 D의 진술은 진실이고, A 또는 C 중 1명이 거짓을 말하는 사람임을 알 수 있다. 이에 따라 가능한 경우는 다음과 같다.

구분	A	B	C	D	E
경우 1	태양 (진실)	태양 (거짓)	달 (진실)	달 (거짓)	달 (진실)
경우 2	달 (진실)	달 (진실)	태양 (거짓)	태양 (진실)	달 (거짓)
경우 3	태양 (거짓)	달 (진실)	달 (진실)	태양 (진실)	달 (거짓)

따라서 E는 달 탐사대 소속이므로 항상 참인 설명이다.

오답 체크

② B와 C는 서로 같은 탐사대 소속이거나 다른 탐사대 소속이므로 항상 참인 설명은 아니다.

③ A가 태양 탐사대 소속이라면 가능한 경우의 수는 2가지이므로 항상 거짓인 설명이다.

④ C가 달 탐사대 소속이라면, D는 태양 탐사대 소속이거나 달 탐사대 소속이므로 항상 참인 설명은 아니다.

⑤ B가 진실을 말하고 있다면 B는 달 탐사대 소속이므로 항상 거짓인 설명이다.

14 언어추리

정답 ④

첫 번째 자리 수를 A, 두 번째 자리 수를 B, 세 번째 자리 수를 C, 네 번째 자리 수를 D라고 하면, 제시된 조건에 따라 A~D는 모두 서로 다른 숫자이고, A는 3의 배수, D는 짝수이며, A는 D보다 작으므로 A가 3이라면 D는 4 또는 6 또는 8이 되고, A가 6이라면 D는 8이 된다. 또한, B와 C의 합은 15 이상이므로 (B, C)로 가능한 조합은 (6, 9), (9, 6), (7, 8), (8, 7), (7, 9), (9, 7), (8, 9), (9, 8)이다. 이때 A와 C의 합은 B와 D의 합과 같다는 조건에 따라 A와 D의 차이는 B와 C의 차이와 같아야 한다. 만약 A가 3, D가 8이라면 B와 C의 차이는 5가 되어야 하지만 (B, C)로 가능한 조합에서는 B와 C의 차이가 5가 되는 조합이 없고, 만약 A가 3, D가 6이라면 B와 C의 차이는 3이 되어야 하지만 D가 6임에 따라 (6, 9), (9, 6)을 제외한 (B, C)로 가능한 조합에서는 B와 C의 차이가 3이 되는 조합이 없다. 이에 따라 핸드폰 번호 뒷자리 4자리로 가능한 경우는 다음과 같다.

A	B	C	D
3	7	8	4
3	8	9	4
6	7	9	8

따라서 첫 번째 자리 수와 두 번째 자리 수의 합은 10 또는 11 또는 13으로, 홀수가 되는 경우는 2가지이므로 항상 참인 설명이다.

오답 체크

① 세 번째 자리 수는 8 또는 9이므로 항상 참인 설명은 아니다.

② 첫 번째 자리 수와 네 번째 자리 수의 합은 7 또는 14이므로 항상 참인 설명은 아니다.

③ 두 번째 자리 수와 세 번째 자리 수의 차는 1 또는 2이므로 항상 참인 설명은 아니다.

⑤ 세 번째 자리 수와 네 번째 자리 수의 차는 1 또는 4 또는 5로, 짝수가 되는 경우의 수는 1가지이므로 항상 거짓인 설명이다.

15 도형추리

정답 ②

각 행에서 2열에 제시된 도형은 1열에 제시된 도형을 다음 열로 이동한 다음 외부 도형을 색반전하면서 한 칸 아래로 이동한 형태이고, 3열에 제시된 도형은 2열에 제시된 도형을 다음 열로 이동한 다음 내부 도형을 색반전하면서 한 칸 아래로 이동한 형태이다.

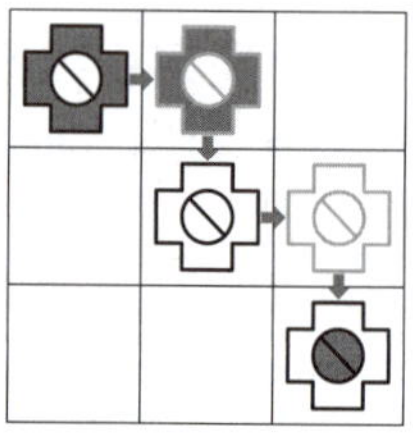

따라서 '?'에 해당하는 도형은 ②이다.

16 도형추리

정답 ③

각 행에서 다음 열에 제시된 도형은 이전 열에 제시된 도형의 내부 도형과 외부 도형을 시계 방향으로 90° 회전하고, 중간 도형을 반시계 방향으로 90° 회전한 형태이다.

[3행 2열] [3행 3열]

따라서 '?'에 해당하는 도형은 ③이다.

17 도형추리 정답 ②

각 행에서 다음 열에 제시된 도형은 이전 열에 제시된 도형에서 내부 도형을 시계 방향으로 1칸씩 이동하면서 반시계 방향으로 45° 회전한 후 색반전한 형태이다.

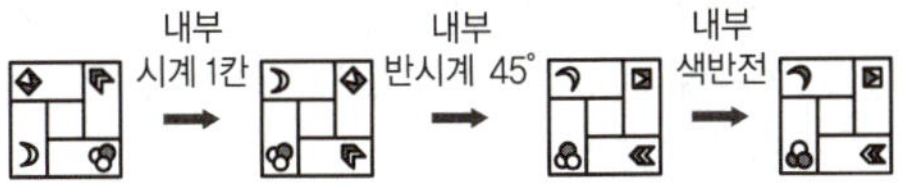

[2행 2열] **[2행 3열]**

따라서 '?'에 해당하는 도형은 ②이다.

[18-21]

◎: 첫 번째, 세 번째 문자(숫자)의 자리를 서로 바꾸고, 두 번째, 네 번째 문자(숫자)의 자리를 서로 바꾼다.
ex. abcd → cdab

▣: 문자와 숫자 순서에 따라 첫 번째, 네 번째 문자(숫자)를 바로 이전 순서에 오는 문자(숫자)로 변경한다.
ex. abcd → zbcc (a−1, b, c, d−1)

♠: 첫 번째 문자(숫자)를 네 번째 자리로, 두 번째 문자(숫자)를 첫 번째 자리로, 세 번째 문자(숫자)를 두 번째 리로, 네 번째 문자(숫자)를 세 번째 자리로 이동시킨다.
ex. abcd → bcda

♥: 문자와 숫자 순서에 따라 첫 번째 문자(숫자)를 바로 다음 순서에 오는 문자(숫자)로, 두 번째 문자(숫자)를 다음 세 번째 순서에 오는 문자(숫자)로, 세 번째 문자(숫자)를 바로 이전 순서에 오는 문자(숫자)로, 네 번째 문자(숫자)를 이전 세 번째 순서에 오는 문자(숫자)로 변경한다.
ex. abcd → beba (a+1, b+3, c−1, d−3)

18 도식추리 정답 ⑤

84GM → ♥ → 97FJ → ▣ → 87FI

빠른 문제 풀이 Tip

문자와 숫자를 순서에 따라 변경하는 규칙으로만 이루어진 문제는 두 규칙을 더하여 중간 과정을 생략한다.

♥ 규칙은 (+1, +3, −1, −3)의 규칙이고, ▣ 규칙은 (−1, 0, 0, −1)의 규칙이므로 ♥ 규칙과 ▣ 규칙을 더하면 (0, +3, −1, −4)이다.

따라서 84GM → ♥+▣ → 87FI이다.

19 도식추리 정답 ①

76CM → ◎ → CM76 → ▣ → BM75 → ♠ → M75B

20 도식추리 정답 ①

99SC → ◎ → SC99 → ♥ → TF86

21 도식추리 정답 ②

PWHV → ♥ → QZGS → ♠ → ZGSQ → ▣ → YGSP

22 문단배열 정답 ②

이 글은 반도체 제조 공정에 사용되는 초순수의 역할에 대해 설명하는 글이다.

따라서 '(A) 반도체 제조 공정에 사용되는 초순수의 특징 → (C) 초순수가 반도체 제조 공정에서 하는 역할(1) → (D) 초순수가 반도체 제조 공정에서 하는 역할(2) → (B) 반도체에 초순수를 사용함으로써 얻을 수 있는 효과' 순으로 연결되어야 한다.

23 문단배열 정답 ③

이 글은 글로벌 금융위기 이후 도입된 마이너스 금리 정책의 특징과 부작용에 따른 실효성 논란에 대해 설명하는 글이다.

따라서 '(C) 마이너스 금리 정책이 도입된 배경 → (A) 마이너스 금리의 작동 원리와 기대 효과 → (B) 마이너스 금리의 부작용 → (D) 마이너스 금리의 실효성에 대한 의문' 순으로 연결되어야 한다.

24 논리추론 정답 ①

광섬유는 유리나 플라스틱으로 만들어진 가늘고 긴 실로 금속에 비해 신호 감쇠가 적다는 장점을 가진다고 하였으므로 금속이 유리나 플라스틱보다 신호 전달성이 우수하다는 것은 옳지 않은 내용이다.

오답 체크

② 광섬유는 외부 간섭에 강하고 도청이 어려워 보안성이 높다고 하였으므로 옳은 내용이다.

③ 광섬유의 특징을 살린 광 네트워크 기술은 장거리 및 대용량의 정보를 효율적으로 전송하는 시스템이라고 하였으므로 옳은 내용이다.
④ 광통신망이 미래의 고속 인터넷과 통신 기술 발전에 중요한 기반이 된다고 하였으므로 옳은 내용이다.
⑤ 광 통신망은 해외와 국내를 연결하는 주요 통신 수단으로도 활용된다고 하였으므로 옳은 내용이다.

25 논리추론

정답 ⑤

캐모마일은 햇빛이 잘 드는 곳에서 자라지만, 온도가 높고 건조한 장소에서는 오래 버티지 못한다고 하였으므로 캐모마일이 햇빛이 잘 드는 곳에서 빠르게 자라기 때문에 높은 온도의 환경에서 자라도록 해야 한다는 것은 옳지 않은 내용이다.

오답 체크

① 캐모마일은 불면증 완화 효과가 있다고 하였으므로 옳은 내용이다.
② 허브의 한 종류인 캐모마일은 로마제국 시기부터 널리 퍼지기 시작했다고 하였으므로 옳은 내용이다.
③ 우리가 차로 활용하는 것은 다이어즈 캐모마일과 저먼 캐모마일의 꽃잎이라고 하였으므로 옳은 내용이다.
④ 캐모마일은 파종 후 8주 후에 꽃을 수확할 수 있다고 하였으므로 옳은 내용이다.

26 논리추론

정답 ③

뇌의 신경계가 환경, 경험, 자극에 의해 재조직되고 일생 동안 발달 및 성장이 진행된다는 사실이 밝혀졌다고 하였으므로 노화가 진행됨에 따라 신경 가소성은 점차 감소하며, 완전히 소멸되는 시기가 존재한다는 것은 옳지 않은 내용이다.

오답 체크

① 신경 가소성은 대뇌의 시냅스에서 뉴런 간 연결을 강화하거나 약화하거나 혹은 새로운 연결을 형성하는 방식으로 이루어진다고 하였으므로 옳은 내용이다.
② 신경 가소성은 노화나 뇌 손상 후에도 지속적으로 일어날 수 있다고 하였으므로 옳은 내용이다.
④ 스트레스에 대항하기 위한 호르몬인 코르티솔이 과다하게 분비되면 해마의 기능이 저하되어 새로운 기억을 형성하는 능력이 감소한다고 하였으므로 옳은 내용이다.
⑤ 반복적인 학습이나 훈련은 뇌의 특정 영역에서 시냅스를 증가시키고, 장기 기억 형성의 기능을 하는 해마나 전두엽의 활동을 촉진시킨다고 하였으므로 옳은 내용이다.

27 논리추론

정답 ⑤

EDS 공정의 첫 단계는 반도체 집적회로 작동에 필요한 개별 소자들의 전기적 직류 전압과 전류 특성을 가진 파라미터를 테스트함으로써 정상적으로 작동하는지 확인하는 단계라고 하였으므로 EDS 공정의 첫 단계에서 개별 소자들의 전기적 교류 전압의 파라미터를 테스트한다는 것은 옳지 않은 내용이다.

오답 체크

① EDS 공정은 FAB 공정 및 설계에서 확인된 문제점을 수정함으로써 전체적인 품질 향상을 꾀한다고 하였으므로 옳은 내용이다.
② EDS 공정을 거치면 사전에 불량 칩을 선별할 수 있어 추후 진행되는 패키지 공정 및 테스트 작업의 효율성을 높인다고 하였으므로 옳은 내용이다.
③ EDS 공정의 마지막 단계에서는 전기 신호를 통해 불량으로 확인된 칩, 최종 테스트에서 다시 불량 판정을 받은 칩, 웨이퍼 상에서 제조가 완료되지 않은 반도체 칩 등을 식별하는 과정이 진행된다고 하였으므로 옳은 내용이다.
④ EDS 공정은 웨이퍼 상에 전자회로를 그려내는 FAB 공정과 제품이 최종적인 형태를 갖추게 되는 패키지 공정 사이에 이뤄진다고 하였으므로 옳은 내용이다.

28 논리추론

정답 ③

제시된 글의 필자는 소비자 선호도 조사는 소비자가 타인을 의식한 대답을 내놓을 수 있어 신뢰도가 떨어지므로 소비자의 뇌 분석을 통해 소비자의 심리 및 행동을 분석하는 뉴로 마케팅이 기존의 소비자 선호도 조사를 대신할 수 있는 성공적인 마케팅 방법이라고 주장하고 있다.
따라서 소비자의 뇌 기능이 활성화되어 있는지 파악하지 않은 채 얻은 소비자의 뇌 반응 결과를 신뢰성이 높은 연구 결과라고 보기 어렵다는 반박이 타당하다.

29 논리추론 정답 ⑤

이 글은 다양한 경로에서 유입되는 데이터를 통합적으로 관리하는 소프트웨어인 CDP에 대한 내용이고, <보기>는 기업 내에서 데이터가 공유되지 않은 경우 중복된 데이터로 인해 저장 공간이 낭비되는 문제를 일으키고 이러한 문제를 해결하기 위해서는 데이터를 일관되고 통합적으로 관리하는 CDP가 필요하다는 내용이다.
따라서 CDP가 중복되는 데이터를 유지하여 마케팅, 판매 등 다양한 프로젝트에 적용되는 것은 아님을 알 수 있다.

오답 체크

① 글에 따르면 CDP는 여러 방식으로 유입된 고객 데이터를 표준화하고 중복 데이터를 삭제하여 통일된 양식으로 정리하며, <보기>에 따르면 각 부서가 서로 다른 방식으로 데이터를 관리하면 오류가 발생할 위험이 커지며 이는 결국 신뢰할 수 없는 분석 결과로 이어진다고 하였으므로 CDP가 흩어져 있는 정보를 일관성 있게 관리함으로써 기업 내 정보 접근 격차를 줄인다는 것은 적절한 내용이다.

② 글에 따르면 CDP는 고객의 행동 변화를 실시간으로 반영할 수 있어 즉각적인 대응이 가능하며, <보기>에 따르면 데이터 접근이 제한적이고 다수의 부서가 함께 프로젝트를 진행할 경우 소통 및 의사결정이 비효율적으로 이루어질 수 있다고 하였으므로 CDP가 비즈니스 환경에서의 신속하고 정확한 의사결정이 가능하도록 한다는 것은 적절한 내용이다.

③ 글에 따르면 CDP의 주요 기능 중 하나는 데이터 통합 관리로, 여러 방식으로 유입된 고객 데이터를 표준화하고 중복 데이터를 삭제하여 통일된 양식으로 정리하는 것이며, <보기>에 따르면 데이터가 특정 부서에서만 접근이 가능한 방식으로 운용된다면 서로 다른 부서 간에 데이터를 공유할 수 없어 협업이 어려워진다고 하였으므로 CDP가 데이터 표준화를 통해 부서 간 데이터 공유 및 협업을 원활하게 한다는 것은 적절한 내용이다.

④ 글에 따르면 CDP는 GDPR과 같은 개인 정보 보호 규정 준수를 통해 데이터 관리의 신뢰성과 안전성을 확보하며, <보기>에 따르면 조직의 경쟁력을 높이고 효율적인 업무를 진행하기 위해서는 고객 데이터를 통합 관리하는 시스템이 필요하다고 하였으므로 CDP가 GDPR을 준수하여 고객의 신뢰도와 조직의 경쟁력을 높이는 통합 관리 시스템이라는 것은 적절한 내용이다.

30 논리추론 정답 ③

이 글은 미생물의 성장에 있어 온도와 습도의 영향에 대한 내용이고, <보기>는 식품 보존을 위한 염장법의 원리에 대한 내용이다. <보기>에 따르면 염장법을 통해 식품 내부의 수분활성도가 낮아지며 미생물의 성장을 억제하는 환경이 형성된다고 하였으므로 염장법에서 식품의 변질 가능성을 낮추는 핵심 요인은 식품 외부의 온도 상승이라는 것은 적절하지 않음을 알 수 있다.

오답 체크

① 글에 따르면 미생물의 성장 환경에 대한 이해는 식품의 보존이나 위생 관리에서 중요한 요소로 작용하며, <보기>에 따르면 염장법은 식품의 성분 손실을 막기 위한 보관 방법 중 하나이므로 염장법은 미생물의 성장 환경에 대한 이해를 통해 식품의 성분 손실을 막는 방식이라는 것은 적절한 내용이다.

② 글에 따르면 미생물의 원활한 성장을 위해서는 0.6 이상의 수분활성도가 필요하고, 이보다 낮을 경우 미생물의 성장이 억제되며, <보기>에 따르면 식품 내부의 수분활성도가 낮아지며 미생물의 성장을 억제하는 환경이 형성된다고 하였으므로 염장법에서 식품 내외부의 염도 차이와 미생물의 자라는 속도는 상관관계가 있다는 것은 적절한 내용이다.

④ 글에 따르면 수분활성도는 삼투압과 반비례하며, <보기>에 따르면 상대적으로 농도가 낮은 세포 내부에 존재하는 물은 삼투압에 의해 세포 밖으로 이동하므로 염장법을 통해 보관한 식품 내부의 삼투압이 식품 외부의 삼투압보다 높다는 것은 적절한 내용이다.

⑤ 글에 따르면 미생물의 영양소 흡수와 대사가 원활하게 이루어지기 위해서는 0.6 이상의 수분활성도가 필요하며, <보기>에 따르면 상대적으로 염분이 적은 식품 내부의 수분은 삼투압에 의해 외부로 이동한다고 하였으므로 염장법이 진행된 후의 식품 내부의 수분활성도는 진행 전의 수분활성도보다 낮다는 것은 적절한 내용이다.

취업교육 1위 해커스 합격생이 말하는

삼성 최종합격의 비법!

[취업교육 1위] 주간동아 2024 한국고객만족도 교육(온·오프라인 취업) 1위

실제 GSAT는 해커스 문제 유형에 가장 가까웠던 것 같습니다.

인적성 강의에서 특히 도움을 많이 받았습니다. 유형별로 공략방법을 들을 수 있어서 시간을 줄이는데 매우 도움이 되었고 타사와 비교했을 때 교재의 문제 유형이 실제 GSAT와 가장 유사해 실전감각을 키우는데 좋았습니다.

배*영 (2d****gi)

조*혁 (sa****k)

문제 푸는 방법을 알고 나니 시간이 많이 단축되었습니다.

해커스잡 강의에서 인적성을 빠르게 풀 수 있는 방법을 배웠습니다. 처음에 시간 단축하는 것이 많이 힘들었는데, 문제 푸는 방법을 알고 나니 시간이 많이 단축되었습니다. 실제 GSAT를 볼 때도 이 방법을 활용하여 문제를 풀었고, 합격할 수 있었습니다.

해커스 파랑이/하양이를 통해서 절대 틀리지 않도록 유형을 공부하였습니다.

해커스잡 강의를 들으면서 인적성 관련해서 도움을 되게 많이 받았습니다. 수리/추리 영역에서 어떤 식으로 준비를 해야 할지 막막했었는데 선생님들의 푸는 방식 및 노하우를 통해서 시간 단축을 많이 할 수 있었고, 시험에서도 좋은 결과를 받을 수 있는 원동력이 된 것 같습니다.

박*규 (SK******21)

유*영 (w***l)

김소원 선생님, 복지훈 선생님 덕에 최종합격까지 갈 수 있었던 것 같습니다.

수리 영역에서는 김소원 선생님의 수리영역 3초 풀이법을 통해 계산 영역에서의 시간 단축과 계산 실수를 줄이고자 하였습니다. 특히, 전 곱셈 부분의 팁을 가장 많이 활용했던 것 같습니다. 추리 영역에서는 복지훈 선생님의 인강을 들었는데 그 중에서도 명제 부분은 복지훈 선생님이 알려주신 팁을 사용한 후로 거의 틀린 적이 없었습니다.

삼성 합격의 모든 것, **해커스잡** **ejob.Hackers.com**